MAURICE
DE GUÉRIN

JOURNAL, LETTRES ET POÈMES

Publiés avec l'assentiment de sa famille

Par G. S. TREBUTIEN

ET PRÉCÉDÉS

D'UNE ÉTUDE BIOGRAPHIQUE ET LITTÉRAIRE

Par M. SAINTE-BEUVE

DE L'ACADÉMIE FRANÇAISE

VINGT-DEUXIÈME ÉDITION

PARIS

LIBRAIRIE VICTOR LECOFFRE

90, RUE BONAPARTE, 90

1898
Tous droits réservés.

MAURICE
DE GUÉRIN

A LA MÊME LIBRAIRIE

EUGÉNIE DE GUÉRIN

JOURNAL ET FRAGMENTS

OUVRAGE COURONNÉ PAR L'ACADÉMIE FRANÇAISE

44ᵉ édit. 1 vol. in-12. Prix : 3 fr. 50

LETTRES
D'EUGÉNIE DE GUÉRIN

PUBLIÉES PAR G. S. TREBUTIEN

TRENTE-TROISIÈME ÉDITION

1 vol. in-12. Prix : 3 fr. 50

Paris. — Imp. E. Capiomont et Cⁱᵉ, rue des Poitevins, 6.

PREFACE

DE LA PREMIÈRE ÉDITION.

Je n'écrirai que quelques lignes en tête de ce volume. C'est moi qui en ai rassemblé et disposé la matière; mais ce n'est pas moi qui dois parler de l'auteur. Je dirai seulement ici qu'à une époque déjà lointaine, j'ai connu Maurice de Guérin; je l'ai aimé, j'ai vécu avec lui dans une intimité, l'honneur de ma vie et aujourd'hui ma meilleure joie.

Les amis de Maurice ont toujours regardé la publication de ses manuscrits comme un devoir et un titre de gloire pour eux. Cette publication, si ardemment désirée surtout par sa sœur Eugénie, a été suspendue, retardée par des circonstances inutiles à rappeler et qui semblent avoir eu quelque chose de providentiel. Elle s'accomplit enfin, et sous les plus heureux auspices. M. Sainte-Beuve, qui depuis longtemps y prenait un sympathique intérêt, s'est empressé de l'annoncer dans le *Moniteur Universel*, et, par une précieuse faveur, m'a permis de reproduire la belle Étude qu'il a consacrée à l'auteur du Centaure. Ce nom de tant d'autorité placé au frontispice de ce livre fait mieux qu'en présager la fortune : il l'assure.

PRÉFACE.

La plupart des fragments que je publie étaient possédés par des amis de Guérin, qui gémissaient de les savoir dispersés comme des diamants inconnus, bientôt perdus peut-être. Ils me les ont confiés par un choix que j'ai dû reconnaître en travaillant de tout mon pouvoir à leur rendre ces trésors réunis et sauvés pour toujours ; c'étaient des restes inestimables qui m'ont imposé le devoir de leur préparer un reliquaire. Qu'il me soit permis de le dire, j'ai mis dans l'accomplissement de cette tâche sacrée, que je regarde comme ma mission ici-bas, ce qu'il y avait de meilleur en moi : la conscience, le soin scrupuleux, le dévouement, la foi vive et entière au talent consacré par la mort. Il y a quelques années, je suis allé visiter le Val de l'Arguenon, en Bretagne, d'où Maurice a daté ses plus belles inspirations. J'ai voulu voir les lieux où il avait vécu ses jours les plus heureux, la mer qu'il avait chantée, toutes les choses où il avait répandu son âme et où je tenais à mêler un peu de la mienne. Si des circonstances accessoires et personnelles m'ont fait trouver la goutte amère cachée mystérieusement au fond des calices les plus doux, j'en suis deux fois payé par la certitude d'avoir accompli le vœu suprême d'Eugénie, morte avant le jour qu'elle attendait, et par l'orgueil dont je ne puis me défendre en plaçant en tête des Œuvres de Guérin et au-dessous de son nom la signature de l'amitié et du souvenir.

G. S. TREBUTIEN.

Bibliothèque de Caen, 28 novembre 1860.

Post-scriptum [30 novembre 1861]. — L'éditeur de Maurice de Guérin écrivait, il y a juste un an, les lignes qui précèdent. Le court intervalle d'une année a suffi pour donner raison à ses pressentiments et consacrer un succès qui a même dépassé ses espérances.

En tête de cette édition nouvelle, il ne songeait à mettre que le témoignage de sa gratitude pour les voix amies qui, dans la presse parisienne, ont contribué à éveiller la curiosité publique et faire connaître de tous un nom que la publication du Centaure et l'article de Mme Sand avaient, il y a vingt ans, rendu cher à quelques-uns. Il lui reste malheureusement un devoir plus délicat à remplir.

La critique, unanime à reconnaître l'originalité du talent de Maurice de Guérin, s'est divisée lorsqu'elle a voulu déterminer les idées philosophiques et religieuses qui avaient été la source de son inspiration poétique. Sur ce point, la lutte, dont il ne nous a pas été permis à nous-même d'effacer entièrement la trace dans ce volume, a été assez vive pour alarmer la conscience délicate d'une sœur tendre et pieuse, gardienne fidèle de la gloire de sa maison, mais plus fermement attachée encore aux croyances qui ont été celles de tous les siens. C'est à M. de Marzan, c'est à nous que, pour prévenir le vœu secret de Mlle Marie de Guérin et dans l'intérêt même de la vérité, un parent qui a été le meilleur ami de Maurice et en quelque sorte son second père, M. A. Raynaud, adresse la prière « d'écarter de cette figure chrétienne tout nuage d'incrédulité et d'irréligion. »

Nous voudrions remplir un vœu, qui est sacré pour nous, sans être accusé de renouveler nous-même une discussion qu'à tout prix nous aurions voulu prévenir et voudrions encore fermer à l'opinion des écrivains, dont nous respectons d'ailleurs la sincérité et auxquels nous savons gré de leurs sympathies pour une mémoire qu'ils prétendaient honorer à leur manière, nous n'opposerons pas notre opinion personnelle. Il nous suffira d'invoquer deux témoignages qui ont, à nos yeux, dans cette question, une autorité décisive.

L'un est celui de Guérin lui-même.

Un soir du mois de décembre 1833, il lisait à ses amis du Val de l'Arguenon des passages de son *Cahier Vert*. Quelques expressions vagues ayant frappé M. de Marzan, il avertit Maurice.

« Voilà, lui dit-il, une idée grande et certainement chrétienne au fond, mais à l'expression de laquelle il se mêle pourtant un accent prononcé de naturalisme que l'école panthéiste pourrait peut-être interpréter en sa faveur. »

L'auteur du récit continue ainsi :

« A ma réflexion complétement inattendue, Guérin répondit d'abord par ce sourire involontaire que fait presque toujours naître en nous la pensée subite d'une chose invraisemblable; mais comme il vit que j'insistais, il se justifia sans peine de tout soupçon de panthéisme, et protesta que ce passage signifiait ceci, et rien de plus : que le cœur de l'homme est le point d'union du ciel et de la terre, et comme le rendez-vous de Dieu et de la créature dans l'humanité. »

Et, au surplus, Maurice offrit, s'il se trompait, de se soumettre.

Une voix sortie de la tombe, ou plutôt descendue du ciel, mettra fin à ces débats. Les doutes que le Journal de Maurice de Guérin pourrait laisser, celui de sa sœur

Eugénie les dissipera sans peine. On en croira ce touchant accord du frère et de la sœur. La vérité est que pendant les trois années qui précédèrent le mariage de Guérin, sa foi fut tiède. On y peut marquer les progrès de l'indifférence. On n'y voit nulle part l'incrédulité. Amant et poëte de la nature, il n'avait jamais cessé d'être chrétien. Le récit de ses derniers instants ne permettra pas de méconnaître de quel côté son cœur cherchait l'espérance, et son esprit la vérité. Sur le seuil de l'immortalité, il n'eut qu'à rentrer en lui-même pour y retrouver, sans combat et avec une joie suprême, une foi qui s'était endormie par intervalles, mais qui ne s'était pas éteinte.

Quelques mots seulement sur cette seconde édition.

Nous avons pu revoir sur les manuscrits originaux la plupart des lettres dont nous n'avions eu d'abord entre les mains que les copies faites par Chopin, copies précieuses et le plus souvent exactes, mais où nous avons relevé cependant quelques erreurs et des lacunes regrettables.

Le texte a pu ainsi être amélioré en plusieurs endroits. Mais notre plus heureuse fortune a été de joindre aux morceaux que nous avions publiés l'année dernière près de trente lettres nouvelles, et LA BACCHANTE, curieux fragment de cette composition dans le genre du CENTAURE, et dont l'idée était également venue à Guérin dans une de ces visites que nous faisions quelquefois ensemble au Musée des Antiques.

Ces additions rendent notre recueil complet, à l'exception de quelques poésies dont nous avons dû faire le sacrifice, d'un petit nombre de lettres qui n'étaient pas à notre disposition, ou qui étaient de celles dont Mme Sand regrettait déjà que leur caractère confidentiel ne permit pas de les transcrire en entier. Pour tout ce qui touche aux détails intimes de la vie domestique, il y a de limites où la curiosité la plus légitime doit s'arrêter.

. Nous pouvons donc espérer que notre mission est remplie, et c'est avec un sentiment de profonde reconnaissance que nous rendons grâce à Dieu de nous avoir laissé le temps et les forces nécessaires pour conduire enfin à terme la pieuse tâche que nous avions entreprise, et que nous avons poursuivie, à travers bien des difficultés, avec douleur et amour.

C. S. T.

MAURICE DE GUÉRIN

Le 15 mai 1840, la *Revue des Deux Mondes* publiait un article de George Sand sur un jeune poëte dont le nom était parfaitement ignoré jusque-là, Georges-Maurice de Guérin, mort l'année précédente, le 19 juillet 1839, à l'âge de vingt-neuf ans. Ce qui lui valait cet honneur posthume d'être ainsi classé à l'improviste, à son rang d'étoile, parmi les *poëtes de la France,* était une magnifique et singulière composition, *le Centaure,* où toutes les puissances naturelles primitives étaient senties, exprimées, personnifiées énergiquement, avec goût toutefois, avec mesure, et où se déclarait du premier coup un maître, « l'André Chénier du panthéisme, » comme un ami l'avait déjà surnommé. Des fragments de lettres cités, des épanchements qui révélaient une tendre et belle âme, formaient, autour de ce morceau colossal de marbre antique, comme un chœur charmant de demi-confidences à moitié voilées, et ce qu'on en saisissait au passage faisait vivement désirer le reste. Il y eut dès lors dans la jeunesse toute une école choisie, une génération éparse d'admirateurs qui se répétaient le nom de Guérin, qui se ralliaient à cette jeune mémoire, l'honoraient en secret avec ferveur, et aspiraient au moment où l'œuvre pleine leur serait livrée, où l'âme entière leur serait découverte. Vingt ans se sont écoulés depuis, et des difficultés, des scrupules, des pudeurs de toute sorte et de la nature la plus respectable, avaient retardé l'accomplissement du vœu formé au nom de l'art par l'amitié. Guérin avait déjà eu le temps d'être imité par d'autres poëtes, qui semblaient tout originaux de cette imitation, et lui-même il n'était pas publié et mis en lumière. Dans l'intervalle cependant, il y a cinq ans de cela, avaient paru, mais sous la réserve encore d'une demi-publicité les *Reliques* d'une sœur du poëte, EUGÉNIE DE GUÉRIN, son égale, sinon sa supérieure en talent et en âme[1]. Le désir de connaître et de posséder enfin les Œuvres complètes du frère s'en était accru et comme irrité. Nous avons le plaisir d'annoncer qu'elles vont paraître; des amis fidèles en ont trié et préparé la matière; et le savant et poétique antiquaire, M. Trebutien, y appliquant son soin comme un moine fervent du moyen âge eût fait à l'écriture et à l'enluminure d'un saint missel, trésor de son abbaye, en a procuré l'édition.

Rien n'était exagéré dans la première impression reçue en 1840; tout aujourd'hui se justifie et se confirme; l'école moderne compte bien en effet un poëte, un paysagiste de plus. J'ai besoin tout d'abord de le rapporter à son vrai moment, à ses vraies origines. C'est en 1833 que Maurice de Guérin, qui n'était alors que dans sa vingt-troisième année, commença de développer et d'épanouir dans le cercle de l'intimité cette première fleur de sentiment, qui nous est montrée seulement aujourd'hui et qui va nous rendre tout son parfum. Né le 5 août 1810, il appartenait à cette seconde génération du siècle, lequel n'avait plus *deux* ou *trois ans,* mais bien dix ou onze, lorsqu'il produisait cette volée nouvelle des Musset, des Montalem-

---

1. Voici le titre de ce volume : *Eugénie de Guérin* RELIQVIÆ... Caen, imprimerie de Hardel, 1855, avec cette note : « Ce volume, tiré à petit nombre, ne se vend pas. »

bert, des Guérin ; je joins exprès ces noms. Né sous le beau ciel du Midi, d'une ancienne famille noble et pauvre, Maurice de Guérin, rêveur dès l'enfance, fut tourné de bonne heure vers les idées religieuses et inclina, sans effort, à la pensée de l'état ecclésiastique. Il n'avait pas douze ans, lorsque, dans les premiers jours de janvier 1822, il sortait pour la première fois, pauvre oiseau exilé, de ses tourelles du Cayla, et arrivait à Toulouse pour y faire ses études, — je crois, au petit séminaire. Il les vint terminer à Paris, au collége Stanislas. C'est au sortir de là, après avoir hésité quelque temps, après être retourné dans sa famille, y avoir revu ses sœurs et les amies de ses sœurs, que troublé, sensible et même, on le devine, secrètement blessé, il alla chercher à la Chênaie du repos, un oubli, plus encore qu'il n'y apportait une vocation religieuse, bien traversée déjà et bien incertaine.

Il avait aimé, il avait pleuré et chanté ses peines pendant une saison passée dans son beau Midi, la dernière avant son départ pour la Chênaie. Témoin ces vers datés de la Roche d'Onelle, qui se rapportent à l'automne de 1832 :

> Les siècles ont creusé dans la roche vieillie
> Des creux où vont dormir des gouttes d'eau de pluie;
> Et l'oiseau voyageur, qui s'y pose le soir,
> Plonge son bec avide en ce pur réservoir.
> Ici je viens pleurer sur la roche d'Onelle
> De mon premier amour l'illusion cruelle :
> Ici mon cœur souffrant en pleurs vient s'épancher...
> Mes pleurs vont s'amasser dans le creux du rocher...
> Si vous passez ici, colombes passagères,
> Gardez-vous de ces eaux : les larmes sont amères.

Un jeune Grec, disciple de Théocrite ou de Moschus, n'eût pas mieux dit que ce jeune lévite qui semblait en quête d'un apôtre.

Il arriva à la Chênaie à l'entrée de l'hiver; il y était le jour de Noël 1832 ; il avait trouvé son asile. La Chênaie, « cette sorte d'oasis au milieu des steppes de la Bretagne, » où, devant le château, s'étend un vaste jardin coupé par une terrasse plantée de tilleuls avec une toute petite chapelle au fond, était le lieu de retraite de M. de La Mennais, de M. *Féli* (comme on l'appelait dans l'intimité) ; et il avait près de lui, d'habitude, quatre ou cinq jeunes gens qui, dans cette vie de campagne, poursuivaient leurs études avec zèle, selon un esprit de piété, le recueillement et d'honnête liberté. L'heure à laquelle Guérin y arriva était des plus mémorables, des plus décisives pour le maître ; on peut le dire avec certitude et précision, aujourd'hui que l'on a lu la Correspondance intime de La Mennais durant ce temps. Ce grand et violent esprit, qui ne se pouvait reposer que dans des solutions extrêmes, après avoir tenté l'union publique du Catholicisme et de la Démocratie, et l'avoir prêchée dans son journal d'un ton de prophète, s'était vu forcé de suspendre la publication de *l'Avenir;* il avait fait le voyage de Rome pour consulter l'autorité suprême; il en était revenu, ménagé personnellement, mais très-nettement désapprouvé, et avait paru se soumettre; il se croyait peut-être même sincèrement soumis, tout en méditant déjà et en roulant des pensées de vengeance et de représailles. M. de La Mennais, qui était tout un ou tout autre, sans aucune nuance, offrait le plus étrange contraste dans sa double nature. Tantôt et souvent il avait ce que Buffon, parlant des animaux de proie, a appelé une *âme de colère;* tantôt, et non moins souvent, il avait une douceur, une tendresse à ravir les petits enfants, une âme tout à fait charmante; et il passait de l'une à l'autre en un instant. Le voile qui s'est déchiré depuis, et qui a laissé voir le fond orageux et mouvant de ses doctrines, n'était qu'à peine soulevé alors. Aucun de ceux qui ont connu et aimé M. de La Mennais, en ces années de passion douloureuse et de crise, à quelque point de vue qu'on se place, n'ont, ce me semble, à en rougir ni à s'en repentir. Il avait tenté une conciliation, impossible, je le veux, mais la plus élevée, la plus faite pour complaire à de nobles cœurs, à des imaginations généreuses et religieuses. Averti qu'il se trompait et qu'il n'était pas avoué, il s'arrêtait devant l'obstacle, il s'inclinait devant l'arrêt rendu, il souffrait, il se taisait, il priait. Quand on le voyait de près par moments, on aurait dit qu'il était en danger de mourir. Un jour (le 24 mars 1833), étant assis derrière la chapelle sous les deux pins d'Écosse qui s'élevaient à cet endroit, il avait pris son bâton et dessiné une tombe sur le gazon, en disant à l'un de ses disciples qui était près de lui : « C'est là que je veux reposer ; mais point de pierre tumulaire, un simple banc de gazon. Oh! que je serai bien là! » S'il était mort, en effet, à cette heure ou dans les mois qui suivirent, s'il s'était brisé dans sa lutte intérieure, quelle belle et intacte mémoire il eût laissée! Quelle renommée de fidèle, de héros et presque de martyr! Quel mystérieux sujet de méditation et de rêverie pour ceux qui aiment à se prendre aux grandes destinées interrompues!

Mais il ne s'agit ici de lui qu'en ce qui touche Maurice de Guérin. Celui-ci, tout admirateur et prosélyte qu'il était alors, ne devait subir qu'en la traversant cette influence de La Mennais ; un an ou deux après, il en était totalement affranchi et délivré ; s'il s'émancipa par degrés de la foi, s'il se laissa bientôt gagner à l'esprit du siècle, ce ne fut pas à la suite du grand déserteur, mais à sa propre manière, et il erra dans sa propre voie ; en 1835, il n'était plus le disciple de personne ni d'aucun système. Après trois années d'une vie indépendante et toute parisienne, aux approches de la mort, les siens eurent la consolation de le voir redevenir chrétien.

Mais s'il devait s'affranchir par l'intelligence, il appartenait bien radicalement à ce monde de la Chênaie par la sensibilité, par les impressions profondes, par les premiers et sincères témoignages du talent : tellement que, dans la perspective littéraire du passé, il s'y vient placer comme une figure dans son cadre en s'en détachant ; il en est et en demeurera dans l'avenir le paysagiste, le peintre, le véritable poëte. A côté de ces noms éclatants de Montalembert, de Lacordaire, qui résonnaient comme des trompettes au dehors, il y avait là, qui l'aurait cru ? dans cette maison de silence et de paix, un jeune homme obscur, timide, que La Mennais, distrait par ses visions sociales apocalyptiques, ne distingua jamais des autres, à qui il ne supposait que des facultés très-ordinaires, et qui, dans ce même temps où le maître forgeait sur son enclume ces foudres qu'on appelle *les Paroles d'un Croyant*, écrivait, — lui, — des pages intimes beaucoup plus naturelles, plus fraîches, — tranchons le mot, plus belles, — et faites pour toucher à jamais les âmes éprises de cette vie universelle qui s'exhale et se respire au sein des bois, au bord des mers.

Guérin est arrivé à la Chênaie en hiver, au cœur de la saison morte, et quand tout est dépouillé, quand les forêts sont *couleur de rouille,* sous ce ciel de Bretagne toujours nuageux « et si bas qu'il semble vouloir vous écraser; » mais vienne le printemps, *le ciel se hausse*, les bois reprennent vie, et tout redevient riant. L'hiver, cependant, est lent à partir : le jeune et amoureux observateur en note dans son Journal la fuite tardive, les retours fréquents :

« Le 3 mars. — La journée d'aujourd'hui m'a enchanté. Le soleil s'est montré radieux pour la première fois depuis bien longtemps dans toute sa beauté. Il a développé les boutons des feuilles et des fleurs, et réveillé dans mon sein mille douces pensées.

« Les nuages reprennent leurs formes légères et gracieuses, et dessinent sur l'azur de charmants caprices. Les bois n'ont pas encore de feuilles; mais ils prennent je ne sais quel air vivant et gai qui leur donne une physionomie toute nouvelle. Tout se prépare pour la grande fête de la nature. »

Cette fête entrevue et tant désirée retarde; bien des jours orageux en séparent encore. Tout cela est noté, et peint, et surtout senti : ce jeune enfant du Midi puise dans je ne sais quelle tristesse originelle un instinct particulier pour comprendre et aimer du premier jour cette nature du Nord, voisine des tempêtes :

« Le 8 (mars). — Jour de neige. Un vent de sud-est la roule en tourbillons, en grandes trombes d'une éblouissante blancheur. Elle se fond en tombant. Nous voilà reportés comme au cœur de l'hiver, après quelques sourires du printemps. Le vent est assez froid : les petits oiseaux chanteurs nouveau-venus grelottent, et les fleurs aussi. Les fentes des cloisons et des croisées gémissent comme en janvier, et moi, dans ma pauvre enveloppe, je me resserre comme la nature.

« Le 9. — Encore de la neige, giboulées, coups de vent, froidure. Pauvre Bretagne, tu as bien besoin d'un peu de verdure pour réjouir ta sombre physionomie. Oh! jette donc vite ta cape d'hiver et prends-moi ta mantille printanière, tissue de feuilles et de fleurs. Quand verrai-je flotter les pans de ta robe au gré des vents!

« Le 11. — Il a neigé toute la nuit. Mes volets mal fermés m'ont laissé entrevoir, dès mon lever, cette grande nappe blanche qui s'est étendue en silence sur la campagne. Les troncs noirs des arbres s'élèvent comme des colonnes d'ébène sur un parvis d'ivoire ; cette opposition dure et tranchée et l'attitude morne des bois attristent éminemment. On n'entend rien : pas un être vivant, sauf quelques moineaux qui vont se réfugier en piaulant dans les sapins, qui étendent leurs longs bras chargés de neige. L'intérieur de ces arbres touffus est impénétrable aux frimas ; c'est un asile préparé par la Providence, les petits oiseaux le savent bien.

« J'ai visité nos primevères : chacune portait son petit fardeau de neige, et pliait la tête sous le poids. Ces jolies fleurs, si richement colorées, faisaient un effet charmant sous leurs chaperons blancs. J'en ai vu des touffes entières recouvertes d'un seul bloc de neige : toutes ces fleurs riantes, ainsi voilées et se penchant les unes sur les autres, semblaient un groupe de jeunes filles surprises par une ondée et se mettant à l'abri sous un tablier blanc. »

Ceci rappelle Bernardin de Saint-Pierre. Guérin, sans aucun système et par libre choix, par affinité de talent, est de son école. En ce moment même il achève de lire ses *Études de la Nature* et d'en savourer le charme. « C'est un de ces livres dit-il, dont on voudrait qu'ils ne finissent pas. Il y a peu à gagner pour la science, mais beaucoup pour la poésie, pour l'élévation de l'âme et la contemplation de la nature. Ce livre dégage et illumine un sens que nous avons tous, mais voilé, vague et privé presque de toute activité, le sens qui recueille les beautés physiques et les livre à l'âme. » Et il insiste sur ce second travail de réflexion qui spiritualise, qui fond et *harmonise* dans un ensemble et sous un même sentiment les traits réels une fois recueillis. Ce sera bien sa manière, à lui ; dans les images fidèles qu'il nous offre de la nature, l'homme, l'âme est toujours en présence ; c'est la vie réfléchie et rendue par la vie. Ses moindres croquis ont ainsi leur sens et leur charme

« Le 19 (mars). — Promenade dans la forêt de Coëtquen. Rencontre d'un site assez remarquable par sa sauvagerie : le chemin descend par une pente subite dans un petit ravin où coule un petit ruisseau sur un fond d'ardoise, qui donne à ses eaux une couleur noirâtre, désagréable d'abord, mais qui cesse de l'être quand on a observé son harmonie avec les troncs noirs des vieux chênes, la sombre verdure des lierres, et son contraste avec les jambes blanches et lisses des bouleaux. Un grand vent du nord roulait sur la forêt et lui faisait pousser de profonds gémissements. Les arbres se débattaient sous les bouffées de vent comme des furieux. Nous voyions à travers les branches les nuages qui volaient rapidement par masses noires et bizarres, et semblaient effleurer la cime des arbres. Ce grand voile sombre et flottant laissait parfois des défauts par où se glissait un rayon de soleil qui descendait comme un éclair dans le sein de la forêt. Ces passages subits de lumière donnaient à ces profondeurs si majestueuses dans l'ombre quelque chose de hagard et d'étrange, comme un rire sur les lèvres d'un mort.

« Le 20. — L'hiver s'en va en souriant ; il nous fait ses adieux par un beau soleil resplendissant dans un ciel pur et uni comme une glace de Venise. Encore un pas du Temps qui s'achève. Oh ! que ne peut-il, comme les coursiers des Immortels, atteindre en quatre bonds les limites de sa durée ! »

Il est plus d'une manière de voir et de peindre la nature, et je les admets toutes, pourvu qu'elles aient de la vérité. Mais voilà bien, en effet, des coins de paysage comme je les préfère c'est délicat, c'est senti, et c'est *peint* en même temps ; c'est peint de près, sur place, d'après nature, mais sans crudité. Rien n'y sent la palette. Les couleurs ont toute leur fraîcheur, leur vérité, et aussi une certaine tendresse. Elles ont passé au miroir intérieur et sont vues par réflexion. On y saisit avant tout la physionomie, on y respire l'âme des choses.

« Le 28 (mars). — Toutes les fois que nous nous laissons pénétrer à la nature, notre âme s'ouvre aux impressions les plus touchantes. Il y a quelque chose dans la nature, soit qu'elle devienne pâle, grise, froide, pluvieuse, en automne et en hiver, qui émeut non-seulement la surface de l'âme, mais même ses plus intimes secrets, et donne l'éveil à mille souvenirs qui n'ont, en apparence, aucune liaison au spectacle extérieur, mais qui sans doute entretiennent une correspondance avec l'âme de la nature par des sympathies qui nous sont inconnues. J'ai ressenti aujourd'hui cette puissance étonnante, en respirant, couché dans un bois de hêtres, l'air chaud du printemps. »

« Le 5 avril. — Journée belle à souhait : des nuages, mais seulement autant qu'il en faut pour faire paysage au ciel. Ils affectent de plus en plus leurs formes d'été. Leurs groupes divers se tiennent immobiles sous le soleil comme les troupeaux de moutons dans les pâturages, quand il fait grand chaud. J'ai vu une hirondelle, et j'ai entendu bourdonner les abeilles sur les fleurs. En m'asseyant au soleil pour me pénétrer jusqu'à la moelle du divin printemps, j'ai ressenti quelques-unes de mes impressions d'enfance : un moment, j'ai considéré le ciel avec ses nuages, la terre avec ses bois, ses chants, ses bourdonnements, comme je faisais alors. Ce renouvellement du premier aspect des choses, de la physionomie qu'on leur a trouvée avec les premiers regards, est, à mon avis, une des plus douces réactions de l'enfance sur le courant de la vie. »

Mais bientôt il y a lutte en lui, il y a scrupule. Guérin, à cette date, est encore rigoureusement chrétien. Il s'en prend à son âme de ressentir avec tant de vivacité les insinuations et les voluptés de la nature, un jour de divine componction et de deuil, car ce 5 avril était un Vendredi-Saint. La retraite pénitente où il est confiné en cette semaine de la Passion lui donne de l'ennui, et il se le reproche. La règle est aux prises chez lui avec le rêve. Lui, dont l'instinct est d'aller, d'errer, de poursuivre l'infini dans les souffles, dans les murmures des vents et des eaux, dans les odeurs germinales et les parfums; lui, qui dira, en projetant des voyages : « Il y aura du charme à errer : quand on erre, on sent qu'on suit la vraie condition de l'humanité; c'est là, je crois, le secret du charme; » il essaye, à ce moment de sa vie, de concilier le Christianisme et le culte de la nature; il cherche, s'il se peut, un rapport mystique entre l'adoration de cette nature qui vient se concentrer dans le cœur de l'homme et s'y sacrifier comme sur un autel, et l'immolation eucharistique dans ce même cœur. Vain effort! il tente l'impossible et l'inconciliable, il ne réussira qu'à retarder, à lui-même, son entraînement prochain, irrésistible. Car il n'y a pas de milieu : la Croix barre plus ou moins la vue libre de la nature; le grand Pan n'a rien à faire avec le divin Crucifié. Une certaine sobriété méfiante et craintive est imposée, comme première condition, au contemplateur chrétien. Et Guérin, au contraire, n'y résiste pas; tous les accidents naturels qui passent : une pluie d'avril, une bourrasque de mars, une tendre et capricieuse nuaison de mai, tout lui parle, tout le saisit et le possède et l'enlève; il a beau s'arrêter en de courts instants et s'écrier : « Mon Dieu! comment se fait-il que mon repos soit altéré par ce qui se passe dans l'air, et que la paix de mon âme soit ainsi livrée aux caprices des vents? » il ne laisse pas de s'y livrer, il s'abandonne, il s'enivre de la vie des choses et voudrait par accès s'y confondre, s'y universaliser :

« 25 avril. — Il vient de pleuvoir. La nature est fraîche, rayonnante; la terre semble savourer avec volupté l'eau qui lui apporte la vie. On dirait que le gosier des oiseaux s'est aussi rafraîchi à cette pluie : leur chant est plus pur, plus vif, plus éclatant, et vibre à merveille dans l'air devenu extrêmement sonore et retentissant. Les rossignols, les bouvreuils, les merles, les grives, les loriots, les pinsons, les roitelets, tout cela chante et se réjouit. Une oie, qui crie comme une trompette, ajoute au charme par le contraste. Les arbres immobiles semblent écouter tous ces bruits. D'innombrables pommiers fleuris paraissent au loin comme des boules de neige; les cerisiers aussi tout blancs se dressent en pyramides ou s'étalent en éventails de fleurs.

« Les oiseaux semblent viser parfois à ces effets d'orchestre où tous les instruments se confondent en une masse d'harmonie.

« Si l'on pouvait s'identifier au printemps, forcer cette pensée au point de croire aspirer en soi toute la vie, tout l'amour qui fermentent dans la nature ; se sentir à la fois fleur, verdure, oiseau, chant, fraîcheur, élasticité, volupté, sérénité ! que serait-ce de moi ? Il y a des moments où, à force de se concentrer dans cette idée et de regarder fixement la nature, on croit éprouver quelque chose comme cela. »

Un mois s'est écoulé ; le moment où le printemps longuement couvé et nourri éclate, non plus en fleurs, mais en feuilles, où la verdure déborde, où il y a en deux ou trois matinées inondation presque subite de verdure, est admirablement rendu :

« 3 mai. — Jour réjouissant, plein de soleil ; brise tiède, parfums dans l'air ; dans l'âme, félicité. La verdure gagne à vue d'œil ; elle s'est élancée du jardin dans les bosquets ; elle domine tout le long de l'étang ; elle saute, pour ainsi dire, d'arbre en arbre, de hallier en hallier, dans les champs et sur les coteaux, et je la vois qui a déjà atteint la forêt et commence à s'épancher sur son large dos. Bientôt elle aura débordé aussi loin que l'œil peut aller, et tous ces grands espaces clos par l'horizon seront ondoyants et mugissants comme une vaste mer, une mer d'émeraude. Encore quelques jours, et nous aurons toute la pompe, tout le déploiement du règne végétal. »

Et le moment où tout ce qui d'abord n'était que fleur sans feuille n'est plus que germe et feuillage, où les amours des végétaux ont cessé, et où la nutrition du fruit commence :

« 22 mai. — Il n'y a plus de fleurs aux arbres. Leur mission d'amour accomplie, elles sont mortes, comme une mère qui périt en donnant la vie. Les fruits ont noué ; ils aspirent l'énergie vitale et reproductrice qui doit mettre sur pied de nouveaux individus. Une génération innombrable est actuellement suspendue aux branches de tous les arbres, aux fibres des plus humbles graminées, comme des enfants au sein maternel. Tous ces germes, incalculables dans leur nombre et leur diversité, sont là suspendus entre le ciel et la terre dans leur berceau, et livrés au vent qui a la charge de bercer ces créatures. Les forêts futures se balancent imperceptibles aux forêts vivantes. La nature est tout entière aux soins de son immense maternité. »

Quoique voué de cœur à la Bretagne qu'il appelle *la bonne contrée*, l'enfant du Midi se réveille parfois en Guérin; *Mignon* se ressouvient du ciel bleu et du pays où les oliviers fleurissent. L'hôte de la Chênaie ne se fait pas illusion sur ces magnificences et ces beautés sylvestres, bocagères, qui sont toujours si près, là-bas, de redevenir sèches et revêches; la Chênaie, la Bretagne tout entière « lui fait l'effet, dit-il, d'une vieille bien ridée, bien chenue, redevenue, par la baguette des Fées, jeune fille de seize ans et des plus gracieuses. » Mais, sous la jeune fille gracieuse, la vieille, à de certains jours, reparaît. En plein juin, la belle saison, un matin, s'en est allée on ne sait où; le vent d'ouest a tout envahi comme un pasteur humide chassant devant lui ses innombrables troupeaux de nuages; à la verdure près, c'est l'hiver, avec l'affligeant contraste de plus; et même, quand il y a splendeur, l'été, jusque dans ses jours de solennité, a toujours, il le sent, « quelque chose de triste, de voilé, de borné. C'est comme un avare qui se met en frais; il y a de la ladrerie dans sa magnificence. Vive notre ciel du Languedoc, si libéral en lumière, si bleu, si largement arqué ! » Ainsi s'écrie, ces jours-là, presque en exilé, celui qui ressonge à son doux nid du Cayla et à la Roche d'Onelle. Dans ses excursions par le pays et quand il traverse les landes, c'est bien alors que la Nature lui apparaît maigre et triste, en habit de mendiante et de pauvresse; mais pour cela il ne la dédaigne pas; il a fait sur ce thème des vers bien pénétrants et où l'âpreté du pays est rendue au vrai; il la comprend si bien, cette âpreté, il la serre de si près, qu'il en triomphe. Comme cette Cybèle de l'hymne homérique qui se présenta d'abord à des jeunes filles assises au bord du chemin, sous le déguisement d'une vieille femme stérile, et qui ensuite redevint soudainement la féconde et glorieuse déesse, la Nature bretonne finit par livrer à Guérin tout ce qu'elle contient : s'il l'a méconnue un moment, il s'en repent vite, et elle lui pardonne ; elle cesse de paraître ingrate à ses yeux, elle redevient aussi belle qu'elle peut l'être : la lande elle-même s'anime, se revêt pour lui, dans ses moindres accidents, de je ne sais quel charme.

C'est en vers qu'il dit ces dernières choses, et c'est pour cela que je ne les cite pas. Les vers de Guérin, en effet, sont naturels, faciles, abondants, mais inachevés. Il use habituellement et de préférence d'un vers que je connais bien, pour avoir essayé en mon temps de l'introduire et de l'appliquer : l'alexandrin familier, rompu au ton de la conversation, se prêtant à toutes les sinuosités d'une causerie intime. « Ta poésie chante trop, écrivait-il à sa sœur Eugénie ; elle ne cause pas assez. » Il se garde de la strophe, comme prenant trop aisément le galop et emportant son cavalier ; il ne se garde pas moins de la stance lamartinienne, comme berçant trop mollement son rêveur et son gondolier. Il croit qu'on peut tirer grand parti de ce vers alexandrin, qui, bien manié, n'est pas si roide qu'il en a l'air, qui est capable de bien des finesses et même de charmantes négligences. Toute cette théorie me paraît juste, et elle est la mienne aussi. C'est dans l'application seulement que Guérin se trouve en défaut comme nous-même nous avons pu l'être ; mais il l'est plus qu'il ne le faudrait et beaucoup trop ; il s'en remet surtout trop au hasard, et l'on peut dire de lui ce qu'il dit d'un autre de ses amis, que cela s'en va de chez lui *comme l'eau d'une fontaine.* Il a des vers de détail très-heureux, très-francs ; mais sa phrase traîne, s'allonge, se complique prosaïquement ; il ne sait pas assez la couper, l'arrêter à temps, et, après un certain nombre de vers accidentés, irréguliers, redonner le ton plein et marquer la cadence. Le nom de Brizeux, le poëte breton, se rapproche naturellement de celui de Guérin, le paysagiste breton. Guérin avait dû lire la *Marie* de Brizeux, et je ne vois pas qu'il en parle. Il ne faut rien exagérer : cette gentille *Marie*, dans son premier costume, n'était qu'une petite paysanne à l'usage et à la mesure de Paris. Ce n'est que plus tard que Brizeux a songé tout de bon à se faire Breton ; dans le poëme de lui, qui porte ce titre : *les Bretons*, il a réussi dans deux ou trois grands et vigoureux tableaux ; l'ensemble manque d'intérêt, et le tout est dénué de charme. Je ne parle pas des divers recueils qui ont suivi, et qui, sauf quelques pièces assez rares, ne sont que les produits ingrats et de plus en plus saccadés d'une veine aride et tarie. Or, ce qu'avait surtout Guérin, c'est le jet, c'est la veine, c'est le charme, c'est la largeur et la puissance : l'auteur du *Centaure* est d'un autre ordre que le discret amoureux de *Marie*. Mais Brizeux, en vers, est artiste, et Guérin ne l'est pas assez. Brizeux a la science du vers ; et s'il fait trop peu courir sa source, si, pour de bonnes raisons, il ne la déchaîne jamais, s'il n'a jamais ce que le généreux poëte Lucrèce appelle le *magnum immissis certamen habenis*, la charge à fond et à bride abattue, du moins il ramène toujours les plis de sa ceinture, il a des manières habiles et charmantes de l'agrafer.

En 1833, Guérin, ce Breton d'adoption et qui était alors bien plus Breton de génie et d'âme que Brizeux, vivait donc en plein de cette vie rurale, reposée, poétique et chrétienne, dont la séve montait à flots dans son talent et s'épanchait avec fraîcheur dans ses pages secrètes. Il avait ses troubles, ses défaillances intérieures, je le sais : nous reviendrons, au moins pour l'indiquer, sur ce côté faible de son âme et de sa volonté ; son talent, plus tard, sera plus viril, en même temps que sa conscience moins agitée ; ici, il est dans toute sa fleur délicate d'adolescence. Il y eut un moment unique où toutes les nuances étaient observées, où les adorations s'unirent et se confondirent. Que l'on se figure, à la Chênaie, qui s'appelait encore une maison sainte, le jour de Pâques de cette année 1833, le 7 avril, une matinée radieuse, et ce qui s'y passait une dernière fois de touchant.

Celui qui était encore l'abbé de La Mennais célébrait dans la chapelle la messe pascale, — sa dernière messe, — et y donnait de sa main la communion à de jeunes disciples restés fidèles, et qui le croyaient fidèle aussi : c'étaient Guérin, Élie de Kertanguy, François du Breil de Marzan, jeune poëte fervent, tout heureux de ramener à la sainte Table une recrue nouvelle, un ami plus âgé de dix ans, Hippolyte de La Morvonnais, poëte lui-même. Il y avait en ce moment à la Chênaie, ou il allait y venir, quelques hommes dont la rencontre et l'entretien donnaient de pures joies : l'abbé Gerbet, esprit doux et d'une aménité tendre ; l'abbé de Cazalès, cœur affectueux et savant dans les voies intérieures ; — d'autres noms, dont quelques-uns ont marqué depuis en des sciences diverses : Eugène Boré, Frédéric de La Provostaye ; c'était toute une pieuse et docte tribu. Qui eût dit alors à ceux qui se groupaient encore autour du maître, que celui qui venait de leur donner de sa main la communion ne la donnerait plus à personne, qu'il la refuserait lui-même à tout jamais, et qu'il allait bientôt avoir pour devise trop vraie un *Chêne brisé par l'orage,* avec cette légende altière : *Je romps et ne plie pas ?* une devise de Titan, à la Capanée ! — Oh ! si l'on nous l'eût dit, quel frisson eût passé dans nos veines ! écrivait l'un d'eux. — Mais pour nous, qui n'avons ici qu'à parler de littérature, il est impossible de ne pas noter un tel moment mémorable dans l'histoire morale de ce temps, de n'y pas rattacher le talent de Guérin, de ne pas regretter que l'éminent et impétueux esprit qui couvait déjà des tempêtes n'ait pas fait alors comme le disciple obscur, caché sous son aile, qu'il n'ait pas ouvert son cœur et son oreille à quelques sons de la flûte pastorale ; qu'au lieu de se déchaîner en idée sur la société et de n'y voir qu'enfer, cachots, souterrains, égouts (toutes images qui lui reviennent perpétuellement et qui l'obsèdent), il n'ait pas regardé plus souvent du côté de la nature, pour s'y adoucir et s'y calmer. Et pourtant, ce même M. de La Mennais écrivait, quelques mois après, à l'une de ses pieuses amies en Italie : « Vous allez entrer dans le printemps, plus hâtif qu'en France dans le pays que vous habitez; j'espère qu'il aura sur votre santé une influence heureuse. Abandonnez-vous à ce qu'a de si doux cette saison de renaissance; faites-vous fleur avec les fleurs. Nous perdons par notre faute une partie, et la plus grande, des bienfaits du Créateur, il nous environne de ses dons, et nous refusons d'en jouir par je ne sais quelle triste obstination à nous tourmenter nous-mêmes. Au milieu de l'atmosphère de parfums qui émane de lui, nous nous en faisons une composée de toutes les vapeurs mortelles qui s'exhalent de nos soucis, de nos inquiétudes et de nos chagrins, — fatale cloche de plongeur qui nous isole dans le sein de l'Océan immense. » — Et qui donc s'était placé sous cette cloche et se plaisait à y rester plus que lui ?

J'ai encore quelque chose à dire sur cette station de Guérin à la Chênaie et en Bretagne, sur cette époque *nourricière* de son talent.

Puisque j'ai parlé de La Mennais à cette date de 1833, et tel qu'il paraissait encore aux yeux de ce cercle fidèle, comment ne pas indiquer le portrait de lui que Guérin a tracé dans une lettre du 16 mai à M. de Bayne de Rayssac, l'un de ses amis du Midi? C'est bien la plus vive, la plus parlante image de cette moitié de La Mennais à laquelle on a peine à croire quand on n'a fait que le lire, moitié d'une âme qui semblait en conversant se livrer tout entière, tant elle était gaie et charmante, et qui s'éclipsait si vite alors que son front se plissait et que sa physionomie noircissait tout à coup. Guérin nous le montre comme il le voyait, sous son plus beau jour, et quelquefois dans sa fierté, mais sans la noirceur. Les lettres de Guérin à ses amis servent à compléter les impressions notées dans son Journal durant ce temps, et quelques-unes des pages de ce Journal ne sont elles-mêmes que des passages de ses lettres qui lui semblaient mériter d'être transcrits avant de s'échapper. L'artiste, en effet, le peintre qui préparait à tout hasard ses cartons, s'essayait en lui. Une de ses fêtes les plus désirées, et qu'il se promettait dès son arrivée en Bretagne, fut un petit voyage aux côtes de l'Océan. Une première fois, le 28 mars, dans une promenade poussée plus loin que d'habitude avec l'abbé Gerbet et un autre compagnon, il avait entrevu au nord, de dessus une hauteur, la baie de Cancale et les eaux au loin resplendissantes qui décrivaient à l'horizon une barre lumineuse. Mais le vrai voyage, et qui lui permit de s'écrier : *Enfin j'ai vu l'Océan*, ne se fit que le 11 avril. Ce jour-là, le jeudi d'après Pâques, il se mit en route, à une heure de l'après-midi, par un beau temps et un vent frais, à pied, en compagnie d'Edmond de Cazalès, qui n'était pas encore dans les Ordres. Il n'y avait pas moins de six ou sept lieues à faire ; mais aller vers un grand but et y aller par un long chemin avec un ami, c'est double bonheur. Guérin sentait l'un et l'autre, et il nous l'a dit : « C'est une félicité non pareille de faire route, d'aller voir la mer avec un compagnon de voyage ainsi fait. Notre conversation alla, pour ainsi dire, tout d'un trait de la Chênaie à Saint-Malo, et, nos six lieues faites, j'aurais voulu voir encore devant nous une longue ligne de chemin, car vraiment la causerie est une de ces douces choses qu'on voudrait allonger toujours. » Il nous donne une idée de ces entretiens qui embrassaient le monde du cœur et celui de la nature, et qui couraient à travers la poésie, les tendres souvenirs, les espérances et toutes les aimables curiosités de la jeunesse. Je m'imagine que ces doux propos ressemblaient par l'esprit à ce qu'avaient dû être les entretiens de Basile et de Grégoire au rivage d'Athènes, à ceux d'Augustin et de ses amis au rivage d'Ostie. Les descriptions pittoresques, les *marines* qui viennent ensuite, y gagnent en beauté ; ces conversations élevées en font le ciel.

Les derniers jours que passa Guérin à la Chênaie eurent de la douceur, mais une douceur souvent troublée ; il sentait, en effet, que cette vie de retraite allait cesser, et que l'époque des vacances amènerait pour lui la nécessité d'un parti à prendre.

Il jouissait d'autant plus, quand son imagination le lui permettait, du calme uni et profond des dernières heures.

Le 7 septembre, à quatre heures du soir, il monta dans la chambre de M. *Féli*, et lui fit ses adieux. Après neuf mois de séjour, « les portes du paradis de la Chênaie se fermèrent derrière lui. » Les rapports ambigus et pénibles de M. de La Mennais avec l'autorité diocésaine avaient empiré dans les derniers temps, et il devenait convenable que la petite école se dispersât. Guérin ne quitta pourtant pas encore la Bretagne, et il y resta jusqu'à la fin de janvier 1834, tantôt à la Brousse, dans la famille de M. de Marzan; tantôt au Val de l'Arguenon, dans l'ermitage de son ami Hippolyte de La Morvonnais; tantôt à Mordreux, chez le beau-père de ce dernier. Il y eut là une nouvelle et importante station dans sa vie. Il avait apporté à la Chênaie une peine secrète de cœur, je ne dis pas une passion, mais un sentiment. Ce sentiment se réveillait à la vue de certains hêtres qu'il voyait de sa fenêtre, du côté de l'étang, et qui lui rappelaient de chers et troublants souvenirs. Il y avait des nuits où il rêvait; écoutons un de ses rêves. « 15 juin. — *Strange dream!* J'ai rêvé que je me trouvais seul dans une vaste cathédrale. J'étais là sous l'impression de la présence de Dieu et dans cet état de l'âme où l'on n'a plus conscience que le Dieu et de soi-même, lorsqu'une voix s'est élevée. Cette voix était infiniment douce, une voix de femme, et qui pourtant remplissait toute l'église comme eût pu faire un grand concert. Je l'ai reconnue aussitôt; c'était la voix de Louise, *silver-sweet sounding* (la douce voix d'argent). » De tels songes, qui rappellent ceux de Dante, adolescent, et de la *Vita nuova*, ne se passaient que dans la partie élevée de l'esprit, et il y avait moyen d'en guérir. Et pour dire ici tout ce que nous pensons, Guérin n'était pas fait pour les grandes et violentes passions de l'amour. Un jour, quelques années après, lisant les Lettres de Mlle de Lespinasse et y découvrant des flammes à lui inconnues, il s'en émouvait, et il s'étonnait de s'en émouvoir : « En vérité, disait-il, je ne me savais pas une imagination si tendre et qui pût à ce point agiter mon cœur. Est-ce que je ne connais pas la mesure de mon cœur? Il n'est pas fait pour ces passions où l'on dit : *Vous aimer, vous voir ou cesser d'exister!* » Aucune circonstance de sa vie, pas même l'inclination qui détermina son mariage, n'est venue démentir ce jugement qu'il portait sur lui-même ; il n'aima jamais qu'à la surface et, pour ainsi dire, devant le premier rideau de son âme : le fond restait mystérieux et réservé. Je croirais que lui, l'amant de la Nature, il sentait trop l'universalité des choses pour aimer uniquement quelqu'un. Quoi qu'il en soit, il avait une peine alors, et en se trouvant transporté, au sortir de la solitaire Chênaie, dans l'intimité tendre d'Hippolyte de La Morvonnais et de sa jeune femme, cette peine se guérit. Il était de ceux qu'une sympathique amitié de jeune femme apaise au lieu de les enflammer. La pure amitié de la chaste épouse et le bonheur dont il était témoin, sans effacer ni abolir l'autre image, la firent passer à l'état d'ombre légère. Tout rentra dans l'ordre, et Guérin, à la veille de se trouver lancé dans la mêlée du monde, goûta quelques mois de parfaite harmonie.

Les peintures qu'il a retracées de ces jours d'automne et d'hiver passés au bord de l'Océan, dans la maison de l'hospitalité, dans cette *Thébaïde des Grèves,* comme l'appelait un peu ambitieusement La Morvonnais, sont de belles pages qui se placent d'elles-mêmes à côté des meilleures en ce genre que nous connaissions. Le contraste saisissant de cette paix du foyer et de ces tempêtes presque continuelles de l'Océan, quelquefois et autre contraste non moins frappant entre la mer paisible, le sommeil des champs et le cœur orageux du contemplateur, donnent aux divers tableaux toute leur vie et leur variété :

« Et voyez combien la Providence est pleine de bonté pour moi. De crainte que le passage subit de l'air doux et tempéré de la vie religieuse et solitaire à la zone torride du monde n'éprouvât trop mon âme, elle m'a amené, au sortir du saint asile, dans une maison élovée sur les confins des deux régions, où, sans être de la solitude, on n'appartient pas encore au monde; une maison dont les croisées s'ouvrent d'un côté sur la plaine où s'agite le tumulte des hommes, et de l'autre sur le désert où chantent les serviteurs de Dieu; d'un côté sur l'Océan, et de l'autre sur les bois; et cette figure est une réalité, car elle est bâtie sur le bord de la mer. Je veux coucher ici l'histoire du séjour que j'y ferai, car les jours qui se passent ici sont pleins de bonheur, et je sais que, dans l'avenir, je me retournerai bien des fois pour relire le bonheur passé. Un homme pieux et poëte, une femme dont l'âme va si bien à la sienne qu'on dirait d'une seule âme, mais dédoublée; une enfant qui s'appelle *Marie,* comme sa mère, et qui laisse, comme une étoile, percer les premiers rayons de son amour et de son intelligence à travers le nuage blanc de l'enfance; une vie simple, dans une maison antique; l'Océan, qui vient le matin et le soir nous apporter ses accords; enfin un voyageur qui descend du Carmel pour aller à Babylone et qui a posé à la porte son bâton et ses sandales pour s'asseoir à la porte hospitalière : voilà de quoi faire un poëme biblique, si je savais écrire les choses comme je sais les éprouver. »

Je n'ai point de regret à ce poëme biblique; il va nous en dire assez, tout en disant qu'il ne saurait le faire. Nous en aurons tout à l'heure la plus belle page; mais, auparavant, donnons-nous avec lui le spectacle d'une *mer agitée* et, en même temps, de l'âme humaine qui la contemple·

« Hier, le vent d'ouest soufflait avec furie. J'ai vu l'Océan agité, mais ce désordre, quelque sublime qu'il soit, est loin de valoir, à mon gré, le spectacle de la mer sereine et bleue. Mais pourquoi dire que l'un ne vaut pas l'autre? Qui pourrait mesurer ces deux sublimités et dire : la seconde dépasse la première? Il faut dire seulement : mon âme se complaît mieux dans la sérénité que dans l'orage. Hier, c'était une immense bataille dans les plaines humides. On eût dit, à voir bondir les vagues, ces innombrables cavaleries de Tartares qui galopent sans cesse dans les plaines de l'Asie. L'entrée de la baie est comme défendue par une chaîne d'îlots de granit : il fallait voir les lames courir à l'assaut et se lancer follement contre ces masses avec des clameurs effroyables; il fallait les voir prendre leur course et faire à qui franchirait le mieux la tête noire des écueils. Les plus hardies ou les plus lestes sautaient de l'autre côté en poussant un grand cri ; les autres, plus lourdes ou plus maladroites, se brisaient contre le roc en jetant des écumes d'une éblouissante blancheur, et se retiraient avec un grondement sourd et profond, comme les dogues repoussés par le bâton du voyageur. Nous étions témoins de ces luttes étranges, du haut d'une falaise où nous avions peine à tenir contre les furies du vent. Nous étions là, le corps incliné et les jambes écartées pour élargir notre base et résister avec plus d'avantage, et les deux mains cramponnées à nos chapeaux pour les assurer sur nos têtes. Le tumulte immense de la mer, la course bruyante des vagues, celle non moins rapide mais silencieuse des nuages, les oiseaux de marine qui flottaient dans le ciel et balançaient leur corps grêle entre deux ailes arquées et d'une envergure démesurée, tout cet ensemble d'harmonies sauvages et retentissantes qui venaient toutes converger à l'âme de deux êtres de cinq pieds de hauteur, plantés sur la crête d'une falaise, secoués comme des feuilles par l'énergie du vent, et qui n'étaient guère plus apparents dans cette immensité que deux oiseaux perchés sur une motte de terre : oh! c'était quelque chose d'étrange et d'admirable, un de ces moments d'agitation sublime et de rêverie profonde tout ensemble, où l'âme et la nature se dressent de toute leur hauteur l'une en face de l'autre.

« A quelques pas de nous, il y avait un groupe d'enfants abrités contre un rocher, et paissant un troupeau répandu sur l'escarpement de la côte.

« Jetez un vaisseau en péril sur cette scène de la mer, tout change : on ne voit plus que le vaisseau. Heureux qui peut contempler la nature déserte et solitaire! Heureux qui peut la voir se livrant à ses jeux terribles sans danger pour aucun être vivant! Heureux qui regarde, du haut de la montagne, le lion bondir et rugir dans la plaine, sans qu'il vienne à passer un voyageur ou une gazelle! Hippolyte, nous eûmes ce bonheur hier, nous devons en remercier le ciel. »

Les poëtes anglais du foyer, Cowper, Wordsworth, ont-ils jamais rendu plus délicieusement les joies d'un intérieur pur, la félicité domestique, ce ressouvenir de l'Éden, que le voyageur qui, s'asseyant un moment sous un toit béni, a su dire:

« Le 20. — Je n'ai jamais goûté avec autant d'intimité et de recueillement le bonheur de la vie de famille. Jamais ce parfum qui circule dans tous les appartements d'une maison pieuse et heureuse ne m'a si bien enveloppé. C'est comme un nuage d'encens invisible que je respire sans cesse. Tous ces menus détails de la vie intime dont l'enchaînement constitue la journée sont pour moi autant de nuances d'un charme continu qui va se développant d'un bout à l'autre du jour.

« Le salut du matin qui renouvelle en quelque sorte le plaisir de la première arrivée, car la formule avec laquelle on s'aborde est à peu près la même, et d'ailleurs la séparation de la nuit imite assez bien les séparations plus longues, comme elles étant pleine de dangers et d'incertitudes ; le déjeuner, repas dans lequel on fête immédiatement le bonheur de s'être retrouvés ; la promenade qui suit, sorte de salut et d'adoration que nous allons rendre à la nature ; notre rentrée et notre clôture dans une chambre toute lambrissée à l'antique, donnant sur la mer, inaccessible au bruit du ménage, en un mot, vrai sanctuaire de travail ; le dîner qui nous est annoncé, non par le son de la cloche qui rappelle trop le collége ou la grande maison, mais par une voix douce ; la gaieté, les vives plaisanteries, les causeries ondoyantes qui flottent sans cesse durant le repas ; le feu petillant de branches sèches autour duquel nous pressons nos chaises immédiatement après ; les douces choses qui se disent à la chaleur de la flamme qui bruit tandis que nous causons, et, s'il fait soleil, la promenade au bord de la mer qui voit venir à elle une mère, son enfant dans les bras, le père de cet enfant et un étranger, ces deux-ci un bâton à la main ; les lèvres roses de la petite fille qui parlent en même temps que les flots, quelquefois les larmes qu'elle verse, et les cris de la douleur enfantine sur le rivage de la mer ; nos pensées à nous, en considérant la mère et l'enfant qui se sourient, ou l'enfant qui pleure et la mère qui tâche de l'apaiser avec la douceur de ses caresses et de sa voix ; l'Océan qui va toujours roulant son train de vagues et de bruits ; les branches mortes que nous coupons en nous en allant çà et là dans le taillis, pour allumer au retour un feu prompt et vif ; ce petit travail de bûcheron qui nous rapproche de la nature et nous rappelle l'ardeur singulière de M. Féli pour le même labeur ; les heures d'étude et d'épanchement poétique, qui nous mènent jusqu'au souper ; ce repas qui nous appelle avec la même douce voix et se passe dans les mêmes joies que le dîner, mais moins éclatantes, parce que le soir voile tout, tempère tout : la soirée qui s'ouvre par l'éclat d'un feu joyeux, et, de lecture en lecture, de causeries en causeries, va expirer dans le sommeil ; à tous les charmes d'une telle journée ajoutez je ne sais quel rayonnement angélique, quel prestige de paix, de fraîcheur et d'innocence, que répandent la tête blonde, les yeux bleus, la voix argentine, les ris, les petites moues pleines d'intelligence d'un enfant qui, j'en suis sûr, fait envie à plus d'un ange, qui vous enchante, vous séduit, vous fait raffoler avec un léger mouvement de ses lèvres, tant il y a de puissance dans la faiblesse ! à tout cela ajoutez enfin les rêves de l'imagination, et vous serez loin encore d'avoir atteint la mesure de toutes ces félicités intimes. »

Cependant ces joies de la famille, trop senties par un cœur à qui il n'était point donné de les goûter pour son propre compte, l'attendrissaient trop ; il en était venu, il nous le dit, à pleurer pour un rien, « comme il arrive aux petits enfants et aux vieillards. » Ce calme continuel, cette douce monotonie de la vie familière, en se prolongeant comme une note suave, mais toujours la même, avaient fini par l'énerver, par l'exalter et le jeter hors de lui ou le noyer trop avant au dedans de lui ; le trop de paix lui était une nouvelle espèce d'orage ; son âme était *en proie,* et il y avait danger, de ce côté, à je ne sais quelle ivresse de langueur, s'il n'eût trouvé un contre-poids, une puissante diversion dans la contemplation de la nature, de même qu'à d'autres moments il y avait eu danger que l'attraction souveraine, la puissante voix de cette nature ne l'absorbât et ne le dominât uniquement. Car Guérin était une âme merveilleuse, la plus sensible, la plus impressible, mais sans garantie contre elle-même et sans défense. Cette fois, il sut se détourner à temps et alterner dans le mode de sa sensibilité :

« Je me mis à la considérer (la nature) encore plus attentivement que de coutume, et par degrés la fermentation s'adoucit ; car il sortait des champs, des flots, des bois, une vertu suave et bienfaisante qui me pénétrait et tournait tous mes transports en rêves mélancoliques. Cette fusion des impressions calmes de la nature avec les rêveries orageuses du cœur engendra une disposition d'âme que je voudrais retenir longtemps, car elle est des plus désirables pour un rêveur inquiet comme moi. C'est comme une extase tempérée et tranquille qui ravit l'âme hors d'elle-même sans lui ôter la conscience d'une tristesse permanente et un peu orageuse. Il arrive aussi que l'âme est pénétrée insensiblement d'une langueur qui assoupit toute la vivacité des facultés intellectuelles et l'endort dans un demi-sommeil vide de toute pensée, dans lequel néanmoins elle se sent la puissance de rêver les plus belles choses.....

« Rien ne peut figurer plus fidèlement cet état de l'âme que le soir qui tombe en ce moment. Des nuages gris, mais légèrement argentés par les bords, sont répandus également sur toute la face du ciel. Le soleil, qui s'est retiré il y a peu d'instants, a laissé derrière lui assez de lumière pour tempérer quelque temps les noires ombres et adoucir en quelque sorte la chute de la nuit. Les vents se taisent, et l'océan paisible ne m'envoie, quand je vais l'écouter sur le seuil de la porte, qu'un murmure mélodieux qui s'épanche dans l'âme comme une belle vague sur la grève. Les oiseaux, gagnés les premiers par l'influence nocturne, se dirigent vers les bois et font siffler leurs ailes dans les nuages. Le taillis qui couvre toute la pente de la côte du Val, retentissant tout le jour du ramage du roitelet, du sifflement gai du pivert et des cris divers d'une multitude d'oiseaux, n'a plus aucun bruit dans ses sentiers ni sous ses fourrés, si ce n'est le piaulement aigu jeté par les merles qui jouent entre eux et se poursuivent, tandis que les autres oiseaux ont déjà le cou sous l'aile. Le bruit des hommes, qui se taisent toujours les derniers, va s'effaçant sur la face des champs. La rumeur générale s'éteint, et l'on n'entend guère venir de clameurs que des bourgs et des hameaux, où il y a, jusque bien avant dans les nuits, des enfants qui crient et des chiens qui aboient. Le silence m'enveloppe; tout aspire au repos, excepté ma plume, qui trouble peut-être le sommeil de quelque atome vivant, endormi dans les plis de mon cahier, car elle fait son petit bruit en écrivant ces vaines pensées. Et alors qu'elle cesse; car ce que j'écris, ce que j'ai écrit et ce que j'écrirai ne vaudra jamais le sommeil d'un atome. »

Certes, cela est beau comme de beaux vers. On parle des Lakistes et de leur poésie, et La Morvonnais, vers ce temps même, en était fort préoccupé, au point d'aller visiter Wordsworth à sa résidence de Rydal-Mount, près des lacs du Westmoreland, et de rester en correspondance avec ce grand et pacifique esprit, avec ce patriarche de la muse intime. Guérin, sans tant y songer, ressemblait mieux aux Lakistes en ne visant nullement à les imiter : il n'est point chez eux de sonnet pastoral plus limpide, il n'est point dans les poétiques promenades de Cowper de plus transparent tableau, que la page qu'on vient de lire, dans sa peinture si réelle à la fois et si tendre, si distincte et si émue. L'humble sentiment qui termine, et qui tient compte du moindre atome vivant, est à faire envie à un doux poëte de l'Inde.

Mais Guérin dut s'arracher à cette solitude, où il allait s'oublier et trop savourer, s'il n'y prenait garde, le fruit du *lotos*. Dans une dernière promenade, par une riante après-midi d'hiver, sur ces falaises, le long de ce sentier qui tant de fois l'y avait conduit à travers les buis et les coudriers, il exhale ses adieux et emporte tout ce qu'il peut de l'âme des choses. Le lendemain il est à Caen ; quelques jours après, à Paris. Sa nature timide, aussi tremblante et frissonnante que celle d'un daim effarouché, y éprouve, en arrivant, une secrète horreur. Il se méfie de lui; il a peur des hommes :

« Paris, 1ᵉʳ février 1834. — Mon Dieu, fermez mes yeux; gardez-moi de voir toute cette multitude dont la vue soulève en moi des pensées si amères, si décourageantes. Faites qu'en la traversant je sois sourd au bruit, inaccessible à ces impressions qui m'accablent quand je passe parmi la foule ; et pour cela mettez devant mes yeux une image, une vision des choses que j'aime, un champ, un vallon, une lande, le Cayla, le Val, quelque chose de la nature. Je marcherai le regard attaché sur ces douces formes, et je passerai sans ressentir aucun froissement. »

Ici il nous faut bien entrer un peu dans le secret de cette nature de Guérin. Il y avait une véritable contradiction en lui : par tout un côté de lui-même, il sentait la nature extérieure passionnément, éperdument ; il était capable de s'y plonger avec hardiesse, avec une frénésie superbe, d'y réaliser par l'imagination l'existence fabuleuse des antiques demi-dieux ; par tout un autre côté, il se repliait sur lui, il s'analysait, il se rapetissait et se diminuait à plaisir ; il se dérobait avec une humilité désespérante ; il était de ces âmes, pour ainsi dire nées chrétiènnes, qui ont besoin de s'accuser, de se repentir, de trouver hors d'elles un amour de pitié, de *compassion;* qui se sont confessées de bonne heure, et qui auront besoin de se confesser toujours. J'ai connu de ces âmes-là, et il m'est arrivé à moi-même d'en décrire une, autrefois, dans un roman que cette affinité secrète avait fait agréer de Guérin avec indulgence. Lui aussi il était, mais il n'était qu'à demi de la race de René, en ce sens qu'il ne se croyait pas une nature supérieure ; bien loin de là, il croyait se sentir pauvre, infirme, *pitoyable*, et, dans ses meilleurs jours, une nature *plutôt écartée que supérieure :*

« Pour être aimé tel que je suis, se murmurait-il à lui-même, il faudrait qu'il se rencontrât une âme qui voulût bien s'incliner vers son inférieure, une âme forte qui pliât le genou devant la plus faible, non pour l'adorer, mais pour la servir, la consoler, la garder, comme on fait pour un malade ; une âme enfin douée d'une sensibilité humble autant que profonde, qui se dépouillât assez de l'orgueil, si naturel même à l'amour, pour ensevelir son cœur dans une affection obscure, à laquelle le monde ne comprendrait rien, pour consacrer sa vie à un être débile, languissant et tout intérieur, pour se résoudre à concentrer tous ses rayons sur une fleur sans éclat, chétive et toujours tremblante, qui lui rendrait bien de ces parfums dont la douceur charme et pénètre, mais jamais de ceux qui enivrent et exaltent jusqu'à l'heureuse folie du ravissement. »

Ses amis luttaient le plus qu'ils pouvaient contre cette disposition découragée, dont il leur exprimait parfois les accès, es flux et reflux intérieurs, avec une délicatesse exquise, avec une lucidité effrayante ; ils le pressaient, à cette entrée dans la vie pratique, de se faire un plan d'études, de vouloir avec suite, d'appliquer et de concentrer ses forces intellectuelles selon une méthode et sur des sujets déterminés. On espéra un moment lui faire avoir une chaire de littérature comparée qu'il était question de fonder au collége de Juilly, alors dirigé par MM. de Scorbiac et de Salinis ; mais cette idée n'eut pas de suite, et Guérin dut se contenter d'une classe provisoire au collége Stanislas et de quelques leçons qu'il donnait çà et là. Un cordial ami breton, qui se trouvait à Paris (M. Paul Quemper), avait pris à tâche de lui aplanir les premières difficultés, et il y réussit. Cette part faite aux nécessités matérielles, Guérin se réfugia d'autant plus, aux heures réservées, dans la vie du cœur et de la fantaisie; il abonda dans sa propre nature; retiré, comme dans son *terrier*, dans un petit jardin de la rue d'Anjou, proche de la rue de la Pépinière, il se reportait en idée aux grands et doux spectacles qu'il avait rapportés de la terre de l'Ouest; il embrassait dans son ennui la tige de son lilas, « comme le seul être au monde contre qui il pût appuyer sa chancelante nature, comme le seul capable de supporter son embrassement. » Mais bientôt l'air de ce Paris qu'il fallait traverser chaque jour agit sur ce désolé de vingt-quatre ans; l'attrait du monde le gagna peu à peu; de nouvelles amitiés se firent qui, sans effacer les anciennes, les rejetèrent insensiblement dans le lointain. Qui l'eût rencontré deux ans après, mondain, élégant, *fashionable* même, causeur à tenir tête aux brillants causeurs, n'aurait jamais dit, à le voir, que ce fût un actif *malgré lui*. Il n'est rien de tel que ces poltrons échappés, dès qu'ils ont senti l'aiguillon. Et, en même temps, ce talent dont il s'obstinait à douter toujours se développait, s'enhardissait; il l'appliquait enfin à des sujets composés, à des créations extérieures; l'artiste proprement dit se manifestait en lui.

Et ici que la piété d'une sœur qui a présidé à ce monument dressé à un tendre génie nous permette une réflexion. Dans le juste tribut que l'on paye à la mémoire d'un mort chéri, il ne doit se glisser rien d'injuste envers les vivants, et l'omission peut être une injustice. Les trois ou quatre années que Guérin vécut à Paris, et où il vécut de cette vie de privations et de lutte, d'études et de monde, de relations diverses, ne sont nullement des années à mépriser ni à voiler. Cette vie est celle que beaucoup d'entre nous ont connue, et qu'ils mènent encore. Il perdit d'un côté sans doute, il gagna de l'autre. Il fut en partie infidèle à la fraîcheur de ses impressions adolescentes; mais, comme tous les infidèles qui ne le sont pas trop, il ne s'en épanouit que mieux. Le talent est une tige qui s'implante volontiers dans la vertu, mais qui souvent aussi s'élance au delà et la dépasse : il est même rare qu'il lui appartienne en entier au moment où il éclate ; ce n'est qu'au souffle de la passion qu'il livre tous ses parfums.

Gardant toutes ses délicatesses de cœur, ses empreintes de nature champêtre et de paysage qu'il ravivait de temps en temps par des voyages rapides, Guérin, partagé désormais entre deux cultes, le *Dieu des cités* et *celui des déserts,* était le mieux préparé à aborder l'art, à combiner et à oser une œuvre. Il continuait, il est vrai, d'écrire dans son Journal qu'il ne se croyait pas de talent ; il se le démontrait de son mieux dans des pages subtiles et charmantes, et qui prouvaient ce talent même. Mais quand il se risquait à dire ces choses à ses amis, gens d'esprit, gens du métier, de spirituel entrain et de verve, à d'Aurevilly, à Scudo, à Amédée Renée[1] et quelques autres, il était impitoyablement raillé et tancé, et, ce qui vaut mieux, il était rassuré contre lui-même ; il leur empruntait, à son insu, de leur mouvement et de leur intrépidité. Et c'est ainsi qu'il entra un jour dans toute sa puissance. L'idée du *Centaure* lui vint à la suite de plusieurs visites qu'il avait faites avec M. Trebutien au Musée des Antiques. Il lisait alors Pausanias, et s'émerveillait de la multitude d'objets décrits par l'antiquaire grec : « La Grèce, disait-il, était comme un grand Musée. » — Nous assistons aux deux ordres, aux deux suites d'idées qui se rencontrèrent et se rejoignirent en lui dans une alliance féconde.

Le Centaure n'est nullement un pastiche de Ballanche ; c'est une conception originale et propre à Guérin. On a vu comment il aimait à se répandre et presque à se ramifier dans la nature, il était, à de certains moments, comme ces plantes voyageuses dont les racines flottent à la surface des eaux, au gré des mers.

---

1. Dans le recueil de vers publié par M. Amédée Renée en 1841, sous le titre d'*Heures de Poésie*, il y a une belle pièce consacrée *à la Mémoire de Maurice de Guérin ;* sa nature de poëte y est très-bien caractérisée ; il y est appelé *malade d'infini.*

Il a exprimé en mainte occasion cette sensation diffuse, errante; il y avait des jours où, dans son amour du calme, il enviait « la vie forte et muette qui règne sous l'écorce des chênes; » il rêvait à je ne sais quelle métamorphose en arbre : mais cette destinée de vieillard, cette fin digne de *Philémon* et de *Baucis*, et bonne tout au plus pour la sagesse d'un Laprade, jurait avec la séve ardente, impétueuse d'un jeune cœur. Guérin donc avait cherché jusqu'alors sa forme et ne l'avait pas trouvée : elle se révéla tout d'un coup à lui et se personnifia sous la figure du *Centaure*. Ces grandes organisations primitives auxquelles ne croyait pas Lucrèce et auxquelles Guérin nous fait presque croire; en qui le génie de l'homme s'alliait à la puissance animale encore indomptée et ne faisait qu'un avec elle; par qui la nature, à peine émergée des eaux, était parcourue, possédée ou du moins embrasée dans des courses effrénées, interminables, lui parurent mériter un sculpteur, et aussi un auditeur capable d'en redire le mystère. Il supposa le dernier des Centaures interrogé au haut d'un mont, au bord de son antre, et racontant dans sa mélancolique vieillesse les plaisirs de ses jeunes ans à un mortel curieux, à ce diminutif de Centaure qu'on appelle homme; car l'homme, à le prendre dans cette perspective fabuleuse grandiose, ne serait qu'un Centaure dégradé et *mis à pied*. Rien n'est puissant comme ce rêve de quelques pages; rien n'est plus accompli et plus classique d'exécution.

Guérin rêvait plus; ce n'était là qu'un début; il avait aussi fait une *Bacchante* qui ne s'est point retrouvée, fragment anticipé de je ne sais quel poëme en prose dont le sujet était *Bacchus dans l'Inde;* il méditait un *Hermaphrodite*. La Galerie des Antiques lui offrait ainsi des moules où il allait verser désormais et fixer sous des formes sévères ou attendries toutes ses sensations rassemblées des bruyères et des grèves. Une première phase s'ouvrait pour son talent. Mais l'artiste, en présence de son temple idéal, ne fit que la statue du seuil : il devait tomber dès les premiers pas. Heureux d'un mariage tout récent avec une jeune et jolie créole, assuré désormais du foyer et du loisir, il fut pris d'un mal réel qui n'éclaira que trop les sources de ses habituelles faiblesses. On comprit alors cette plainte obstinée d'une si riche nature ; les germes d'extinction et de mort précoce qui étaient déposés au fond de ses organes, dans les racines de la vie, se traduisaient fréquemment au moral par ce sentiment inexprimable de découragement et de défaillance. Ce beau jeune homme, emporté mourant dans le Midi, expira dans l'été de 1839, au moment où il revoyait le ciel natal, et où il y retrouvait toute la fraîcheur des tendresses et des piétés premières. Les Anges de la famille veillaient en prière à son chevet, et ils consolèrent son dernier regard. Il n'avait que vingt-neuf ans. Ces deux volumes qu'on donne aujourd'hui le feront vivre ; et par une juste compensation d'une destinée si cruellement tranchée, ce qui est épars, ce qui n'était écrit et noté que pour lui seul, ce qu'il n'a pas eu le temps de tresser et de transformer selon l'art, devient sa plus belle couronne, et qui ne se flétrira point, si je ne m'abuse.

SAINTE-BEUVE,
de l'Académie Française

JOURNAL

DE

MAURICE DE GUÉRIN

(Juillet 1832 — Octobre 1835)

JOURNAL

DE

MAURICE DE GUÉRIN

(Juillet 1832 - Octobre 1835)

Au Cayla, 10 juillet 1832.

Voici bientôt trois mois et demi que je suis à la campagne, sous le toit paternel, *at home* (délicieuse expression anglaise qui résume tout le *chez soi*), au centre d'un horizon chéri. J'ai vu le printemps, et le printemps au large, libre, dégagé de toute contrainte, jetant fleurs et verdure à son caprice, courant comme un enfant folâtre par nos vallons et nos collines, étalant conceptions sublimes et fantaisies gracieuses, rapprochant les genres, harmonisant les contrastes à la manière ou plutôt pour l'exemple des grands artistes. Je me suis assis au fond des bois, au bord des ruisseaux, sur la croupe des collines; j'ai remis le pied partout où je l'avais posé, enfant, rapidement et avec toute l'insouciance de cet âge. Aujourd'hui, je l'y ai appuyé fortement; j'ai insisté sur mes traces primitives; j'ai recommencé mon pèlerinage avec recueillement et dévotion, avec le recueillement des souvenirs et la dévotion de l'âme à ses premières impressions de paysage.

Le 30. — Il y a des livres qu'il ne faut plus lire. J'ai choisi pour relire *René* un jour des plus désenchantés de ma vie, où mon cœur me semblait mort, un jour de la plus aride sécheresse, pour essayer tout le pouvoir de ce livre sur une âme, et j'ai connu qu'il était grand. Cette lecture a détrempé mon âme comme une pluie d'orage.

Je prends un charme infini à revenir sur mes premières lectures, mes lectures passionnées de seize à dix-neuf ans. J'aime à puiser des larmes aux sources presque taries de ma jeunesse.

Le 4 août. — Aujourd'hui j'achève ma vingt-deuxième année. J'ai vu souvent, à Paris, des enfants s'en aller en terre dans de tout petits cercueils, et traverser ainsi la grande foule. Oh! que n'ai-je traversé le monde comme eux, enseveli dans l'innocence de mon cercueil et dans l'oubli d'une vie d'un jour! Ces petits anges ne savent rien de la terre; ils naissent dans le ciel. Mon père m'a dit que, dans mon enfance, il a vu souvent mon âme sur mes lèvres, prête à s'envoler. Dieu et l'amour paternel la retinrent dans l'épreuve de la vie. Reconnaissance et amour à tous deux! Mais je ne puis m'empêcher de regretter le ciel où je serais, et que je ne puis atteindre que par la ligne oblique de la carrière humaine.

Le 13. — Je suis faible, bien faible! Combien de fois, même depuis que la grâce marche avec moi, ne suis-je pas tombé comme un enfant sans lisières! Mon âme est frêle au delà de tout ce qu'on peut imaginer. C'est le sentiment de ma faiblesse qui me fait chercher un abri et qui me donne la force de briser avec le monde pour rester plus sûrement avec Dieu. Deux jours au grand air, à Paris, mettraient à bout toutes mes résolutions. Il me faut donc les cacher, les enfouir, les mettre à l'ombre de la retraite. Or, parmi les asiles ouverts aux âmes qui ont besoin de fuir, nul ne m'est plus favorable que la maison de M. de Lamennais, pleine de science et de piété.

Quand j'y réfléchis, je rougis de ma vie dont j'ai tant abusé. J'ai flétri mon humanité. Heureusement j'avais deux parts dans mon âme; je n'ai plongé qu'à demi dans le mal. Tandis qu'une moitié de moi-même rampait à terre, l'autre, inaccessible à toute souillure, haute et sereine, amassait goutte à goutte cette poésie qui jaillira, si Dieu me laisse le temps. Tout est là pour moi. Je dois tout à la poésie, puisqu'il n'y a pas d'autre mot pour exprimer l'ensemble de mes pensées; je lui dois tout ce que j'ai encore de pur, d'élevé, de solide dans mon âme; je lui dois tout ce que j'ai eu de consolations; je lui devrai peut-être mon avenir.

Je sens que mon amitié pour L... est forte aujourd'hui, après avoir passé par les extravagances de collége et le délire de notre première sortie dans le monde. Elle se fait sérieuse comme le temps et douce comme un fruit qui atteint sa maturité.

A La Chênaie, 6 février 1833.

J'achève de lire le premier volume des *Mémoires* de Gœthe. Ce livre m'a laissé des impressions diverses. Mon imagination est tout émue de Marguerite, de Lucinde, de Frédérica. Klopstock, Herder, Wieland, Gellert, Gleim, Bürger, cet élan de la poésie allemande qui se lève si belle, si nationale, vers le milieu du XVIIIe siècle, toute cette fermentation de la pensée dans les têtes germaniques intéresse profondément, surtout en face de l'époque actuelle, si féconde et si glorieuse pour l'Allemagne. Mais une pensée amère survient en suivant les détails d'éducation et la marche du développement intellectuel des jeunes gens, tel qu'on l'entend dans ce pays; et l'amertume naît de la comparaison avec l'éducation française. J'ai consumé dix ans dans les colléges, et j'en suis sorti emportant, avec quelques bribes de latin et de grec, une masse énorme d'ennui. Voilà à peu près le résultat de toute éducation de collége en France. On met aux mains des jeunes gens les auteurs de l'antiquité ; c'est bien. Mais leur apprend-on à connaître, à apprécier l'antiquité ? Leur a-t-on jamais développé les rapports de ces magnifiques littératures avec la nature, avec les dogmes religieux, les systèmes philosophiques, les beaux-arts, la civilisation des peuples anciens ? A-t-on jamais mené leur intelligence par ce bel enchaînement qui lie toutes les pièces de la civilisation d'un peuple, et en fait un superbe ensemble dont tous les détails se touchent, se reflètent, s'expliquent mutuellement ? Quel professeur, lisant à ses élèves Homère ou Virgile, a développé la poésie de l'*Iliade* ou de l'*Énéide* par la poésie de la nature sous le ciel de la Grèce ou de l'Italie ? Qui a songé à commenter réciproquement les poëtes par les philosophes, les philosophes par les poëtes, ceux-ci par les artistes, Platon par Homère, Homère par Phidias ? On isole ces grands génies, on disloque une littérature et l'on vous jette ses membres épars, sans prendre la peine de vous dire quelle place ils occupaient, quelles relations ils entretenaient dans la grande organisation d'où on les a détachés. Les enfants ont un goût tout particulier pour découper les gravures qui tombent entre leurs mains : ils détachent avec beaucoup d'adresse les personnages les uns des autres ; leurs ciseaux en suivent exactement tous les contours, et le groupe ainsi divisé est réparti entre la petite troupe, parce que chacun veut avoir une *image*. Le travail de nos professeurs ne ressemble pas mal à celui des enfants; et un auteur, ainsi séparé de son entourage, est aussi difficile à comprendre que le personnage découpé par les enfants et détaché de l'ensemble et des ombres du tableau. Après cela, faut-il s'étonner que les études soient si vides, si insuffisantes? Que peut-il rester d'un long acharnement à la lettre morte et quasi dénuée de sens, sinon le dégoût et presque la haine de l'étude? En Allemagne, au contraire, une large philosophie préside aux études littéraires et verse sur les premiers travaux de la jeunesse cette onction si suave qui entretient et développe l'amour de la science.

Allons, du courage! Je suis si accoutumé aux adieux, aux séparations! Oh! pourtant, celle-là, c'est trop fort. Non, ce n'est pas trop fort, puisqu'il n'est pas de mal, quelque grand qu'il soit, qui ne développe dans l'âme une égale faculté de souffrance. Je souffrirai, mais je tiendrai parole.

Le 3 mars. — J'ai commencé à écrire sur ce cahier le 10 juillet 1832, et je n'y suis revenu qu'à longs intervalles. Ces huit mois se sont passés dans les plus rudes souffrances (de l'âme). J'ai peu écrit, parce que mes forces étaient à peu près anéanties. Si le mal eût laissé un peu de liberté à mon intelligence, j'aurais recueilli des observations très-curieuses sur les souffrances morales; mais j'étais étourdi par la douleur. Je crois que le printemps me fera grand bien. A mesure que le soleil monte et que la chaleur vitale se répand dans la nature, l'étreinte de la douleur perd de son énergie; je sens ses nœuds qui se relâchent et mon âme, longtemps serrée et presque étouffée, qui s'élargit et s'ouvre à proportion pour respirer.

La journée d'aujourd'hui m'a enchanté. Le soleil s'est montré pour la première fois depuis bien longtemps dans toute sa beauté. Il a développé les boutons des feuilles et des fleurs, et réveillé dans mon sein mille douces pensées.

Les nuages reprennent leurs formes légères et gracieuses, et dessinent sur l'azur de charmants caprices. Les bois n'ont pas encore de feuilles, mais ils prennent je ne sais quel air vivant et gai qui leur donne une physionomie toute nouvelle. Tout se prépare pour la grande fête de la nature.

Le 4. — Je vois des ouvriers qui bêchent dans le jardin. Ces pauvres gens s'épuisent ainsi toute leur vie pour gagner de quoi manger leur pain de chaque jour, leur pain sec et noir. Quel mystère que celui de toutes ces existences si rudes et si humbles! et c'est la presque totalité du genre humain. Un jour viendra où tous ces hommes de peine de la société lui montreront leurs mains noircies et calleuses, crevassées par les manches de leurs outils, et lui diront : « Seigneur, qui avez dit : Heureux les pauvres et les humbles, nous voici! »

To you, good God, we make our last appeal.

Le 6. — Élie[1] et moi avons eu long entretien. Toujours pleins d'enthousiasme pour les voyages, nous avons fait une excursion en Amérique; nous avons remonté les grands fleuves, navigué sur les lacs, erré dans les forêts à la suite de Natty Bumppo et des autres héros de Cooper. Délicieuses réminiscences. Retour en Europe. Prodigieuse fermentation de la société. Infinité des pensées qui traversent l'intelligence humaine, toutes les intelligences, à partir des plus hautes puissances angéliques jusqu'à nous, et peut-être au-dessous... qui sait? Océan de pensées qui ondule devant Dieu. Qu'est-ce qu'une intelligence humaine prise à part de cette immensité, et cette immensité elle-même devant la pensée éternelle, Dieu? Anéantissement. Il est un homme qui a médité toutes ces choses, qui a précipité son génie dans des abîmes d'humilité, et dont l'âme est si forte qu'il écrit, non pour la gloire du monde, mais pour le bien du monde, sans plier ni faiblir. Luttes mystérieuses du génie, mission, martyre. Dieu lui a, en quelque sorte, révélé les dernières profondeurs de la société et tous les secrets du mal qui la dévore. Il a vu tout cela, et il a été quelque temps sans savoir par quel bout prendre cette société malade, et il a été en proie à de grandes tristesses, à une sorte d'agonie. Enfin il a rencontré ce qu'il cherchait, et la joie lui est revenue. Il accomplit sa grande mission.

---

1. Élie de Kertanguy, mort en 1846.

Oh! qui connaîtrait les rudes combats de son âme n'aurait pas assez d'admiration pour un tel dévouement, car les puissances intérieures de cet homme sont sans cesse aux prises avec des pensées qui écraseraient d'autres forces que les siennes; mais il a reçu l'apostolat comme saint Paul et il évangélise.

« Nam si evangelizavero, non est mihi gloria : necessitas enim mihi incumbit; væ enim mihi est, si non evangelizavero. » — Saint Paul.

Nous en avons conclu la nécessité, l'indispensable loi qui pèse sur chacun de remplir sa mission sociale, quelque étroite, quelque imperceptible qu'elle soit. Nous devons tous au bien général, non-seulement le sacrifice de nos passions, mais aussi le sacrifice de nos goûts innocents, de nos projets de bonheur individuel, si ce bonheur doit être oisif et inutile à nos semblables. Nous avons jeté un regard sur l'existence si douce, si paisible, qui se cache dans le giron de la famille; mais ç'a été un regard de sacrifice, résolus que nous sommes à choisir notre place là où nous pourrons faire le plus de bien.

Cet entretien a relevé mes forces si faibles, si chancelantes. Mon cœur s'est rempli d'une douceur inconnue, et mon âme est rentrée dans elle-même, comme un malade qui, après avoir bu une potion bienfaisante, se renfonce dans son lit en témoignant son contentement, qui n'est, à la vérité, que l'expression de l'espérance.

Le 8. — Jour de neige. Un vent de sud-est la roule en tourbillons, en grandes trombes d'une éblouissante blancheur. Elle se fond en tombant. Nous voilà reportés comme au cœur de l'hiver, après quelques sourires du printemps. Le vent est assez froid; les petits oiseaux chanteurs nouveaux venus grelottent, et les fleurs aussi. Les fentes des cloisons et des croisées gémissent comme en janvier, et moi, dans ma pauvre enveloppe, je me resserre comme la nature.

Le 9. — Encore de la neige, giboulées, coups de vent, froidure. Pauvre Bretagne, tu as bien besoin d'un peu de verdure pour réjouir ta sombre physionomie. Oh! jette donc vite ta cape d'hiver et prends-moi ta mantille printanière, tissue de feuilles et de fleurs. Quand verrai-je flotter les pans de ta robe au gré des vents? — Lu Homère et les exploits des héros normands en Italie et en Sicile. Achille, Diomède, Ulysse, Robert Guiscard, Roger, se sont rencontrés et salués.

Le 10. Τοῦτο νὺ καὶ γέρας οιον ὀϊζυροῖσι βροτοῖσι,
Κείρασθαί τε κόμην, βαλέειν τ' ἀπὸ δάκρυ παρειῶν.

ODYSS., IV.

Le 11. — Il a neigé toute la nuit. Mes volets mal fermés m'ont laissé entrevoir, dès mon lever, cette grande nappe blanche qui s'est étendue en silence sur la campagne. Les troncs noirs des arbres s'élèvent comme des colonnes d'ébène sur un parvis d'ivoire ; cette opposition dure et tranchée et l'attitude morne des bois attristent éminemment. On n'entend rien : pas un être vivant, sauf quelques moineaux qui vont se réfugier en piaulant dans les sapins, qui étendent leurs longs bras chargés de neige. L'intérieur de ces arbres touffus est impénétrable aux frimas ; c'est un asile préparé par la Providence : les petits oiseaux le savent bien.

J'ai visité nos primevères : chacune portait son petit fardeau de neige et pliait la tête sous le poids. Ces jolies fleurs si richement colorées faisaient un effet charmant sous leurs chaperons blancs. J'en ai vu des touffes entières recouvertes d'un seul bloc de neige : toutes ces fleurs riantes ainsi voilées et se penchant les unes sur les autres semblaient un groupe de jeunes filles surprises par une ondée et se mettant à l'abri sous un tablier blanc.

J'attendais une lettre ce soir ; je n'en ai point reçu, mais un ami m'est arrivé. Il serait très-curieux d'observer si, dans les moindres chagrins de la vie, la Providence ne nous ménage pas des compensations que notre mauvaise humeur et notre injustice nous empêchent d'apprécier.

Le 12. — « Gustans gustavi in summitate virgæ quæ erat in manu mea, paululum mellis, et ecce morior. » — (*Lib. Reg.*, cap. XIV.)

Le 15. — Nous vivons trop peu en dedans, nous n'y vivons presque pas. Qu'est devenu cet œil intérieur que Dieu nous a donné pour veiller sans cesse sur notre âme, pour être le témoin des jeux mystérieux de la pensée, du mouvement ineffable de la vie dans le tabernacle de l'humanité? Il est fermé, il dort; et nous ouvrons largement nos yeux terrestres, et nous ne comprenons rien à la nature, ne nous servant pas du sens qui nous la révélerait, réfléchie dans le miroir divin de l'âme. Il n'y a pas de contact entre la nature et nous : nous n'avons l'intelligence que des formes extérieures, et point du sens, du langage intime, de la beauté en tant qu'éternelle et participant à Dieu, toutes choses qui seraient limpidement retracées et mirées dans l'âme, douée d'une merveilleuse faculté spéculaire. Oh! ce contact de la nature et de l'âme engendrerait une ineffable volupté, un amour prodigieux du ciel et de Dieu.

Descendre dans l'âme des hommes et faire descendre la nature dans son âme.

Le 16. — Je lis dans *l'Europe littéraire* quelques pensées remarquables. Il y est dit que les zones intellectuelles s'effacent chaque jour, que les hautes intelligences éparses sur tout le globe commencent à se comprendre les unes les autres, que tout s'achemine vers une vaste république de la pensée humaine. Et plus bas : que les anciens ont admirablement saisi les traits généraux de l'âme humaine et de la nature, qu'ils en ont fait une poésie extérieure, plastique, visible ; mais que l'âge est venu de la poésie intime, profonde, analytique... Ces pensées ne sont pas tout à fait neuves et courent le monde depuis quelque temps ; mais il est bon de se rendre présent le plus possible le grand mouvement qui s'opère, de le formuler.

Le 19. — Promenade dans la forêt de Coëtquen. Rencontre d'un site assez remarquable pour sa sauvagerie : le chemin descend par une pente subite dans un petit ravin où coule un petit ruisseau sur un fond d'ardoise, qui donne à ses eaux une couleur noirâtre, désagréable d'abord, mais qui cesse de l'être quand on a observé son harmonie avec les troncs noirs des vieux chênes, la sombre verdure des lierres, et son contraste avec les jambes blanches et lisses des bouleaux. Un grand vent [du] nord roulait sur la forêt et lui faisait pousser de profonds mugissements. Les arbres se débattaient sous les bouffées de vent comme des furieux. Nous voyions à travers les branches les nuages qui volaient rapidement par masses noires et bizarres, et semblaient effleurer la cime des arbres. Ce grand voile sombre et flottant laissait parfois des défauts par où se glissait un rayon de soleil qui descendait comme un éclair dans le sein de la forêt. Ces passages subits de lumière donnaient à ces profondeurs si majestueuses dans l'ombre quelque chose de hagard et d'étrange, comme un rire sur les lèvres d'un mort.

Le 20. — L'hiver s'en va en souriant ; il nous fait ses adieux par un beau soleil resplendissant dans un ciel pur et uni comme une glace de Venise. Encore un pas du temps qui s'achève. Oh! que ne peut-il, comme les coursiers des immortels, atteindre en quatre bonds les limites de sa durée!

Achevé de lire le premier volume de l'*Histoire des Républiques italiennes*. C'est un beau spectacle que de voir la liberté sortant des décombres de l'empire romain et s'asseyant, une croix à la main, sur les grèves des mers, à Venise, à Gênes, à Pise. Elle s'était d'abord montrée à Amalfi, à Naples, à Gaëte ; mais les rois la chassèrent. Alors elle dit un long adieu à l'Italie méridionale, et, côtoyant toujours la mer, elle s'arrêta au nord. M. Sismonde Sismondi a manqué ce beau drame de la liberté italienne ; il n'a pas compris le caractère du plus haut personnage, du véritable héros de cette grande scène, le Pape. Il jette presque parmi les comparses les acteurs à qui appartient le premier rôle. Il représente les souverains pontifes comme des ambitieux vulgaires, des barons querelleurs, la tiare sur la tête et la crosse en main. C'est dans son œuvre un vide immense qui se fait sentir à chaque page. — Il paye aussi fort mal la comtesse Mathilde de son beau dévouement à la cause des papes, et conséquemment à la liberté italienne.

Le 21. — Plaisir épuisé. J'ai lu la dernière page des *Études de la Nature*. C'est un de ces livres dont on voudrait qu'ils ne finissent pas. Il y a peu à gagner pour la science, mais beaucoup pour la poésie, pour l'élévation de l'âme et la contemplation de la nature. Ce livre dégage et illumine un sens que nous avons tous, mais voilé, vague, et privé presque de toute activité, le sens qui recueille les beautés physiques et les livre à l'âme, qui les spiritualise, les harmonie, les combine avec les beautés idéales, et agrandit ainsi sa sphère d'amour et d'adoration.

Mon Dieu, que nous plaignons-nous de notre isolement? J'ai été longtemps possédé de cette folie. C'est qu'alors je vivais mal; j'avais établi de faux rapports entre les créatures et mon âme, et je souffrais beaucoup, car la création me refusait ses trésors de jouissances et me repoussait de son intimité à raison de ces faux rapports. Je me désolais dans une solitude profonde, la terre me semblait pire qu'une île déserte et toute nue au sein d'un océan sauvage. C'était un silence à faire peur. Folie, pure folie! Il n'y a pas d'isolement pour qui sait prendre sa place dans l'harmonie universelle et ouvrir son âme à toutes les impressions de cette harmonie. Alors on va jusqu'à sentir presque physiquement que l'on vit de Dieu et en Dieu : l'âme s'abreuve, à perdre haleine, de cette vie universelle : elle y nage comme le poisson dans l'eau.

Abjurons le culte des idoles, tournons le dos à tous les dieux de l'art, chargés de carmin et de fausses parures, à tous ces simulacres qui ont des bouches et ne parlent pas. Adorons la nature franche, naïve et point du tout exclusive. Mon Dieu, peut-on faire des poétiques en face de l'ample poésie de l'univers? Le Seigneur vous l'a faite, votre poétique! C'est la création. Comptez-vous en savoir plus long que lui?

Le 22. — Journée stérile; la lettre qui m'est arrivée hier au soir m'a complétement paralysé. Elle est un peu sévère, mais pleine de bons conseils. Par malheur, je suis ainsi fait, que les meilleurs remèdes manquent leur effet sur moi, et, ce qui est bien plus étrange, empirent quelquefois ma situation. Ainsi cette lettre, en touchant à mes plaies les plus vives pour les guérir, a réveillé en moi une vibration de toutes mes souffrances passées. Tous mes souvenirs amers se sont réveillés en sursaut; j'ai résumé en quelques heures mes misères de dix ans, résumé non en esprit, mais en sensation réelle et profonde. Tant que ces tristes choses resteront empreintes dans ma mémoire, ma nouvelle vie sera pauvre et traînante. Un rien me fait retomber dans ces souvenirs et provoque des crises qui m'épuisent et me mettent sur les dents. Il est vrai que ce passé dont je parle est encore si près qu'il projette sur moi toute la longueur de son ombre. J'espère qu'à mesure que je m'en éloignerai, sa présente puissance s'affaiblira et que je me trouverai enfin libre de ses impressions. Néanmoins je persiste à croire qu'il y a en moi un tel vice organique et un tel délabrement que je ne me réparerai jamais complétement. Mon élément craintif, inquiet, analytique, est trop vivace pour me laisser jamais en repos. Peut-être à force d'amour de Dieu parviendrai-je à lui ôter un peu de sa force. Si j'en souffrais tout seul, passe; mais ceux que j'aime et qui sont assez bons pour m'aimer en souffrent aussi. Je les afflige, et c'est mon plus grand malheur.

J'avance bien lentement du côté de l'intelligence. J'ai le pressentiment de mille choses, mais c'est plutôt un tourment qu'un progrès. Je lis avec lenteur et jamais libre de préoccupations inquiètes ; même la contemplation de la ravissante nature ne peut endormir ces pensées qui bourdonnent sans cesse autour de mon âme comme des moustiques. Je me traîne sur l'étude des langues dont je suis pourtant avide. Je suis tardif en tout, et cependant je sens quelque chose qui m'aiguillonne vivement.

Le 24. — E... m'est arrivé tout ému, la larme à l'œil. — Qu'avez-vous ? — M. Féli[1] m'a effrayé. — Comment ? — Il était assis derrière la chapelle, sous les deux pins d'Écosse ; il a pris son bâton, a dessiné une tombe sur le gazon et m'a dit : « C'est là que je veux reposer ; mais point de pierre tumulaire, un simple banc de gazon. Oh ! que je serai bien là ! » J'ai cru qu'il se sentait malade, qu'il prévoyait sa fin prochaine. Au reste, ce n'est pas la première fois qu'il

---

[1]. Nom familier de M. de Lamennais.

est agité de pressentiments ; il nous dit en partant pour Rome : « Je ne compte pas vous revoir, faites le bien que je n'ai pu faire. » Il est impatient de mourir. Ce monde est si misérable pour toute âme chrétienne, et surtout pour une âme chrétienne comme celle-là !

Le 26. — Un jeune Dauphinois, nommé Henri Guillermard, m'adresse des vers au sujet de quelques stances sur la Pologne, insérées dans *l'Avenir*, il y a dix-huit mois. C'est une assez drôle d'aventure de voir son amour-propre relancé après si longtemps et pour si peu de chose.

Le 27. — Je chemine assez bien dans ma nouvelle voie. J'éprouve bien parfois des lassitudes ; mais Dieu me rend vite le courage, sans doute parce que j'ai pris plus de confiance en sa toute-bonté. Mon travail devient plus sûr et plus calme ; les connaissances entrent dans ma tête sans confusion ni cohue, mais paisiblement et en belle ordonnance.

J'éprouve une grande délectation à combiner et mélanger l'étude de l'art antique et du moderne. Ces deux études conjointes et se donnant la main se prêtent des charmes merveilleux. Ceci me rappelle une gravure où l'on voit Homère abandonnant sa main à un bel enfant qui le conduit.

Le 28. — Toutes les fois que nous nous laissons

pénétrer à la nature, notre âme s'ouvre aux impressions les plus touchantes. Il y a quelque chose dans la nature, soit qu'elle rie et se pare dans les beaux jours, soit qu'elle devienne pâle, grise, froide, pluvieuse, en automne et en hiver, qui émeut non-seulement la surface de l'âme, mais même ses plus intimes secrets, et donne l'éveil à mille souvenirs qui n'ont, en apparence, aucune liaison au spectacle extérieur, mais qui sans doute entretiennent une correspondance avec l'âme de la nature par des sympathies qui nous sont inconnues. J'ai ressenti aujourd'hui cette puissance étonnante en respirant, couché dans un bois de hêtres, l'air chaud du printemps.

Le 29. — Hier, nous avons mené notre promenade plus loin que d'habitude. M. Gerbet, Mermet et moi, avons poussé une reconnaissance vers le nord, jusque sur la hauteur de Saint-Hélen. C'est une espèce de belvédère d'où la vue s'étend sur un vaste horizon, sombre et monotone au midi et à l'est. Au nord, s'élèvent les côtes de l'Océan, décrivant une longue ligne droite et bleue. Un peu au nord-est, grâce à l'interruption des hauteurs, nous avons entrevu la baie de Cancale. Les eaux, frappées par le soleil, resplendissaient vivement et décrivaient une barre lumineuse, qui nous les faisait distinguer de la côte bleuâtre de Normandie. A l'ouest, nous voyions Dinan là-bas avec ses hautes flèches, à demi voilées de ces vapeurs qui flottent sur les villes, dans le lointain des plaines. Dans la même direction, des maisons de campagne toutes blanches se détachaient sur un fond sombre, invariablement accompagnées d'une touffe de sapins, qui apparaissent comme un énorme géant noir faisant sentinelle pour la garde du foyer. Tout autour de l'horizon perçaient des clochers aigus s'élevant de distance en distance, comme les tours de cet immense rempart. Je suis enchanté de cette course pour m'avoir ouvert ce grand panorama, mais surtout pour m'avoir fait entrevoir l'Océan.

Le 30. Oh! c'est un beau spectacle à ravir la pensée, que cette immense circulation de vie qui s'opère dans l'ample sein de la nature; de cette vie qui sourd d'une fontaine invisible et gonfle les veines de cet univers. Obéissant à son mouvement d'ascension, elle monte de règne en règne toujours s'épurant et s'ennoblissant, pour faire battre enfin le cœur de l'homme qui est le centre où ses mille courants viennent aboutir de toutes parts. Là elle est mise en contact avec la Divinité; là, comme sur l'autel où l'on brûle l'encens, elle s'évapore, par un sacrifice ineffable, dans le sein de Dieu. Il me semble qu'il y aurait des choses profondes et merveilleuses à dire sur le sacrifice de la nature dans le cœur de l'homme et l'immolation eucharistique dans ce même cœur. La simultanéité de ces deux sacrifices et l'absorption de l'un dans l'autre sur le même autel, ce rendez-vous de Dieu et de toute la création dans l'humanité ouvrirait, ce me semble, de grandes vues en hauteur et en profondeur. *Sublimitas et profundum.*

Le 31. — L'amour qui parle, chante, gémit dans une partie de la création, se révèle dans l'autre moitié sous la forme des fleurs. Toute cette floraison si riche de formes, de couleurs, de parfums, qui resplendit dans la campagne, c'est l'expression de l'amour, c'est l'amour lui-même qui célèbre ses doux mystères dans le sein de chaque fleur. La branche fleurie, l'oiseau qui vient s'y percher pour chanter ou y bâtir son nid, l'homme qui regarde la branche et l'oiseau, sont mus par le même principe à divers degrés de perfection. Je lisais dans Herder que les fleurs périssent aussitôt après la fécondation, que les oiseaux perdent leur chant, leur gaieté, quelques-uns les vives couleurs de leur plumage après la saison des nids, que l'homme décline rapidement vers la vieillesse après l'âge des passions. Il y a beaucoup à méditer sur cette loi de dépérissement intimement liée à la loi de l'amour et de la reproduction.

Le 2 avril. — Les nuages nous ont jeté de la pluie tout le long du jour. Elle est tombée tantôt par ondées violentes, tantôt par rosées fines bruissant légèrement. Les merles, les fauvettes, tous les oiseaux chanteurs sifflent, gazouillent, rossignolent nonobstant. Les nuages laissent parfois de grandes clairières dans le ciel, par où le soleil précipite des torrents de lumière. Alors les nuages qui font la lisière s'illuminent, leurs files successives et fuyant au loin se retirent de proche en proche, mais par nuances affaiblies et dégradées en raison de leur éloignement, jusqu'à ce qu'enfin les rayons vont mourir sur une masse énorme qui se tient immobile aux confins de l'horizon sud-est, blanchissant ses saillies et laissant dans l'ombre les parties rentrantes de ses anfractuosités.

Le 4. — Matinée toute pluvieuse. Le printemps prend une mauvaise tournure. Vers une heure, le ciel s'est déridé et nous avons eu quelques moments de sérénité et de chaleur pénétrante. Maintenant les nuages recommencent à envahir. J'ai vu leurs têtes grises se lever sur l'horizon ; en moins de rien, nous aurons perdu l'azur. Ils sont en fuite vers l'orient. J'aime assez cette attitude fuyarde des nuages : il y en a qui semblent se regarder comme pour se porter un défi de vitesse.

Le 5. — Journée belle à souhait. Des nuages, mais seulement autant qu'il en faut pour faire paysage au ciel. Ils affectent de plus en plus leurs formes d'été. Leurs groupes divers se tiennent immobiles sous le soleil comme les troupeaux de moutons dans les pâturages, quand il fait grand chaud. J'ai vu une hirondelle et j'ai entendu bourdonner les abeilles sur les fleurs. En m'asseyant au soleil pour me pénétrer jusqu'à la moelle du divin printemps, j'ai ressenti quelques-unes de mes impressions d'enfance : un moment, j'ai considéré le ciel avec ses nuages, la terre avec ses bois, ses chants, ses bourdonnements, comme je faisais alors. Ce renouvellement du premier aspect des choses, de la physionomie qu'on leur a trouvée avec les premiers regards, est, à mon avis, une des plus douces réactions de l'enfance sur le courant de la vie.

Mon Dieu, que fait donc mon âme d'aller se prendre ainsi à des douceurs si fugitives, le vendredi saint, en ce jour tout plein de votre mort et de notre rédemption ! Il y a en moi je ne sais quel damnable esprit qui me suscite de grands dégoûts et me pousse, pour ainsi dire, à la révolte contre les saints exercices et le recueillement de l'âme qui doivent nous préparer aux grandes solennités de la foi. Nous sommes en retraite depuis deux jours, et je ne fais que m'ennuyer, me ronger avec je ne sais quelles pensées et m'aigrir même contre les pratiques de la retraite. Oh ! je reconnais bien là le vieux ferment dont je n'ai pas encore bien nettoyé mon âme !

Le 10. — La grande fête est de trois jours derrière nous. Un anniversaire de moins à la mort et à la résurrection du Sauveur. Chaque année emporte ses solennités : quand donc viendra la fête éternelle?

— J'ai été témoin de quelque chose de bien touchant ; François nous a amené un de ses amis qu'il a gagné à la foi. Ce néophyte a suivi les exercices de notre retraite, et, le jour de Pâques, il a communié avec nous. François était aux anges. C'est un grand mérite qu'il s'est fait là. François est tout jeune, il a à peine vingt ans. M. de La M... en a trente et est marié. Il y a quelque chose de très-touchant et comme de naïf de la part de M. de La M... à se laisser ainsi mener à Dieu par un tout jeune homme ; et cette amitié si jeune qui se fait apôtre chez François n'est pas moins belle et touchante. Ils sont voisins de campagne, travaillent souvent ensemble et s'adressent des vers charmants sur leurs événements de famille ou d'amitié.

J'ai lu avec la plus vive délectation *Lucrèce Borgia*. Tout ce qui part de Hugo, il va sans dire que c'est remarquable et portant quelque forte empreinte. Il y a dans la trempe de son génie quelque chose de si surprenant, si éclatant, si étourdissant, qu'après la lecture de son œuvre, drame, ode ou roman, on demeure tout ébahi, l'âme profondément remuée et la tête grandement échauffée, du moins. Toutes ses compositions ébranlent quelques fibres des plus intimes de l'humanité ou s'enfoncent dans quelque profondeur. *Lucrèce Borgia* est allée bien avant. Il a raison, Hugo, quand il dit dans l'avertissement que ce drame sera sa principale date littéraire. En effet, il me semble que son génie s'est comme incarné dans cette œuvre. J'y trouve au plus haut degré d'exaltation les deux génies qui sont en possession de son âme : l'un fougueux, bondissant, excessif dans ses impétuosités, se plaisant aux choses étranges, effrayantes, courant les aventures périlleuses et fantastiques où il y aura du sang répandu et des rencontres à faire dresser les cheveux, fataliste parce que ses écarts l'emportent trop haut dans l'idéal de l'humanité sans l'approcher assez de Dieu; l'autre, calme, suave, plein de tendresse quoique peu plaintif, saisissant dans l'homme ce qu'il y a de plus pur, de plus élevé, de plus fécond en vertu et en douceur. Les *Odes et Ballades*, *Notre-Dame de Paris*, *Hernani*, *Han d'Islande*, *les Feuilles d'Automne*, sont tous frappés à cette double empreinte. Ces contrastes de son âme tendent à se dégager de plus en plus, à se mettre en relief plus évidemment. Il les a formulés dans l'avertissement de son nouveau drame et les a jetés en création sublime dans le drame même. Il nous fera des choses magnifiques avec ce dualisme; mais il fera grand mal s'il veut les faire passer en usage pour d'autres que pour lui.

Le 15. — Enfin j'ai vu l'Océan. C... [1] et moi nous sommes mis en route, jeudi, à une heure, par un

---

1. M. Edmond de Cazalès, fils du célèbre orateur de l'Assemblée constituante.

beau temps et un vent frais. Nous avions sept lieues à faire ; mais nous étions tellement ravis de nous voir en marche vers la mer que nous avions peu de souci de la longueur du chemin. C..., lui, a poussé un cri de joie : cette course à pied lui rappelait son voyage dans le midi de l'Allemagne et la Suisse, qu'il a fait pédestrement. Il goûte beaucoup cette façon d'aller : « Dans cet humble équipage, me disait-il, le voyageur se mêle au peuple ; il entre dans les hôtelleries pour se rafraîchir ou se délasser, il couche dans les chaumières, il accoste les voyageurs comme lui, et ces rencontres fortuites sur la poudre d'un grand chemin, ces hommes qui s'en vont chacun où Dieu le mène, entraînent quelquefois des confidences touchantes. » Puis il me parlait avec ravissement des beaux lacs et des grandes montagnes. A Châteauneuf, charmant petit village, une belle vue se déploya : d'un côté, au nord-ouest, c'étaient des étages de collines chargées de bois et portant chacune sa maison blanche, et, aux défauts des collines, la Rance, qui s'épanchait largement, éblouissante comme une glace au soleil : de l'autre, à l'est, une plaine bien cultivée et assez découverte allait se perdre à l'horizon. Quelques points de verdure précoce reluisaient par-ci par-là, et, à la couleur rouge et animée des bois, on reconnaissait que la vie et la chaleur montaient au front de la nature, et qu'elle était toute prête à s'épanouir. Ce grand spectacle, embelli de tous les prestiges du soleil, amena notre conversation sur l'étude et l'adoration de la nature. Je fus ravi d'entendre C... exprimer précisément ce que j'ai au fond de l'âme sur ce sujet. Il ajouta : « Ce grand mystère de la bonté de Dieu qui se manifeste à tous, bons et méchants, par ce déploiement des beautés et des richesses naturelles, est, à mon avis, un grand motif d'espérance pour la destinée des hommes dans l'autre vie. » La pensée de la mort qui nous apparut à travers ces réflexions nous sembla si douce et si consolante, que nous nous prîmes à désirer de mourir. Nous avions ôté à la mort ce masque hideux que la peur des mauvaises consciences lui a plaqué sur le visage, et elle nous souriait. N'en serait-il pas de même pour tous, si l'on était ému d'un brin d'amour pour les choses célestes ou même seulement d'un peu de curiosité? Il me disait encore : « J'ai été comblé des plus grandes grâces, j'en ai abusé prodigieusement, et j'ai cependant une telle confiance en Dieu que je me tiens sûr de mon salut. » Nous poussâmes notre conversation bien avant dans ce champ. Puis nous vînmes à nous conter notre vie intérieure, nos luttes, notre manière de prendre la vie, etc. Peu à peu la causerie s'en alla vers les poëtes et l'amour. C... sait bien des choses sur Lamartine, il a le bonheur d'être son ami; il en sait long sur l'amour, il a longtemps et beaucoup aimé, et il aime encore, mais avec un commencement de désenchantement. Lamartine, Hugo, Nodier et le reste nous menèrent aux portes de Saint-Malo, endormant à moitié la cruelle souffrance de mes pieds pressurés et déchirés dans des bottes trop étroites. Un peu après le coucher du soleil nous nous trouvâmes en face de la ville. Elle nous apparut tout à coup au détour d'une rue de Saint-Servan. Ce qui me frappa d'abord, ce fut une rangée de vaisseaux dont les corps énormes présentaient un front noir et de formes à peine saisissables dans l'ombre, mais dont la mâture et les cordages s'élevant dans le ciel dessinaient comme des broderies dans la lumière vespérale. Derrière ces vaisseaux nous apercevions une masse noire cerclée de remparts. C'était Saint-Malo, vrai nid d'oiseaux de mer; et plus loin, sans que nous pussions rien découvrir, une grande voix monotone : c'était l'Océan. Nous arrivâmes à la ville par la plage, à la faveur de la marée basse; nous prîmes notre logement à l'hôtel de France, d'où l'on a vue sur la mer, et, pour la première fois de ma vie, je m'endormis ayant l'Océan à deux cents pas de mon lit et sous le charme de la grande merveille. Le lendemain, vite à la mer. La marée commençait à monter, nous eûmes cependant le temps de faire à pied le tour de la roche qui porte Saint-Malo. Ce que j'éprouvai, en plongeant mes regards dans cet infini, serait assez difficile à formuler. L'âme ne suffit pas à ce spectacle, elle s'effare à cette grande apparition et ne sait plus où elle va. Je me souviens pourtant que j'ai pensé d'abord à Dieu, puis au déluge, à Colomb, aux continents par delà l'abîme, aux naufrages, aux combats de mer, à

Byron, à René, qui s'embarqua à Saint-Malo et qui, emporté sur ces mêmes flots que je contemplais, attachait ses regards à la lucarne grillée où luisait la lampe de la religieuse. Au reste, cette première visite a été si courte et l'impression si fougueuse, si désordonnée, qu'il ne m'en est resté rien de bien sûr et de bien reposé dans l'âme. Après trois heures qui s'en allèrent comme un instant, nous partîmes par une petite embarcation qui remontait la Rance jusqu'à Dinan, et achevâmes d'arriver à pied, le corps un peu souffrant, mais l'âme heureuse.

Le 22. — J'ai trébuché rudement et j'ai grand'-peine à me remettre de mon trouble. Tout travail est impossible avec ces sortes d'agitations. Tout devient amer, tant on a le goût du fiel à la bouche. Est-ce ma faute? Un peu, peut-être. Je ne devrais point prendre ces choses si vivement; mais il faut avouer aussi qu'à moins d'avoir complétement anéanti son âme, de l'avoir pressée, serrée, tordue de façon à ne pas y laisser une goutte d'amour de l'indépendance, il est difficile d'étouffer ce cri de la liberté ou de l'orgueil, comme on voudra. Cette petite aventure est d'un très-mauvais augure pour ma nouvelle vie; si une épreuve si légère a mis à bout ma patience et toutes mes bonnes résolutions, je n'ai pas grand'-chose à espérer de ma résignation à venir. Le désenchantement m'a saisi de nouveau : tout ce qui me riait hier me fait aujourd'hui la grimace; tout ce qui était blanc est noir, ce qui était limpide est trouble ; mon âme

> N'est plus qu'une onde obscure où le sable a monté.

C'est un malheur d'être ainsi fait. Il faut que mon bonheur soit pur et accompli de tout point ; la moindre tache me le défigure, un nuage noir sur le ciel me gâte tout le firmament. C'est une folie, car il n'y a pas de ces bonheurs-là dans ce monde, et la plus malavisée de toutes les folies ; mais il paraît que c'est ma condition d'être aussi mal partagé en illusions qu'en réalités. *Fiat ! fiat !*

Le 23. — Le réveil de la végétation est prodigieusement lent. J'ai presque de l'humeur contre la nature, qui semble prendre plaisir à nous faire perdre patience. Les mélèzes, les bouleaux, deux pieds de lilas que nous avons au jardin, les rosiers et les haies d'aubépine, portent à peine quelque verdure ; tout le reste est sombre et dort presque comme en hiver, sauf quelques hêtres qui, plus printaniers que leurs frères, commencent à se nuancer sur la masse noire de la plantation qui borde l'étang. Au reste, tous les oiseaux sont arrivés, les rossignols chantent nuit et jour, le soleil luit à merveille, les insectes ailés bourdonnent et tourbillonnent ; c'est partout de la vie et de la joie, excepté chez moi. Je ne sais par quel bizarre contraste j'ai plus de mal à vivre depuis quelques jours que dans les jours d'hiver où cependant je n'étais pas peu en peine. Je me fais l'effet d'un arbre mort au milieu d'un bois tout verdoyant.

Le 24. — Achevé de lire la *Physiologie végétale*, par Candolle, 3 vol. in-8°. Le premier traite de la nutrition, le deuxième de la reproduction, le troisième de l'influence des agents extérieurs. Malgré la chimie, qui est pour beaucoup dans cet ouvrage, surtout dans le premier volume, et dont je n'entends pas un mot, j'ai pris un vif plaisir à cette lecture. Un monde tout nouveau s'est ouvert devant moi, un peu vague, il est vrai, et sans que j'y aie fait plus d'un demi-pas; mais quoi qu'il en soit, ce n'est pas un petit bonheur que de s'ouvrir une nouvelle perspective dans la contemplation de ce monde et de soupçonner quelque chose de la vie et de la beauté de la nature. Un nombre infini de détails m'ont échappé, mais l'impression qui me reste est précieuse. Elle a redoublé mon attrait pour l'observation des choses naturelles et m'a fait pencher vers une source inépuisable de consolations et de poésie. Oh! quel bonheur ce doit être dans le ciel; puisque la plus petite vue de l'ordre et de l'énergie vitale de notre globe si menu nous délecte si profondément. D'un autre côté, la peine et l'angoisse augmentent : on se heurte tous les jours la tête contre des phénomènes qu'on ne comprend pas, des phénomènes vulgaires, et c'est d'autant plus cruel. Mais il faut prendre patience en vue de l'avenir et accoutumer son âme à savoir vivre de peu.

Le 25. — Il vient de pleuvoir. La nature est fraîche, rayonnante; la terre semble savourer avec volupté l'eau qui lui apporte la vie. On dirait que le gosier des oiseaux s'est aussi rafraîchi à cette pluie : leur chant est plus pur, plus vif, plus éclatant, et vibre à merveille dans l'air devenu extrêmement sonore et retentissant. Les rossignols, les bouvreuils, les merles, les grives, les loriots, les pinsons, les roitelets, tout cela chante et se réjouit. Une oie, qui crie comme une trompette, ajoute au charme par le contraste. Les arbres immobiles semblent écouter tous ces bruits. D'innombrables pommiers fleuris paraissent au loin comme des boules de neige; les cerisiers aussi tout blancs se dressent en pyramides ou s'étalent en éventails de fleurs.

Les oiseaux semblent viser parfois à ces effets d'orchestre où tous les instruments se confondent en une masse d'harmonie.

Si l'on pouvait s'identifier au printemps, forcer cette pensée au point de croire aspirer en soi toute la vie, tout l'amour qui fermentent dans la nature, se sentir à la fois fleur, verdure, oiseau, chant, fraîcheur, élasticité, volupté, sérénité! Que serait-ce de moi? Il y a des moments où, à force de se concentrer dans cette idée et de regarder fixement la nature, on croit éprouver quelque chose comme cela.

Le 1er mai. — Dieu, que c'est triste! du vent, de la pluie et du froid. Ce 1er mai me fait l'effet d'un jour de noces devenu jour de convoi. Hier au soir c'était la lune, les étoiles, un azur, une limpidité, une clarté à vous mettre aux anges. Aujourd'hui je n'ai vu autre chose que les ondées courant dans l'air les unes sur les autres par grandes colonnes qu'un vent fou chasse à outrance devant lui. Je n'ai entendu autre chose que ce même vent gémissant tout autour de moi avec ces gémissements lamentables et sinistres qu'il prend ou apprend je ne sais où : on dirait d'un souffle de malheur, de calamité, de toutes les afflictions que je suppose flotter dans notre atmosphère, ébranlant nos demeures et venant chanter à toutes nos fenêtres ses lugubres prophéties. Ce vent, quel qu'il soit, en même temps qu'il agitait si tristement mon âme par sa puissance mystérieuse, ébranlait au dehors la nature par son action matérielle, et peut-être aussi par quelque chose de plus : car qui sait si nous savons toute l'étendue des rapports et des entretiens des éléments entre eux ? J'ai vu ce vent, à travers mes vitres, faisant rage contre les arbres, les désespérant. Il s'abattait parfois sur la forêt avec une telle impétuosité qu'il la bouleversait comme une mer, et que je croyais voir la forêt tout entière pivoter et tournoyer sur ses racines comme un immense tourbillon. Les quatre grands sapins, derrière la maison, recevaient de temps à autre de si rudes coups qu'ils semblaient prendre l'épouvante et poussaient comme des hourras de terreur à faire trembler. Les oiseaux qui s'aventuraient à voler étaient emportés comme des pailles; je les voyais, marquant à peine leur faible lutte contre le courant et pouvant tout au plus tenir leur ailes étendues, s'en aller à la dérive la plus rapide. Ceux qui restent cachés donnent à peine quelques signes de vie en commençant leur chant qu'ils n'achèvent pas. Les fleurs sont ternies et comme chiffonnées, tout est affligé. Je suis plus triste qu'en hiver. Par ces jours-là, il se révèle au fond de mon âme, dans la partie la plus intime, la plus profonde de sa substance, une sorte de désespoir tout à fait étrange; c'est comme le délaissement et les ténèbres hors de Dieu. Mon Dieu, comment se fait-il que mon repos soit altéré par ce qui se passe dans l'air, et que la paix de mon âme soit ainsi livrée au caprice des vents? Oh! c'est que je ne sais pas me gouverner, c'est que ma volonté n'est pas unie à la vôtre et, comme il n'y a pas autre chose où elle puisse se prendre, je suis devenu le jouet de tout ce qui souffle sur la terre.

Le 3. — Jour réjouissant, plein de soleil, brise tiède, parfums dans l'air; dans l'âme, félicité. La verdure gagne à vue d'œil; elle s'est élancée du jardin dans les bosquets, elle domine tout le long de l'étang; elle saute, pour ainsi dire, d'arbre en arbre, de hallier en hallier, dans les champs et sur les coteaux, et je la vois qui a déjà atteint la forêt et commence à s'épancher sur son large dos. Bientôt elle aura débordé aussi loin que l'œil peut aller, et tous ces grands espaces clos par l'horizon seront ondoyant et mugissants comme une vaste mer, une mer d'éme raude. Encore quelques jours et nous aurons toute la pompe, tout le déploiement du règne végétal.

Le 7. — Je reçois à l'instant une lettre et des vers de mon cher François[1], en réponse à la pièce que je lui avais adressée. C'est une amitié bien douce que j'ai faite là. François est une des âmes les plus fraîches, les plus limpides, les plus consolantes que j'aie jamais connues. De plus, il est poëte, et ce n'est pas possible autrement; et poëte, non par effort et travail de l'esprit, comme il y en a tant, mais par expansion et parole naturelle. Cela s'en va de chez lui comme l'eau de la fontaine. Son amitié m'est d'autant plus chère et je comprends d'autant plus son talent que je suis loin de mériter l'une et d'approcher de l'autre. Je lui ressemble si peu! mais je trouve ma consolation à penser que l'amitié naît des contrastes.

Le 9. — Cinq ou six jours de soleil sans l'ombre d'un nuage. Le développement de la verdure est presque achevé. La nature a mis dehors toutes ses parures. Elle en est à ce point unique de fraîcheur, de pureté, de grâce, qu'il faut se hâter de

1. M. François du Breil de Marzan, auteur de *la Famille et l'Autel*.

saisir, car il passe vite. Les feuilles ouvertes d'hier sont tendres comme la rosée et d'une verdure transparente; j'ose à peine y toucher de peur de les flétrir. Cependant avant-hier j'en ai arraché quelques-unes avec Élie, des feuilles de hêtre, pour en faire un plat, à l'exemple des Bernardins. Ce n'est pas mauvais, il y a quelque saveur, mais c'est un peu dur. J'avais vraiment des remords d'arracher ces pauvres feuilles à peine nées. Elles auraient vécu leur vie, se seraient réjouies au soleil et balancées au vent. Je pensais à tout cela tandis que je les coupais, et cependant ma main n'en allait pas moins ravageant les rameaux. Au reste, tout en commettant cette petite cruauté, j'avais avec Élie un de ces entretiens qui reviennent de temps à autre, toujours avec charme et allégement de l'âme. En nous en allant, notre panier plein, nous nous promettions de cueillir des feuilles de temps en temps, faisant allusion à notre causerie.

La Chênaie me fait l'effet d'une vieille bien ridée et bien chenue, redevenue par la baguette des fées jeune fille de seize ans et des plus gracieuses. Elle a toute la fraîcheur, tout l'éclat, tout le charme mystérieux de la virginité. Mais, mon Dieu, que cela durera peu! M. Féli nous montrait hier des feuilles déjà percées et échancrées par les insectes.

Il a plu toute la nuit. Surcroît de verdure et de vie. Je me suis promené vers les 7 heures le long de l'étang. Les arbres penchés sur l'eau s'égouttaient lentement et chaque goutte tombait sur la surface unie avec un petit retentissement qui avait quelque chose de plaintif. On eût dit que les arbres ayant pleuré toute la nuit laissaient tomber leurs dernières larmes.

« Savez-vous, nous disait M. Féli dans la soirée d'avant-hier, pourquoi l'homme est la plus souffrante des créatures? C'est qu'il a un pied dans le fini et l'autre dans l'infini, et qu'il est écartelé, non pas à quatre chevaux, comme dans des temps horribles, mais à deux mondes. »

Il nous disait encore en entendant sonner la pendule : « Si on disait à cette pendule qu'elle aura la tête coupée dans un instant, elle n'en sonnerait pas moins son heure jusqu'à ce que l'instant fût venu. Mes enfants, soyez comme la pendule : quoi qu'il doive arriver, sonnez toujours votre heure. »

Le 22. — Il n'y a plus de fleurs aux arbres. Leur mission d'amour accomplie, elles sont mortes, comme une mère qui périt en donnant la vie. Les fruits ont noué, ils aspirent l'énergie vitale et reproductrice qui doit mettre sur pied de nouveaux individus. Une génération innombrable est actuellement suspendue aux branches de tous les arbres, aux fibres des plus humbles graminées, comme des enfants au sein maternel. Tous ces germes, incalculables dans leur nombre et leur diversité, sont là suspendus entre le ciel et la terre dans leur berceau et livrés au vent qui a la charge de bercer ces créatures. Les forêts futures se balancent imperceptibles aux forêts vivantes. La nature est tout entière aux soins de son immense maternité.

Le 23. — Nous sommes parvenus à lancer sur l'étang une vieille chaloupe que nous avons retirée de la vase où elle était ensevelie depuis plus d'un an. Elle nous a bien coûté à réparer, mais nous sommes bien payés de nos peines par le plaisir que nous prenons à nos petites navigations. Cette chaloupe a appartenu à un bâtiment suédois. Qui sait les mers qu'elle a courues? Eût-elle fait le tour du monde, elle n'en pourrira pas moins sur une petite flaque d'eau.

Le 12 juin. — Ces vingt jours se sont passés misérablement, et si misérablement que je n'ai pas eu le courage d'écrire un mot ici ni ailleurs. Le mal m'a ressaisi avec une extrême violence et m'a comme réduit à l'extrémité. C'est comparable à ce que j'ai souffert de plus rude par le passé. Une lettre d'Eugénie, qui m'est arrivée dans le plus fort de l'accès m'a fait grand bien, mais il fallait que la crise eût son cours... Mon Dieu et mon bon ange, ayez pitié de moi, préservez-moi de pareilles souffrances!

Le 13. — Sans la verdure, on se croirait en décembre. La belle saison s'en est allée je ne sais où.

Le soleil y perdra son nom, il fait froid à grelotter. Ce maudit vent d'ouest a envahi le ciel avec ses innombrables troupeaux de nuages et nous inonde de pluie. On croirait voir passer l'hiver là-haut, avec son triste cortége. Rien de plus affligeant que ce contraste de la terre verdoyante, de ce tapis si riche, si merveilleusement diapré que le printemps a tendu sur la surface de la terre pour y poser ses beaux pieds, avec la voûte céleste toute noircie par des nuages pluvieux. Je me figure un mariage célébré dans une église tendue de noir. Oh! d'ailleurs, même dans les plus beaux jours, quelle différence du ciel breton à celui de notre Midi! Ici l'été dans ses jours de solennité a toujours quelque chose de triste, de voilé, de borné. C'est comme un avare qui se met en frais, il y a de la ladrerie dans sa magnificence. Vive notre ciel du Languedoc, si libéral en lumière, si bleu, si largement arqué !

Le 15. — *Strange dream!* J'ai rêvé que je me trouvais seul dans une vaste cathédrale. J'étais là sous l'impression de la présence de Dieu et dans cet état de l'âme où l'on n'a plus conscience que de Dieu et de soi-même, lorsqu'une voix s'est élevée. Cette voix était infiniment douce, une voix de femme et qui pourtant remplissait toute l'église comme eût pu faire un grand concert. Je l'ai reconnue aussitôt, c'était la voix de L.., *silver-sweet sounding.*

Le 19. — Trois nuits de suite la même figure m'est apparue. Que faut-il penser de cela?

Le 23. — « Je sens bien que je suis une pauvre créature qui ai peu d'esprit. » Oh! que c'est bien dit, mon cher Bernardin! Comme tu as bien rendu le sentiment d'une âme qu'on s'efforce d'élever au-dessus de sa sphère et qui, pénétrée de son impuissance, s'écrie : Je sens bien que je suis une pauvre créature, comme tu fais dire à Virginie. Il y a bien longtemps que je me répète ces paroles; c'est le résumé de tous mes travaux, de toute ma vie. Oh! si je n'étais pauvre que de ce côté, encore passe; mais c'est que ma pauvreté est presque universelle, oui universelle, et que je ne tirerai jamais grand'chose de bon de ma tête, non pas pour moi, mais pour ceux qui ont droit d'attendre quelque chose de moi. C'est là ce qui me désole. Je me suis trompé de chemin. J'aurais pu faire quelque chose d'utile en prenant une direction tout opposée. Impossible de pousser les expériences plus loin que je ne l'ai fait. Celle que je suis en train de parfaire sera sans réplique. Après cela, qui pourrait dire ce qu'il adviendra de moi? Le fil invisible de la Providence me tirera toujours du meilleur côté.

Le 28. — J'ai bien des choses à dire, allons au plus pressé. J'ai là une irritation qui veut parler et se faire jour à travers tout le reste. J'ai tant pâti dans mon âme que je devrais être à l'épreuve des piqûres d'épingle, s'il en allait de l'âme comme du corps qui s'endurcit aux coups comme le fer sous le marteau. Mais pour elle, c'est tout au rebours. Je désirerais vivement[1]...

Le 4 juillet. — J'ai reçu le coup de grâce. Me voilà bien et dûment atteint et convaincu de la plus lourde maladresse qui se puisse imaginer. Je regarde cette histoire-là comme un jugement sans appel, et tant mieux d'un côté : cela m'apprendra à me priser enfin ce que je vaux. Le taux de mon évaluation est désormais fixé, et par experts. Voilà ce que c'est que d'écouter les vaines pensées : je me disais bien que tôt ou tard mal m'en prendrait, je me suis moqué de moi-même, j'ai fait le fanfaron et aujourd'hui me voilà repoussé honteusement dans mes lignes. Oh! je jure bien par ce que j'ai souffert et par le respect que je dois à mon âme, que c'est là ma dernière sortie. Je veux me barricader chez moi, m'y murer pour m'ôter toute tentation, ne bougeant pas plus qu'un terme, dussé-je sécher sur pied. J'ai lu quelque part que des milliers d'animalcules nagent à l'aise dans une goutte d'eau ; la circonférence de mon domaine intellectuel est à peu près égale, je crois, à celle de la goutte, et j'y suis seul : n'ai-je pas sujet d'être heureux sans inquiéter davantage mon repos par des rêves d'ambition ? Oh!

1. La fin de la phrase est effacée dans le manuscrit original.

oui, mon petit monde, ma petite gouttelette imperceptible, tu es à moi seul et désormais à toi seule je serai. S'il se rencontre quelque vivant aussi menu que moi qui me prie de lui donner entrée, j'exercerai volontiers l'hospitalité, je le recevrai cordialement, plein de reconnaissance pour la sympathie qui l'aura fait frapper à ma porte; je le promènerai par toute ma demeure, livrant tous les détails à sa curiosité, comme on le ferait d'un palais; nous causerons avec charme de mille petites, petites choses, qui seront grandes affaires pour nous : bonheurs, peines, travaux, découvertes, philosophie, poésie, tout cela passera dans nos entretiens, mais dans des proportions convenables à l'étendue infiniment bornée de nos conceptions et à l'exiguïté de nos âmes. Après nous être donné à cœur-joie de causeries et d'amitiés, je reconduirai mon hôte jusqu'à la porte et, lui laissant un baiser et un adieu (deux choses touchantes qui vont de compagnie), je pousserai les verroux et me tiendrai coi dans mon univers microscopique, jusqu'à ce que le marteau m'avertisse encore qu'il y a au dehors une pensée qui pense à moi.

Le 17. — Hier, j'ai vu les hirondelles voler dans les nues, présage de sérénité qui ne m'a pas trompé. J'écris sur le déclin d'une belle journée, bien éclatante, bien chaude, après un mois et demi de nuages et de froidure; mais ce beau soleil, qui me fait ordinairement tant de bien, a passé sur moi comme un astre éteint; il m'a laissé comme il m'a trouvé, froid, glacé, insensible à toute impression extérieure, et souffrant dans le peu de moi qui vit encore des épreuves stériles et misérables. Ma vie intérieure dépérit chaque jour, je m'enfonce je ne sais dans quel abîme et je dois être arrivé déjà à une grande profondeur, car la lumière ne m'arrive presque plus et je sens le froid qui me gagne. Oh! je sais bien ce qui m'entraîne, je l'ai toujours dit et le dirai aujourd'hui plus fort que jamais en tombant : c'est la désolante conviction de mon impuissance, c'est cette impuissance fatale, vérité dont j'ai apporté ici le germe et qui a tellement grossi durant ces huit mois qu'elle a fini par m'accabler, me renverser et me précipiter dans une chute dont je ne connais pas les bornes. Oui, je tombe, c'est bien sûr, car je ne vois plus ce que je voyais, je n'éprouve plus ce que j'éprouvais.

Le 1ᵉʳ août. — Depuis quelque temps, comme un pécheur converti, je m'efforce d'aimer ce que je haïssais et de haïr ce que j'aimais. J'ai fait abjuration solennelle de poésie, de contemplation, de toute ma vie idéale. Je me suis promis de vivre bien paisiblement dans un petit monde de ma façon d'où j'ai banni tous les beaux fantômes qui faisaient foule dans celui que j'habitais auparavant. J'ai pensé qu'une existence circonscrite dans un cercle bien étroit de réalité, confinée comme la fourmi dans un petit trou creusé dans le sable, me vaudrait mieux que ces courses aventureuses et stériles de ma pensée dans un monde dont je suis décidément repoussé. Mais hélas! il est écrit que ma pauvre imagination n'aura pas où se reposer ici-bas. Ce petit coin que je lui avais choisi dans les réalités, afin qu'elle pût s'y endormir, la rejette comme a fait la sphère idéale. Que devenir dans cet état de suspension entre deux sphères, dans cette région où la pensée ne se soutient que parce qu'elle est également repoussée par toutes les deux?

Le 12. — Je ne reviens plus ici qu'à de longs intervalles, parce que les heures douces et expansives ne me reviennent plus que de loin en loin. Un tel froid a saisi mon âme que tout ce qui y tombe s'y engourdit aussitôt. Je ne sais quelle paralysie m'a frappé; je ne sais quelle insouciance, plus pénible cent fois que la sensibilité la plus nerveuse, me fait passer des semaines entières sans prendre garde à rien.

Le 14. — Après une longue série de jours éclatants, j'aime assez à trouver un beau matin le ciel tendu de gris et toute la nature se reposant en quelque sorte de ses jours de fête dans un calme mélancolique. C'est bien cela aujourd'hui. Un voile immense, immobile, sans le moindre pli, couvre toute la face du ciel; l'horizon porte une couronne de vapeurs bleuâtres ; pas un souffle dans l'air. Tous les bruits qui s'élèvent dans le lointain de la campagne arrivent à l'oreille à la faveur de ce silence : ce sont des chants de laboureur, des voix d'enfants, des piaulements et des refrains d'animaux, et de temps à autre un chien qui aboie je ne sais où et des coqs qui se répondent comme des sentinelles. Au dedans de moi, tout aussi est calme et reposé. Un voile gris et un peu triste s'est étendu sur mon âme, comme ont fait les nuages paisibles sur la nature. Un grand silence s'est établi, et j'entends comme les voix de mille souvenirs doux et touchants, qui s'élèvent dans le lointain du passé et viennent bruire à mon oreille.

Le 25. — Il y aura demain un an que je partis pour R..., avec Eugénie. Doux anniversaire. Demain sera aussi pour moi un jour de voyage. Je vais à La Brousse passer quelques jours d'amitié et de consolation chez mon cher François.

Le 1er septembre. — Mon Dieu, voilà donc comment finissent toutes choses : des regrets, des larmes ! Voici une heure que je suis de retour d'un petit voyage charmant, et je pleure comme un enfant, et je me consume à regretter un bonheur que j'aurais dû prendre sans m'y attacher, sachant qu'il devait être fort court; mais c'est toujours ainsi. Toutes les fois que je rencontre quelque petit bonheur, c'est une désolation quand il faut nous séparer, parce que je sais que je vais retomber dans moi-même et reprendre ma routine douloureuse.

Le 3. — Me voilà aux prises avec une position terrible, moi, le plus débile de tous les caractères, la plus timide de toutes les volontés.

Le 26. — Les souvenirs qui se rattachent aux choses de la nature. . . . .
. . . .

Ploërmel, 1er octobre.

Je ne sais ce qui m'arrêta tout court au beau milieu de ma phrase; mais je voulais exprimer ce qui me venait à l'âme, à l'aspect d'un brouillard épais qui pesait sur la campagne. Quand le soleil fut monté un peu haut sur l'horizon, je vis toute cette brume s'éclaircir insensiblement, se pénétrer de lumière et commencer son mouvement d'ascension vers le ciel où elle finit bientôt par s'évanouir. Il ne se passa pas un quart d'heure avant que la plus belle sérénité ne se fît; mais quelque temps après que le centre de l'horizon fut débarrassé, je voyais encore quelques traînées de brume courir sur les crêtes lointaines comme les derniers fuyards d'une armée en déroute, et c'était à cela que se rattachaient mon souvenir et ma phrase inachevée. L'année dernière, à pareille époque, je regardais aussi les brouillards s'élever dans le ciel et décoiffer les montagnes, et ce spectacle prenait dans ces régions majestueuses un caractère de grandeur infinie. On eût cru voir s'envoler les ténèbres antiques, Dieu enlever de sa main, comme un statuaire, la toile qui voilait son œuvre, et la terre exposée dans toute la pureté de ses formes premières aux rayons du premier soleil. Mais ce n'est pas encore là le fin mot de mon souvenir. Souvent, au moment où le brouillard commençait à se détacher de la terre et à devenir diaphane, et que moi, le front collé sur mes vitres, je regardais faire le brouillard, une robe bleue... — Mon Dieu, que le ciel est beau ce soir ! Tout en écrivant j'ai tourné la tête vers la fenêtre et mon regard a été inondé de teintes si douces, si molles, si veloutées; j'ai vu tant de choses merveilleuses à l'horizon, que je n'ai pu m'empêcher de jeter ici cette exclamation de ravissement. C'est le crépuscule d'automne dans toute sa mélancolie. Les touffes lointaines des bois limitent merveilleusement, par leur panache majestueux et leurs ondulations capricieuses, la portée de la vue. Les arbres qui s'isolent, soit par leur position, soit par la grandeur de leur taille, présentent des physionomies, des caractères, je dirais presque des visages qui semblent exprimer comme les passions muettes et les choses inconnues qui se passent peut-être sous l'écorce de ces êtres immobiles. Ils semblent, avec leurs attitudes et leurs airs de tête, jouer je ne sais quelle scène mystérieuse aux lueurs du soir. Chaque jour, depuis que je suis ici, le crépuscule me donne de ces représentations magnifiques.

— Une robe bleue, dis-je, passait rapidement dans la brume et disparaissait dans ces ténèbres blanches, comme l'oiseau azuré qui file si vite le long des étangs et des ruisseaux. Quelquefois cette apparition fuyait en chantant et laissait derrière elle comme une traînée de notes argentines qui se déroulaient avec une rapidité et une mélodie ineffables. Un quart d'heure après, quand l'atmosphère était nettoyée et que la queue traînante du brouillard rampait encore sur les cimes des montagnes les plus reculées, je voyais rentrer L... d'un pas lent et l'air sérieux comme un philosophe qui revient de la méditation.

— J'ai pleuré pour des départs l'année dernière et cette année-ci, presque date pour date. Il ne faut point comparer ces regrets, ils sont de nature trop diverse : ils ne se ressemblent que par la profondeur. Tous deux sont inexprimables. Si je voulais à toute force les mettre en parallèle, je dirais que l'an passé, au mois de septembre, à deux heures de l'après-midi, par un beau soleil, j'ai dit adieu à ce bonheur qui se rencontre à un certain passage du chemin de la vie, vous mène quelques lieues vous entretenant de choses ravissantes avec des paroles d'ange, et puis tout d'un coup, vienne un carrefour, prend la gauche s'il vous faut prendre la droite, disant avec une douceur railleuse : « Voyageur! adieu, voyageur, fais bonne route. » Et j'ajouterais que cette année, au mois de septembre, à quatre heures du soir, par un temps gris et brumeux, j'ai embrassé pour le quitter un homme que j'aime de cette affection ardente et qui ne ressemble à nulle autre, allumée au fond de l'âme je ne sais par quelle étrange puissance réservée aux hommes de génie. M. Féli m'a mené dans la vie neuf mois durant, au bout desquels le fatal carrefour s'est rencontré. — L'habitude de vivre avec lui faisait que je ne prenais pas garde à ce qui se passait dans mon âme ; mais depuis que je ne le vois plus, j'y ai trouvé comme un grand déchirement qui s'est fait au moment de la séparation.

Le 2. — Six heures du soir. C'est le moment où les souvenirs me reviennent par milliers, comme les oiseaux qui, à la même heure, accourent en foule au rendez-vous qu'ils se sont donné sur un grand peuplier où ils ramagent confusément jusqu'à ce que la nuit les endorme. Le coucher du soleil est ravissant. Les nuages, qui l'ont escorté vers l'occident, s'ouvrent à l'horizon comme un groupe de courtisans qui voient venir le roi, et puis se referment sur son passage. Le soleil couché, quelques-uns de ces nuages s'en reviennent et remontent dans le ciel, emportant les plus belles couleurs. Les plus lourds restent là aux portes du palais, comme une compagnie de gardes aux cuirasses dorées. Ces nuages ne touchent pas tout à fait à l'horizon : une bande lumineuse qui va s'effilant par les extrémités court entre eux et la ligne bleue de la terre. Quelques peupliers grêles et lointains, qui semblent sortir de cette ligne bleue et dont la taille élancée se détache parfaitement sur la pureté de la bande lumineuse, figurent les mâts de navires à l'ancre sur l'horizon de la mer.

Le 4. — Si je savais un peu de dessin, j'aurais emporté quelque chose de notre course d'hier à Josselin. J'ai enfin contemplé un vieux château de baron. Des tours énormes, des remparts cyclopéens enserrent dans leur ceinture massive l'architecture la plus gracieuse, la plus déliée, la plus frêle en apparence, un de ces rêves du moyen âge brodés en l'air sur la pierre avec la délicatesse de l'aiguille des fées. Quand il y a du crépuscule, prenez une feuille dont les insectes ont dévoré le parenchyme, et considérez à la lumière mourante ce réseau de fibres et de nervures délicates, vous aurez comme une miniature des délicieuses fantaisies de l'art gothique.

Le 5. — Les plus belles journées, les plus douces études ne peuvent assoupir en moi cette pensée inquiète et *geigneuse* qui fait le fond de l'humanité.

Le 14. — Tandis que je vais poursuivant un essaim de vaines pensées comme un homme qui n'a pas à s'inquiéter de plus, tout mon avenir se renverse. On m'a dit. qu'il fallait m'en retourner au monde. Chose bizarre! je me suis surpris cent fois à regretter la vie étrange qu'on y mène, et aujourd'hui que la solitude et la retraite m'ont donné congé, le monde me fait horreur. Oh ! c'est que ma place était bien ici, et, malgré mes caprices et mes boutades mondaines, j'y tenais par le fond de l'âme. Je commençais à voir clair dans ma destinée, et voilà que je recommence à n'y plus rien comprendre. Mon Dieu ! pourtant, c'est bien cruel. Que voulez-vous donc faire de moi parmi les hommes? Que deviendrai-je dans ce tourbillon, moi, la plus faible des créatures ? Oh ! je reconnais bien là mon épreuve. Je croyais être assez convaincu de mon impuissance, de ma débilité, de la constitution maladive et incomplète de mon organisation morale; hélas ! il paraît que je ne suis pas assez persuadé, puisque je suis renvoyé au grand destructeur de toute joie intérieure, de toute noble énergie, de toute naïve espérance, le monde.

Le 24. — Certes, c'est une vive jouissance qu'une course parmi les champs. Quel bonheur de jeter bas cette lourde chaîne de la vie habituelle et de s'échapper dans la campagne où l'on respire à l'aise, où l'on savoure la noble volupté d'une indépendance de quelques heures, où le cœur s'élève et les pensées tournent à la contemplation, où l'on est tout ravi de se trouver, soi, homme, seul à seul avec la nature. Nous avons fait le tour d'un étang qui a bien deux lieues de circuit : de longtemps je n'avais pris tant de plaisir à une course. La vue des eaux me charme toujours infiniment, et aujourd'hui tout était à souhait pour m'enchanter. Cet étang, d'une belle étendue, s'épanche entre deux bois dont les lisières décrivent des lignes irrégulières, mais d'autant plus gracieuses. Au déclin du jour, c'était quelque chose d'infiniment mélancolique que cette nappe d'eau verte et vague, et la couleur pâle des bois qui commencent à se dépouiller, et la teinte grise du ciel où passaient silencieusement des bandes de corbeaux et de canards sauvages. Mille pensées d'une tristesse douce me sont venues : je me suis souvenu que dans mon enfance j'aimais à m'asseoir à la même heure sur le parapet de la terrasse du Cayla et à regarder passer les oiseaux qui s'en allaient chercher un gîte pour la nuit.

Le Val, 7 décembre.

Après un an de calme parfait, sauf les tempêtes intérieures, dont il ne faut pas accuser la solitude, car elle m'a enveloppé de tant de paix et de silence qu'une âme moins inquiète que la mienne se serait délicieusement endormie; après un an, dis-je, de ce calme accompli, ma fortune, qui m'avait laissé entrer dans la maison sainte pour y prendre un peu de repos, a frappé à la porte pour me rappeler; car elle n'avait pas poursuivi son chemin, mais s'était assise sur le seuil, attendant que j'eusse repris assez de forces pour me remettre en voyage. « Ta halte est assez longue, m'a-t-elle dit, allons, en route! » Et elle m'a pris par la main, et la voilà de nouveau en marche comme ces pauvres femmes qu'on rencontre sur les chemins, menant un enfant qui les suit d'un air désolé. Mais quelle est ma folie de me plaindre, et n'y a-t-il pas au monde d'autres souffrances que les miennes à arroser de mes larmes? Je dirai désormais aux sources de mes pleurs : « Fermez-vous; » et au Seigneur : « Seigneur, n'écoutez pas mes plaintes, » toutes les fois que je serai tenté d'invoquer le Seigneur et mes larmes pour moi-même; car il est bon que je souffre, moi qui ne puis rien acheter dans le ciel par le mérite de mes actions, et qui n'y gagnerai quelque chose que par la vertu des souffrances, comme toutes les âmes faibles. Ces âmes n'ont pas d'ailes pour s'élever au ciel, et le Seigneur qui veut cependant qu'elles y viennent leur envoie du secours : il les place sur un bûcher d'épines et fait descendre le feu de la douleur; le bois consumé, il s'élance vers le ciel comme une vapeur blanche, semblable à ces colombes qui prenaient leur vol parmi les flammes mourantes du bûcher des martyrs. C'est l'âme qui a consommé son sacrifice, et que le feu des tribulations a rendue assez légère pour qu'elle puisse s'élever au ciel, comme une fumée. Le bois est lourd et immobile; mettez-y le feu, une partie de lui-même s'élèvera jusqu'aux nues.

Je suis de ces âmes, Seigneur; je ne dois donc pas verser des larmes pour éteindre mon bûcher. Mais je répandrai des pleurs à grands flots pour ceux qui souffrent et qui ne devraient pas souffrir. J'en répandrai surtout pour Celui qui est aujourd'hui en proie aux plus profondes amertumes et qui a fait tant de bien qu'il semblait déjà surabonder de mérites sans qu'il eût besoin d'en gagner de nouveaux par la voie des souffrances. Je pleurerai sur lui et sur ceux qui lui font du mal, et qui m'en ont fait aussi par contre-coup. Jésus-Christ ayant répandu la vertu inappréciable de son sang sur ses bourreaux, c'est bien la moindre chose que les hommes laissent tomber leurs larmes sur leurs ennemis.

Je consacrerai ces larmes et les trésors de souvenirs que j'emporte de ce toit bienheureux de La Chênaie, qui a protégé durant un an ma vie, cachée dans le sein d'un prêtre que les hommes comptent parmi leurs gloires sur la terre, et que les saints réclament comme un des leurs dans le ciel. Quoique ma douleur soit bien amère, je ne suspendrai pas ma harpe aux saules des fleuves, parce que le chrétien, au contraire de l'Israélite, doit chanter le cantique du Seigneur et de l'homme du Seigneur, dans la terre étrangère.

Et voyez combien[1] la Providence est pleine de

---

1. On peut chercher dans notre première édition, t. I, p. 83-97,

bonté pour moi! De peur que le passage subit de l'air doux et tempéré de la vie religieuse à la zone torride du monde n'éprouvât trop mon âme, elle m'a amené, au sortir du saint asile, dans une maison élevée sur les confins des deux régions, où, sans être de la solitude, on n'appartient pas encore au monde; une maison dont les croisées s'ouvrent, d'un côté, sur la plaine où s'agite le tumulte des hommes, et de l'autre sur le désert où chantent les serviteurs de Dieu. Je veux coucher ici l'histoire du séjour que j'y ferai, car les jours qui passent sous ce toit sont pleins de bonheur, et je sais que dans l'avenir je me retournerai fréquemment pour relire les félicités passées. — Un homme pieux et poëte[1], une femme dont l'âme va si bien à la sienne qu'on dirait d'une seule mais dédoublée; une enfant qui s'appelle Marie, comme sa mère, et qui laisse, comme une étoile, percer les premiers rayons de son amour et de son intelligence à travers le nuage blanc de l'enfance; une vie simple, dans une maison antique; l'Océan qui vient le matin et le soir nous apporter ses accords; enfin un voyageur qui descend du Carmel pour se rendre à Babylone et qui a posé à la porte son bâton et ses sandales, pour s'asseoir à la table

---

une variante de la fin de ce fragment et des quatre fragments qui suivent. Nous substituons cette fois, au texte du *Cahier Vert*, une version que l'auteur avait écrite ensuite sur des feuilles volantes, et qu'il eût préférée lui-même sans aucun doute.

1. Hippolyte La Morvonnais, auteur de *la Thébaïde des Grèves*.

hospitalière : voilà de quoi composer un poëme biblique, si j'étais bon à décrire les choses comme à les sentir.

Le 8. — Hier, le vent d'ouest soufflait avec furie. J'ai vu l'Océan agité, mais ce désordre, quelque sublime qu'il soit, est loin de valoir, à mon avis, le spectacle de la mer sereine et bleue. Mais pourquoi avancer que l'un ne vaut pas l'autre? Qui pourrait mesurer ces deux sublimités et dire : « La seconde dépasse la première? » Disons seulement : « Mon âme se complaît mieux dans la sérénité que dans l'orage. »

Hier, c'était une immense bataille dans les plaines humides. On eût dit, à voir bondir les vagues, ces innombrables cavaleries de Tartares qui galopent sans cesse dans les plaines de l'Asie. L'entrée de la baie est comme barrée par une chaîne d'îlots de granit : il fallait voir les lames courir à l'assaut et se lancer follement contre ces masses avec d'effroyables clameurs; il fallait les voir prendre leur course et faire à qui franchirait le mieux la tête noire des écueils. Les plus hardies ou les plus lestes sautaient de l'autre côté en poussant un grand cri; les autres, plus lourdes ou plus maladroites, se brisaient contre le roc en jetant des écumes d'une blancheur éblouissante, et se retiraient avec un grondement sourd et profond, comme les dogues repoussés par le bâton du voyageur.

Nous étions témoins de ces luttes étranges, du haut

d'une falaise où nous avions peine à tenir contre les secousses du vent. Le tumulte immense de la mer, la course bruyante des vagues, celle non moins rapide, mais silencieuse, des nuages, les oiseaux de marine qui flottaient dans le ciel, balançant leur corps grêle entre deux ailes arquées et d'une envergure démesurée, tout cet ensemble d'harmonies sauvages et retentissantes qui venaient converger à l'âme de deux êtres hauts de cinq pieds, plantés sur la crête d'une falaise, secoués comme deux feuilles par l'énergie du vent, et, dans cette immensité, pas plus apparents que deux oiseaux perchés sur une motte de terre. Oh! c'était quelque chose d'étrange et d'admirable, un de ces moments d'agitation sublime et de rêverie profonde tout ensemble, où l'âme et la nature se dressent de toute leur hauteur l'une en face de l'autre.

De la hauteur, nous descendîmes dans une gorge qui ouvre une retraite marine, comme savaient en décrire les anciens, à quelques flots paisibles qui viennent s'y endormir en murmurant, tandis que leurs frères insensés battent les écueils et luttent entre eux. Des quartiers énormes de granit gris, bariolés de mousses blanches, sont répandus en désordre sur le penchant de la colline qui a ouvert cette anse en se creusant. On dirait, tant étrangement ils sont posés et tant ils inclinent vers la chute, qu'un géant s'est amusé un jour à les précipiter du haut de la côte et qu'ils se sont arrêtés là où un obstacle s'est rencontré, les uns à quelques pas du point de départ, les autres à mi-côte; mais encore semblent-ils plutôt suspendus qu'arrêtés, ou plutôt ils paraissent rouler toujours. Le bruit des vents et des flots, qui s'engouffre dans cet enfoncement sonore, y rend les plus belles harmonies. Nous y fîmes une halte assez longue, appuyés sur nos bâtons et tout émerveillés.

Le 9. — La lune luisait encore avec quelques étoiles quand la cloche nous a appelés à la messe. J'aime particulièrement cette messe matinale qui se dit entre les dernières lueurs des étoiles et les premiers rayons du soleil.

Le soir, Hippolyte et moi avons pris le long des côtes. Nous voulions voir quel est l'Océan sur la fin d'un jour de décembre gris et calme. La brume nous voilait le lointain des eaux, mais donnait assez d'espace à la vue pour laisser soupçonner l'infini. Nous étions postés sur une pointe qui porte une hutte de douanier, et nous nous tenions adossés à la hutte. A droite, un bois répandu sur le penchant de la côte étalait dans une lueur pâle ses rameaux nus et effilés qui sifflaient légèrement. A gauche, bien loin, la tour des Ébihens tantôt disparaissait à moitié comme noyée dans les ombres, tantôt reparaissait avec une faible lueur au front, quand un rayon furtif du crépuscule parvenait à tromper les nuages. Le bruit de la mer était calme et rêveur comme aux plus beaux jours; seulement il avait quelque chose de plus plaintif. Notre oreille suivait ce bruit qui se développait sur toute la longueur de la côte, et nous ne reprenions haleine qu'après que la lame qui l'avait épanché s'était retirée pour faire place à celle qui suivait. C'est, je crois, de la voix grave et profonde que roule la lame qui déferle et du bruit grêle et pierreux de la lame qui s'en va en froissant légèrement le sable et les coquillages, que naît ce timbre extraordinaire du chant de la mer. Mais pourquoi décomposer cette musique? Je ne dirai jamais rien qui vaille là-dessus, car je n'entends rien à l'analyse; revenons donc au sentiment.

L'ombre s'épaississait autour de nous et nous ne songions pas à partir, car l'harmonie de la mer allait s'agrandissant à mesure que tout se taisait sur la terre et que la nuit déployait ses mystères. Semblables à ces statues que les anciens plaçaient sur les promontoires, nous demeurions immobiles, comme fascinés et liés par le charme de l'Océan et de la nuit. Nous ne donnions d'autre signe de vie que de lever la tête lorsque nous entendions passer l'aile sifflante des canards sauvages.

La suite de mes errantes fortunes m'a amené sur un cap solitaire de Bretagne pour y rêver tout un soir d'automne. Là se sont tus durant quelques heures tous ces bruits intérieurs qui ne se sont jamais bien calmés depuis que la première tempête s'est élevée dans mon sein. Là, toutes les mélancolies douces et célestes sont entrées en troupe dans mon âme avec les accords de l'Océan, et mon âme a erré comme dans un paradis de rêveries. Oh! quand j'aurai quitté le Val et versé mes larmes d'adieu dans le sein de votre amitié, quand je serai à Paris, où il n'y a ni val ni Océan, ni âmes comme vous, quand j'irai seul avec mes tristesses et mon âme encline à se désespérer, oh! combien je verserai de pleurs au souvenir de nos soirées, car le bonheur, c'est la pluie fine et douce qui pénètre l'âme, mais qui en jaillit après en sources de larmes.

Le 20. — Je n'ai jamais goûté avec autant d'intimité et de recueillement le bonheur de la vie de famille. Jamais ce parfum qui circule dans tous les appartements d'une maison pieuse et heureuse ne m'a si bien enveloppé. C'est comme un nuage d'encens invisible que je respire sans cesse. Tous ces menus détails de la vie intime dont l'enchaînement constitue la journée sont pour moi autant de nuances d'un charme continu qui va se développant d'un bout à l'autre du jour.

Le salut du matin qui renouvelle en quelque sorte le plaisir de la première arrivée, car la formule avec laquelle on s'aborde est à peu près la même, et d'ailleurs la séparation de la nuit imite assez bien les séparations plus longues, comme elles étant pleine de dangers et d'incertitudes; le déjeuner, repas dans lequel on fête immédiatement le bonheur de s'être retrouvé ; la promenade qui suit, sorte de salut et d'adoration que nous allons rendre à la nature ; notre rentrée et notre clôture dans une chambre toute lambrissée à l'antique, donnant sur la mer, inaccessible au bruit du ménage, en un mot, vrai sanctuaire de travail ; le dîner qui nous est annoncé, non par le son de la cloche qui rappelle trop le collége ou la grande maison, mais par une voix douce ; la gaieté, les vives plaisanteries, les causeries ondoyantes qui flottent sans cesse durant le repas ; le feu pétillant de branches sèches autour duquel nous pressons nos chaises immédiatement après ; les douces choses qui se disent à la chaleur de la flamme qui bruit tandis que nous causons, et, s'il fait soleil, la promenade au bord de la mer qui voit venir à elle une mère, son enfant dans les bras, le père de cet enfant et un étranger, ces deux-ci un bâton à la main ; les lèvres roses de la petite fille qui parlent en même temps que les flots, quelquefois les larmes qu'elle verse, et les cris de la douleur enfantine sur le rivage de la mer ; nos pensées à nous, en considérant la mère et l'enfant qui se sourient, ou l'enfant qui pleure et la mère qui tâche de l'apaiser avec la douceur de ses caresses et de sa voix ; l'Océan qui va toujours roulant son train de vagues et de bruits ; les branches mortes que nous coupons en nous en allant çà et là dans le taillis, pour allumer au retour un feu prompt et vif ; ce petit travail de bûcheron qui nous rapproche de la nature et nous rappelle l'ardeur singulière de M. Féli pour le même labeur; les heures d'étude et d'épanchement poétique, qui nous mènent jusqu'au souper; ce repas qui nous appelle avec la même douce voix et se passe dans les mêmes joies que le dîner, mais moins éclatantes, parce que le soir voile tout, tempère tout; la soirée qui s'ouvre par l'éclat d'un feu joyeux, et, de lecture en lecture, de causeries en causeries, va expirer dans le sommeil; à tous les charmes d'une telle journée ajoutez je ne sais quel rayonnement angélique, quel prestige de paix, de fraîcheur et d'innocence, que répandent la tête blonde, les yeux bleus, la voix argentine, les ris, les petites moues pleines d'intelligence d'un enfant qui, j'en suis sûr, fait envie à plus d'un ange, qui vous enchante, vous séduit, vous fait raffoler avec un léger mouvement de ses lèvres, tant il y a de puissance dans la faiblesse! à tout cela ajoutez enfin les rêves de l'imagination, et vous serez loin encore d'avoir atteint la mesure de toutes ces félicités intimes.

Le 21. — Depuis quelques jours le temps est au pire. La pluie tombe et le vent souffle par rafales, mais avec une telle furie qu'il semble que tout va s'en aller en proie à ces giboulées redoutables. Voilà trois nuits de suite que je suis réveillé en sursaut par un de ces grains qui passent régulièrement vers l'heure de minuit. Ils livrent à la maison un si furieux assaut que tout est mis en tremblement et frissonne dans l'intérieur. Je me dresse à moitié sur mon lit et j'écoute passer l'ouragan, et mille pensées qui dormaient, les unes à la surface, les autres au plus profond de mon âme, s'agitent et se lèvent.

Tous les bruits de la nature : les vents, ces haleines formidables d'une bouche inconnue, qui mettent en jeu les innombrables instruments disposés dans les plaines, sur les montagnes, dans le creux des vallées, ou réunis en masse dans les forêts; les eaux, qui possèdent une échelle de voix d'une étendue si démesurée, à partir du bruissement d'une fontaine dans la mousse jusqu'aux immenses harmonies de l'Océan; le tonnerre, voix de cette mer qui flotte sur nos têtes; le frôlement des feuilles sèches, s'il vient à passer un homme ou un vent follet; enfin, car il faut bien s'arrêter dans cette énumération qui serait infinie, cette émission continuelle de bruits, cette rumeur des éléments toujours flottante, dilatent ma pensée en d'étranges rêveries et me jettent en des étonnements dont je ne puis revenir. La voix de la nature a pris un tel empire sur moi que je parviens rarement à me dégager de la préoccupation habituelle qu'elle m'impose, et que j'essaye en vain de faire le sourd. Mais s'éveiller à minuit, aux cris de la tempête, être assailli dans les ténèbres par une harmonie sauvage et furieuse qui bouleverse le paisible empire de la nuit, c'est quelque chose d'incomparable en fait d'impressions étranges; c'est la volupté dans la terreur.

Mordreux, 2 janvier 1834.

Je terminais ainsi avant-hier au soir une lettre à Frédéric :

« Je vous écris dans les dernières heures de 1833. Il y a je ne sais quelle tristesse solennelle dans cette agonie de l'année. J'ai le cœur plein de pensées étranges et lamentables, car la tempête rugit au dehors, et l'année expire dans les convulsions d'une nuit sombre et orageuse. »

J'ai souffert étrangement tout le long de cette soirée. L'incroyable rapidité de la fuite de la vie, le mystère de nos destinées, les terribles questions que le doute adresse parfois aux hommes les mieux affermis dans leur croyance, enfin cet état qui revient pour moi assez souvent, dans lequel l'âme, comme Lénore, se sent emportée bride abattue vers je ne sais quelles régions lugubres, tout cela s'était emparé de moi. Dans la même soirée j'ai reçu la confirmation d'une nouvelle qui bruissait autour de nous depuis quelques jours : la défaite d'un grand homme qui a rendu sa plume comme les braves rendent leur épée, l'indignation dans le cœur et les larmes aux yeux. Pauvre M. Féli ! vous m'avez souvent pressé contre votre sein, j'ai respiré votre âme, et mon regard timide et indigne a plongé jusqu'au fond de votre cœur; car il y avait des jours où vous deveniez si transparent, si limpide, qu'on voyait jusqu'au fond de vous,

comme dans la plus claire fontaine. Oh! quelle douleur s'empare de moi quand je vous vois si méconnu, et souffrant tant de mal pour tout le bien que vous avez voulu faire! Quel homme mieux que vous a pu dire au Seigneur : « Le zèle de votre maison me dévore? » et vous avez été réputé parmi ceux que Satan envoie pour jeter l'alarme dans la maison du Seigneur[1]! . . . .
. . . .
. . . .

Au Val, 20 janvier.

J'ai passé trois semaines à Mordreux[2], au sein d'une famille, la plus paisible, la plus unie, la plus bénie du ciel, qui se puisse imaginer. Et cependant, dans ce calme, dans cette douce monotonie de la vie familière, mes jours étaient animés intérieurement, si bien que je ne crois pas avoir jamais éprouvé une pareille inquiétude de cœur et de tête. Je ne sais quel étrange attendrissement s'était emparé de tout mon être et me tirait les larmes des yeux pour un rien, comme il arrive aux petits enfants et aux vieillards. Mon sein se gonflait à tout moment, et mon âme s'épanchait en elle-même en élans intimes, en effu-

---

1. La fin de la page est effacée dans le manuscrit original, et les deux feuillets suivants ont été enlevés sans doute par Guérin lui-même.
2. Chez M. de La Villéon, beau-père d'Hippolyte La Morvonnais.

sions de larmes et de paroles intérieures. Je ressentais comme une molle fatigue qui appesantissait mes yeux et liait parfois tous mes membres. Je ne mangeais plus qu'à contre-cœur, bien que l'appétit me pressât; car je suivais des pensées qui m'enivraient d'une telle douceur, et le bonheur de mon âme communiquait à mon corps je ne sais quelle aise si sensible, qu'il répugnait à un acte qui le dégradait d'une si noble volupté. Je m'efforçais bien de résister à cette exaltation dangereuse, à cette impétuosité de sentiment dont je sentais le péril; mais j'étais trop en proie pour me sauver, et, selon toutes les apparences, c'en était fait de moi, si je n'eusse trouvé une puissante diversion dans la contemplation de la nature. Je me mis à la considérer encore plus attentivement que de coutume, et par degrés la fermentation s'adoucit, car il sortait des champs, des flots, des bois une vertu suave et bienfaisante qui me pénétrait et tournait tous mes transports en rêves mélancoliques. Cette fusion des impressions calmes de la nature avec les rêveries orageuses du cœur, engendra une disposition d'âme que je voudrais retenir longtemps, car elle est des plus désirables pour un rêveur inquiet comme moi. C'est comme une extase tempérée et tranquille qui ravit l'âme hors d'elle-même sans lui ôter la conscience d'une tristesse permanente et un peu orageuse. Il arrive aussi que l'âme est pénétrée insensiblement d'une langueur qui assoupit toute la vivacité des facultés intellectuelles et l'endort dans un demi-sommeil vide de toute pensée, dans lequel néanmoins elle se sent la puissance de rêver les plus belles choses. D'autres fois, c'est comme un nuage aux teintes molles qui se répand sur l'âme et y jette cette ombre douce qui invite au recueillement et au repos. Aussi les inquiétudes, les ardeurs, toute la foule turbulente qui bruit dans la cité intérieure fait-elle silence, quelquefois se prend à prier et finit toujours par s'arranger pour le repos. Rien ne peut figurer plus fidèlement cet état de l'âme, que le soir qui tombe en ce moment. Des nuages gris, mais légèrement argentés par les bords, sont répandus également sur toute la face du ciel. Le soleil, qui s'est retiré il y a peu d'instants, a laissé derrière lui assez de lumière pour tempérer quelque temps les noires ombres et adoucir en quelque sorte la chute de la nuit. Les vents se taisent, et l'Océan paisible ne m'envoie, quand je vais l'écouter sur le seuil de la porte, qu'un murmure mélodieux qui s'épanche dans l'âme comme une belle vague sur la grève. Les oiseaux, gagnés les premiers par l'influence nocturne, se dirigent vers les bois et font siffler leurs ailes dans les nuages. Le taillis qui couvre toute la pente de la côte du Val, retentissant tout le jour du ramage du roitelet, du sifflement gai du pivert et des cris divers d'une multitude d'oiseaux, n'a plus aucun bruit dans ses sentiers ni sous ses fourrés, si ce n'est le piaulement aigu jeté par les merles qui jouent entre eux et se poursuivent, tandis que les autres oiseaux ont déjà le cou sous l'aile. Le bruit des hommes, qui se taisent toujours les derniers, va s'effaçant sur la face des champs. La rumeur générale s'éteint, et l'on n'entend guère venir de clameurs que des bourgs et des hameaux, où il y a, jusque bien avant dans la nuit, des enfants qui crient et des chiens qui aboient. Le silence m'enveloppe, tout aspire au repos, excepté ma plume qui trouble peut-être le sommeil de quelque atome vivant, endormi dans les plis de mon cahier, car elle fait son petit bruit en écrivant ces vaines pensées. Et alors, qu'elle cesse : car ce que j'écris, ce que j'ai écrit et ce que j'écrirai ne vaudra jamais le sommeil d'un atome.

10 heures du soir. — Dernière promenade, dernière visite à la mer, aux côtes, à tout ce magnifique paysage qui m'enchante depuis deux mois. L'hiver nous sourit avec toute la grâce du printemps, et nous donne des jours qui font chanter les oiseaux et pousser la verdure aux rosiers dans les jardins, aux églantiers dans les bois et aux chèvrefeuilles le long des murs et des rochers où ils grimpent. Sur les deux heures, nous avons pris ce sentier qui circule avec tant de grâce parmi les ajoncs fleuris et les rudes gazons des falaises, longe les champs de blé, s'incline vers les ravines, s'insinue entre les haies et s'élance hardiment vers les roches les plus hautaines. Le but de la promenade était un promontoire qui domine la baie de Quatre-Vaux. La mer brillait de tout son éclat

et brisait à cent pieds au-dessous de nous avec des bruits qui passaient par nos âmes en montant vers le ciel. Vers l'horizon, des barques de pêcheurs épanouissaient sur l'azur leurs voiles d'une blancheur éclatante, et nos regards allaient alternativement de cette petite flotte à une autre plus nombreuse qui se balançait avec des chants, plus près de nous; c'était une foule innombrable d'oiseaux de marine qui faisaient gaiement leur pêche et nous réjouissaient la vue par l'éclat de leur plumage et l'élégance de leur port sur les flots. Ces oiseaux, ces voiles, la beauté du jour, la sérénité universelle, donnaient un air de fête à l'Océan et remplissaient mon âme d'un enthousiasme joyeux, malgré le fonds d'idées tristes que j'avais apporté sur notre promontoire. Cependant je me livrais de toute la force de mon regard à la contemplation des caps, des rochers, des îles, m'efforçant d'en lever comme une empreinte et de la transporter dans mon âme. Au retour, j'ai foulé religieusement, et avec un regret à chaque pas, ce sentier qui m'a mené si souvent à de si belles contemplations et en si douce compagnie. Il est si plein de charmes ce sentier quand il arrive dans le taillis et qu'il s'avance entre des coudriers qui le dominent et une haie de buis qui croît librement en broussailles! Là, la joie que m'avait communiquée la nature a expiré et j'ai été pris de la mélancolie du départ. Demain fera pour moi de cette mer, de ces côtes, de ces bois, de tant de charmes que j'y ai goûtés, un songe, une pensée flottante que je contemplerai avec une autre pensée. Et pour prendre de ces doux lieux autant que je pouvais et comme s'il eût été en leur pouvoir de se donner à moi, je les suppliais intérieurement de se graver en mon âme, d'envoyer en moi quelque chose d'eux-mêmes qui ne passât point. En même temps j'écartais les branches des buis, des buissons, des fourrés épais, et j'enfonçais ma tête dans l'intérieur pour respirer les sauvages parfums qu'ils recèlent, pénétrer dans leur intimité et, pour ainsi dire, leur parler dans le cœur.

La soirée s'est passée comme d'habitude en causeries, en lectures. Nous sommes revenus sur le bonheur des jours passés. J'en ai tracé une faible image dans ce cahier, nous l'avons contemplée mélancoliquement comme celle d'un trépassé des plus chers, des plus doux.

Hippolyte est couché. J'écris ceci dans la solitude et le silence de la nuit, à côté d'un feu qui s'éteint. J'ai été prêter l'oreille sur la porte aux bruits du dehors. Il y en a peu : l'Océan s'est retiré au loin, il est calme, il dort, on ne l'entend pas. L'Arguenon circule librement dans les grèves, la lune se promène dans son courant, et ses gués, où les eaux bouillonnent, nous envoient un léger murmure. La brise soupire à peine dans le bois et tout le reste est tranquille.

Adieu; adieu, séjour bien-aimé ! Si tu m'aimes et que tu doutes de ma constance, écoute ceci qui te rassurera : je perds la moitié de mon âme en perdant la solitude. J'entre dans le monde avec une secrète horreur.

Caen, 24 janvier.

Je viens de parcourir quelques rues de cette ville à la lueur de quelques pâles réverbères. Qu'ai-je vu? Les noirs fantômes des églises et de leurs clochers dont je n'ai pu saisir que les masses ; mais le mystère de la nuit qui les enveloppe et n'arrête pas leurs dimensions comme ferait l'éclat du jour, ajoute à leur religion et m'a pénétré d'un sentiment qui vaut mieux, je crois, que celui des formes. Ma pensée s'est élevée indéfiniment vers le ciel avec ces flèches qui semblaient ne point prendre fin, et elle a rôdé avec terreur tout autour de ces nefs mornes comme des tombeaux. Voilà tout. Il y avait foule dans les rues, mais qu'est-ce que la foule dans la nuit, et même le jour? Dans la nuit, j'aime mieux le bruit des vents, et, durant le jour, ces grandes assemblées tantôt silencieuses et tantôt mugissantes, qu'on appelle forêts. D'ailleurs j'ai rencontré de ces hommes qui me font toujours fuir et rentrer au plus vite, des *étudiants* qui s'en allaient portant fièrement leurs habits, et respiraient dans tous leurs traits je ne sais quelle expression qui m'intimide et me met en déroute. O mon cahier! mon doux ami, combien j'ai senti que je t'aimais en me dégageant de cette multitude. Aussi me voici maintenant à toi quoique la nuit soit bien avancée et que je sois tout brisé de fatigue; tout à toi pour te conter mes peines et t'entretenir paisiblement dans le secret. Pourrais-je assez revenir sur des souvenirs encore tout trempés de mes larmes et qui demeureront toujours incorruptibles dans mon âme ? Ce bon Hippolyte et son adorable Marie ! Je lui avais dit adieu ; elle m'avait répondu avec quelques paroles de la plus touchante bonté ; j'avais balbutié encore quelques mots et m'étais mis à descendre rapidement l'escalier, croyant qu'elle n'avait pas passé le seuil de la porte et que tout était fini, lorsque j'entendis un nouvel adieu qui me venait d'en haut ; je levai la tête et je la vis penchée sur le balustre. Je répondis faiblement, bien faiblement, car sa voix avait achevé ce qui me restait de forces pour retenir mes larmes...

Paris, 1er février.

Mon Dieu, fermez mes yeux, gardez-moi de voir toute cette multitude dont la vue soulève en moi des pensées si amères, si décourageantes. Faites qu'en la traversant je sois sourd au bruit, inaccessible à ces impressions qui m'accablent quand je passe parmi la foule ; et pour cela mettez devant mes yeux une image, une vision des choses que j'aime, un champ, un vallon, une lande, le Cayla, le Val, quelque chose de la nature. Je marcherai le regard attaché sur ces douces formes, et je passerai sans ressentir aucun froissement.

Le 17. — O pureté des champs ! J'allais sans cesse montant de la nature à Dieu, et redescendant de Dieu à la nature. C'était là ma vie intérieure mêlée de quelques mélancolies, de quelques tressaillements du cœur, mais qui ne faisaient qu'adoucir ou presser le cours de mes pensées sans les altérer. Rien de souillé n'entrait dans mon âme et je sentais s'accroître les forces de mon intelligence; car lorsque l'homme intérieur est pur, sa pensée s'élève sans obstacle et va toujours s'approchant de la source de toute force intellectuelle. Je commençais à dominer mes découragements et à prendre cette belle et noble confiance d'un cœur qui se sent l'ami de Dieu et qui ne saurait s'abattre tant qu'il s'appuie sur ce sentiment.

Le 16 mars. — Il se passe maintenant en moi quelque chose de bien étrange. Il ne m'est peut-être jamais arrivé de recevoir de plus fortes preuves de mon impuissance intellectuelle que dans ces dernières semaines et je vais mon train comme si rien n'était; j'écris intrépidement quantité d'articles qui sont reçus, j'ignore par quel miracle, dans un petit journal. Je ne sais en vérité ce qu'il faut le plus admirer de l'excès de bonté des hommes qui accueillent de si pauvres essais, ou de mon incroyable assurance à lancer de pareilles sottises dans le monde. D'où me vient donc cet extrême courage? Oh! je puis m'avouer le sentiment qui me l'inspire; il est pur, il est louable celui-là, et il arrive si rarement que je puisse contempler face à face une de mes pensées sans avoir à baisser les yeux, que je dois enregistrer ici celle qui me donne une énergie si inusitée. Je travaille uniquement pour mon père et pour mes amis, toute ma force est en eux, et ce n'est pas moi qui travaille, mais eux qui travaillent en moi. Il est vrai que, trois ans durant, ils ont perdu leur peine à me pousser, à m'aiguillonner, et qu'il y avait là de quoi mourir de honte et de remords, si mon âme pouvait élever un sentiment, celui du repentir, par exemple, à quelque degré d'énergie.

Le 23. — Oh! que je me hâte donc de retenir ici autant qu'il est possible les ravissements de cette journée, que je me hâte d'écrire qu'en ce jour j'ai été heureux du plus sublime bonheur, celui d'un homme qui entrevoit quelque chose des voluptés du ciel, que je me suis senti puissant pour le bien et plein de l'amour de Dieu et des hommes. Oui, il faut se hâter de l'écrire, car ces nobles exaltations durent peu dans mon âme, car demain [1]. . . . .
. . . .
. . . .
Il me semble insupportable de paraître devant les hommes autre que l'on est devant Dieu. Mon plus rude supplice en ce moment est l'estime que les

---

[1]. Il y a une lacune dans le manuscrit : un feuillet manque.

belles âmes font de moi. On dit qu'au jugement dernier le secret des consciences sera révélé à tout l'univers : je voudrais qu'il en fût ainsi de moi dès aujourd'hui et que la vue de mon âme fût ouverte à tous venants.

Le 20 avril. — O mon cahier, tu n'es pas pour moi un amas de papier, quelque chose d'insensible, d'inanimé; non, tu es vivant, tu as une âme, une intelligence, de l'amour, de la bonté, de la compassion, de la patience, de la charité, de la sympathie pure et inaltérable. Tu es pour moi ce que je n'ai pas trouvé parmi les hommes, cet être tendre et dévoué qui s'attache à une âme faible et maladive, qui l'enveloppe de son affection, qui seul comprend son langage, devine son cœur, compatit à ses tristesses, s'enivre de ses joies, la fait reposer sur son sein ou s'incline par moments sur elle pour se reposer à son tour; car c'est donner une grande consolation à celui que l'on aime que de s'appuyer sur lui pour prendre du sommeil ou du repos. Il me faut, à moi, un amour comme celui-là, un amour de compassion. Je n'ai rien qui puisse m'en susciter un comme on en voit tant dans le monde, un amour d'égal à égal, un amour d'âmes pareilles, d'âmes qui vont l'une vers l'autre, parce qu'elles se sont vues réciproquement grandes et belles, comme deux étoiles qui, s'étant aperçues des deux bouts du ciel, iraient se rejoindre à travers l'espace. Pour être aimé, tel que je suis, il faudrait qu'il se rencontrât une âme qui voulût bien s'incliner vers son inférieure, une âme forte qui pliât le genou devant la plus faible, non pour l'adorer, mais pour la servir, la consoler, la garder, comme on fait pour un malade; une âme enfin douée d'une sensibilité humble autant que profonde, qui se dépouillât assez de l'orgueil si naturel même à l'amour, pour ensevelir son cœur dans une affection obscure, à laquelle le monde ne comprendrait rien, pour consacrer sa vie à un être débile, languissant et tout intérieur, pour se résoudre à concentrer tous ses rayons sur une fleur sans éclat, chétive et toujours tremblante, qui lui rendrait bien de ces parfums dont la douceur charme et pénètre, mais jamais de ceux qui enivrent et exaltent jusqu'à l'heureuse folie du ravissement.

Le 1er mai. — Toujours à charge, toujours contraint d'emprunter mon existence. Les lèvres de l'enfant qui vient de naître ont assez d'énergie pour sucer la mamelle, et moi, au plus fort de la jeunesse, je n'ai pas assez de vigueur pour gagner ma subsistance, pour pomper un peu de vie.

Le 7. — Pluie douce. — Il n'y avait pas un souffle dans l'air. La pluie tombait paisiblement avec une monotonie qui ne manquait pas de charme. La feuillée s'inclinait sous l'eau du ciel, et chaque goutte, en frappant les feuilles, leur imprimait une petite oscillation qui recommençait sans cesse. C'était comme un frémissement général qui avait saisi les massifs de verdure, un tressaillement de joie et de volupté. L'air, imprégné d'une humidité chaude et chargé de tous les parfums de mai, portait à la langueur et blasait presque à force de mollesse et de senteurs tièdes.

Maintenant tous mes entretiens avec la nature, cette autre consolatrice des affligés, se passent dans un petit jardin de la rue d'Anjou-Saint-Honoré, tout proche de la rue de la Pépinière. Avant-hier au soir, j'avais passé mon bras autour d'un tronc de lilas, et je chantais à demi-voix : *Que le jour me dure*, de J. J. Cet air touchant et mélancolique, mon attitude, le calme de la soirée, et, plus que tout cela, cette habitude qu'a mon âme de résumer le soir toutes ses tristesses, de s'entourer de nuages pâles vers la fin des journées, me jetèrent dans le sentiment profond, intime, immense de ma misère, de mon indigence intérieure. Je me voyais pauvre, bien pauvre, pitoyable et entièrement incapable d'avenir. Il me semblait en même temps entendre bruire au-dessus de ma tête, bien haut, bien loin, ce monde de pensée et de poésie vers lequel je m'élance si souvent sans pouvoir l'atteindre jamais. Je songeais à ceux de mon âge qui ont assez d'ailes pour y arriver, mais sans jalousie et comme nous regardons d'ici-bas les élus et leur félicité. Cependant mon âme brûlait, haletait, se débattait contre son impuissance. Il y avait quelque chose en elle du désespoir et des élancements stériles de la passion chez ces infortunés qui ne peuvent que rêver l'amour et dans leurs songes pressent avec délire contre leur sein un fantôme brûlant. La tige du lilas que j'étreignais s'agitait sous mon bras; je croyais la sentir se remuer spontanément, et toutes ses feuilles, qui frissonnaient, rendaient un bruit doux qui me paraissait comme un langage, comme un murmure de lèvres qui balbutient des mots de consolation. O mon lilas, je te pressais dans ce moment comme le seul être en ce monde contre qui je pusse appuyer ma chancelante nature, comme le seul capable de souffrir un embrassement de moi, et assez compatissant pour se faire le support de ma misère ! De quoi t'ai-je payé? De quelques larmes qui sont tombées sur ta racine.

Le 18. — Ma misère intérieure gagne, je n'ose plus regarder au dedans de moi.

Le 25. — On me blâmera sans doute; mais est-il en mon pouvoir d'exprimer autre chose que ce que j'éprouve? Les expériences s'accumulent, il n'y a plus moyen de douter. Je n'ai plus de refuge que dans la résignation. Je prévoyais bien, quand je mis le pied sur le premier degré de mes tentatives et de mes essais, que je m'estimerais heureux de rencontrer, après avoir tout parcouru, non pas un emplacement de médiocre étendue pour asseoir ma vie et respirer à mon aise, mais un petit trou pour m'y blottir et m'y tenir coi jusqu'à la fin. Ma prévision s'est ponctuellement réalisée : je n'ai plus d'autre asile que la résignation, et je m'y sauve en grande hâte, tout tremblant et éperdu. La résignation, c'est le terrier creusé sous les racines d'un vieux chêne ou dans le défaut de quelque roche, qui met à l'abri la proie fuyante et longtemps poursuivie. Elle enfile rapidement son ouverture étroite et ténébreuse, se tapit au fin fond, et là, tout accroupie et ramassée sur elle-même, le cœur lui battant à coups redoublés, elle écoute les aboiements lointains de la meute et les cris des chasseurs. Me voilà dans mon terrier. Mais, le danger passé, la proie regagne les champs, va revoir le soleil et la liberté; elle retourne toute joyeuse à son tapis de serpolet et d'herbes savoureuses, qu'elle a laissé à demi brouté, elle reprend les habitudes de sa vie errante et sauvage. Les blés, les vignes, les taillis, les buissons, les fleurs, sa litière dans une touffe d'herbe ou dans la mousse sous un hallier, ses sommes, ses songes, sa vague et douce existence, tout est à elle de nouveau ; et moi, pour longtemps effarouché, je ne sortirai plus, je demeurerai à tout jamais confiné dans ma souterraine demeure. Faut-il m'en plaindre? Pourquoi le ferais-je? Je trouve au fond de ma cache la sûreté, un certain calme et autant de place qu'il en faut à mon âme pour ses petites évolutions. Un rayon de lumière doux et subtil se glisse chez moi et y entre-

5.

tient à peu près autant de jour que dans la cellule d'une abeille. Pour peu que le vent m'apporte de fois à autre quelques bouffées de parfums sauvages, et que mon oreille saisisse quelques accents éloignés des mélodies de la nature, qu'aurai-je à regretter ? L'araignée qui se balance, le soir, sur son fil, entre deux feuilles, s'embarrasse-t-elle du vol de l'aigle et des ailes de tous les oiseaux ? Et l'imagination de l'oiseau qui couve sa nitée sous un buisson, bien à couvert, a-t-elle regret aux caprices de sa liberté et aux molles ondulations de son vol dans le haut des airs ? Je n'ai jamais eu la liberté de l'oiseau, ni ma pensée n'a été aussi heureuse que ses ailes : endormons-nous dans la résignation comme l'oiseau sur son nid.

Le 26. — Pourquoi m'inquiéter en me demandant sans cesse : que ferai-je de ma vie ? Je l'ai appliquée à bien des choses, et elle n'a eu de prise sur aucune ; avec une apparence d'aptitude, je demeure inutile et je souffre dans une position presque sans ressource. Mais qui sait si, tout superflu que je semble dans la société, Dieu ne soutire pas de moi quelque bien que j'ignore, s'il ne m'a pas donné à l'insu de moi-même quelque vertu, quelque influence secrète pour le bien des hommes ? Toutes les fois que je serai poursuivi par cette fatale pensée de mon inutilité et de mon impuissance, je me réfugierai dans celle-ci : que la Providence tire de moi quelque profit et me fait servir à un usage caché, n'exigeant de moi que mon consentement et ma foi à cette mission qu'elle n'a pas voulu me révéler. Par cet acquiescement de ma volonté, je féconde le bien imperceptible que j'accomplis, j'y sème des mérites qui germeront secrètement et fleuriront en récompenses célestes dans les champs d'un monde meilleur. Les voies qui mènent les créatures de la terre au ciel ne se ressemblent pas : quelques-unes paraissent s'écarter étrangement, qui néanmoins aboutissent au centre commun ; chacune a ses détours, ses coudes, ses dédales mystérieux. Peut-être parmi tous les chemins qui suivent les hommes, y en a-t-il un plus grand nombre qu'on n'a coutume de le croire, qui débouchent dans le ciel, mais je suis persuadé que tous sont difficiles. Quoi qu'il en soit, j'avance dans le mien, qui est fort ténébreux, avec pleine confiance. — Cette pensée constante que j'ignore l'œuvre de bien à laquelle le Seigneur m'applique me disposera à respecter toutes les créatures, à m'incliner devant tous les êtres, à me conduire sur la terre comme dans un temple où toutes choses remplissent un ministère sacré, où les atomes de poussière sont autant de lévites dont les légions innombrables se prosternent et prient **dans les fentes du pavé.**

Le 10 juin. — Quand j'entame un sujet, mon amour-propre s'imagine que je fais merveille, et quand j'ai fini je n'aperçois qu'un mauvais pastiche composé avec des restes de couleur, raclés sur la palette des autres et grossièrement amalgamés sur la mienne. Mais, au fait, pourquoi me tracasser sans fin avec cette pensée? Je fais de mon mieux, je vais jusqu'où je puis, et au diable le *qu'en dira-t-on*. Cette philosophie est de date récente. Depuis tantôt huit jours, j'ai fait de grands progrès dans l'abnégation, la résignation, le dépouillement de toute haute pensée. Je suis rentré dans ma pauvre petite coque et tâche à m'y arranger de mon mieux, dans la résolution de n'en plus sortir. Je nargue mon imagination qui a voulu voyager par les airs comme la tortue; j'insulte à plaisir mes prétentions, bien que timides, qui crèvent de dépit; je raille avec volupté le *moi* superbe qui regimbe vainement contre l'aiguillon du sarcasme intérieur; je me mords comme le scorpion dans le brasier pour en finir plus vite.

Le 13. — Et je ne suis pas une dérision, un hochet, quelque chose que les petits enfants poursuivent de leurs moqueries, un être devant qui les plus faibles se redressent, que le pied d'un garçon de dix ans écrase sans que je puisse même me tordre comme le ver sous la roue? Tous les enfants que je rencontre ont comme un instinct avec lequel ils devinent l'imbécillité de mon caractère, et tout aussitôt ils en usent avec moi comme le maître avec l'esclave; leur première idée, dès qu'ils m'aperçoivent, est de me prendre en jouet, de m'agacer avec la mordante naïveté de leur âge. Je ne leur en veux pas : il est dans leur nature de faire servir à leur divertissement tout ce qui est plus faible que leurs faibles mains.

Au Parc (Eure-et-Loir), 25 juin.

Comment exprimer ce que j'ai éprouvé en m'enfonçant encore une fois dans la solitude, et dans une solitude qui me rappelle le pays de mes plus doux songes, la Bretagne? car ce pays-ci décline beaucoup vers l'ouest et l'on y respire comme des émanations de la bonne contrée. L'aspect des champs est à peu près le même : il y a des chemins creux et couverts de verdure, des sentiers le long des blés, des échaliers, des clôtures d'ajonc, de genêts et de chênes rabougris; on y pétrit d'excellent beurre, et le cidre y coule assez abondamment. Je jouis de cette ressemblance, je m'applique à l'étudier, je ravive une multitude de charmants souvenirs, ce qui, à mon gré, est un des plus doux passe-temps de l'âme. Cependant la pensée inquiète ne s'endort pas; elle m'aiguillonne et me tient sans cesse en haleine, mais ses tracasseries sont moins vives et moins tourmentantes. Allégé d'un fardeau d'inquiétudes matérielles qui m'étouffait, je m'élève plus librement dans mes imaginations; mais qu'importe? Ce sont toujours des soucis, des doutes, des perplexités; seulement je vais les chercher plus haut et dans un ordre plus vague et moins essentiel. Ce sont des chimères d'avenir qui paraissent et s'évanouissent, des recherches sur ma destinée, de beaux espoirs et des défaillances, un enchaînement étrange de toutes les pensées qui peuvent éclore dans une tête peu féconde, mais toujours en remuement, dans une imagination qui croit et ne croit pas en elle-même, qui se bat et se caresse, qui accueille tous les rêves, toutes les impressions sans s'attacher à rien, et va toujours demandant du nouveau. Quand est-ce donc que je la subjuguerai et que je viendrai à la bonne et simple raison? Si je pouvais me rendre aux sages conseils qui me viennent de tous côtés, je plierais tout ce bagage de folles pensées, et je me mettrais, dépouillé de rêves, mais tranquille, à la suite des autres hommes.

Le 26. — La plus douce hospitalité, l'intimité de la nature que je fréquente librement, l'absence de toute gêne, de tout assujettissement; la réalisation de ce bonheur moitié sauvage, moitié social, que je rêvais avec tant d'ardeur à Paris, dans ma chambre étouffée et obscure, je possède tous ces biens et je ne puis m'abandonner tout entier à leur jouissance. Je me figurais qu'aussitôt ici je m'endormirais de ce demi-sommeil d'une vie égale, libre et naturelle; mais que je me connais mal, si j'espère goûter quelque part un plein repos et m'assoupir au doux bruit de l'harmonie qu'on écoute en soi-même lorsque toutes les parties de l'âme se sont mises en accord! Mes facultés, tant intellectuelles que morales, ont trop d'inégalités pour parvenir jamais à l'équilibre. Je suis ici à l'abri de tout choc extérieur. Dégagé du tumulte social, hors de la portée de ces coups qui me meurtrissent, m'irritent ou m'abattent entièrement, quand je vis au plus épais du monde, le bon ordre se rétablirait en moi, si mon mal me venait tout entier du côté de la société. Elle y est pour beaucoup, je le reconnais au grand sentiment de délivrance que j'éprouve toutes les fois que je m'en écarte ; mais la nature de mon âme y entre aussi pour une grande part, la solitude me le prouve aussitôt que je reviens à elle. Alors certaines facultés inquiètes et remuantes se réveillent et relèvent, pour me tourmenter, la faculté de souffrance amère, les aigreurs, les dépits concentrés, les colères sourdes qui tombent et s'endorment sous le charme puissant de la campagne. Les sensations caressantes qui viennent en foule dans l'isolement, les vives et pénétrantes influences de la nature, flattent et chatouillent la surface de mon âme ; mais, en pénétrant à l'intérieur, elles deviennent des irritants qui accroissent la puissance des facultés rêveuses et inquiètes.

Elles sont aussi pour l'âme fatiguée et endolorie, comme la rosée du matin pour les fleurs à demi flétries par les chaleurs de la veille : elle les ranime et les rafraîchit, mais ce n'est souvent que pour les livrer plus sensibles encore aux ardeurs du soleil de midi. O. L. V.

Le 16 juillet. — Je commence à remarquer au dedans de moi une chose qui adoucit un peu mes misères intimes et qui finira peut-être par me relever à mes propres yeux, c'est le progrès de mon âme dans l'amour et l'intelligence de la liberté. C'est en 1831 que mon cœur a tressailli pour la première fois à ce nom. Jusqu'à cette époque, le tempérament de mon âme, débile et tardif, m'avait laissé dans l'insensibilité et l'ignorance des voluptés de la liberté. Sa puberté s'est enfin déclarée, et les premiers élans de cette vive et puissante faculté se sont portés vers cette vierge; elle a ému mon âme à vingt et un ans, comme une jeune fille inquiétait mon cœur à quatorze, avec des sensations toutes neuves, confuses et d'un trouble délicieux. J'ai passé deux ans et demi borné aux rêveries timides et vagues d'un premier amour qui s'ignore lui-même et se nourrit de peu. Mais depuis quelques mois, j'éprouve des mouvements d'âme violents et, de temps à autre, il me vient comme des bouffées d'une chaleur puissante et enivrante qui se répandent dans mon sein. Les rêves nonchalants et indécis prennent de la consistance et deviennent actifs; ils se transforment insensiblement en pensées fortes et pleines. Autant j'avais de désirs flottants et tièdes, autant je compte de soifs ardentes. L'instinct est devenu passion.

J'arrive à une époque critique de ma vie intérieure. A un remuement étrange dans mes idées, à la croissance presque subite de plusieurs de mes facultés, à l'accélération de mon mouvement de vie intérieure, je reconnais l'approche d'une révolution que j'appelle depuis bien longtemps. Jusqu'ici j'ai laissé faire à mon caprice et au hasard pour la conduite de mes facultés; je les voyais si débiles et de si peu d'espérance que je ne les jugeais pas dignes d'avoir d'autres maîtres, mais elles m'ont détrompé. Ces enfants pâles et chétifs ont pris de la vigueur et du teint; leur constitution indécise et timide s'est enhardie et s'est tirée par un élan vif et soudain des langueurs de sa longue enfance. Je dois songer à leur destinée : la révolution interne est nécessaire, je vais embrasser la vie active et dire adieu à mes nonchalances bien-aimées, douces compagnes de mon enfance et de ma jeunesse; hélas! ce ne sera pas sans avoir la larme à l'œil. Je vais donc enfin exercer sérieusement mes facultés, et ce sera sous l'inspiration et le feu de la pensée brûlante comme une passion qui remplit mon âme, la pensée de la liberté, c'est-à-dire du plus grand bonheur et du plus grand progrès de l'humanité. Je ne serai qu'une fourmi portant un fétu à la construction de l'avenir; mais si petites que soient mes forces, elles n'en seront pas moins animées par une large et sainte pensée qui ne laisse jamais fléchir l'âme qu'elle habite, qui l'épure, l'étend et suffit à son bonheur : une pensée qui est à tous et dont chacun est fier ; la pensée qui pousse le siècle devant elle, la plus belle et la plus puissante après celle de Dieu, la pensée de la liberté.

Quand je sors pour la promenade, bien disposé et débarrassé de tout souci, je sens poindre au fond de mon âme, dès les premiers pas, une joie d'un ordre inaccoutumé et d'une vivacité singulière. A mesure que je gagne dans la campagne, elle monte et s'étend, tantôt avec un progrès très-rapide, tantôt lentement, suivant les accidents de la course et le temps qu'il me faut pour arriver au plus beau de ma promenade. Aussitôt que j'y suis parvenu, que je me suis posté à ma fantaisie et toujours de manière à recevoir au vif et de toutes parts les impressions de l'horizon qui m'entoure, ce sentiment progressif d'une indéfinissable volupté acquiert sa plénitude, se répand dans tout mon être et le comble.

Le 4 août. — Paris va me ressaisir, mais plus fort, plus courageux, plus en état de toutes manières d'y soutenir l'oppression de la vie. Durant six semaines que j'ai passées ici, sans étude, sans efforts, laissant aller mon âme à son gré, vivant en paresseux, mais en paresseux contemplatif et ouvert à toutes les impressions, j'ai acquis de grands accroissements. Que faut-il à mon intelligence pour s'enrichir et gagner en étendue? Des livres? un labeur opiniâtre? des fouilles profondes dans la science? Non. Une vie libre, une campagne qui m'enveloppe de verdure et de chaudes émanations, des promenades, tantôt ardentes et pressées, tantôt molles et traînantes, et tout ce qui roule de lumière, de nuages, de bruits ravissants, de volupté universelle autour d'un homme qui passe des journées entières adossé à un arbre, et uniquement occupé à regarder vivre la nature. Mon intelligence s'est trouvée placée dans ces conditions, et sa seule séve naturelle, échauffée par la puissante atmosphère qui l'entourait, a poussé un grand jet.

J'ai vu se détacher bien des nuages de la masse de ténèbres qui pèse sur mon âme, et qui ne s'est ébranlée que depuis peu sous le souffle tardif de mon intelligence. Je m'allége chaque jour de quelque préjugé. L'amour de la liberté envahit mon caractère et commence à y fonder une indépendance solide et raisonnée qui me raffermit sur moi-même et me prépare des forces de résistance aux rudes chocs de ce combat merveilleusement réglé et ordonné qu'on appelle la société. Je vais m'enfoncer dans la mêlée, je ne sais contre qui je vais me heurter; mais je suis bien sûr que les meurtrissures et les blessures pleuvront sur moi. Qu'importe? On me déconcerte avec un rien, on me culbute d'un souffle, un enfant gouverne ma timidité ; qu'arrivera-t-il donc quand mon existence se trouvera liée à des hommes tout hérissés de préjugés, fiers et absolus dans leurs opinions serviles, gourmés, ampoulés, et les mains toujours prêtes à garrotter les faibles ? Il arrivera qu'ils troubleront ma nature timide, qu'ils me feront horriblement souffrir dans les parties faibles et désarmées de mon âme; mais leur dard ne mordra pas ailleurs.

Tandis que, sur les apparences, ils me réputeront vaincu, mon âme pressera contre elle-même avec amour, dans le temple intérieur de l'indépendance, ses opinions libres et généreuses, sa foi affranchie de toutes les menues chaînes dont la chargent grand nombre d'esprits, en me disant : « Plante là ces hommes et leurs dires, et retrempe-toi au souvenir des jours d'indépendance, quand tu courais à ton gré par la campagne, le cœur gonflé de volupté, et chantant à pleine tête des hymnes à la liberté, ou que tu savourais un jour paresseux d'un bout à l'autre, depuis les brises gaies du matin jusqu'aux tièdes parfums du soir, couché sous un poirier, nonchalant de toutes choses et narguant, dans ton oisiveté railleuse, les tyrans de toute espèce attachés comme des vautours aux flancs du genre humain. »

Paris, le 20 août.

Quitter la solitude pour la foule, les chemins verts et déserts pour les rues encombrées et criardes où circule pour toute brise un courant d'haleine humaine chaude et empestée; passer du quiétisme à la vie turbulente, et des vagues mystères de la nature à l'âpre réalité sociale, a toujours été pour moi un échange terrible, un retour vers le mal et le malheur. A mesure que je vais et que j'avance dans le discernement du vrai et du faux dans la société, mon inclination à vivre, non pas en sauvage ni en misanthrope, mais en homme de solitude sur les limites de la société, sur les lisières du monde, s'est renforcée et étendue. Les oiseaux voltigent, picorent, établissent leurs nids autour de nos habitations, ils sont comme concitoyens des fermes et des hameaux; mais ils volent dans le ciel qui est immense; mais la main de Dieu seule leur distribue et leur mesure le grain de la journée; mais ils bâtissent leurs nids au cœur des buissons ou les suspendent à la cime des arbres. Ainsi je voudrais vivre, rôdant autour de la société et toujours ayant derrière moi un champ de liberté vaste comme le ciel. Si mes facultés ne sont pas encore nouées, s'il est vrai qu'elles n'ont pas atteint toute leur croissance, elles ne feront leur développement qu'en plein vent et dans une exposition un peu sauvage. Mon dernier séjour à la campagne a redoublé ma conviction sur ce point.

J'ai chômé dans l'inaction la plus complète mes six semaines de vacances. A peine, pour rompre l'uniformité du *far niente*, faisais-je quelque lecture nonchalante, étendu sous un arbre, et encore plus de la moitié de mon attention était-elle emportée par une brise ou un oiseau filant à travers les bois, par le chant d'un merle ou d'une alouette, que sais-je? par tout ce qui passe dans les airs de vague et de ravissant pour un homme couché sur l'herbe fraîche, sous le couvert d'un arbre, au milieu d'une campagne enivrée de vie et de soleil. Mais ce repos, cette *accalmie* n'avait pas éteint le jeu de mes facultés ni arrêté la circulation mystérieuse de la pensée dans les parties les plus vives de mon âme. J'étais comme un homme lié par le sommeil magnétique : ses yeux sont clos, ses membres détendus, tous les sens sont fermés, mais sous ce voile qui couvre presque tous les phénomènes de la vie physique, son âme est bien plus vive qu'à l'état de veille et d'activité naturelle : elle perce d'épaisses ténèbres au delà desquelles elle voit à nu certains mystères ou jouit des visions les plus douces; elle s'entretient avec des apparitions, elle se fait ouvrir les portes d'un monde merveilleux. Je goûtais simultanément deux voluptés dont une seule eût suffi pour remplir tout mon être et au delà, et néanmoins toutes deux y trouvaient place et s'y étendaient librement sans se combattre ni se confondre. Je jouissais de toutes deux à la fois et de chacune aussi distinctement que si je n'en eusse possédé qu'une seule; nulle confusion, nul mélange, nulle altération de la vivacité de l'une par l'activité de l'autre. La première consistait dans l'indicible sentiment d'un repos accompli, continu et approchant du sommeil; la seconde me venait du mouvement progressif, harmonique, lentement cadencé des plus intimes facultés de mon âme, qui se dilataient dans un monde de rêves et de pensées, qui, je crois, était une sorte de vision en ombres vagues et fuyantes des beautés les plus secrètes de la nature et de ses forces divines. Quand l'heure du départ a rompu le charme, et que j'ai ressaisi le sentiment habituel de mon être, je me suis retrouvé pauvre et déplorable comme devant ; mais à la marche plus vive de mes pensées, à une délicatesse plus subtile de sensations, à un accroissement marqué de mes forces morales et intellectuelles, j'ai reconnu que mes six semaines d'oisiveté n'étaient pas perdues, que le flot de rêves étranges qui avait inondé mon âme l'avait soulevée et portée plus haut. Je suis rentré dans la société avec cette joie, mais amplement compensée et presque amortie par la tristesse de mon cœur qui s'en est allé atteint de regrets et de langueur. Je me suis séparé de la campagne comme d'une amante, et j'avoue que je ne puis m'expliquer l'étonnante ressemblance des tristesses qu'elle m'a laissées, avec celles de l'amour.

Le 22. — J'ai reçu une lettre d'Onésime ; en l'ouvrant un parfum de fleurs et de campagne s'est exhalé de tous ses plis. J'ai cru d'abord qu'il y avait enfermé une de ces brises qui voltigent toute la journée dans les prés et les jardins ; mais je me suis ravisé bientôt quand, en tournant la page, j'ai répandu sur le parquet des pétales bleus et jaunes, des feuilles de rosier et des brins de gazon. Il y avait du monde dans le salon, j'ai rougi, je suis demeuré tout interdit; j'ai cru qu'on allait me questionner, railler peut-être ce qui me faisait tant de plaisir. Je n'aurais su que répondre, j'aurais balbutié, je serais tombé dans mes embarras de parole. Et puis d'ailleurs, comment faire comprendre à des natures étrangères le prix d'un brin d'herbe dans une lettre, le charme de ces touchants enfantillages, de ces exquises simplicités ? Heureusement, personne n'y a pris garde; on causait, j'ai laissé faire et me suis hâté de ramasser mon trésor furtivement et comme un voleur. La société, telle qu'elle est faite, a tellement altéré les hommes et détruit en eux les instincts naïfs de l'âme, que ceux qui ont échappé à la contagion générale et conservé dans sa virginité la simplicité des goûts primitifs, sont contraints de se cacher, de se dérober, de s'envelopper dans une sorte de pudeur.°

Le 26. — Mon âme se contracte et se roule sur elle-même comme une feuille que le froid a touchée; elle se retire sur son propre centre, elle a abandonné toutes les positions d'où elle contemplait. Après quelques jours de lutte contre la réalité sociale, il a fallu se replier et rentrer. Me voilà circonscrit et bloqué jusqu'à ce que ma pensée, gonflée par une nouvelle inondation, surmonte la digue et s'étende librement sur toutes ses rives. Je connais peu d'accidents intérieurs aussi redoutables pour moi que ce resserrement subit de l'être après une extrême dilatation. Dans cette condensation, les facultés les plus vives, les éléments les plus inquiets, les plus remuants, se trouvent pris et condamnés à l'inaction, mais sans paralysie, sans diminution de vie ; toute leur fougue est renfermée et contrainte avec eux. Pressés et entassés, ils luttent entre eux, et tous ensemble contre la limite. Alors tout le sentiment que j'ai de la vie se réduit à une irritation sourde et profonde mêlée de secousses : c'est la fermentation de tant d'éléments divers qui s'échauffent et s'aigrissent dans leur contact forcé, et répètent des tentatives d'éruption. Toutes les facultés qui me mettaient en communication avec le dehors, le lointain, ces brillants et fidèles messagers de l'âme qui vont et viennent continuellement de l'âme à la nature et de la nature à l'âme, se trouvant retenus au dedans, je demeure isolé, retranché de toute participation à la vie universelle. Je deviens comme un homme infirme et perclus de tous ses sens, solitaire et excommunié de la nature.

Le 7 septembre. — Je me perds dans les conversations. Je n'en retire le plus souvent que de l'abattement et de l'amertume. J'y compromets ma vie intérieure, ce qu'il y a de meilleur en moi. Pour nourrir le discours, j'y jette mes pensées favorites, celles que j'aime le plus secrètement et avec le plus de sollicitude. Ma parole timide et embarrassée les défigure, les mutile, les jette au grand jour, désordonnées, confuses, demi-nues. Quand je m'en vais, je recueille et je serre mon trésor répandu, mais je ne remets en moi que des rêves meurtris comme des fruits tombés de l'arbre sur des pierres.

Le 9. — En ce moment, il y a mélange dans moi

âme, mélange d'amertume et de douceur, confusion de miel et de fiel, pêle-mêle étrange. Depuis quelques jours, mon esprit, déjà si peu réglé, est saisi d'une inquiète et ardente mobilité qui le fait aller et venir de l'un à l'autre pôle, qui ne le laisse plus se poser et s'asseoir au centre d'un ordre d'idées ou de croyances, mais l'emporte rapidement de région en région et l'incline en passant sur tous les abîmes. Je goûte une étrange volupté à sentir mon âme enlevée comme ce prophète qu'un ange emporta par les cheveux, et traversant d'une effroyable vitesse d'immenses étendues. Mais que me revient-il de ces voyages effrénés? Lassitude, éblouissement, surcroît de vertige, et pourtant, au fond de tout cela, un bien-aise secret de l'amour-propre qui s'applaudit du brûlant voyage et irrite sourdement la passion naissante de mon âme pour ces périlleuses aventures. A la campagne, durant les molles journées, le ravisseur venait aussi prendre mon âme; ils s'en allaient bien loin tous les deux, mais d'un vol plus tempéré et par des contrées plus sereines, bien qu'aussi vagues et ondoyantes. Comme aujourd'hui, mon âme, de retour, ne savait plus que croire de toutes choses, mais il y avait dans son embarras moins de trouble et de préoccupation inquiète.

Le 19. — O vérité! ne m'apparais-tu pas quelquefois comme un fantôme lumineux derrière un nuage? Mais le premier vent te dissipe. Ne serais-tu qu'une

illusion des yeux de l'âme? — La raison et la foi !
Quand ces deux mots n'en feront plus qu'un, l'énigme
du monde sera résolue. En attendant, que faire? A
l'heure où j'écris, le ciel est magnifique, la nature
respire des brises fraîches et pleines de vie, le monde
roule mélodieusement, et parmi toutes ces harmonies quelque chose de triste et d'alarmé circule : l'esprit de l'homme, qui s'inquiète de tout cet ordre qu'il
ne comprend pas.

Le 21. — Après tout, de quoi s'agit-il ici-bas? De
passer la vie utilement. Cela posé, qu'importe l'instrument que Dieu met aux mains d'un homme pour exploiter le temps, plume ou marteau? Accepter sans
hésiter toute condition où les forces de mon âme ou
de mes mains suffisent, telle est la résolution à laquelle mon âme se rattache, voyant que tout fuit et
se dissipe autour d'elle, que le sol lui croule sous les
pieds. Mais puis-je compter sur une résolution de
mon âme? Qui m'assurera de sa constance, après
mille variations, après mille projets pris, quittés,
repris? Je m'échappe à moi-même ; ma pesante et
nonchalante volonté s'essouffle à la poursuite de mon
âme qui prend les ailes des rêves les plus légers, des
plus fuyantes illusions. Telle est ma vie : elle se compose de projets sérieux toujours changés, et de vains
rêves permanents, de longs enivrements d'imagination et de scènes ridicules entre ma volonté et mon
âme indépendante et légère à la fuite comme un

sauvage; et dans le plus vif et le plus intime de ma vie, toujours souffrance aiguë ou malaise sourd, selon que le désordre croît ou décroît.

Le 26. — J'accepte avec une passiveté assez résignée le coup des espérances lancées qui reviennent sur moi. Je commence à m'inquiéter assez peu de la marche extérieure de ma vie et du plus ou moins d'agrément que je rencontrerai dans mon chemin. Quand j'ai du pain selon ma faim et de l'eau à ma soif, je dois, plus que tout autre, me contenter et me taire. Oisif et tout à fait superflu dans la société, je n'ai droit, dans la distribution commune, qu'à la portion rigoureusement nécessaire au soutien de ma vie.

Le 28. — Tout se brouille au dedans et au dehors. Un immense chaos, la nature, les hommes, la science, l'universalité des choses roule ses flots contre un point isolé comme un écueil dans la mer, mon âme perdue dans l'écume et le bruit... Je soutiens l'assaut d'une onde infinie; combien de temps tiendrai-je ferme? Si je m'abîme dans votre sein, vagues mystérieuses, m'arrivera-t-il comme à ces chevaliers qui, entraînés au fond des lacs, y rencontraient de merveilleux palais, ou, comme ce pêcheur de la fable, en tombant dans la mer deviendrai-je un dieu?

J'ai douté de moi-même, d'un point imperceptible. Le doute qui couvrait ce point imperceptible a rompu ses limites, il couvre le monde ; un atome s'est dilaté sur l'univers entier. Je ne souffrais qu'en moi-même, je souffre en toutes choses.

Le 29. — La graine qui germe pousse la vie en deux sens contraires ; la plumule gagne en haut et la radicule en bas. Je voudrais être l'insecte qui se loge et vit dans la radicule. Je me placerais à la dernière pointe des racines et je contemplerais l'action puissante des pores qui aspirent la vie ; je regarderais la vie passer du sein de la molécule féconde dans les pores qui, comme autant de bouches, l'éveillent et l'attirent par des appels mélodieux. Je serais témoin de l'amour ineffable avec lequel elle se précipite vers l'être qui l'invoque, et de la joie de l'être. J'assisterais à leurs embrassements.

Le 22 octobre. — Depuis trois semaines, travail extérieur qui dévore toutes mes journées jusqu'aux miettes : révolution dans mes habitudes, transition brusque de la nonchalance des rêves à l'essoufflement de l'action. Tout ce tracas de vie affairée absorbe une certaine portion de ma pensée, mais c'est cette portion flottante que je laisse aller à tout vent comme les derniers plis d'un manteau. Je n'y ai aucun regret. Ce sont les vagues qui viennent sur la grève : le sable en boit, l'homme les écume, la mer en fait abandon à qui les veut. Ainsi ma pensée sur les bords est prise par les soins et les soucis de la vie active ; mais, **au** large, rien n'y touche, nul n'y puise, rien ne s'en va de ses flots que par l'évaporation continuelle de son onde aspirée par une puissance inconnue.

Le 23 novembre. — Voilà deux mois d'action, de participation à la fatigue humaine. Mais en m'inclinant sur mon labeur, en creusant le sillon où je viens de semer mes premières sueurs, je n'ai ressenti que des lassitudes physiques. Mon âme revient de ses journées avec la fraîcheur du réveil. Il n'y a pas bien longtemps qu'elle frissonnait et défaillait quand la pensée d'un acte extérieur à accomplir passait devant elle. Si au moment où la nécessité m'a poussé dans la mêlée des actifs en me flagellant, comme ces soldats orientaux qu'on chassait au combat à coups de fouet, si, dis-je, en ce moment mon âme se fût trouvée assez penchée pour être voisine de l'action, elle fût tombée à la renverse. Heureusement, un peu avant cette époque, elle avait commencé un mouvement qui l'emporte bien loin des champs de bataille de l'action. Ce départ n'a pas été brusque ni imprévu ; des souffles qui la gonflaient de fois à autre, semblables aux premières fraîcheurs d'une brise, le lui avaient présagé. Elle est partie à point, la voilà hors de danger. Joyeuse comme ces captifs qui s'éloignent à force de rames d'une côte barbare, elle s'enfonce avec volupté dans sa fuite, elle se retire vers des lieux ignorés de tous et d'elle-même, mais elle est sûre d'y toucher parce qu'ils attirent, et un infaillible pressentiment des merveilles qu'ils lui réservent l'entretient en allant.

Le 10 décembre. — De quelle nature suis-je donc qu'il me survienne toujours de ces états nouveaux contre lesquels je ne puis rien préparer, qu'il se découvre à chaque moment quelque autre infirmité par quelque côté où je n'avais pas d'inquiétude? Aujourd'hui cette pauvre imagination par qui je vis d'habitude, d'où découle tout ce qui circule en moi de joies ignorées et de ces transports occultes dont rien ne va se perdre au dehors, cette pauvre imagination a tari. Il y aura tantôt huit jours que ma vie intérieure a commencé de diminuer, que le fleuve a baissé, se réduisant par un décroissement si sensible qu'après quelques tours de soleil il n'était plus qu'un filet d'eau. Aujourd'hui j'ai vu passer sa dernière goutte.

J'étends au large le sens du mot imagination : c'est pour moi le nom de la vie intérieure, l'appellation collective des plus belles facultés de l'âme, de celles qui revêtent les idées de la parure des images, comme de celles qui, tournées vers l'infini, méditent perpétuellement l'invisible et l'imaginent avec des images d'origine inconnue et de forme ineffable. Ceci est peu philosophique et s'écarte étrangement des psychologies connues; mais, à cet égard, je m'inquiète peu des hommes et des arrangements qu'ils ont faits de nos facultés; je brise leurs systèmes qui m'entravent, et je m'en vais, libre, le plus loin d'eux qu'il est possible, reconstruire une âme et un monde selon mon gré.

Je ne puis croire assurément que nos plus vives facultés meurent comme un flambeau vacillant, et que toutes les sources intérieures se ferment soudain comme frappées de malédiction. Mais il est irrécusable que la vie s'interrompt, que le fleuve des joies secrètes suspend sa course pour livrer passage à des tribus d'amertumes et de désolations inconnues. Je souffre cette invasion terrible. Je prête l'oreille en moi-même et je n'entends plus rien de ce qui me charmait. Bruissements subtils et mêlés, chœurs ondoyants de voix reculées, répercussions des chants intimes de la nature, tout ce beau torrent de rumeurs a cessé. Comme un homme qui marche dans la nuit muni d'un flambeau, à mesure que j'avançais, les objets semblaient se revêtir d'un éclat vif et doux tout ensemble, et, sous cette lumière, la forme adoucie et vivifiée paraissait se complaire comme dans son fluide, et goûter je ne sais quelles voluptés qui animaient sa physionomie et lui donnaient des beautés qu'on n'a pas vues. Aujourd'hui je ne projette que de l'ombre, toute forme est opaque et frappée de mort. Comme dans une marche nocturne, je m'avance avec le sentiment isolé de mon existence, parmi les fantômes inertes de toutes choses.

Ma vie intérieure ressemble assez à ce cercle de l'enfer du Dante, où une foule d'âmes se précipitent à la suite d'un étendard emporté rapidement. La multitude de mes pensées, foule agile et tumultueuse sans bruit, comme les ombres, s'emporte sans repos vers un signe fatal, une forme ondoyante et lumineuse, d'un irrésistible attrait, qui fuit avec la vitesse des apparences incréées. Guide menteur, sans doute, car sa fuite est trop séduisante pour ne pas attirer mon âme dans quelque piége cruel ; mais, quoi qu'il en arrive, je cède au leurre. Comme un enfant en voyage, mon esprit sourit sans cesse à de belles régions qu'il voit en lui-même et qu'il ne verra jamais ailleurs. J'habite avec les éléments intérieurs des choses, je remonte les rayons des étoiles et le courant des fleuves jusqu'au sein des mystères de leur génération. Je suis admis par la nature au plus retiré de ses divines demeures, au point de départ de la vie universelle ; là, je surprends la cause du mouvement et j'entends le premier chant des êtres dans toute sa fraîcheur. Qui ne s'est pas surpris à regarder courir sur la campagne l'ombre des nuages d'été ? Je ne fais pas autre chose en écrivant ceci. Je regarde courir sur ce papier l'ombre de mes imaginations, flocons épars sans cesse balayés par le vent. Telle est la nature de mes pensées et de tous mes biens intellectuels, un peu de vapeur flottante et qui va se dissoudre. Mais de même que l'air se plaît à condenser les émanations des eaux et à se peupler de beaux nuages, mon imagination s'empare des évaporations de mon âme, les amasse, les forme à son gré, et les laisse dériver au courant du souffle secret qui passe à travers toute intelligence. C'est là mon bonheur d'instinct, bonheur fluide et mobile qui souvent se fond sous mes baisers et se dissipe dans mes embrassements. Aussi ni mes sérénités, ni mes tourmentes ne sont de durée, hélas ! ni mes résolutions de permanence. Ce qu'il y a de philosophie et de raison pratique dans mon âme gémit et souffre. Comme un bâtiment qui a mis dehors trop de voiles, je tiens une course folle et aveugle à travers la vie, essuyant à toute heure les avaries les plus cruelles.

On aime, on admire dans un tableau les traits d'un homme inconnu, d'un pâtre quelquefois, rêvant sur la montagne, représentant l'intelligence au milieu de la création, l'écho sonore et profond au centre des mélodies, le miroir divin sur la route des images innombrables de l'incréé que Dieu a mises en voyage, flottant appareil de symboles qu'on appelle l'univers. Les personnages réels, le pâtre et moi, sont de pauvres créatures qui regardent voguer les nuages et écoutent siffler le vent instinctivement et par passe-temps de solitude.

Le 26 janvier 1835. — J'ai mené mon petit drame sous vos yeux ; vous en avez suivi les mouvements et écouté le bruit avec un tendre intérêt qui a fait tout mon courage. Et cependant que regardiez-vous ? Ce qu'on suit de l'œil, les soirs d'été : un insecte ailé qui tournoie et circule dans l'air avec un léger bourdonnement de ses ailes. Comme lui, ma pensée exécute follement un vol capricieux qui ne va nulle part. J'ai acquis assez de philosophie pour marcher déterminément dans la vie pratique et m'élever au-dessus de certaines atteintes qui m'eussent autrefois renversé. Mais le gouvernement de ma pensée ne m'appartient pas. Elle n'a d'autre guide qu'un infatigable instinct de fuite loin de la demeure commune, comme si la liberté était dans l'évasion et la vérité au bout d'un voyage infini. Aussi, malgré l'aplanissement de mes voies intérieures, je ne ressens guère moins de fatigue à vivre ; car l'inquiétude de l'intelligence vaut bien, comme mal, l'incertitude du lendemain. La poésie n'est plus présente à mon âme, je ne jouis plus de ses entretiens familiers ; à l'absence d'un doux fardeau, au refroidissement de mes habitudes d'imagination, je reconnais qu'elle s'est retirée, et d'ailleurs j'entends sa voix au loin, bien haut, déjà faible et presque éteinte dans l'éloignement. Tantôt je crois qu'elle m'appelle, ayant trouvé mieux qu'ici par delà l'obscurité, car aujourd'hui j'espère tout du côté impénétrable, et tantôt il me semble qu'elle me dit ses adieux. Au reste, qu'importe que ce que nous appelons imagination, poésie, me quitte ou me prenne ? Cela ne peut arrêter ni hâter le cours de ma destinée ; et que j'aie prévu ou non d'ici-bas, je n'en contemplerai pas moins un jour ce qui m'est réservé. Ne devrais-je pas plutôt, négligeant toutes ces inquiétudes, m'appliquer à étendre mes connaissances positives, et préférer le moindre filet lumineux de vérité certaine aux vagues lueurs où je me noie ? L'homme qui se rend compte d'une vérité mathématique quelconque est plus avancé dans la compréhension du vrai que la plus belle imagination. Il a acquis une possession inviolable dans le domaine de l'intelligence, il peut s'y loger pour l'éternité. Le poëte est chassé d'exil en exil et n'aura jamais de demeure assurée.

Le 2 février. — Nous avons perdu Marie le 22 janvier, à neuf heures du soir.

Après le bonheur de mourir avant ceux que l'on aime, je ne connais rien qui marque plus la faveur du ciel que d'être admis au chevet d'un ami mourant, de le suivre jusqu'où l'on peut aller avec lui dans l'ombre de la mort, de s'initier à moitié au mystère profond dans lequel il disparaît, de lever sur son visage des empreintes fidèles et incorruptibles, de se former enfin un trésor de douleurs et de pensées secrètes, qui puisse fournir à l'étendue de la plus longue vie.

Je n'ai rien vu que dans la représentation que l'âme se fait comme elle peut de ce qui se passe loin de nous. Pauvre Marie ! je me suis formé au dedans de moi le spectacle de votre fin, j'ai contemplé avidement, à travers les ombres de ce songe terrible, ce qui s'est agité entre vous et la mort ; j'ai vu vos traits calmes et reposés, votre douceur et la beauté de votre âme paraissant encore sur vos lèvres que l'agonie n'avait pas éteintes. Cette vision se trouble et disparaît quelquefois, mais elle se rétablit bientôt, car je la rappelle avec une puissance fatale. Dans ses plus longues absences, elle fait place à une autre vue plus dégagée des ténèbres de la mort : Marie m'apparaît sous des traits vagues et indécis, se dirige devant mon imagination et, sans toucher le sol, me guide aux lieux qu'elle aimait et que nous avons tant de fois parcourus ensemble.

Elle s'est évanouie de ce monde visible; elle appartient aux régions de la pensée; elle n'est plus accessible qu'à cette puissante faculté qui s'élève de notre âme vers les demeures spirituelles, y gravit secrètement dans l'ombre et en redescend accompagnée d'un doux fantôme. Combien de fois nos rêves sont montés de concert vers ces demeures confuses et enveloppées qui nous attiraient par leur mystère ! Combien de fois sont-ils allés frapper légèrement aux portes de ce monde d'intelligences et de purs esprits ! Et maintenant tu es mêlée, absorbée dans cet océan de substance spirituelle ! Ma pensée te forme dans son sein par la même opération et de la même essence que ces rêves si doux qui rejoignaient les tiens et se dirigeaient vers le même point céleste.

Je m'efforce de comprendre cela, de concilier la pensée qui la cherche sur la terre avec celle qui ne l'y cherche plus. Je réforme douloureusement les habitudes de mon imagination qui se portait avec tant de charme vers le désert chéri; il faut que je la détourne à tout moment de son chemin, pour la mettre sur la nouvelle direction qu'elle doit prendre désormais ; confusion étrange et amère de deux mondes, déplacement terrible de l'âme à la suite de celle qui a changé de séjour ! Mais non ; je suis heureux de regarder du côté où elle s'est évanouie, de porter tous mes entretiens, toutes mes aspirations vers l'invisible qui nous l'a dérobée. — Qui me fera participer aux trésors recueillis dans les heures suprêmes ? Qui m'initiera à ces mystères dans lesquels je voudrais m'envelopper pour toujours ? Je suis avide de douleur et de funeste savoir [1].

. . . . , ...

Le 9. — Le travail est achevé, le doute ne remue plus, je suis convaincu. J'ai recouvert de deuil la scène charmante de mes souvenirs. Le doux visage dont les contours tremblaient légèrement dans ma mémoire, car le temps et l'absence étendent sur les traits les plus chers comme une vapeur qui les noie un peu et les confond, le doux visage s'est rétabli devant mes yeux ; mais mon imagination a fait comme la mort, elle l'a couvert de pâleur, elle a frappé ses lèvres d'une teinte rose expirante et fermé ses yeux pour jamais. J'ai rompu l'idée de son existence terrestre, je l'ai effacée du monde extérieur.

---

[1]. Après ce fragment, un feuillet a été détaché du manuscrit original, et plusieurs lignes sont effacées au haut de la page suivante.

Tout est substitué; tout un ensemble de vie actuelle s'est retiré de mon âme et j'ai vu venir à la place les images et les formes incorruptibles du monde inconnu qui nous avoisine. Je presse avec amour dans mon sein et je considère attentivement ces nouvelles apparences qui portent des traits chéris. J'invoque pour attirer en moi le plus que je pourrai de ces hôtes secrets autour desquels la douleur s'empresse et qui la confirment dans son espérance. Cependant le ressentiment du coup terrible ne s'affaiblit pas; l'âme a beau vouloir se retirer dans ses ombres pour gémir à l'écart sans aucune marque au dehors, la nécessité des larmes l'opprime. Alors si mes yeux résistent, je dis comme Hippolyte : *Tu ne pleures donc pas, tu ne te souviens donc plus des bons jours d'il y a un an avec Marie?*

Le 12. — Quel monde rêverions-nous? Quelles secrètes beautés de la nature pourraient attirer et retenir nos esprits avec plus de puissance que les côtes où Marie s'est évanouie? Je sais qu'elle est là, que les obscurités du monde des esprits nous la cachent. Combien ces obscurités deviennent attrayantes et quel charme pour moi à hasarder les approches de ce monde inconnu! Je vais, j'imagine comme je peux les demeures de l'esprit pur; je tâche à me représenter une âme rendue à son élément, les secrets de sa vie nouvelle et tous les points de sa condition impérissable. L'imagination apportant dans ses rêves ses habitudes terrestres, enveloppe de formes l'âme chérie, et je vois Marie avec ses traits d'ici-bas renouvelés dans le ciel. Mais souvent, de la formation même de ces doux fantômes, la douleur, un moment écartée, renaît; elle se précipite sur moi du milieu des plus calmantes visions. — Elle n'est donc plus qu'une pensée, me dis-je; elle n'est donc plus accessible qu'aux rêves de mon âme! Je me soustrais difficilement à la tristesse pesante et humaine de cette idée. Quelquefois j'y échappe en recommençant le pèlerinage des souvenirs. Les pas légers et silencieux de mon imagination reprennent les sentiers aimés. Comme Paul errant dans son île, je reviens, conduit par un attrait inévitable, au lieu du naufrage. — Il y a quelques jours, j'ai rencontré dans une bibliothèque où j'étais seul un livre dont nous faisions des lectures dans nos soirées intimes et prolongées. Je l'ai ouvert... Comment rendre ce qui s'en est élevé, et la vivacité des souvenirs qui dormaient dans ces lignes comme dans autant de sillons? Combien j'ai versé de larmes sur ce bon Collin d'Harleville si gai, si charmant! Ainsi tout devient deuil. — Revenez tous, souvenirs, douces émanations du passé, ombres de ce qui s'est évanoui, rentrez dans mon âme, comme, à la tombée de la nuit, les petits oiseaux et les abeilles qui s'étaient écartés dans la campagne revolent vers leurs retraites et s'y ramassent. Revenez tous, la nuit est tombée. — Ainsi je donne le change aux regrets extrêmes dont aucune consolation n'ose s'approcher. Je les entoure de cette multitude murmurante de souvenirs. Ils écoutent leurs voix mêlées et considèrent leurs traits marqués de mille nuances ; le cours précipité des pensées douloureuses se ralentit par degrés et s'adoucit, pour un temps, jusqu'à marcher comme un fleuve traînant et mélancolique.

Le 24 mars. — Autrefois mes douleurs étaient comme trempées ; elles sont devenues arides. Les amertumes contenaient quelques gouttes d'un baume en solution dans leurs flots ; aujourd'hui la liqueur toute pure ne dépose plus rien de doux à goûter secrètement et longuement.

J'imaginais les lueurs molles et tendres des crépuscules comme des particules douces et bienfaisantes déposées par le fleuve brûlant de lumière qui venait de traverser le ciel. Et je considérais avec un charme profond le ciel se pénétrant avec une mélancolique volupté de ce limon aérien qui le calmait. Je suivais au couchant ce qui se passait en moi dans la même heure, et le soir et moi nous nous assoupissions dans le même apaisement de douleur.

Douceur calmante de ces lents spectacles, conformités de mon âme avec l'esprit des scènes naturelles, qu'êtes-vous devenues ? Je suis seul. Je ne ressens, je n'éprouve plus rien que ma vie. L'aigreur d'une existence profondément altérée par mille poisons intérieurs : telle est l'unique saveur de mes jours.

Le 27. — Je sais bien qu'avec de la résolution et de l'effort je parviendrais à former mon intelligence à la logique austère, à un certain maniement régulier de mes facultés, à l'entretien suivi des vérités utiles. Mais j'ai reçu si peu de puissance de déduction, si peu de méthode et de circonspection logique, que ce ne serait jamais qu'un travail faible et malade.

Le calme dans les pensées marque la force de l'intelligence. Or, tous mes essais ne sont que créations sans suite, convulsives, s'interrompant brusquement à toute minute, comme le discours d'un insensé. Je m'échappe à moi-même; un trouble funeste bouleverse ma tête; la vivacité de certaines idées l'enivre, elle bat la campagne à travers je ne sais quelles imaginations. Mais que sert de se plaindre? Si j'étais laboureur, peut-être accuserais-je la faiblesse de mes bras et le prompt épuisement de mon haleine. Je n'ai de ma vie remué une glèbe, et je suis tranquille de ce côté. Si, bornant le travail de mon intelligence à ce qu'exige ma condition, je n'eusse pas mis sa force à des épreuves entières, je serais tranquille aussi de ce côté. Mais c'est fait; s'en consoler est le plus court. Pourquoi pas aussi remonter le courant de l'habitude et rentrer ainsi dans le calme primitif? Que je ferme pour jamais l'ouverture follement pratiquée aux flots secrets contenus dans mon âme! Qu'ils y dorment! Ces flots, ce sont quelques gouttes; je n'aurai pas, sans doute, à redouter leurs tempêtes.

Si j'ai encore quelques pas à faire ici-bas, je voudrais que ce fût avec calme. Je ne sais d'où je suis ni où je vais. Il faut du moins marcher tranquillement dans la paix d'une ignorance qui ne tardera pas à être éclairée. La vraie sagesse, c'est la patience pour qui ne dure pas.

Il y a plus de force et de beauté dans le secret bien gardé de soi et de ses pensées, que dans le déploiement d'un ciel entier qu'on aurait en soi. Ainsi faisait Marie : les richesses et la douceur de son âme ne se révélaient pas autrement que par le charme de sa parole et l'enchantement paisible que son existence répandait tout autour d'elle. Ce n'est pas du découragement que je fais là. Bien que je sois encore sujet à certains retours de cette vieille infirmité, je l'ai réduite assez pour qu'elle n'empêche plus la marche positive de ma vie. La nature de mon intelligence avide et inquiète, et nullement douée pour les opérations fortes et sévères du raisonnement, m'interdit tout espoir de progrès convenable dans la philosophie de ce monde. Or, cet ordre de recherches ôté, je ne vois rien qui vaille un effort de la pensée. Conséquemment, quand j'aurai acquis assez de science vulgaire pour en distribuer, ma vie durant, aux petits garçons, je devrai me contenter. Je tiendrai ma part de savoir. C'est une ambition fort resserrée et petite. Mais pour un homme comme moi qui n'ai pas dans le cœur assez d'énergie pour produire un simple feu follet de passion, et qui, dans l'intelligence, en ai juste assez pour être tourmenté stérilement, le peu n'est-il pas le mieux? Le peu qu'il faut pour tirer d'affaire sa vie matérielle, et, du reste, se mettre à traverser les hommes et les choses lentement, paisiblement, avec la conscience d'une profonde ignorance de l'impénétrabilité du destin qui nous pousse, avec un peu de rêverie, si l'on veut.

Le 3 avril. — L'étendue morale qu'embrasse ma vie est comme une solitude couverte d'un ciel pâle, immobile, sans saisons. La température y est assez animée pour avoir excité une certaine fermentation dans la fécondité du sol; mais, comme elle garde éternellement le même degré, la séve intérieure, soulevée et échauffée jusqu'au point correspondant, ne peut monter au delà, et se trouve condamnée à fermenter d'une manière égale, sans repos et stérilement, comme l'eau qui frémit sans s'interrompre, sans hausser ni baisser son murmure, à la chaleur constante d'un petit feu. Il en résulte pour moi une souffrance continue, subtile et opiniâtre. Avide, inquiet, entrevoyant, mon esprit est atteint de tous les maux qu'engendrerait sûrement une puberté qui ne s'achèverait pas. Je vieillis et je m'épuise dans des emportements d'esprit si médiocres, dans des passions d'intelligence si chétives, tout ce qui se meut en moi avance si peu, et ce qui ne peut remuer découvre de si loin, qu'il vaudrait cent fois mieux avoir reçu un esprit aveugle et paralytique. Le mal-être, d'abord assez resserré, a gagné rapidement. Comme une maladie qui se répand dans le sang, il se montre partout aujourd'hui, et sous les développements les plus étranges. Ma tête se dessèche. Comme un arbre qui se couronne, je sens, lorsque le vent souffle, qu'il passe dans mon faîte à travers bien des branches dépéries. Le travail m'est insupportable ou plutôt impossible. L'application n'engendre pas en moi le sommeil, mais un dégoût âpre et nerveux qui m'emporte je ne sais où, dans les rues et sur les places publiques. Le printemps, dont les bontés venaient tous les ans me charmer dans mes réduits avec précaution et secrètement, m'écrase, cette année, sous une masse de chaleur subite. La vie ne descend pas du ciel dans la fraîcheur des nuits, ni répartie dans les gouttes des ondées, ni fondue et dissoute dans l'étendue entière de l'air; elle tombe d'en haut comme un poids.

Je voudrais qu'un événement m'ôtât de la position que j'ai. Si j'étais libre, je m'embarquerais pour quelque pays où je dusse me faire des habitudes nouvelles.

Le 8. — Ma tête est sèche. J'y souffre une douleur moitié morale, moitié physique. J'y sens à de certains jours comme un peloton de nerfs qui s'y forme par des contractions sourdes et tyranniques. L'excès du froid ou de la chaleur, l'ennui, certains mouvements de tête, des irritations internes contribuent à cela. Je n'imagine plus rien alors. Une étrange stupeur me saisit, je demeure immobile, ne sentant rien que la fixité lourde, accablante de la vie, qui paraît s'arrêter dans un état de mal-être incompréhensible, et le battement d'une artère qui s'agite en cet endroit de la tête.

Le 30. — Quand la souffrance s'est éloignée et que la vie vous reste pâle, affaiblie, mais confiante et goûtant une volupté calme aux derniers ressentiments du mal qui s'éteignent, l'âme la plus contenue a du penchant aux discours prolongés, un peu incertains, mélangés de souvenirs douloureux et de mille projets qui sourient. Les premières lueurs de bien-être qui rentrent dans l'existence y pénètrent chargées de rêves languissants et d'images douces et confuses, comme d'autant d'atomes qui nagent dans leur sein. Cet état est plus cher à l'âme que la santé. C'est dans ces moments que de divers côtés de mon être, comme d'une campagne calme sous un ciel grisâtre et sans mouvement de nuages, s'élèvent des rumeurs modérées, marques d'une vie qui revient de loin. Ces rumeurs sont produites par mes pensées qui, sortant de leur engourdissement douloureux, font une légère agitation de joie timide et commencent des entretiens pleins de souvenirs ou d'espoirs. D'autres fois, plus lentes à se réveiller, je n'entends au dedans de moi, durant ces heures de calme, que des froissements légers et rares, comme dans un bois où des oiseaux dorment sur les hautes branches.

Aujourd'hui, délivrées de leur appesantissement, elles parlent avec suite et tranquillité des douleurs essuyées. Elles attendent la vie, l'avenir, l'arrivée des mystères successifs de l'existence, en se fortifiant l'une l'autre par l'éloquence des exhortations intimes, ou se taisant par intervalles pour écouter les bouillonnements du torrent secret de philosophie qui coule sous quelques existences, comme ces torrents qui traversaient les cloîtres.

La plupart des facultés qui constituent la puissance de l'esprit manquent en moi ou n'y sont qu'indiquées, comme le sont aux arbres, par des boutons morts ou stériles, les branches qui devaient naître. Ranger, comparer, déduire, sont pour moi des opérations si considérables et qui consument si vite les forces de mon intelligence que, si toute action forte de l'esprit ne m'est pas interdite, le pouvoir qui m'en est laissé est, peu s'en faut, inutile. Quand je veux suspendre une vérité à une autre vérité, je suis semblable à un homme qui, de son bras demi-paralysé, s'efforce d'arrêter l'un à l'autre deux objets : ce bras s'élève à grand'peine, hésite, grelotte et manque toujours son coup. Nombre de causes, dans ma nature intérieure et extérieure, m'ont de bonne heure incliné sur moi-même. Mon âme fut mon premier horizon. Voilà bien longtemps que j'y contemple. Je regarde monter du fond de mon être des vapeurs qui s'en élèvent, comme d'une vallée profonde, et qui ne contractent de forme qu'au souffle du hasard ; fantômes indescriptibles qui font leur ascension lentement et sans interruption. La fascination puissante qu'exerce sur l'âme, comme sur les organes, le passage monotone et continu de quelque chose errante que ce soit, me possède et ne laisse pas mes yeux se détourner un moment de leur spectacle.

Je me procure la vie à l'aide du peu de latin que le collége a mis dans ma tête et qui n'y a pas péri, je ne sais comment. La longueur des courses, la diversité des tâches me prennent la meilleure partie des journées. Je souffre de grands dommages dans les soins matériels; mon fleuve se perd dans les sables. Je n'ai presque pas de réserves dans cette immense usurpation de la subsistance journalière sur le temps de la pensée, et je prévois que dans ma vie il me faudra toujours jeter de cette divine proie à la cruelle nécessité. Je me dis bien que le moment viendra où nous commencerons à penser éternellement dans un calme assuré; mais d'ici là, peiner, se consumer en soins au profit d'une dépouille future, ôter beaucoup à l'esprit pour en acheter une place parmi des hommes, hélas! bien ménagés si je les dis mes étrangers, d'une certaine activité insupportable et d'un niveau désolant : tout cela, c'est une bien grande agonie de l'âme et qui renverse étrangement le sens de ce mot de vie.

Le 7 mai. — Vous souffrez aujourd'hui de la poésie sans issue qui remplit votre être. Cette douleur st terrible, mais si belle! Consolez-vous dans la noble et rare nature de vos tourments : il y a tant d'hommes qui souffrent autant que vous pour des misères! Vous avez un privilége dans la douleur; que voulez-vous de plus ici-bas?

Ce que tout homme d'une certaine nature plutôt écartée que supérieure garde avec le plus de vigilance, c'est le secret de son âme et des habitudes intimes de ses pensées. J'aime ce dieu Harpocrate, son index sur sa bouche.

Le 14. — Qui peut se dire dans un asile s'il n'est sur quelque hauteur et la plus absolue qu'il ait pu gravir? Je regarde depuis quelque temps vers ces temples de la sagesse sereine que la philosophie antique a dressés sur des cimes fort élevées et qu'un petit nombre surmontèrent. Si j'emportais ces hauteurs! Quand serai-je dans le calme? Autrefois, les dieux, voulant récompenser la vertu de quelques mortels, firent monter autour d'eux une nature végétale qui absorbait dans son étreinte, à mesure qu'elle s'élevait, leur corps vieilli, et substituait à leur vie, tout usée par l'âge extrême, la vie forte et muette qui règne sous l'écorce des chênes. Ces mortels, devenus immobiles, ne s'agitaient plus que dans l'extrémité de leurs branchages émus par les vents. N'est-ce pas le sage et son calme? Ne se revêt-il pas longuement de cette métamorphose du peu d'hommes qui furent aimés des dieux? S'entretenir d'une séve choisie par soi dans les éléments, s'envelopper, paraître aux hommes puissant par les racines et d'une grave indifférence comme certains grands pieds d'arbres qu'on admire dans les forêts, ne rendre à l'aventure que des sons vagues mais profonds, tels que ceux de quelques cimes touffues qui imitent les murmures de la mer, c'est un état de vie qui me semble digne d'efforts et bien propre pour être opposé aux hommes et à la fortune du jour.

Le 4 juin. — Pourquoi suis-je à tel point attristé par la vue des productions médiocres? Il ne m'arrive jamais d'ouvrir un livre de la famille de celui que nous avons parcouru hier, sans m'en ôter l'esprit souffrant et l'imagination abattue. Est-ce pitié douloureuse pour ce spectacle, l'un des plus tristes que je sache, de la vanité impuissante? ou bien est-ce conscience et retour sur moi-même? Quoi qu'il en soit, qu'importe? La beauté de l'homme n'est pas là. Il y aurait grande médiocrité d'âme à ne pouvoir supporter celle de son esprit. Je comprends tout cela et je languis dans les faiblesses. Mon Dieu, quelles éducations morales donne-t-on aujourd'hui? J'ai vingt-cinq ans, dont dix passés dans les écoles, et je n'ai pas encore ouvert les rudiments de la force intérieure et de la conduite du sens moral! Jamais un mot ne m'a été communiqué des grandeurs de l'âme. Ce n'est que d'hier que, vieil enfant, je commence d'entrevoir l'homme, mais à une forte distance et sur ces hauteurs sereines qui ne se gagnent guère d'un pied déjà infirme. D'une faiblesse invétérée et tout perclus d'habitudes funestes, je me traîne et fais une marche souffrante. Mais je comprends, mais je vois, et si de mes jours je n'atteins la beauté morale, je mourrai du moins les yeux attachés sur elle. Il y a cependant en moi un signe bien fâcheux : c'est que le lendemain je ne me trouve guère au-dessus des actions de la veille, et que mon âme me semble rester au niveau des mêmes actes, d'actes déjà bien reculés dans les jours. Mon esprit, au contraire, voit vieillir vite tout ce qu'il fait. Quel bonheur de dominer son passé, et qu'il y a de joie à pouvoir se dédaigner soi-même de jour en jour dans ses actions! — Quelle destinée si je demeurais coéternel avec moi-même dans l'état moral que j'occupe en ce moment!

Le 5. — Mon Dieu, que je souffre de la vie! non dans ses accidents, un peu de philosophie y suffit; mais dans elle-même, dans sa substance, à part tout phénomène. J'avance dans l'âge, mon esprit laisse tomber mille dépouilles sur ses chemins, des liens se rompent, des préjugés font leur chute, je commence à montrer ma tête au-dessus des flots; mais l'existence même demeure engagée : toujours le même point douloureux marquant le centre de la circonférence. Y a-t-il une philosophie et des règles qui s'appliquent à ce mal? J'ignore de plus en plus ce fond de la vie et ce qu'il faut y faire. O Portique institué pour combattre la douleur par la force et la constance d'âme, tu n'as su combattre la vie que par la mort, et nous ne sommes pas plus avancés que toi !

Le 12. — Je ne commets pas mes actions mauvaises impétueusement. Il y a au fond de moi je ne sais quelles eaux mortes et mortelles comme cet étang profond où périt Sténio le poëte.

Le 22. — Ce qui me fait, dans des moments, désespérer de moi, c'est l'intensité de mes souffrances pour de petits sujets, et l'emploi toujours malentendu et aveugle de mes forces morales. J'use quelquefois à rouler des grains de sable une énergie propre à pousser un rocher jusqu'au sommet des montagnes. Je supporterais mieux des fardeaux énormes que cette poussière légère et presque impalpable qui s'attache à moi. Je péris chaque jour secrètement; ma vie s'échappe par des piqûres invisibles. On me disait, il n'y a pas longtemps, que le mépris des hommes me conduirait loin; oui, et surtout si l'aigreur s'y mêle. Ce qui m'entoure me fatigue; je ne sais où je voudrais vivre, ni dans quelle profession; mais je déteste la mienne qui me gâte et me rend misérable. Elle me fait rompre à tout moment avec le peu de philosophie que je gagne dans les heures libres et graves ; elle m'irrite contre les hommes encore enfants. Que je me hais dans ces misères, et qu'il me prend de violentes envies de sauter sur un rivage libre, en repoussant du pied l'odieuse barque qui me charrie !

Le 11 juillet. — Quel est le vrai Dieu ? Le Dieu des cités ou celui des déserts ? Auquel aller ? Les goûts longtemps nourris, les impulsions du cœur, les accidents de la vie décident le choix. Nous portons en nous-mêmes mille fatalités. Que savons-nous de ce qui nous entraîne et quel est le mieux dans tout cela ? L'homme des cités se rit en lui-même des rêves écartés des solitaires ; ceux-ci s'applaudissent de leur séparation et de se trouver, comme les îles du grand Océan, loin des continents et baignés par des flots inconnus. Les plus à plaindre sont ceux qui, jetés entre ces deux contradictions, tendent les bras de part et d'autre.

Le 13 octobre. — J'ai voyagé. Je ne sais quel mouvement de mon destin m'a porté sur les rives d'un fleuve jusqu'à la mer. J'ai vu le long de ce fleuve des plaines où la nature est puissante et gaie, de royales et antiques demeures marquées de souvenirs qui tiennent leur place dans la triste légende de l'humanité, des cités nombreuses et l'Océan grondant au bout. De là je suis rentré dans l'intérieur des terres, au pays des grands bois où les bruits d'une vaste étendue et continus abondent aussi. J'ai pris des fatigues que je regretterai longtemps et vivement, à traverser les grandes campagnes, à monter d'horizon en horizon, jouissant de l'espace et gagnant plusieurs fois le jour ces impressions qui s'élèvent de tous les points des étendues de pays nouvelles et s'abattent par volées sur le voyageur. Le courant des voyages est bien doux... Oh! qui m'exposera sur ce Nil?...

FIN DU JOURNAL.

LETTRES

ET

FRAGMENTS

LETTRES
ET
FRAGMENTS

A M. L'ABBÉ BUQUET,

préfet des études au collége stanislas.

[Paris, 1828.]

Monsieur,

Je vous dois toute ma confiance comme à mon meilleur ami, et c'est vers vous que ma pensée s'est tournée aussitôt que j'ai cherché dans mes peines celui qui pourrait les adoucir; mais une mauvaise honte m'a saisi. J'ai été peut-être vingt fois sur le point de me lever et d'aller vous exposer toutes mes misères, mais une réflexion soudaine m'arrêtait et me faisait dévorer mon mal en silence. Enfin j'ai ouvert la bouche, mais c'est tout ce que j'ai pu faire; quelques paroles confuses me sont échappées, ma langue est demeurée liée, et une timidité invincible ou plutôt une espèce de confusion m'a empêché de m'expliquer davantage. Mais votre bonté m'encourage et me fait surmonter cette répugnance que j'avais à vous faire l'histoire de mes sentiments, je vais donc la commencer, quoique, dans le moment même où j'écris, ma plume s'arrête quelquefois, et que je doute encore si je dois commencer mon récit.

Vous connaissez ma naissance : elle est honorable, et voilà tout; car la pauvreté et le malheur sont héréditaires dans ma famille, et la plupart de mes parents sont morts dans l'infortune. Je vous le dis, parce que je crois que cela peut avoir influé sur mon caractère. Pourquoi le sentiment du malheur ne se communiquerait-il pas avec le sang, puisqu'on voit des pères transmettre à leurs enfants des difformités naturelles? Mes premières années furent extrêmement tristes. A l'age de six ans, je n'avais plus de mère. Témoin des longs regrets de mon père, souvent environné de scènes de deuil, je contractai peut-être alors l'habitude de la tristesse. Retiré à la campagne avec ma famille, mon enfance fut solitaire. Je ne connus jamais ces jeux ni cette joie bruyante qui accompagnent nos premières années. J'étais le seul enfant qu'il y eût dans la maison, et lorsque mon âme avait reçu quelque impression, je n'allais pas la perdre et l'effacer au milieu des jeux et des distractions que m'eût procurés la société d'un autre enfant de mon âge. Mais je la conservais tout entière; elle se gravait profondément dans mon âme et avait le temps de produire son effet.

Mon père jetait en même temps dans mon cœur ce sentiments de religion qui n'en ont jamais été effacés; et les scènes de la mort que j'aimais à aller contempler dans les chaumières à la suite du curé de la paroisse, qui était en même temps mon précepteur, m'instruisaient de la brièveté et de la fragilité de la vie à l'entrée même de la carrière. Ainsi, sans avoir vécu dans le monde, j'en étais déjà désabusé, tant par ce que j'entendais dire à mon père que par ma jeune expérience. J'abandonnai enfin ma solitude pour entrer dans les colléges; c'était passer d'un extrême à l'autre. Mais je n'oubliais pas dans la société d'une jeunesse turbulente les leçons de la solitude; je les avais emportées avec moi pour ne jamais les perdre. Dès lors commença pour moi cette vie pénible, difficile, pleine de tristesse et d'angoisse, dans laquelle je me trouve aujourd'hui engagé. Habitué à réfléchir, je ne regardais pas tout ce qui passait autour de moi avec l'insouciance de la jeunesse, indifférente à tout, excepté au plaisir[1]. . . . . .
. . . .

J'avais apporté de ma solitude une timidité dont je n'ai jamais pu me débarrasser, et qui m'ôte, au

---

[1]. Nous n'avons pu retrouver l'original de cette lettre, que nous publions d'après la copie incomplète de Chopin. De là ces lacunes qui irriteront peut-être la curiosité du lecteur comme elles ont irrité la nôtre.

milieu de mes camarades, cette indépendance d'une âme qui se sent libre et qui parle fièrement sa pensée. Je contractai aussi une inquiétude minutieuse pour tous les devoirs que j'avais à remplir, c'est-à-dire que je tremblais dans la crainte qu'ils ne fussent pas assez bien ou assez tôt faits. Cette inquiétude, je la conserve encore; elle me poursuit partout, elle s'empare de toutes mes actions pour en considérer la nature et en prévoir l'issue, en sorte qu'il n'est presque pas de moment dans la journée qui ne m'apporte une souffrance produite par l'anxiété et le tremblement d'un esprit sans cesse alarmé. Envoyé enfin à Paris, un plus vaste champ s'ouvrit à ma pensée; à mesure que je fis plus de progrès dans le monde intellectuel et le monde idéal, je sentis croître mes tourments, parce que ma réflexion prit une nouvelle activité. Voilà comment j'ai été amené à l'époque actuelle de ma vie, et, si je me connais un peu, je crois que la cause de mes souffrances se trouve dans l'orgueil, dans un profond sentiment de ma misère, dans ma réflexion qui n'est jamais en repos, enfin dans mes passions et ma conscience.

Mon orgueil n'est pas cette fierté indomptable qui ne reconnaît pas de maître, et qui veut tout voir à ses pieds, sans plier jamais elle-même. Mon orgueil se repaît de louanges; il est même avide de célébrité, et plus sensible à un mépris qu'à toute autre injure. Mais, à côté de ce vice, la Providence a placé un sentiment aussi fort, aussi profond : c'est le sentiment de ma misère et de mon néant. C'est du combat de ces deux éléments contraires que naît une partie de mes douleurs. Lorsque je lis l'histoire ou les ouvrages d'un grand homme, mon imagination et mes désirs s'enflamment ; mais une pensée survient qui me fait sentir amèrement le ridicule de mes folles rêveries : nul ne pense plus mal de moi que moi-même........

Une autre source de mes maux, c'est ma pensée ; elle passe en revue ce qui est sous mes yeux et ce qui n'y est pas, et, emportant toujours avec elle l'image de la mort, elle jette sur le monde un voile funèbre et ne me présente jamais les objets par leur côté riant. Elle ne voit partout que misère et destruction, et, lorsque dans mon sommeil elle est livrée à elle-même, elle va errer parmi les tombeaux. Sans cesse l'idée de la fin des êtres m'est présente ; les choses même les plus propres à l'éloigner me la rappellent, et elle ne s'offre jamais à moi avec plus de force que dans les réjouissances d'une fête et dans les émotions d'une joie vive.

Enfin, ma conscience et mes passions, vous les connaissez.......

Voilà quelle est mon existence habituelle ; voilà ce que je souffre, non pas d'intervalle en intervalle, mais presque à chaque moment de la journée. Enfin mon âme, travaillée par tous ces maux ensemble, ne trouvant plus rien dans le monde où elle puisse s'attacher, retombe sur elle-même, et, ne trouvant encore en moi que misère et faiblesse, elle se sent saisie d'un affreux dégoût de toutes choses. Elle devient comme inanimée, et toutes ses capacités sont absorbées par la souffrance.

Me voilà tel que je suis...... Je me remets entre vos mains, disposez de moi. Je ne me regarde pas encore comme perdu, puisque vous voulez bien vous intéresser à mes misères et écouter ce triste récit, et je sens renaître en moi l'espérance à mesure que je me confie d'avantage à votre bonté.

A Mlle EUGÉNIE DE GUÉRIN,

AU CHATEAU DU CAYLA, PAR GAILLAC (TARN).

Paris, octobre 1828.

Ma chère Eugénie,

Certes, voilà bien du temps que je n'ai reçu de tes nouvelles et que tu n'as reçu des miennes; il faut avouer que je suis bien coupable et que c'est sur moi que retombe la faute de ce silence qui n'aurait jamais dû exister entre nous. Il est temps, enfin, de le rompre et de réparer nos oublis, ou plutôt les miens, par une correspondance assidue qui nous mette dans cette intimité qui doit toujours exister entre un frère et une sœur; qui nous rapproche, pour ainsi dire, malgré la distance des lieux qui nous sépare, et nous fasse jouir d'un entretien d'autant plus doux que l'éloignement jette un double intérêt sur ce qu'on reçoit d'un objet chéri.

Ma chère Eugénie, les lignes que je vais tracer vont t'étonner, sans doute; la conduite que j'ai tenue envers toi jusqu'à présent ne présageait rien de semblable à ce que tu vas lire, mais sois persuadée que je te parle sincèrement; ta surprise sera, je crois, agréable. Jusqu'ici je t'ai témoigné peu de confiance; mais pourquoi, diras-tu? La raison n'en est pas dans mon cœur : malheur à moi, s'il avait conçu le moindre éloignement pour toi! C'est la légèreté de l'âge, c'est cette distraction continuelle, partage de l'enfance, qui nous suit jusqu'à cet âge où la réflexion prend la place des jeux et jette ses premiers nuages sur des fronts où n'avaient brillé jusqu'alors que la candeur de l'innocence et l'expression du bonheur. Mais me voici arrivé à un âge où l'enfance n'est plus pour moi qu'un songe; toutes les illusions de la vie ont disparu, et de tristes réalités ont pris leur place. C'est alors qu'on ne se suffit plus à soi-même; c'est alors que l'homme qui pâlit d'effroi et qui sent, pour ainsi dire, ses genoux se dérober sous lui à la vue de la carrière de la vie, de ce rude sentier où « l'on grimpe plutôt qu'on ne marche; » c'est alors, dis-je, que l'homme a besoin d'un appui, d'un bras secourable qui le soutienne dans les terribles épreuves qu'il va subir. Ce besoin s'est manifesté à moi aussitôt que, jetant un regard sur l'avenir, je me suis vu seul prêt à affronter tant de dangers. Alors mon cœur t'a nommée aussitôt; et peut-on, en effet, trouver un meilleur ami qu'une sœur telle que toi? Veuille donc bien désormais être ma confidente, et m'aider de tes conseils et de ton amitié.

Mais, me diras-tu, dois-tu avoir un autre confident qu'un père? n'est-ce pas lui qui devrait être le dépositaire de tous tes secrets? Tu penses bien que j'ai fait cette réflexion; mais papa est si sensible, il s'affecte de si peu de chose, que je n'oserais jamais lui dire tout ce qui se passe en moi. Ensuite, tu es celle de toute la famille dont le caractère est le plus conforme au mien, autant que j'ai pu en juger par tes pièces de vers, tous empreints d'une douce rêverie, d'une sensibilité, d'une teinte de mélancolie enfin qui fait, je crois, le fond de mon caractère.

Ce mot, *autant que je puis en juger*, t'aura causé quelque surprise; mais voici ce que je veux dire : je n'avais que quatorze ans quand je t'ai quittée; à cet âge, on ne se connaît, pour ainsi dire, que de vue; ma raison n'était pas assez développée, ni capable d'un examen assez sérieux pour saisir les traits de ton caractère. Je ne crois pas non plus que tu puisses bien me connaître, parce que j'étais trop jeune pour avoir un caractère décidé; mais combien quatre ans ont apporté de changements! Que de révolutions dans ce pauvre cœur! On croit communément que je suis léger, espiègle, folâtre, ou du moins telle était l'opinion qu'on avait de moi quand j'ai quitté le pays;

mais mon caractère a pris une tournure toute différente, je puis dire même qu'il est complétement changé et qu'il ne me reste rien de mon enfance.

Mais comme le développement d'un caractère demande des détails qui ne pourraient entrer dans cette lettre, j'en ferai l'objet de mes suivantes. Je te tracerai l'histoire de mon cœur depuis l'âge où l'on commence à réfléchir jusqu'à présent; je te ferai connaître mes sensations, mes réflexions, ce qui occupe habituellement mes pensées. J'ose croire que ces détails ne seront pas sans intérêt pour toi; je t'invite à me faire part aussi de ce qui se passe en toi, si cela ne t'ennuie pas. Pour moi, il me semble que nous ne saurions avoir de correspondance plus intéressante; car je pense que, pour s'aimer, il faut se connaître parfaitement, et je ne conçois pas de plus grand charme dans la vie que cette communication de deux cœurs qui versent mutuellement l'un dans l'autre tous leurs secrets, tous leurs sentiments.

Nous nous entretiendrons aussi de littérature, car c'est la seule chose, après l'amitié, qui puisse faire une agréable diversion aux tracas et aux ennuis de la vie; c'est la seule chose qui puisse nous consoler de nos malheurs et rendre la vigueur à notre âme abattue. Donnez-moi des livres et plongez-moi dans un cachot; pourvu que j'y puisse voir assez clair pour les lire, je saurai me consoler de la perte de ma liberté. Tu trouveras peut-être que c'est pousser la chose un peu trop loin; mais c'est pour te faire sentir que les livres peuvent tenir lieu de beaucoup de choses pour celui qui sait les aimer...

A LA MÊME.

Paris, 7 janvier 1829.

Ma chère Eugénie,

Tu finis ta lettre en me disant que tu voudrais avoir les bras assez longs pour m'embrasser partout où je suis ; et moi je voudrais avoir quelque expression pour rendre tout le plaisir que m'ont fait tes vers et ta lettre. Oh! que tu en sais bien plus avec ce que t'inspirent la nature et ton génie heureux et facile, que moi avec tout mon grec et mon latin!

Mais si le ciel m'a refusé les talents dont il t'a comblée, je crois qu'il nous a donné deux âmes semblables. Je pense avoir deviné la tienne, et voici l'idée que je m'en fais ; écoute : il est un sentiment qu'on a tourné en ridicule à cause de l'abus qu'on en a fait, et parce que beaucoup de personnes qui n'en étaient pas susceptibles ont voulu cependant en faire montre pour se mettre à la mode ; ce qui est devenu par là minauderie et affectation. Ce sentiment, c'est la mélancolie. Mais il n'en est pas moins vrai que cette affection de l'âme, quand elle est naturelle, ennoblit le cœur et devient même sublime.

L'homme, dit Platon, plus rapproché de son créateur, guidait autrefois dans leurs cours les sphères célestes et repaissait son âme des concerts de leur harmonie divine; mais précipité sur la terre par la jalousie des génies, il n'a plus qu'un souvenir confus de sa grandeur et de son bonheur passés. En admettant cette création brillante de l'Homère des philosophes, qui dans cette fiction sublime approche tant de la vérité, ne dirait-on pas que certaines âmes conservent un souvenir plus vif de la grandeur dont elles sont déchues, et que ce souvenir apporte dans leur cœur une noble et douce tristesse nourrie par les regrets et par les misères présentes de la vie? A les voir lever les yeux au ciel et prêter une oreille attentive, ne dirait-on pas qu'elles cherchent à saisir quelques sons lointains de l'harmonie divine? Ces âmes ne voient pas le monde comme le vulgaire et puisent à une autre source de plaisirs. Elles n'aiment pas ces joies bruyantes où le corps a beaucoup plus de part que l'âme; il leur faut des jouissances toutes spirituelles mêlées d'un sentiment de tristesse, de même que les anciens rappelaient au milieu de leurs voluptés l'idée de la mort et de la brièveté de la vie. La solitude, le murmure des vents, la contemplation du ciel, voilà ce qui est pour elles une source de délices.

Or, s'il est vrai qu'on se peint ordinairement dans ses écrits, tel est le caractère que j'ai cru remarquer dans tes lettres et tes poésies, et tels sont les sentiments dont je m'entretiens habituellement. S'il en **est** ainsi, quelle source de bonheur et de jouissances pour nous deux! Que de choses n'aurons-nous pas à nous dire! Oh! qu'ils seront doux ces épanchements de nos cœurs qui se déchargeront l'un dans l'autre des ennuis, des réflexions, des tristesses qui naissent et meurent avec chaque jour! Ainsi, dis-moi quel est l'état habituel de ton âme, c'est-à-dire quel est l'objet ordinaire de tes méditations. Que penses-tu de la vie? Où places-tu tes plaisirs et tes jouissances? Enfin, si je mérite ta confiance, peins-moi ton cœur tel qu'il est. Il me semble que, pour peu qu'on ait l'âme rêveuse et sensible, on ne doit pas passer un jour sans faire une infinité de réflexions qui naissent même à la vue de certains objets que le vulgaire regarde d'un œil indifférent, mais devant lesquels la méditation s'arrête et où elle sait trouver un côté intéressant.

Toi surtout qui habites la solitude, quel vaste champ s'offre à ta pensée dans la contemplation de la nature!

Pour moi, je trouve plus de charme à errer dans un bois qu'à parcourir les rues tumultueuses de Paris, et un sentiment bien plus doux, bien plus sublime s'empare de moi à la vue des pompes de la nature, et même de sa majestueuse simplicité, que lorsque je mesure des yeux ces trophées de l'ambition ou de la vanité, qui ne m'apprennent autre chose que les efforts qu'ont faits les hommes pour élever leur pauvre gloire un peu au-dessus de la terre. Enfant de la nature, je suis étranger dans ce séjour où tout est le produit de l'art, même les sentiments, car on dirait que la perfection de la société est la perfection de l'art de se tromper. Mais bientôt je reverrai ma solitude chérie et ce sera, je l'espère, pour ne plus la quitter. Papa doit t'avoir communiqué ses [projets] sur moi. Oh! qu'il s'est bien rencontré avec mon cœur! O quel bonheur pour moi, ou plutôt pour nous, de travailler tous pour soulager un si bon père et de goûter en même temps la douceur d'une réunion si désirée après une si longue absence! Alors ce ne sera plus ce papier trop étroit qui sera le messager de nos cœurs; nous pourrons enfin nous voir, nous entendre et nous communiquer sans obstacle tous nos sentiments.

Tu me demandes l'épître que j'avais commencée; mais permets que je t'envoie à la place une autre pièce qui t'est également dédiée, et qui, je crois, est meilleure. Elle ne tardera pas à arriver. Je ne t'envoie pas cette fois-ci les notes sur la pièce de l'*Absence*, et d'ailleurs mon cœur s'oppose à cette critique. Cette pièce est si pleine de sentiment et de beautés de toute espèce qu'il ne vaut pas la peine de s'arrêter à quelques petites taches qui sont échappées à la célérité du travail. Je suis arrivé jusqu'au bout de la lettre sans t'avoir parlé de la nouvelle année; tu penses bien que si je ne t'ai pas encore adressé mes vœux, ils n'en sont pas moins au fond de mon cœur; reçois donc ces vœux mal exprimés et fais en part à Marie et à Érembert.

Mon cousin a jugé mes pièces dignes de concourir; ainsi tu pourras les envoyer à Toulouse.

Permitto divis cætera.

J'attends ta réponse avec impatience. Il y a eu un temps où tu gourmandais ma paresse, mais je deviens pressant à mon tour, car il faut nous écrire un peu plus souvent que nous n'avons fait jusqu'ici. — Je suis vraiment ingrat; je ne pensais pas à vous remercier, toi et Mimi, des manchettes que vous m'avez envoyées. Oh! que je reconnais bien là votre bon cœur! Il est une autre faute dont il faut que je me confesse. Mimi pourrait m'accuser d'une injuste préférence, je t'adresse toutes mes lettres; mais Dieu sait si je vous aime toutes deux d'un amour également vif et sincère. Je suis forcé de me rendre, il ne me reste plus un pouce de terrain. Je vous embrasse donc toutes les deux en vous renouvelant mes vœux.

A LA MÊME.

Paris, 18 mai 1829.

Ma chère Eugénie,

Plus avancée que moi dans la vie, tu as par conséquent plus d'expérience, et tu me dis que ce passage n'est pas si pénible qu'on le dit, et que chaque jour apporte sa douceur. Pour moi, qui jusqu'ici n'ai vu le monde que dans les livres, et la société que dans mon commerce avec mes camarades, je serais téméraire si j'osais porter un jugement; mais si je ne connais pas l'application de la vie, je connais la vie en elle-même, je sais d'où je suis parti, je sais où je dois arriver et je ne suis plus à cet âge où l'on vit, pour ainsi dire, sans le savoir, et où l'on ne s'est encore demandé raison ni de soi-même ni de ce qui nous entoure. En effet, j'ai cherché à me connaître moi-même et ce qui m'environne, et peut-être me suis-je fait trop tôt cette question, car j'estime les plus heureux ceux à qui le secret n'est révélé que le plus tard possible. Quoi qu'il en soit, j'ai obtenu la réponse, et chaque jour elle m'est répétée.

Je crois que tu as conçu une fausse idée de mon caractère lorsque tu as pensé que je m'égarais en de vagues rêveries et que je me laissais entraîner à une imagination romantique. Il est vrai que souvent j'aime à me laisser aller à de douces illusions, à nourrir ces délicieuses tristesses qui ont tant de charme pour le cœur. Mais si tu ne me connais que de ce côté-là, tu ne me connais pas tout entier. (Surtout ne va pas t'effrayer de ce que je vais te dire, et, si papa le lit, dissipe ses alarmes, s'il en conçoit.) Mon imagination n'a pas étendu sur le monde ce voile illusoire qui jette dans quelques erreurs aussi douces que passagères. La réflexion a prévenu mon imagination et s'est emparée pour ainsi dire de moi-même et des êtres environnants, pour les étudier, les analyser, et connaître à fond tout le mode de leur existence et la destinée qui les attend. Or, il me semble que quiconque a fait cet examen doit avoir du monde et de lui-même une idée bien triste.

Désormais quel éclat, quel prestige pourrait éblouir ses yeux? En vain l'homme étale sa grandeur factice et tâche de cacher son néant sous un pompeux appareil; en vain la gloire et le plaisir prodiguent leurs séductions, son œil percera le voile et ne verra dessous qu'un *roseau pensant*, jouet de tous les vents qui soufflent sur ce monde. Il lira sur son front cet arrêt de mort qu'il s'efforce en vain d'effacer, et le monde entier avec ses monuments, ses beautés, ses grandeurs, ne lui offre l'image que d'une grande et prochaine destruction. En effet, dans ce monde où tout passe et finit, l'idée d'existence rappelle nécessairement celle de mort, et je ne sais vraiment pas comment l'on peut penser à l'une sans penser à l'autre; et puis si l'on passe de la destinée et de la fragilité de l'homme à ses misères intérieures, au trouble éternel de son cœur, aux angoisses que lui causent ses passions, à ce mélange étonnant d'orgueil et de faiblesse, de grandeur et de bassesse, de plaintes et d'espérances, de fini et d'infini, de périssable et d'immortel, qui pourra dire, après avoir ainsi étudié et décomposé l'homme, qui pourra dire : Je suis heureux ici-bas?

Tu ne connais pas, me diras-tu, le charme de la société et toutes les douceurs que présente la variété des plaisirs et des amusements du monde. Mais je te le demande, dans ces entretiens, dans ces voyages, dans ces fêtes, pourras-tu te dépouiller de toi-même, pourras-tu étouffer l'idée de tes misères présentes et de ta destruction future? Non. La voix de la mort et de nos misères crie plus fort que toutes les voix des hommes et que les bruyants éclats d'une joie souvent fausse. Ce qui semble le plus propre à éloigner ces funestes images, c'est ce qui les rappelle le plus vivement, et ce sont les plaisirs et les voluptés qui réveillent le plus l'idée de la brièveté de la vie.

Mais malheur à l'homme qui, rebuté par tant de misères, n'aurait d'autre asile que le désespoir dans le néant! Il est un autre asile pour les âmes qui dans cet abîme de misères n'ont pas perdu de vue leur origine et leur destinée, et cet asile, c'est le sein même de la Divinité. Une seule chose peut adoucir l'exil de l'homme et lui rendre supportables ses maux présents, c'est la contemplation de Dieu, et voici ce que j'entends par ce mot contemplation. Il est peu d'individus qui ne connaissent pas les rapports qui les unissent à la Divinité, et il n'y a que la mauvaise foi ou une ignorance rare qui puisse les ignorer; mais il est peu d'hommes qui, sortant d'eux-mêmes, étudient la société, le monde moral et la législation divine qui les embrasse; il est peu d'hommes surtout qui s'étudient eux-mêmes, qui se demandent comment ils ont été jetés dans ce monde, quelle place ils occupent dans la chaîne des êtres et quelle est la cause finale de leur existence. Mais lorsque, dédaigneux du monde matériel, on cherche à se rendre raison de son existence et à connaître les rapports qui nous lient avec nos semblables ou la société, et ceux qui unissent la société elle-même au suprême ordonnateur du monde, alors on cherche, on découvre, on contemple la vérité; et contempler la vérité, n'est-ce pas contempler Dieu, source de toute vérité, qui se manifeste à nous par l'ordre moral et physique de ce monde, qui n'est qu'une réunion de vérités? Voilà, ce me semble, la plus digne occupation d'un être intelligent. Nous sommes en voyage pour l'éternité où nous verrons enfin la vérité face à face : qu'avons-nous à faire de mieux dans notre course qu'à nous occuper du bonheur qui nous attend et à chercher à en saisir comme une espèce d'avant-goût?

A LA MÊME.

Paris, 24 mai 1830.

Chaque minute du temps qui s'écoule doit me rendre plus coupable à tes yeux, chère Eugénie : aussi, sans perdre un moment en cherchant à me justifier, je vais t'écrire tout bonnement comme à l'ordinaire. — Je suis charmé de ton voyage à Toulouse et de la description que tu m'en donnes. Comme je savais à peu près l'époque où tu devais le faire, mon imagination te suivait dans tes courses, elle t'accompagnait partout pour te servir de cicerone et jouir de ton étonnement et de ton admiration. Toulouse n'est pas une ville indifférente; elle ne vous laisse jamais partir sans quelque souvenir, soit de poésie, soit d'histoire.

Au XIIe siècle, les comtes de Toulouse jetèrent un grand éclat : il y eut parmi eux des saints, des héros, des hérétiques; tu n'as pas sans doute oublié le vieux Raymond immortalisé par le Tasse. Quant aux souvenirs poétiques, Toulouse fut le foyer de la poésie du moyen âge ; ce fut dans cette ville que fut établie la première cour d'amour, institution dont l'Académie des Jeux Floraux a tiré son origine.

A propos des Jeux Floraux, j'espère que le désir de faire éprouver à papa le bonheur qu'a dû goûter ce père dont tu me parles réveillera ta pensée qui dort depuis bien longtemps. Je ne te pardonne pas cette indifférence que tu affectes mal à propos. Dis-moi, quand tu as fait des vers pour la première fois, était-ce parce qu'on t'en demandait? Non : c'était une inspiration secrète, un besoin que tu ressentais. A l'âge où tu as commencé à écrire, il y a de ces pensées qu'on ne peut garder pour soi : il faut les confier à un ami ou les écrire, souvent l'un et l'autre. Voilà pourquoi tout ce que l'on écrit à cet âge est empreint de cette verve de jeunesse, de cette surabondance de vie qui vous accable quelquefois et qu'il faut épancher au dehors. Tu appelleras cela visions, extravagances de jeune tête, comme tu voudras, mais ce n'en est pas moins vrai, et, si tu es sincère, tu m'avoueras que l'expérience t'a prouvé que ce ne sont pas phrases creuses que je te dis. Or, tu n'es pas encore arrivée à cet âge qu'on appelle mûr, mais qui doit être, selon moi, le plus sot et le plus insipide de notre insipide vie, cet âge où le peu de joie que nous avons au fond du cœur se dessèche, où ces rêves tant soit peu riants qui nous amusaient de temps à autre s'évanouissent comme fumée, où cette heureuse insouciance pour ce qu'on appelle affaires de la vie est chassée de notre cœur et de notre front par une anxiété et une préoccupation qui dévorent. Pourquoi donc laisser passer une saison qui n'est pas encore finie pour toi, sans en jouir, sans en garder du moins quelque souvenir? Je suis sûr que tu te contrains pour ne point faire de vers, et que je ne sais quel préjugé te fait étouffer, non sans violence, tout ce qui s'élève en toi de pensées qui voudraient jaillir au dehors, c'est-à-dire tout mouvement poétique : car la poésie n'est autre chose que l'âme qui se révèle et se répand. Allons donc! loin, bien loin de toi ces petites pensées qui rétrécissent. Je ne te dirai pas de marcher, non, laisse-toi seulement entraîner. Oh! si j'étais toi! Tout moi que je suis, j'ose quelquefois donner carrière à ma pensée, je la laisse courir çà et là sous la forme qui lui plaît; Dieu sait où elle va parfois et sous quel accoutrement; mais peu importe, je serai content, pourvu que je puisse ainsi t'attirer dans la carrière. Je t'envoie donc ici une de ces provocations. Je jette le gant, j'espère que tu le relèveras.

Depuis bien longtemps tu me demandes des détails sur mes lectures. Byron et le bonhomme Walter Scott m'ont occupé principalement; je ne te dis rien de ces deux hommes, leur nom dit tout. Je lis maintenant *Faust*, de Gœthe; Mme de Staël a dû te donner une idée de cet ouvrage. Dieu! si tu le lisais! On dirait qu'il a été écrit par un ange sous la dictée du diable. Je ne te parlerai pas de nouvelles littéraires : *Hernani* n'en est plus une; son nom et celui de son auteur sont sans doute parvenus jusqu'à toi. Pour moi, j'ai lu, j'ai vu, j'ai ri de l'ouvrage et non de l'auteur, car c'est un homme de génie. Ici, royalistes, libéraux, romantiques, classiques, tout se mêle, s'entre-choque, se combat et donne au monde le spectacle le plus curieux et quelquefois le plus burlesque.

Leurs Majestés Siciliennes sont à Paris depuis quinze jours; on a joué dernièrement *Athalie* devant elles; j'ai assisté à cette brillante représentation où j'ai pu les voir à loisir. Dieu! que Racine est donc beau! Tu ne pourrais te douter de l'effet que produit sur le théâtre la scène entre Athalie et le petit Joas; un enfant et une femme! et cela vous écrase d'admiration.

Adieu, chère Eugénie, embrasse pour moi papa, Érembert, Mimin, et ne doute plus de l'attachement d'un frère..... je ne sais comment l'appeler, mais dont le cœur ne changera jamais.

A LA MÊME.

Paris, 10 décembre 1830.

Je pense, ma chère Eugénie, que tu es de retour d'Alby et que tu vas m'écrire, si tu ne l'as déjà fait; pour moi, je prends l'initiative et je commence une lettre qui rivalisera, je crois, de longueur avec les tiennes. Que d'événements passés sur la scène de ce monde depuis que j'ai quitté le Cayla! C'est que nous allons vite, nous allons vite! Avant-hier j'apprends la mort du pape, hier celle de Benjamin Constant, et aujourd'hui la translation des ministres au Luxembourg, et la révolution de Pologne ; mais je ne viens pas commencer par faire de la politique, autrement je t'enverrais un journal. Laissons donc là un moment les affaires de l'État pour nous entretenir des nôtres.

Que je te parle de quelques visites que je fis en arrivant à Paris. Tu dois savoir que j'étais chargé d'un petit paquet de Mme Lacombe pour remettre à Mme de Lamarlière; je redoutais beaucoup cette visite : moi, timide et gauche, devant une grande comtesse à étiquette, à grandes paroles, ou une vieille toute ridée, toute rechignée, toussant, crachant : que sais-je, moi? Je ne connaissais pas le personnage, et tout ce qu'on dit des vieilles comtesses me revenait à la pensée. Je me résolus cependant à m'acquitter de la commission. J'entre : une dame en coiffe et jupon noir, portant l'empreinte des années, mais vive et leste, vient au-devant de moi. Je dis mon nom, mon pays; la conversation s'engage, et des paroles, des paroles : c'est incroyable! des souvenirs de la cour de Louis XVI, du bon vieux temps. Cette bonne dame est tout entière dans le passé, comme tous les vieillards; nous jeunes, nous vivons dans l'avenir, mais quel avenir! Quoi qu'il en soit, après avoir dûment jasé et caqueté, elle me demanda mon adresse et me pria d'aller la voir quelquefois.

Quelques jours après, j'allai voir M. d'Aragon avec Auguste. Nous parlâmes politique. M. d'Aragon est un de ces hommes de l'ancienne opposition qui auraient voulu que la révolution s'arrêtât là où ils lui auraient dit de s'arrêter, et qui, se voyant maintenant débordés de toute part, se mordent les pouces, comme on dit. Il nous apprit que beaucoup de personnes de sa connaissance regrettaient le duc de Bordeaux, et jusqu'à l'abbé de Pradt lui-même. L'expulsion de cet enfant a été en effet la plus grande faute que pussent commettre les libéraux. S'ils l'avaient conservé, maîtres du pouvoir, ils auraient imposé toutes leurs volontés au parti vaincu au nom de la légitimité. Mais ils ont voulu faire table rase : la charte, qu'ils auraient dû laisser intacte, parce que l'épreuve d'une révolution l'aurait singulièrement fortifiée, ils la mutilent, la défigurent; enfin, après quarante ans de révolutions, ils nous ramènent à 89, c'est-à-dire que tout est à recommencer, parce que tout est remis en doute...

Vous avez dû, comme nous, être ravis d'admiration pour cet admirable comte de Kergorlay! Qu'il était beau lorsqu'il jugeait ses juges et leur faisait baisser la tête! Tout l'auditoire a frémi de son intrépidité, et une rumeur sourde a couru parmi les pairs et dans les tribunes quand il a prononcé ces mémorables paroles : « Y a-t-il quelqu'un ici qui puisse dire qu'il ignore sur qui le choix du peuple serait tombé, si on lui eût donné à choisir entre Henri Dieudonné et le fils du Régicide? » Si le gouvernement gagne encore trois ou quatre procès comme celui-là, il est perdu. Quelle prodigieuse imprudence d'aller mettre en discussion devant les tribunaux son origine et ses droits, et de s'en prendre à des hommes tels que M. de Kergorlay et M. de Lamennais, qui va comparaître bientôt sur les banquettes de la cour d'assises! Le procès de M. de Kergorlay a été celui des royalistes : celui de M. de Lamennais sera le procès des catholiques. Tu dois savoir que *l'Avenir* a ouvert une souscription pour subvenir aux frais du procès ; nous nous sommes empressés, Auguste et moi, de payer un tribut que doit tout bon catholique. Espérons que ce procès sera aussi un triomphe pour la cause catholique et que le beau talent de M. de Lamennais et de son coaccusé, l'abbé Lacordaire, aidé de tout ce que la vérité et la foi donnent de force et d'élan, humiliera et écrasera ces parleurs hypocrites d'humanité et de tolérance.

Comptez sur ma prudence pendant ces jours critiques. Il y a eu des troubles à l'École de droit, mais les cours que je suis ont été complétement étrangers à ces désordres; je ne les ai appris que par les journaux. Il me semble que j'aurais encore mille choses à te dire, mille réflexions à faire sur les événements politiques, mais je crains de t'ennuyer; je ne t'ai presque parlé que de cela.

Quelle est la politique de Cahusac, de Gaillac, d'Alby, puisque tu en viens? Comment y as-tu passé ton temps? Je passe le mien à aiguiser ma plume pour me jeter ensuite dans l'arène de la polémique.

Ma chère Mimi, pourquoi ne pas laisser remplir les lettres à papa et m'en écrire une entière? Je veux me venger en ne te réservant que ce bout de papier. Écrivez-moi tous tant que vous êtes. On a besoin plus que jamais de s'aimer et de se le dire, et puis il peut arriver tant de choses! Paris est devenu bien triste : plus de bals! plus de soirées! plus de ces équipages brillants qui roulaient sur les boulevards! On est dans la stupeur et l'attente.

Êtes-vous contents de l'administration du nouveau maire? Comment se porte M. F... et compagnie? C'est lui sans doute qui aura inauguré l'arbre de liberté d'Andillac; raconte-moi cette farce. Je plains bien M. le curé; j'espère que ni lui ni papa n'auront eu à souffrir de la réjouissance républicaine.

Et la république du Cayla dont toi, *l'Illustre*,

formes le sénat, et dont le père est le dictateur, comment va-t-elle? Gilles, Jeannot, Trilby, tout cela... il n'y a pas de révolution là. Pauvre Illustre! que nous serions heureux, si nous pouvions nous isoler entièrement de ce monde tumultueux et vivre dans la paix et le bonheur des affections domestiques!...

A M. DE GUÉRIN,

AU CAYLA.

Paris, 4 juillet 1831.

Quand ce petit billet vous arrivera, je ne serai pas loin de vous; je pars demain 5 juillet à six heures du soir. Je passe par Bordeaux : par conséquent j'arrive à Toulouse dimanche et lundi à Gaillac. Ce ne sont que des à peu près : ainsi ne le prenez pas à la lettre. Si je ne trouve pas de cheval à Gaillac, je ferai aisément le trajet à pied : je n'aurai fait de ma vie plus douce promenade. Serai-je à temps pour voir la moisson et manger des cerises ? Voilà dix ans que je n'ai grimpé sur un cerisier. J'aurai grand plaisir à m'élancer dessus, lesté d'un gros morceau de pain. Ça me ferait oublier que je vais avoir vingt et un ans. Diable! vingt et un ans! je ne puis me faire à cette idée-là, je me sens si enfant!

Dites à M. Bories, à M. le curé et à tous nos bons voisins, combien il me tarde de les embrasser, et aux perdrix, s'il y en a, de se préparer à partir à tire-d'aile, parce que je leur ferai une guerre à outrance. Comment diable! vous êtes donc suspects? Il faut un firman du pacha pour avoir de la poudre? Vivent la liberté, pardieu! M. le préfet et le juste-milieu! Cela ne m'empêchera pas de brûler une amorce en leur honneur...

A M{^lle} EUGÉNIE DE GUÉRIN,

AU CAYLA.

Paris, 6 janvier 1832.

Pourquoi ce silence, toi qui devais me parler si souvent? quelque sinistre nouvelle se cache-t-elle derrière? qu'est-ce enfin? Bonheur ou malheur, dis-le-moi : le pire est de ne rien savoir. Voilà un bon mois et demi que je suis ici, et je n'ai reçu qu'une lettre : vous n'avez pourtant pas d'émeute là-bas, on ne ferme pas les barrières, on laisse passer les courriers : écrivez donc tant et plus, lancez lettre sur lettre. Vous êtes quatre et je suis seul, vous pouvez sans beaucoup d'effort me tenir en haleine.

Je gronde et je ne pense pas que l'année vient de commencer et que je ne dois avoir au bout de la plume que compliments et douces paroles. Ne trouves-tu pas étrange qu'on soit si gai à cette époque qui raccourcit toujours notre courte vie, et qu'on se dise en riant, sous la forme d'un souhait : Mon père, ma mère, mon frère, ma sœur, ma tante, mon oncle, monsieur, madame, réjouissez-vous, vous avez une année de moins à vivre. Autant vaudrait le lugubre memento des frères de la Trappe : « Frère, il faut mourir! »

Mon invincible attrait pour le sermon me mènerait je ne sais où, si je ne m'arrêtais à temps. Pour ouvrir une autre période moins désespérante, il faut que je te parle de ma vie, que j'étale à tes yeux toute mon existence, que je te retrace trait pour trait cet étrange et bizarre arrangement de pensées, d'actions, d'événements qui font une vie d'homme. Oh! j'ai fait un grand progrès, cette année : je suis parvenu à dompter l'humeur vagabonde de ma pensée, assez pour l'astreindre à un travail à peu près régulier et resserrer dans un cadre mon existence qui se dissipait dans un champ sans limites. Aussi maintenant j'aborde intrépidement la journée qui autrefois me pesait par son vide. Mon travail est plus sérieux, plus profond, plus suivi; je vais plus vite parce que je marche d'un pas réglé. L'histoire, la philosophie religieuse, la Bible, et de la poésie pour résumer l'essence de tout cela, voilà mes études de prédilection. En dehors de cela, je fais de l'anglais que je commence à lire assez bien, et puis enfin du droit, le dernier et le plus lourd de mes travaux ; j'ai repris le code par pudeur, pour qu'il ne fût pas dit que j'ai reculé devant un livre, et encore je ne sais pas si dans quelque moment de dépit je ne le repousserai pas, et pour toujours.

De temps en temps le découragement, le redoutable découragement retombe sur mon âme comme un poids de glace et vient paralyser tout mon courage et toute mon ardeur de savoir; mais je lutte de toutes mes forces; j'appelle à mon secours tout ce que j'ai d'espérances et de chaleur, et le plus souvent je me relève. Ce sont, je t'assure, des combats terribles, des secousses profondes, que ces accès d'abattement, ces revirements de la pensée qui devient froide, terne, positive, désespérante. C'est une véritable maladie de l'âme; un travail de prédilection, un travail soutenu et plein d'onction peut seul la guérir.

Ma vie de ménage favorise merveilleusement ma vie intellectuelle. Tu sais que j'ai une chambre, une fort jolie chambre où j'ai mon lit, mon feu et mes livres; là je puis travailler à mon aise et longuement et silencieusement. Je m'enferme dans cette enceinte comme dans mon empire, et, en effet, une fois la porte fermée, le monde ne m'est plus rien, je suis tout à moi et à mes pensées, à ma poésie, à mes livres chéris, et nul ne vient troubler le secret de ce sanctuaire. A présent, par exemple, je suis dans un de mes plus doux moments : il est huit heures et demie du soir, il fait froid dehors et un bon feu brûle dans ma cheminée (la pensée des pauvres me gâte souvent ce plaisir), ma petite table est posée à côté, et je m'entretiens délicieusement avec toi.

Quand je ne passe pas ma soirée dans ma chambre, je la passe en famille avec Auguste et Félicité. Nous causons comme frères et sœur ou bien nous faisons quelque lecture en commun. Tu vois que ma vie ressemble assez à celle du Cayla, sauf vous tous de moins, et la campagne, et la physionomie si douce du pays, et l'horizon que j'aimais à contempler le soir, sur l'angle occidental de la terrasse. Il me tarde bien que le printemps revienne pour donner la vie à notre petit jardin; la promenade sera moins large que dans nos champs, mais j'aurai toujours la verdure et le petit sentier à travers les fleurs. Il y a au milieu un grand sapin qui se fait magnifique lorsqu'il est revêtu de givre; on dirait, à voir ses branches pendantes et dentelées, de grandes draperies argentées.

Le cercle de mes connaissances s'est un peu élargi; je suis maintenant en rapport avec les rédacteurs de la *Revue Européenne*, et particulièrement avec M. de Cazalès. Ce jeune homme est le fils du fameux orateur de la Constituante, et il a hérité du talent de son père. Les autres sont MM. de Joanne, de Champagny, Gouraud, de Carné, Wilson. Nous dînons ensemble tous les quinze jours, et ces réunions sont pleines de charme par la fraternité qui y règne et la tournure de nos conversations. Dans la prochaine livraison de la *Revue Européenne*, qui paraîtra le 15, vous trouverez un article de moi intitulé : « Vie du bienheureux Nicolas de Flüe. » Cette fois-ci pour sûr. Tu diras à Louise que cet article est de moi, parce que j'ai trouvé moyen d'y glisser quelque chose en parlant des montagnes de la Suisse habitées par le bienheureux Nicolas. Malheureusement la rédaction de la *Revue* est gratuite, et point d'argent encore.

Et *nostro Mimin*, la Toulousaine, est-elle enfin rentrée dans la solitude, son exil est-il achevé? Au fait, il est dur de briser ses habitudes de famille, de désert, de piété, pour aller vivre d'une vie étrangère ; et maintenant que je suis à deux cents lieues du foyer, je rends parfaitement justice à sa longue résistance. Pour qu'elle me pardonne mes persécutions, fais-lui deux longs et tendres baisers sur ses deux joues vermeilles, et deux autres pour le souvenir que je porte au doigt, et cent mille pour ma tendresse infinie.

As-tu reçu quelque lettre de Rayssac? Peux-tu me donner les éclaircissements que je t'ai demandés? Y a-t-il quelque autre phrase à commenter? est-ce plus clair? est-ce plus obscur? est-ce quelque chose? n'est-ce rien? Réponds à tout cela. Je voudrais savoir et j'ignore. J'ai reçu une lettre de M. de Bayne; le brave homme est désolé de la perte de *l'Avenir*. Il me dit que Charles est allé au Cayla; rends-moi compte de cette visite.

Comment va la persécution au diocèse? La chute de *l'Avenir* a-t-elle apaisé les haines gallicanes? Il paraît que ces messieurs redoutent beaucoup l'entrée de M. de Lamennais dans Rome. Ils ont crié alarme, comme si César passait le Rubicon. Ils ont peur que le pape ne se laisse séduire, et il paraît qu'il y a une conspiration montée pour empêcher le pèlerin d'arriver jusqu'au saint-siége. Du reste, il s'avance fort lentement à cause de sa mauvaise santé. Ici nous avons des scandales à la Chambre, des quasi-émeutes dans la rue, et une émeute, dit-on, dans les tours de Notre-Dame. On prétend qu'on a sonné le tocsin, arboré le bonnet rouge sur l'une des tours et essayé de mettre le feu à l'église. C'est un bruit mystérieux, qu'on se redit sans pouvoir l'expliquer. Peut-être n'est-ce qu'une rumeur de police. As-tu lu le discours de Fitz-James? Cette grande voix sonnait bien au milieu de tant d'abaissement.

LA MÊME.

Paris, le 29 février [1832].

C'est un terrible lieu commun que la fuite du temps : que t'en semble? Voilà que nous avons franchi le plus lestement du monde tout un hiver, toute une saison de jours sombres et tristes. Où allons-nous faire du printemps? Mais peut-être, tandis que je jette un regard de regret à l'hiver qui s'en va, toi tu lui souhaites bon voyage et lent retour, parce qu'au Cayla il n'amène que le froid et n'apporte que l'ennui, au lieu qu'ici il se présente avec un cortége de soirées et de fraîches guirlandes de dames. A Paris l'hiver est jeune homme; à la campagne, c'est un vieillard hargneux. Somme toute, je suis assez content de mon hiver : deux noces, plusieurs bals, une soirée musicale et dansante revenant tous les quinze jours, et quelques autres soirées et concerts semés par-ci par-là, c'est un cercle assez large pour moi qui occupe si peu de place. J'ai remporté une grande victoire sur ma timidité et ma gaucherie. Un beau soir, poussé par caprice, par jalousie, par regret de me voir faire le pied de grue au milieu du tourbillon, et puis aussi par je ne sais quel enthousiasme d'harmonie, je me suis pris à danser, et depuis je danse, je danse tout émerveillé du succès de ma hardiesse. Au fait, j'étais cruellement tourmenté de rester immobile lorsque je rencontrais quelque physionomie comme je les aime, j'étais, dis-je, cruellement tourmenté de rester immobile et de faire l'effet d'une statue. La danse est un moyen de rapprochement; on se dit un mot, deux mots bien indifférents, bien communs, on entame comme on peut une conversation qui doit finir avec la contredanse; mais au moins on a entendu une voix de femme, on s'est regardé, on s'est parlé, et le moindre petit mot est si joli sur certaines lèvres, et puis il y a des froissements de robe qui font tressaillir, des airs qui vous font bondir... Voilà en abrégé les avantages de la danse; ce qui ne m'empêche pas de penser à *quelqu'une* qui sauterait au plafond. Mais trêve de discours profanes.

Félicité t'a parlé, je crois, de quelque nouvelle espérance qui m'est advenue. Voici ce que c'est. Cazalès s'intéresse beaucoup à moi, sur la recommandation de Charles de Rivières. Or, un journal de Nancy, appelé *Courrier lorrain*, s'est adressé à Cazalès pour lui trouver un rédacteur qui, demeurant à Paris, donne au journal une couleur plus intéressante et plus vive. Cazalès a eu la bonté de penser à moi, j'ai envoyé quelques articles comme spécimen et j'ai été agréé. Un des rédacteurs doit venir incessamment à Paris pour régler l'affaire d'argent, ce qui fait que je ne puis te dire combien me vaudra mon griffonnage. Quoi qu'il en soit, ce sera toujours une prime sur l'avenir, quelque chose de palpable dans mes mains si longtemps vides. Le journal est entièrement dans le sens de *l'Avenir*. Et puis si, comme je l'espère, Auguste trouve assez d'enfants pour avoir besoin de moi, mon existence à Paris pour deux ans au moins sera assurée, et c'est tout ce que je demande.

Je t'ai dit, je crois, qu'il y avait eu réconciliation entre le code et moi, mais il existait trop peu de sympathie entre nous pour que l'accord pût durer longtemps. Nous nous sommes brouillés de nouveau et, cette fois-ci, profitant de la loi du divorce, nous avons solennellement et à tout jamais divorcé. Je te prie cependant de tenir la chose secrète; lorsqu'on te demandera si je fais toujours du droit, réponds et répondez tous affirmativement. Je prends tous ces mensonges sur ma conscience. — Autre bonne nouvelle : la petite part que je prends à la rédaction de la *Revue Européenne* me vaut la réception gratuite. Écris-moi avant le 15 mars à quelle époque finit votre abonnement, parce que je commencerai à vous l'envoyer à partir de là. Quand il y aura quelque chose de moi, un trait de plume au commencement ou à la fin de l'article l'indiquera.

Nous n'avons pas de nouvelles intéressantes de Rome. Le pape, absorbé comme il l'est par les affaires politiques, placé entre les Autrichiens, les Français et ses sujets révoltés, ne peut guère donner son attention à une question importante, il est vrai, mais moins immédiate que celles qu'il a sur les bras, et qui demande d'ailleurs, à cause de son extrême délicatesse, les plus grands ménagements. Je crains bien que la reprise de *l'Avenir* ne soit remise d'ici à longtemps. En attendant, les doctrines filtrent en secret, font moins de bruit, mais marchent tout aussi vite, parce qu'il y a certaines idées qui, jetées sur une certaine pente, ne s'arrêtent plus. J'écrirai un de ces jours à M. de Bayne pour lui parler de tout cela. Je veux insensiblement animer cette correspondance, parce qu'il y a bien des choses qu'on ne pourrait dire au commencement et qui se disent tout naturellement à la fin.

Il faut à toute force que je fasse de la politique, [avec] Mimin, elle m'entraîne toujours sur ce terrain, je l'y suivrai. Tu veux donc, chère Mimin, que je me déclare le champion du duc de Bordeaux. Certes, je garde à ce prince toute l'affection qu'on doit à la race qu'il représente, car je ne suis pas de ceux qui voient dans les Bourbons le type de la tyrannie : je ne vois en eux, au contraire, que le type de la bonté, mais d'une bonté faible. Après cela, mes croyances politiques sont complétement indépendantes de cette affection, et j'ai la ferme foi que nos destinées sociales, loin de reposer sur la tête d'un enfant, n'ont pas le moins du monde besoin de lui, parce que la grande et profonde révolution qui s'accomplit se fait par les peuples et pour les peuples, et il faut bien se persuader que, si un avenir nous est réservé, il ne ressemblera que par la foi aux temps qui l'auront précédé, parce que toutes les formes sociales auront changé. C'est là, je crois, une croyance fort catholique qu'on peut soutenir en toute conscience. J'espère que tu ne m'en voudras pas pour cette profession de foi peu carliste, et que tu n'exigeras pas de moi des paroles qui mentent à ma conviction.

AU GRILLON

DU FOYER DE RAYSSAC.

Septembre 1832.

Si, comme à toi, douce fortune
M'avait donné, petit Grillon,
Un petit nid dans ta maison,
Point ne suivrais l'erreur commune
Qui prend et consume nos jours
A poursuivre richesse altière,
Contentement et joie entière,
Loin du pays de nos amours.
Enveloppé dans ma retraite,
Assis à l'ombre du bonheur,
Je voilerais mon humble tête
Et je dévoilerais mon cœur.
Inspiré par un doux sourire,
Les soirs d'hiver, je chanterais
Et doux maintien et doux attraits.
Ou regarderais sans rien dire.
Il ne me faudrait, comme à toi,
Qu'un peu de chaleur à la flamme,
Et puis un regard pour mon âme,
Qui ne veut pas transir en moi.
O bonheur caché sous la cendre,
La pâle cendre du foyer,
Beau rêve si doux à rêver,
A mon chevet viens te suspendre!

Et toi, fortuné possesseur
Du simple asile que j'envie,
Toi qui vis où vivrait ma vie,
Deviens à ton tour voyageur;
Voyage par la terre immense :
Tu trouveras fleurs et gazon,
Et lègue-moi, durant l'absence,
Ton petit nid à la maison.

———

[Automne de 1832.]

Les siècles ont creusé dans la roche vieillie
Des creux où vont dormir des gouttes d'eau de pluie ;
Et l'oiseau voyageur qui s'y pose le soir
Plonge son bec avide en ce pur réservoir.
Ici je viens pleurer sur la roche d'Onelle
De mon premier amour l'illusion cruelle;
Ici mon cœur souffrant en pleurs vient s'épancher...
Mes pleurs vont s'amasser dans le creux du rocher...
Si vous passez ici, colombes passagères,
Gardez-vous de ces eaux : les larmes sont amères.

———

[Automne de 1832?]

. . . . . . Vous m'avez invité
A passer sous ce toit des semaines d'été;
Et moi, pâle jeune homme accablé de la ville,
Qui me chargeait de mal, j'ai dans ce coin tranquille

Apporté, comme un pauvre, au rendez-vous du soir,
Mon bâton, ma fatigue et mon faix de pain noir.
Car aujourd'hui, sur tous les chemins de la France,
Se rencontrent beaucoup de passants en souffrance,
De jeunes voyageurs qui vont de tout côté
Quêtant de porte en porte un peu de vérité :
Car beaucoup d'entre nous ont reçu des messages
Qui les ont fait lever comme les anciens Mages,
Si bien que chacun d'eux, chantant et souriant,
A quitté sa demeure et son vieil Orient.
Nous cheminons depuis, levant toujours la tête :
Mais nous ne voyons point que l'étoile s'arrête.
Mon Dieu, par quels chemins ta lueur nous conduit !
Nous y foulons toujours la ronce et le granit ;
Pas un sentier joyeux, pas une pauvre place,
Où pour un peu de temps notre âme se délasse ;
Pas un homme, le soir, qui, de quelque haut lieu,
Se dise : Voici donc les voyageurs de Dieu !
Descendons dans la plaine et vers notre cabane
Guidons pieusement la jeune caravane.
A peine quelques-uns, nous secouant la main,
Nous ont, comme en passant, souhaité bon chemin

Oh ! qu'il est douloureux de traverser la terre
Et de la voir partout comme un désert austère,
Où le pied large et fort des hommes généreux
Ne fait que soulever un nuage poudreux !
Douleur d'user sa force et le plus beau de l'âge
A traîner rudement ses pas de plage en plage,
Pour voir si cette mer qu'on nomme humanité
N'a pas sur quelque bord roulé la vérité !

A M. DE GUÉRIN,

AU CAYLA.

[Paris] mercredi 5 décembre [1832].

Je vous écris à la hâte et un peu courtement, mon cher papa, parce que le court séjour que je fais à Paris et les commissions dont j'étais chargé me laissent à peine un moment de répit. J'ai fait mon voyage à bon port, mais avec accompagnement de pluie et d'ennui. Je suis enfin arrivé dimanche au soir et suis descendu chez Boré, qui m'a reçu comme un frère, avec tendresse et effusion. Nous n'avons qu'une table et qu'un lit. Nous avons beaucoup causé de la Chênaie. J'y serais reçu absolument gratis, je n'aurai pas même à payer le blanchissage. Les premiers vœux ne se prononcent[1] qu'après un an. Ainsi vous voyez que la marge est large autant que possible. Je me trouverai là avec MM. *Féli*, Gerbet, Lacordaire et un jeune homme appelé Élie. La compagnie n'est pas aussi nombreuse que je le croyais, mais elle est choisie. Je pars aujourd'hui mercredi à quatre heures. J'arriverai vendredi matin à Rennes; j'y coucherai, et samedi prochain, vers les deux

---

1. Ces mots sont raturés dans l'original; mais nous ne voyons pas d'inconvénient à les rétablir.

heures de l'après-midi, je prendrai terre à la Chênaie. — Auguste et Félicité vont tous deux parfaitement et leurs affaires sont aussi prospères que leur santé. Les confitures ont été trouvées excellentes. — J'ai vu hier Cazalès, à Chaillot, dans une maison de santé; il a encore un mois à faire. Je ne lui ai pas parlé de la *Revue*. Boré m'a conseillé de consulter plutôt M. de Serre. Il ne savait pas mon cousin Philibert en France. Il a été très-agréablement surpris. Je lui ai annoncé sa venue à Paris. — Je me suis acquitté de la commission de M. le curé. Le libraire accepte les conditions énoncées. L'envoi est déjà fait; les livres arriveront au premier jour.

Pardon si je passe rapidement sur tout ce qui vous intéresse le plus. Ceci n'est qu'un signe de vie. Présentez mes souvenirs affectueux à mon cousin Philibert. Mille baisers à vous et à tous.

AU MÊME.

La Chênaie, ce 14 décembre 1832.

Je suis parti de Paris, comme je vous le disais, le mercredi, à quatre heures du soir. J'y avais trouvé M. Jean de L., frère de M. Féli, et comptais faire le voyage avec lui; mais il me conseilla de partir seul, ses affaires le retenant indéfiniment à Paris. Cette seconde moitié du voyage a été aussi heureuse que la première, avec un attrait de plus, celui de la nouveauté. Je suis arrivé à Rennes le vendredi soir et j'ai reçu l'hospitalité dans une maison de missionnaires fondée par M. Jean : le lendemain la voiture de Brest m'a porté jusqu'à Dinan, à deux lieues de la Chênaie. A Dinan, j'ai eu le bonheur de rencontrer un de mes nouveaux condisciples et j'ai achevé avec lui mon long voyage.

M. Féli m'a reçu comme un bon père qu'il est, et moi je l'ai embrassé avec l'affection d'un enfant et une émotion dont vous devinez la cause. MM. Gerbet et Lacordaire m'ont également témoigné beaucoup d'amitié. Le lendemain j'ai commencé une petite retraite de trois jours que j'achève aujourd'hui. J'avais bien besoin de cette eau lustrale. Notre train de vie est fort doux. Le lever est à cinq heures (je suis sûr qu'ici il sera fait des réflexions sur ma paresse et qu'on rira d'aise la voyant en si fâcheuse situation); la prière avec une méditation ou lecture; dîner à midi; souper à huit heures; à neuf et demie ou dix, nous sommes au lit. Voilà l'esquisse de notre journée. Nos récréations se passent en promenades dans le jardin ou dans les bois, un bâton à la main et devisant gaiement. Il y a ici un nouveau venu comme moi et nous en attendons un autre du côté de Besançon. Nous serons en tout quatre élèves; c'est à peu près tous ceux que la maison peut contenir.

Nous sommes entourés, cernés, pressés et comme

étouffés par les bois; les mouvements du terrain sont si légers que c'est presque une plaine, en sorte qu'il est rare de trouver un horizon un peu large, et, quand on le trouve, c'est l'immense uniformité que présente la surface des forêts ; les arbres gris se perdent dans un ciel gris. A l'occident de la maison est un étang encaissé comme une rivière entre deux bois qui le dominent; il a la largeur du Tarn et s'allonge à peu près dans l'espace de la croix au moulin[1]. On me dit que c'est un enchantement pendant la belle saison, tant il y vient d'oiseaux à cause de la fraîcheur et de l'ombre épaisse de ses rives. La maison est coiffée d'un toit aigu à mansardes. Elle est blanche comme Rayssac, on l'aperçoit de même à travers les bois, et les grands arbres qui l'entourent doublent encore la ressemblance. La chapelle est située vis-à-vis la maison, au fond du jardin; elle est toute petite et toute simple et sied bien à la solitude. La paroisse étant trop éloignée, nous célébrons là une messe basse, les dimanches et fêtes. Le jardin est vaste, bien cultivé et percé de larges allées bien sablées; quelques-unes sont plantées d'arbres verts. Une moitié du jardin déborde la maison à gauche et se trouve séparée de l'autre par une large terrasse plantée de tilleuls à jambe haute et nue et à tête ronde. Au nord, correspond à ce jardin une vaste cour formée par des bâtiments de

1. Du Cayla.

ferme très-réguliers, et où chantent des coqs et nasillent des canards qui de temps en temps comparaissent par-devant nous. Je vous fais toute cette topographie afin que par la suite vous compreniez mieux quelques détails qui pourront se rencontrer.

Je ne sais pas encore quelles seront mes études; M. Féli a remis de me parler de cela après ma retraite qui expire aujourd'hui. J'avais oublié de vous dire que c'est lui qui est mon père débrouilleur, mon arracheur et mon père à secrets, mon Amalric. — Je suis à peine arrivé, mes détails ne peuvent qu'être extérieurs et généraux ; à mesure que nous avancerons ils deviendront plus intimes, plus profonds, plus intéressants. Mes entrevues avec M. Féli ont été fort courtes à cause du recueillement de ma retraite. Demain nous entamerons le [sérieux]. Savez-vous quel fut le sujet de notre première conversation? — Quel temps fait-il habituellement chez vous? fut la première question : et puis mes compagnons de voyage, mon âge, les hautes marées à Saint-Malo, Calderon, la manière de pêcher les huîtres, la poésie catholique, Hugo, les poissons les plus remarquables de la côte de Bretagne... Le grand homme est petit, grêle, pâle, yeux gris, tête oblongue, gros nez et long, le front profondément sillonné de rides qui descendent entre les deux sourcils jusqu'à l'origine du nez; tout habillé de gros drap gris, des pieds à la tête; courant dans sa chambre à fatiguer mes jeunes jambes, et quand nous sortons pour la promenade, marchant toujours en tête, coiffé d'un mauvais chapeau de paille aussi vieux et aussi usé que celui de Charles de Bayne.

A la prochaine lettre, qui ne se fera pas attendre, nouveaux détails sur ma nouvelle vie. Pour du neuf que je vous donne, je vous demande de l'ancien. Vous savez tout ce qui m'intéresse, tenez-moi au courant. Rappelez-moi au souvenir de Philibert, s'il est encore dans le pays.

Adieu, adieu tous, embrassade générale.

P.-S. Papa, avez-vous laissé l'asthme à Toulouse?
Voici l'adresse : A Dinan, chez le frère Paul. (Côtes-du-Nord.) C'est là que nous envoyons prendre les lettres.

A Mlle EUGÉNIE DE GUÉRIN,

AU CAYLA.

La Chênaie, 18 décembre 1832.

Me voici acclimaté au désert, ma chère Eugénie. Mes habitudes se sont pliées à ma nouvelle vie et mes yeux se sont familiarisés avez des landes épineuses et les forêts couleur de rouille. Il doit y avoir une forte dose de sympathie chez moi pour m'être si vite lié d'amitié avec des steppes incultes et la sombre ceinture de bois qui nous environne. La Chênaie est vraiment une solitude parmi les solitudes, et l'on peut dire à la lettre, sans faire de phrases, qu'on n'y entend que le sifflement du vent à travers les bois et qu'on n'y voit passer que les nuages. Souvent, malgré l'habitude, nous nous étonnons tous de notre profonde retraite, et nous ne comprenons pas qu'on puisse trouver tant de silence. Aussi le travail y est-il un besoin, une nécessité indispensable. La pensée ne trouve guère à s'ébattre dans ces âpres campagnes, elle rentre forcément chez elle et se jette dans l'intellectuel, ne pouvant toucher au réel sans se piquer.

Tout cela veut dire que je me suis mis au travail et que le travail est ici sérieux et sans distractions. M. Féli m'a jeté dans les langues modernes, en commençant par l'italien, et en même temps dans la philosophie catholique et l'histoire de la philosophie. Je suis enchanté d'apprendre les langues modernes; elles sont un puissant instrument de science, et puis cette étude ouvre des littératures dont la connnaissance décuple les forces et le plaisir de la pensée. Parmi les langues mortes, je n'apprends que le grec; j'en ai une simple teinture qui m'aidera beaucoup à dévorer les premières difficultés. Me voilà en présence d'un grand travail, aux premiers abords de la science qu'il faut emporter comme les travaux avancés de la citadelle d'Anvers; mais nous avons un si grand général à notre tête que je me sens plein de confiance, et je suis comme sûr de la victoire.

Nous sommes maintenant quatre jeunes gens. Chacun a sa chambre à coucher ; mais comme toutes n'ont pas de cheminée, nous nous réunissons pour travailler dans une chambre commune, autour d'un bon feu. Je me suis remis sans trop de peine au lever de cinq heures ; je trouve même que je dors d'un sommeil plus prompt et plus sûr que par le passé. J'aime bien notre petite chapelle au fond du jardin, où nous allons chaque matin entendre ou servir la messe en sortant du lit. C'est s'éveiller dans le Seigneur. Puis vient le déjeuner avec du beurre et du pain que nous faisons griller pour le rendre plus appétissant; le beurre joue un grand rôle dans nos repas. Le dîner, très-*confortable,* avec café et liqueurs quand il y a des étrangers, est assaisonné d'un feu roulant de plaisanteries et de malices, qui partent la plupart de M. Féli. Il a des mots charmants; les saillies les plus vives, les plus perçantes, les plus étincelantes, s'échappent de lui sans nombre. Son génie s'en va comme ça quand il ne travaille pas; de sublime il devient charmant. M. Gerbet s'entend aussi passablement à *maligner,* mais il est en général plus sérieux que M. Féli.

M. Lacordaire nous a quittés deux jours après mon arrivée ; des affaires pressantes l'ont appelé à Paris. M. Rohrbacher est un homme à larges épaules, à grosse tête, à gros traits, comme un bon Lorrain qu'il est; mais cette enveloppe cache une grande science et même assez d'amabilité. Il écrit une histoire de l'Église. M. Féli est en train d'écrire un ouvrage où il résume toute sa philosophie, en lui donnant des développements nouveaux. Il concentre là tous les rayons de sa science et de son génie : il n'a rien fait jusqu'ici de comparable à cela. Attendez-vous à un grand étonnement et à une grande admiration dans le monde quand cet ouvrage paraîtra. M. Gerbet en fait l'introduction. Jugez ce qui doit sortir de l'association de ces deux têtes.

J'ai vu M. Féli au *petit parloir*. Ce petit parloir est comme celui de M. Bories : une chaise et une commode. M. Féli vous laisse défiler votre chapelet sans mot dire; puis quand on a dit : C'est tout, il prend la parole, une parole grave, profonde, lumineuse, pleine d'onction. Sa morale, comme ses livres de piété, est pleine d'Écriture sainte, merveilleusement fondue dans son discours. Elle lui donne une grande douceur. Il nous aime comme un père, nous appelant toujours mon fils. Hier, quand le dernier venu d'entre nous arriva, il était dans la joie de son âme. « Notre petite famille augmente, » me dit-il, et il m'embrassa de tendresse et de joie. On apprend plus dans sa conversation que dans les livres. En quelques mots il vous ouvre des points de vue immenses dans la science. Ses paroles élèvent et échauffent l'âme; on sent la présence du génie.

Ce pays-ci justifie tout ce que j'en avais entendu

dire : c'est un peuple à part, une civilisation sévère et religieuse qui marche en dehors de nos idées modernes. Les plus pauvres exercent l'hospitalité avec la générosité la plus touchante. En arrivant de Dinan à la Chênaie, nous nous égarâmes, mon compagnon et moi, à la nuit tombante. Après avoir erré quelque temps dans les landes sans pouvoir nous orienter, nous allâmes frapper à la porte d'une ferme. J'entre le premier, — tout le monde se lève et me souhaite la bienvenue. La famille était nombreuse et assise sur deux énormes poutres gisant de chaque côté perpendiculairement au foyer. Grands et petits avaient l'écuelle aux dents au moment de notre arrivée, et la mère de famille pétrissait sur la table une galette de blé noir. Nous demandons le chemin, on nous l'enseigne; mais on ne veut pas nous laisser sortir sans nous faire goûter à la galette et boire du cidre. La propreté n'est pas la vertu dominante chez ces bonnes gens; nous refusâmes obstinément, à leur grand regret. Ils nous donnèrent un petit gars pour nous guider, et nous arrivâmes deux minutes après. La Chênaie n'est qu'à deux portées de fusil de cette ferme, mais le pays est si couvert qu'on n'aperçoit pas une maison à cent pas de distance. Telle a été ma première aventure en Bretagne. J'aurais bien d'autres petites histoires à te conter si j'avais plus de place. Je crois que j'aurai plus de choses à te dire dans mon désert que dans le tourbillon parisien. Ici, on ne perd pas une pensée; là-bas, tout se perdait en évaporations. — J'ai fait faire une redingote à la *propriétaire* et un gilet de même étoffe, le tout pour cinquante francs, tout payé. La vieille tire sur sa fin, et je la trouve d'ailleurs un peu légère. Ai-je bien fait?

Adieu, ma chère amie, adieu Mimin, adieu tous, je vous embrasse.

P.-S. M. le curé a-t-il reçu ses livres? Je crois m'être bien acquitté de sa commission. Rappelle-moi à son souvenir. — M. Féli n'est pas assez d'accord avec la *Revue européenne* pour que je puisse y écrire. Nous ne la recevons pas ici; je suis bien fâché de cela pour vous. Demandez-la à Charles.

N'oubliez pas que Wolff est mon bon ami. Laissez-lui sa place au coin du feu, et de temps en temps quelque morceau de pain en mon souvenir.

A M. DE BAYNE,

AU CHATEAU DE RAYSSAC, PAR VABRE (TARN).

A la Chênaie, le jour de Noël 1832.

Ce n'est plus du milieu de l'étourdissant tourbillon de Paris que je vous écris; c'est du sein des bois, dans la retraite la plus profonde et la plus sauvage.

Ici l'imagination est libre de toute préoccupation extérieure, et le cœur et l'âme y gagnent beaucoup en ce qu'ils ne dissipent rien des souvenirs du passé, et que la mémoire de ceux qui nous aiment se conserve dans toute sa fraîcheur. Ma solitude me reporte naturellement vers la vôtre, Monsieur; la transition de l'une à l'autre est bien douce et bien facile pour ma pensée; c'est l'oiseau qui change de branche.

Me voici donc depuis trois semaines reclus, mais reclus volontaire et trouvant dans un désert ce qui y est bien rare, ce que j'ai trouvé dans le vôtre : la société la plus aimable et la plus douce amitié. Nous sommes ici quatre fugitifs du monde, qui sommes venus chercher auprès du Maître asile et lumière, et c'est vraiment ici qu'il faut venir quand on veut se réfugier dans l'étude et dans le Seigneur. — J'éprouvais, en abordant M. Féli (c'est ainsi que nous l'appelons en famille), ce tremblement mystérieux dont on est toujours saisi à l'approche des choses divines et des grands hommes; mais bientôt ce tremblement se changea en abandon et confiance, et je trouvai que l'imagination nous donne une idée bien fausse des grandes âmes, nous les représentant comme inaccessibles et en quelque sorte redoutables pour le vulgaire; bien loin de là! la gloire, vue de près, est simple et douce comme un enfant, et nul n'est d'un plus facile accès qu'un grand homme. M. Féli m'a, pour ainsi dire, forcé à oublier toute sa renommée, par sa douceur paternelle et la tendre familiarité de son entretien. Tout son génie s'épanche en bonté. Me voilà entre ses mains, corps et âme, espérant que ce grand artiste fera sortir la statue du bloc informe. Nous suivons chacun dans nos études notre goût et notre tendance naturelle. Nous n'avons tous qu'un but : la science de Dieu, la science catholique; mais nous y tendons par des chemins divers, accomplissant ainsi la grande loi de la variété dans l'unité. J'ai adopté les langues modernes et la philosophie; mais cette dernière étude, dans le but que je me propose, est un moyen plutôt qu'un objet de tendance déterminée. Je ne me sens pas la tête assez forte ni l'œil assez sûr pour sonder l'abîme de la science philosophique; je craindrais quelque vertige, et d'ailleurs je n'ai pas l'âme assez austère pour m'enfermer exclusivement dans les abstractions. J'ai besoin du grand air; j'aime à voir le soleil et les fleurs. Aussi ferai-je comme le plongeur qui pêche les perles : je remonterai emportant mon trésor, et l'imagination en fera son profit. Ce but est insensé peut-être, je le crains bien; et quand je me considère, je me trouve bien téméraire, et je pense que je serais bien plus sage de renoncer à toutes ces belles prétentions, ne me sentant pas au fond bon à grand'chose. Mais celui qui veut faire quelque chose de moi est là; j'espère en lui, j'appuie sur lui mon courage défaillant, et je me remets à l'œuvre avec mes forces d'emprunt. Lui aussi a besoin d'énergie; mais il la trouve en lui-même, et il soutient avec un admirable courage les orages qui l'ont assailli. Il y a bien de l'amertume dans son âme; car il est bien amer pour son génie de voir sa pensée si mal comprise, de voir cette pensée si pure, si grande, si puissante pour le bien, poursuivie, harcelée comme une pensée antisociale; de la voir si pieuse, si catholique, et chargée d'anathèmes comme une pensée impie. Cependant des consolations se laissent entrevoir; le mal n'est pas aussi grand qu'il paraît, et des yeux augustes semblent déjà se dessiller. M. Féli a reçu ces jours-ci une lettre de M. Vilain XIV, ambassadeur belge à la cour de Rome, qui console un peu de la triste impression de l'encyclique. J'ai lu cette lettre...

Vous savez, je crois, que M. Féli travaille à un grand ouvrage philosophique. J'en ai lu des notes et des fragments qui donnent une idée générale de l'ouvrage. C'est une reprise de toute sa philosophie avec des développements plus larges et d'un point de vue plus synthétique. C'est une sublime intuition du monde, à la manière des philosophes indiens : la trinité est le type, le moule de l'univers, et va se reproduisant dans tous les détails de ce vaste ensemble, depuis l'homme jusqu'à l'être inorganique. Ce grand poëme sera publié dans six mois à peu près

La Chênaie est une sorte d'oasis au milieu des steppes de la Bretagne. Devant le château s'étend un vaste jardin coupé par une terrasse plantée de tilleuls, avec une toute petite chapelle au fond. J'aime beaucoup ce petit oratoire où l'on respire deux paix, la paix de la solitude et la paix du Seigneur. Au printemps nous irons prier à travers deux rangées de fleurs. A l'orient et à quelques pas du château, dort un petit étang, entre deux bois peuplés d'oiseaux dans la belle saison; et puis à droite, à gauche, de tout côté, des bois, des bois, partout des bois. C'est triste maintenant que tout est dépouillé, que les forêts sont couleur de rouille, et avec ce ciel de Bretagne toujours nuageux et si bas qu'il semble vouloir vous écraser; mais, au retour du printemps, le ciel se hausse, les bois reprennent vie, et tout sera charmant. Ma solitude me reporte à la vôtre, d'autant plus naturellement qu'il y a entre elles quelques points de ressemblance. Ainsi nous avons une grande plantation de hêtres, de tilleuls, de chênes, tout comme à Rayssac. C'est là ma promenade favorite; je tâche de me faire illusion par la ressemblance et de me croire encore dans vos allées. De plus, le château est vêtu de blanc comme le vôtre, et se laisse entrevoir comme lui dans le lointain à travers les clairières; et, pour compléter la comparaison, le terrain et la culture sont quasi les mêmes : grande abondance de lait et de pommes de terre. Nos paysans sont religieux comme vos montagnards et pleins de vénération pour leurs curés. C'est un peuple tout à part qui a conservé dans le grand bouleversement moderne ses mœurs, sa langue (ceci s'applique surtout à la Basse-Bretagne) et sa poésie. Cette vieille langue bretonne, sous ses formes âpres et sauvages, cache les plus beaux trésors de poésie. Vous me permettrez de joindre ici une légende qui pourra vous en donner une idée, et trouvera grâce, j'espère, auprès de vos dames, bien qu'elle s'éloigne de la couleur tendre et rose, pour ainsi dire, de *Lucretia*[1].

Veuillez excuser, Monsieur, tout ce bavardage de jeune homme. Ma lettre n'a rien qui puisse lui faire pardonner sa longueur, si ce n'est le sentiment qui l'inspire. C'est, Monsieur, le profond attachement de votre respectueux et dévoué serviteur.

Mon plein cœur d'amitiés à Charles.

A Mlle EUGÉNIE DE GUÉRIN,

AU CAYLA.

La Chênaie, 29 avril 1833.

...[2] Autre histoire. Mercredi nous avons dîné chez un de nos voisins. Ce dîner m'a rappelé nos invitations de campagne, et c'était en effet semblable de tout point. Une maison toute simple, un hôte géné-

---

1. Lucretia Davidson, Américaine et poëte, morte à dix-sept ans, dont on s'occupait alors beaucoup dans le jeune monde poétique.
2. Le commencement de cette lettre racontait le petit voyage fait à Saint-Malo, avec C..., à peu près dans les mêmes termes que ceux du Cahier vert et de la seconde lettre à M. de Bayne.

reux; deux bonnes dames, la mère et la fille, qui *apâturent* comme vous autres des couvées de poulets et de canards; le *recteur* ou curé de l'endroit; bonhomie, liberté, abondance, promenade après dîner dans les environs : c'était une vraie représentation de nos réceptions du Cayla. Tu vois que notre temps se passe assez bien, et que la monotonie de notre vie studieuse est assez agréablement interrompue. La belle saison nous amène une foule de compensations aux ennuis de l'hiver. Les visites abondent. Il en est une que j'attends avec la plus vive impatience et que je ne donnerais pas pour mille : Sainte-Beuve nous est annoncé pour le mois de mai. Conçois-tu ce bonheur? Je tâcherai de *causer* avec lui, et je te ferai part de la conversation.

Je suis enchanté de ton voyage à Lisle et des distractions mondaines que tu y as prises. Il est bon de respirer l'air du monde de temps à autre, de désassombrir l'âme qui s'attriste et s'encroûte à la longue dans la retraite. Ce n'est pas être infidèle à Dieu; c'est tout simplement détendre la rigueur d'une vie sévère pour faire respirer à l'âme un air qui est pur quand on sait bien le choisir, et éviter cett fadeur, cet assoupissement, suite inévitable de l'habitude, même dans la pratique des choses pieuses. Après avoir mis seulement le bout du pied dans le monde, on revient à Dieu; je me trompe, on n'a pas quitté Dieu; on revient, dis-je, à la vie recluse et à l'œuvre de Dieu avec une énergie nouvelle, avec toute la force de la réaction. Peux-tu regretter d'avoir pris un peu de plaisir dans ces salons de Lisle, où tu as fait une amitié si charmante dans le cœur de cette belle et douce Antoinette? Puisque tu es en correspondance avec elle, voudrais-tu m'envoyer quelque échantillon de ses lettres? Et, à ce propos, je serai enchanté que tu me donnes la continuation des *extraits*. Je les ai montrés à Boré et à Cazalès; tous deux en ont été ravis, Cazalès surtout. Il m'a répété quatre ou cinq fois que c'était admirable d'âme, de grâce, de style, etc.

On t'a relancée dans la poésie; oh! que c'est bien fait! Je ne conçois pas vraiment comment tu as pu te laisser prendre à un aussi étrange scrupule que celui qui t'a saisie il y a trois ou quatre ans. Je sors à l'instant même de chez M. Gerbet; je lui ai proposé ton cas de conscience, qui l'a d'abord fait sourire; puis il m'a dit : « Je ne conçois pas où ces messieurs
« (les missionnaires[1]) prennent des idées aussi singu-
« lières. Mademoiselle votre sœur peut s'occuper, en
« toute sûreté de conscience, de littérature et de
« poésie. Il n'y aurait de mal à faire des vers qu'au-
« tant que ce travail entraînerait la négligence des
« devoirs et des soins de famille. Il faut aussi prendre
« garde à ne pas se laisser emporter par l'imagina-
« tion si loin dans l'ordre idéal, qu'on se prenne de

---

1. Eugénie a écrit ici sur l'original, en interligne : « Et où as-tu vu que les missionnaires me défendaient la poésie? il n'y a que moi qui m'en empêche. »

« dégoût pour l'ordre réel et que la vie imaginative
« nuise à la vie pratique. Il n'y a pas d'autre danger
« à cela, et je suis bien persuadé que mademoiselle
« votre sœur saura s'en garder. Il n'y a pas au
« monde de délassement plus innocent que la poésie.
« Si l'on défend la poésie aux femmes, il faut aussi
« leur proscrire la musique; la poésie et la musique
« c'est tout un, elles conviennent également aux
« femmes. Encore un coup, rassurez-la; il n'y a pas
« l'ombre de mal à faire des vers. » Il m'a demandé
ton âge, je le lui ai dit; en es-tu fâchée? Voilà, ma
chère amie, la décision de ton casuiste favori. L'en
croiras-tu? Je ne crois pas qu'il puisse te rester le
moindre scrupule. J'estime beaucoup les missionnaires; mais je crois qu'ils se trompaient en bien
des choses, et que, ne fût-ce que par l'échauffement
de leur zèle, ils allaient souvent trop loin. Sans
vouloir altérer l'estime que tu portes à M. Guyon, je
crois M. Gerbet bien plus éclairé que lui et pénétrant
bien plus avant dans la science de Dieu et des âmes.
Tes vers sur *les enfants* sont très-jolis. J'ai remarqué
un sensible progrès dans l'allure de ta poésie : elle
a quelque chose de plus ferme, de plus décidé, de
moins féminin. Mais je me garderai bien de te donner
des conseils : la poésie ne s'enseigne pas. Chaque
poëte a sa poétique écrite au fond de l'âme; il n'y en
a point d'autre. Observe beaucoup la nature dans ses
moindres détails, et puis écris au courant de la pensée,
voilà tout.

A M. FRANÇOIS DU BREIL DE MARZAN.

La Chênaie, près Dinan, 8 mai 1833.

J'ai reçu hier, mon cher ami, vos vers charmants et votre charmante lettre[1]. Je n'essayerai point de vous dire combien j'ai été touché de ce double cadeau de votre amitié. Ce sont de ces plaisirs qui vont si avant dans l'âme et s'y prennent si bien qu'il est difficile de les en faire sortir après, et de les jeter au dehors sous la forme de phrases. Vous comprendrez cela, bien sûr, malgré l'obscurité et l'embarras de ma parole; car vous possédez au plus haut degré ce sens exquis qui devine les choses du cœur à demi-mot. Ainsi je me repose de la faiblesse de mes expressions sur votre amitié, qui comprendra à merveille ce que veut lui dire sa sœur. Vous savez bien que, lorsque les enfants commencent à bégayer, ils se font une langue à eux pour exprimer les mille petites choses qui leur viennent à l'esprit et se pressent dans leurs petites âmes : il n'y a que ceux qui les tiennent habituellement sur leurs genoux, leur mère ou leurs sœurs, qui aient la clef de cette langue...

Mon cher François, vous n'avez rien hasardé de

---

[1]. Cette pièce était une réponse à une épître intime, que Maurice avait adressée à M. de Marzan, au mois d'avril précédent, et qui avait été le début de leurs rapports littéraires.

trop sur mon passé, et vous avez grand tort de faire retomber sur vous-même ce qui s'applique parfaite‧ment à moi. — Vous affirmez intrépidement que je n'ai *jamais cherché la paix dans les sources amères.* Mon Dieu, que votre amitié est douce et charitable! Le diable s'est sûrement mis à rire quand vous avez écrit cela; et, quand je l'ai lu, je ne sais pas même si je n'ai pas entendu son ricanement au fond de mon âme, dans ce coin ténébreux où se logent les mauvaises pensées, la conscience du mal, tous les péchés jeunes et vieux, qui, lorsqu'on parle d'innocence, poussent un rire cynique et effronté. Je ne reverrai pas ma vie passée pour vous prouver que vous avez pris un corbeau pour une colombe, de l'eau trouble pour de l'eau claire, du linge sale pour du linge blanc, une plaque de cheminée pour une glace de Venise, une branche d'oignon pour une tige de lis, une nuit pour midi, etc., etc. C'est trop triste à prouver; mais, pour vous parler seulement de ma vie présente, je vous dirai que je suis bien loin de ce calme, de cette sécurité que vous me supposez. Je ne suis plus dans le monde, je ne suis plus dans l'habitude du mal; mais combien il s'en faut que j'aie rompu complétement avec le monde et le mal! Je vis à l'abri ici; j'ai toutes les conditions de pureté et de bonheur dans cette solitude faite à souhait pour mon âme qui veut se blanchir, se replier et oublier en Dieu. Vous avouerai-je, mon ami, que cette solitude est pour moi une sorte de Paraclet où je me consume à regretter? — Tant que l'hiver a duré et que la nature triste et froide m'a tenu collé sur les livres, j'ai été assez tranquille, et d'ailleurs l'effort et l'exaltation qui m'avaient arraché du monde, s'étant prolongés quelque temps après la résolution décisive, maintenaient assez bien mon âme. Mais aujourd'hui l'exaltation est tombée, et mon âme, épuisée par cet acte énergique où elle a mis toute sa force, s'est rassise sur elle-même comme n'en pouvant plus. Et puis le printemps est venu. Vous devez savoir, mon ami, comme les passions sont habiles à se prendre à toutes choses, et surtout avec quelle adresse les souvenirs nouent leurs fils déliés aux objets extérieurs, insensibles et, en apparence, hors du cœur. C'est à la saison printanière, à la verdure, particulièrement aux hêtres de la plantation qui sort de l'étang, que mes souvenirs se sont attachés, n'ayant presque pas autre chose ici où ils puissent se prendre. Ainsi, depuis qu'il y a des feuilles et que je vais m'asseoir à l'ombre des hêtres, ma paix a diminué et ma pensée n'est plus ici. Ma fenêtre donne justement, comme vous le savez, du côté de la plantation, et cette petite circonstance est encore un sujet de trouble pour moi. Mon Dieu, que sommes-nous donc pour qu'il suffise d'un peu de verdure et de quelques arbres, qui ne seraient rien pour moi si c'étaient des ormes ou des chênes, mais qui sont beaucoup parce que ce sont des hêtres, pour nous ôter la paix et nous détourner de votre amour? — Pardon, mon ami, de vous apporter de ces pensées au milieu de vos saints exercices et du recueillement du jubilé; j'ai la confiance qu'elles ne vous troubleront pas, mais qu'elles vous feront seulement prier pour le pauvre malade dont je vous conte la souffrance.

Permettez-moi une petite apologie. Vous exprimiez fort bien une grande vérité en disant :

> .... je crois
> Que voici l'âge où tout va rentrer dans ses droits,
> Et qu'en soi nulle fleur, ami, n'est mal choisie
> Pour orner le bouquet de notre poésie.

Certes, dans les vers où j'accusais votre muse de ne pas assez regarder au choix, j'étais bien loin de vouloir énoncer des idées contraires à celles-là, qui sont pleinement les miennes et hors desquelles je ne conçois guère de poésie. Je voulais dire seulement qu'elle avait un peu trop de ce laisser-aller qui, du reste, lui sied à merveille et ne se rencontre que dans les âmes vraiment prédestinées à poétiser.

Mais je vois qu'au lieu de m'efforcer à justifier ma critique et à prouver mon libéralisme littéraire, je ferais mieux d'avouer que mes expressions étaient complétement fausses, faisaient mentir nos principes et me donnaient une certaine physionomie classique dont je prie Dieu de me garder. Quant à la critique elle-même, mon amour-propre, ce *moi* dont vous me parlez, voudrait la maintenir; mais pour cette fois, le *moi* est enfoncé, et mon humilité vous prie d'excuser le mauvais critique en faveur du bon ami.

Venez donc ici bien vite. La Chênaie, qui était une Sibérie il y a quelques jours, est devenue tout à coup une Tempé. Tout est fleur ou verdure, tout est chant ou amour dans la verdure et la fleur. C'est un enchantement, un enivrement, une suavité qui me met aux anges par moments. La nature est vierge au mois de mai, dans toute la fraîcheur de sa virginité. Venez donc respirer cette douce fleur avec vos amis.

A M. DE BAYNE.

La Chênaie, 16 mai 1833.

Ma première lettre était datée, je crois, du jour de Noël, belle et joyeuse fête qui se chôme dans la plus triste saison de l'année.

Cette première lettre est restée seule si longtemps, que vous pouviez croire que j'attends la venue d'un autre Noël pour lui donner une sœur, et que je n'écris que par anniversaires. Je prie Dieu de me garder d'une aussi mauvaise habitude, et vous, Monsieur, de croire que je ferais revenir Noël cent fois l'an, si je ne craignais de sortir d'un sentiment que m'impose ma jeunesse et le peu de chose que je suis.

Il y avait bien douze ans que je n'avais passé

d'hiver à la campagne. Cette épreuve de silence et de reclusion, surtout dans un pays pluvieux et morne comme la Bretagne, est assez rude pour un échappé de Paris; mais avec M. Féli, des livres et un petit bout de patience, l'hiver le plus détestable peut passer presque sans qu'il y paraisse. Grâce à Dieu et au printemps, les jours tristes et mauvais, parce qu'ils amènent les tentations par la tristesse, s'en sont allés, et voici venir une longue file de jours luisants et gais qui font un bien infini.

Notre Bretagne me fait l'effet d'une vieille bien ridée et bien chenue, redevenue, par la baguette des fées, jeune fille de vingt ans, et des plus gracieuses : tant la belle saison a paré et embelli ce bon vieux pays ! Les chemins, enfin praticables, nous amènent de nombreuses visites. Nous attendons prochainement MM. de Montalembert et Sainte-Beuve. Il y a trois semaines, nous avons eu Cazalès, et sa venue a été pour moi l'occasion d'un petit voyage charmant. Je mourais d'envie de voir la mer, dont je n'avais pu approcher jusque-là à cause du mauvais temps et des mauvais chemins. Or, par un beau jour d'avril, nous avons fait tous deux à pied ce pèlerinage. Cazalès, qui, au premier abord, paraît froid et renfermé, se laisse aller à la causerie la plus intime, la plus confiante, pour peu qu'on pousse son âme vers cette pente. Son esprit très-étendu et très-élevé possède une étonnante variété de connaissances, et cela se combine chez lui avec une religion profonde, une grande tendresse d'âme et une merveilleuse intelligence de la vie. C'est une félicité non pareille de faire route, d'aller voir la mer avec un compagnon de voyage ainsi fait. Notre conversation alla, pour ainsi dire, tout d'un trait de la Chènaie à Saint-Malo, et, nos six lieues faites, j'aurais voulu voir encore devant nous une longue ligne de chemin; car vraiment la causerie est une de ces douces choses qu'on voudrait allonger toujours. L'impression que cet entretien m'a laissée, mêlée à celle de l'Océan, qui parle aussi prodigieusement à l'âme, pour peu qu'on soit impressionnable, a placé ce voyage à côté de mes plus doux souvenirs, qui sont, hélas! en si petite compagnie dans le coin de l'âme où ils se logent.

Pardonnez-moi, Monsieur, de vous entretenir ainsi de mes petites aventures et de ces menus détails de vie, lorsque j'ai tout près de moi un sujet de discours tout autrement intéressant : notre grand et saint homme. Mais le *moi*, l'invincible *moi* prend la première place partout. C'est une infirmité à peu près incurable. On a beau enfouir son *moi* au fond de l'âme, il reparaît malgré qu'on en ait, comme un bâton plongé dans l'eau remonte toujours à la surface.

M. Féli est un homme admirable à étudier dans l'intimité de son caractère : bien différent de tant d'hommes à grand renom, qui ne sont beaux à voir que dans leurs livres, tout comme les araignées et les vers à soie, qui filent des toiles merveilleuses et sont de vilains petits animaux. Plus on pratique M. Féli, plus on avance dans son intimité, plus on encontre de ces beautés intérieures, de ces perfections de l'âme insaisissables de loin et qui ne se révèlent qu'à l'observation de la vie familière. On croit assez généralement que M. Féli est un homme d'orgueil et d'un orgueil fougueux. Cette opinion, qui a détourné de lui bien des catholiques, est incroyablement fausse. Pas d'homme au monde plus enfoncé dans l'humilité et le renoncement à soi-même. S'il en était autrement, il ne comprendrait pas le christianisme, qui se résume tout entier dans l'humilité; et certes il le comprend au delà de toute expression. Sa vie est une vie de dévouement et de sacrifice à la mission qu'il a reçue de préparer l'avenir. C'est là le mot de tout ce qu'il a fait; il ne faut pas y chercher autre chose. Ce que l'on a pris pour de l'orgueil de l'homme n'est que de l'intrépidité de l'apôtre : certes, les martyrs et les Pères de l'Église étaient des gens bien orgueilleux. Tout ceci est d'autant plus vrai, que je suis arrivé ici avec un peu de ce préjugé sur son caractère, qui court le monde, et que je n'ai été détrompé que par la claire vue du fond de son âme et de toute sa vie. Sa mission est si rude et lui coûte tant, qu'il serait bien fou de l'embrasser aussi fortement, si ce n'était que de la gloire; car c'est vraiment un fagot d'épines qu'il presse contre son sein.

Ses conversations valent des livres, mieux que des

livres. Impossible d'imaginer, à moins de l'avoir entendu, le charme de ces causeries où il se laisse aller à tout l'entraînement de son imagination : philosophie, politique, voyages, anecdotes, historiettes, plaisanteries, malices, tout cela sort de sa bouche sous les formes les plus originales, les plus vives, les plus saillantes, les plus incisives, avec les rapprochements les plus neufs, les plus profonds; quelquefois avec des paraboles admirables de sens et de poésie, car il est grandement poëte. Dès l'âge de sept ans, il a commencé à observer la nature dans ses moindres détails, et il s'est fait ainsi un prodigieux trésor d'observations, d'où il tire des comparaisons qui donnent à ses pensées une grande lumière et une grâce infinie. Le soir, après souper, nous passons au salon. Il se jette dans un immense sopha, vieux meuble en velours cramoisi râpé, qui se trouve précisément placé sous le portrait de sa grand'mère, où l'on remarque quelques traits du petit-fils, et qui semble le regarder avec complaisance. C'est l'heure de la causerie. Alors, si vous entriez dans le salon, vous verriez là-bas, dans un coin, une petite tête, rien que la tête, le reste du corps étant absorbé par le sopha, avec des yeux luisants comme des escarboucles, et pivotant sans cesse sur son cou; vous entendriez une voix tantôt grave, tantôt moqueuse, et parfois de longs éclats de rire aigus : c'est *notre homme*. Un peu plus loin, c'est une figure pâle, à large front, cheveux noirs, beaux yeux, portant une expression de tristesse et de souffrance habituelle, et parlant peu : c'est M. Gerbet, le plus doux et le plus endolori de tous les hommes.

Montalembert vient de publier la traduction des *Actes de la nation polonaise, depuis le commencement du monde jusqu'à son martyre*, par Adam Mikiewich, poëte polonais, le plus grand poëte moderne, dit M. Féli. Ce livre est admirable : c'est quelque chose qui tient du style des prophètes et de l'Évangile. Je n'ai jamais vu plus surprenante poésie. Je pense que tous les amis de l'*Avenir* seront avides de ce livre.

Les rédacteurs de l'*Avenir*, dispersés par la cessation du journal, n'en continuent pas moins l'œuvre catholique. M. Féli compose son grand ouvrage, qui ne paraîtra malheureusement qu'au bout de deux ans, au lieu de huit mois, comme je vous l'avais d'abord annoncé, parce que le champ s'agrandit à mesure qu'il avance. M. Gerbet continue ses conférences sur l'introduction à la philosophie de l'histoire; M. de Coux, les siennes sur l'économie politique. Montalembert donne des articles à la *Revue des Deux Mondes*; il en a paru un fort remarquable sur le Vandalisme en France. M. Féli a envoyé ces jours-ci à la même Revue un article sur une histoire d'Italie, par Micali. M. Rohrbacher est à Malestroit, dans le Morbihan, où se trouve une maison semblable à celle-ci; il travaille à une histoire de l'Église. Boré étudie les langues orientales à Paris.

M. Dault-Duménil fait un travail sur Calderon, admirable poëte catholique, qu'il veut tirer du fond de l'Espagne, où il dort, pour le révéler à notre siècle. M. Combalot se livre à la prédication. M. Jean de La Mennais est tout entier à sa fondation d'écoles de Frères, qui comptent aujourd'hui vingt mille élèves. J'ignore ce que fait M. Daguerre. Et moi, *si j'ose me nommer après tous ces grands noms,* je ramasse les miettes qui tombent de la table où sont assis tous ces hommes si riches en savoir ; car si ma bouche est petite, grande est ma faim, comme disait une petite fille en demandant l'aumône.

Veuillez excuser, Monsieur, la longueur de cette lettre : j'espère que vous pardonnerez à celui qui parle en faveur de l'*homme* dont il parle, et que votre indulgence, grâce à ce *considérant,* passera au reclus de la Chênaie tout ce qu'il dit de trop à Rayssac. C'est qu'aussi, voyez-vous, Rayssac et la Chênaie sont étroitement unis dans mon cœur.

A M. F. DU BREIL DE MARZAN.

La Chênaie, 2 juin 1833.

Quand vous viendrez, apportez-moi celles de vos poésies que je ne connais pas encore. La poésie me fait beaucoup de bien, et, au sortir de nos lectures, je suis heureux, si jamais. Je fais peu de vers pour le présent. Cent mille idées se présentent; mais je les chasse comme des tentations. Je perdrais tout mon temps si je les écoutais. Je fais sagement, n'est-ce pas? Cependant j'écris quelque peu, mais seulement pour me tenir en haleine.

Au risque de vous importuner, je vous prierai de m'apporter les *Orientales* à votre prochain voyage.

A Mlle EUGÉNIE DE GUÉRIN,

AU CAYLA.

La Chênaie, 21 juin 1833.

Que je rends grâces, ma chère amie, à ce papier si fin, si léger, si aérien, qui te permet d'écrire sans rétrécir la causerie dans le cadre d'une simple feuille, et te laisse deviser à l'aise sans crainte de dépasser le taux ordinaire de nos ports de lettre! Mon papier n'est pas aussi délicat, et partant je ne puis pas t'écrire aussi longuement. A vrai dire, je crois que je serais assez embarrassé pour remplir ce grand papier aussi bien que toi : non que je me trouve en disette de propos et que mon cœur tarisse vite d'expressions; mais je ne me sens pas cette abondance, cette fécondité d'âme qui se répand, qui court sans perdre haleine, et toujours avec un charme infini. Ma plume est lourde et marche comme une tortue; c'est comme du plomb qui se traîne sur le papier. Ce n'est cependant pas la philosophie ni des habitudes de pensée graves, lentes, mathématiques, qui font poids et ralentissent l'allure de mon discours, car je n'ai pas un grain de tout cela; c'est un défaut de nature qu'il faut porter sur la longue liste des qualités privatives dont il a plu au ciel de m'enrichir. Mais, pour faire court, je te dirai que ma résignation est à peu près complète là-dessus comme sur bien d'autres points, et que je n'aspire à autre chose sinon à faire soupçonner par le peu que je dis ce qui me reste à exprimer. Il est des sources qui ne s'annoncent que par quelques gouttelettes d'eau.

. . . .

J'ai visité, il y a quelques jours, les ruines d'une abbaye et d'un château gothique, aux environs de Dinan. Ce château fut celui des princes de Léhon, vieille famille bretonne qui n'a laissé son nom qu'à ces décombres. Six tours tronquées comme un homme qu'on couperait par la moitié sont tout ce qu'il en reste; elles sont plantées sur la plate-forme d'un monticule qui domine une belle étendue de pays. Je m'assis sur une brèche et je me chauffai paisiblement au soleil avec les lézards gris qui font les honneurs du manoir. Les ruines de l'abbaye ont moins péri que celles-là; mais c'est bien plus déplorable. Le cloître existe encore en entier; c'est un édifice fort ordinaire. L'église seule, qui devait être remarquable, à juger par ce qu'il en reste, a été horriblement maltraitée. Elle n'a plus d'autre voûte que le ciel, et elle étale ses grands murs décoiffés et son enceinte béante avec une tristesse extraordinaire. Une vieille femme crasseuse nous introduisit dans cette pauvre nef, et nous y vîmes quelque chose de pire qu'une écurie... Les moines couchés, les bras en croix, sur leur oreiller de pierre, gisent çà et là parmi les ordures, et leurs sépulcres ouverts laissent voir, non pas des ossements, mais des débris de vases que je ne veux pas nommer. J'étais surtout désireux de voir une chapelle, derrière le chœur, où les Beaumanoir avaient leurs caveaux. Même profanation. J'ai remarqué un bon vieux chevalier qui dort sur sa pierre, une main sur son cœur et l'autre sur son épée. Il ne faut pas s'étonner de cette désolation : je ne sais quels Anglais ont fait leur gîte dans l'abbaye et y parquent comme les troupeaux sur la tombe d'Achille. En allant demander à ces Anglais la permission de visiter les ruines, nous traversâmes leur cuisine, et nous y rencontrâmes deux miss, assez proprement mises et point mal du tout, acharnées à trancher les restes d'un roast-beef. Je t'avoue que mes idées qui, dans ce moment, étaient tant soit peu tournées à l'illusion des vieux souvenirs, éprouvèrent un rude échec à ce spectacle, et vraiment il y avait de quoi désarçonner l'imagination la plus chevaleresque et la plus aventureuse. Nous étions deux à faire cette course. Ces sortes de plaisirs sont solitaires de leur nature, et, si l'on est plus de deux à en jouir, leur charme s'évanouit en grande partie. Mon compagnon était Élie de Kertanguy, Bas-Breton, grand et beau jeune homme accompli de tout point. C'est avec lui que je cause ici, car nous avons à peu près la même tournure d'idées ; seulement, lui a une bonne tête que je n'ai pas, un esprit solide que je n'ai pas, et une sagesse d'imagination que je n'ai pas. Que reste-t-il donc pour la ressemblance? Il reste ce qu'il y a de ressemblance entre la goutte d'eau trouble et la goutte d'eau claire.

Je suis un pauvre concile à consulter, car je suis encore plus dénué de sagesse et de lumières spirituelles que de toute autre chose; mais on a vu des fous qui vendaient la sagesse, et c'est ce qui m'encourage à accepter ce rôle de casuiste que tu me donnes. Il est vrai qu'on ne doit pas ouvrir un livre qu'on sait être mauvais d'un bout à l'autre, et une femme moins que personne. Mais si un livre tombe entre les mains dont la lecture offre de l'intérêt, et contienne néanmoins quelques passages délicats, je ne vois pas de raison pour l'abandonner, pourvu qu'on lise avec prudence et retenue. Aux premiers mots qui annoncent ces passages, il faut s'arrêter tout court pour sauter à pieds joints par-dessus, comme on fait dans un chemin où se rencontrent des fondrières. Eh ! mon Dieu, s'il fallait s'abstenir de tout livre qui n'est pas parfaitement pur, autant vaudrait renoncer à toute lecture ; tous les livres seraient à l'index. Je crois que Charles a les œuvres de Bernardin de Saint-Pierre ; tâche de te les procurer. Bernardin est très-pur, plein d'amour pour la nature, qu'il sent profondément et décrit avec un charme merveilleux. Son style est une des merveilles de la langue française ; tu seras enchantée de son exquise douceur. Pour tout dire, en un mot, c'est un des ouvrages qui te conviennent le mieux. Si quelqu'un, dans le pays, a acheté le *Livre des Pèlerins Polonais,* annoncé dans le compte rendu de l'Agence, fais en sorte qu'on te le prête... J'aurais vraiment du regret que tu ne pusses le lire. M. Féli en est enthousiasmé ; c'est assez faire son éloge. Tu ne connais pas encore de poésie pareille à celle-là, si j'en excepte la Bible. Je te promets des larmes. Je ne puis m'empêcher de citer le passage suivant, qui me tombe sous les yeux en ouvrant le livre, au moment où j'écris. L'auteur s'adresse aux Polonais :

« Votre pèlerinage est devenu la pierre de touche
« des princes et des docteurs de ce monde ; car, dans
« votre pèlerinage, n'avez-vous pas reçu plus de se-
« cours des mendiants que des princes ?

« Et dans vos combats, et dans vos prisons, et
« dans votre pauvreté, n'avez-vous pas trouvé plus
« de nourriture dans une prière, que dans toute la
« science des Voltaire et des Hegel, laquelle est
« comme du poison, et plus que dans toute la science

« des Cousin et des Guizot, lesquels sont comme des moulins vides ?

« Je vous le dis, en vérité, que toute l'Europe
« apprendra de vous qui sont ceux qu'elle doit
« appeler puissants et sages; car maintenant, en
« Europe, le pouvoir est un opprobre et la science
« une folie.

« Mais s'il y en a parmi vous qui disent : Nous
« voilà sans autres armes que le bâton de pèlerin,
« comment pourrons-nous changer l'ordre établi dans
« les nations grandes et puissantes?

« Ceux qui parlent ainsi doivent se rappeler que
« l'empire romain était grand comme le monde, et
« que l'empereur romain était puissant comme tous
« les rois d'aujourd'hui pris ensemble.

« Et voilà que le Christ envoya contre l'empereur
« douze hommes simples; mais comme ces hommes
« avaient l'esprit saint, l'esprit de sacrifice, ils vain-
« quirent l'empereur.

« Et s'il y en a parmi vous qui disent : Nous
« ne sommes que des soldats illettrés, comment
« pourrons-nous vaincre par notre parole les sages
« des nations les plus éclairées et les plus civili-
« sées ?

« Ceux qui parlent ainsi doivent se rappeler que
« les sages d'Athènes passaient pour être les plus
« éclairés et les plus civilisés du monde, et qu'ils n'en
« furent pas moins vaincus par la parole des apôtres;
« car les apôtres ayant prêché au nom de Dieu et de

« la liberté, le peuple abandonna les sages et vint
« aux apôtres. »

Quelle nation que celle à qui on peut adresser aujourd'hui de semblables paroles, et quel homme que celui qui les adresse! Cet homme s'appelle Adam Mikiewich. Ses poésies sont peu connues, à cause que sa langue est peu pratiquée; mais M. Féli, qui les connaît, place Adam à côté de Byron pour la hauteur du génie.

..... Qui diable peut avoir eu l'idée de réimprimer cette pauvre pièce sur la Pologne, qui n'a d'autre mérite que le sentiment qui l'a inspirée? Je serais curieux de le savoir. Qui que ce soit, ne sait-il pas que le temps est passé où l'on ressuscitait les morts?

A M. F. DU BREIL DE MARZAN.

La Chênaie, 9 août 1833.

Chassez donc, mon cher François, chassez loin de vous, avec un signe de croix, cette mauvaise pensée que j'aie murmuré de votre silence. J'étais tellement convaincu que vous aviez de bonnes raisons pour ne pas m'écrire, que, malgré toute l'impatience avec laquelle j'attendais votre lettre, je n'ai pas à me reprocher le plus petit dépit contre vous. N'allez pas non plus prendre cela pour de l'indifférence. Gardez-vous-en bien, car j'aimerais mieux cent fois que vous me crussiez furieux et emporté. C'est tout simplement la confiance que j'ai en votre amitié qui me fait endurer patiemment ces trop longs intervalles qui séparent vos lettres et vos visites, sans qu'il entre en moi le moindre soupçon d'oubli de votre part, ni la moindre colère, parce que je suis aussi sûr de votre affection pour moi que de la mienne pour vous, et que cela tient tranquille.

Les vacances, qui me permettront de courir à vous, ne tarderont pas à s'ouvrir, j'espère. Mais, hélas! mon cher, à part le bonheur que j'aurai de vous voir, je les vois arriver avec bien du chagrin. A cette époque, il me faudra prendre un parti, prononcer sur ma vocation, décider de mon existence tout entière. Voilà trois semaines que je suis à cette pensée, l'œil tourné au dedans de moi pour tâcher de découvrir ce qui s'y passe, scrutant, furetant, mettant tout sens dessus dessous dans ma pauvre âme, afin de trouver cette perle de la vocation qui peut être cachée en quelque coin. Je ne sais si je cherche mal ou si Dieu ne bénit pas mes recherches; mais jusqu'ici c'est peine perdue.

Dans cette investigation, j'ai rencontré bien des souvenirs que je croyais muets, bien des débris du vieil homme dont je croyais avoir nettoyé mon âme, bien des mots, bien des noms encore écrits que je croyais effacés. Il faut dire aussi que j'ai trouvé par-ci par-là quelques désirs de vivre pour Dieu, quelques efforts pour me rendre meilleur, une petite provision, sinon de mérites, du moins de bonnes pensées; mais de vocation religieuse, pas la moindre trace. Que dites-vous, François, de cette destinée qui me chasse incessamment devant moi, sans me laisser respirer; qui, une fois, me jette sur le rivage, et tout aussitôt renvoie, comme la mer, un flot pour me reprendre? N'est-ce pas assez que de notre ignorance terrible sur nos destinées spirituelles? Faut-il encore que le chemin d'ici à la mort soit presque aussi ténébreux que celui par delà la mort? Vous concevez, mon cher, dans quelle fièvre de pensée tout cela me jette. Prêt à me relancer dans le monde, je ressemble à un cavalier qui met le pied à l'étrier pour enfourcher un cheval dont il se méfie et malaisé à mener. Où m'emportera cette capricieuse monture? Quel sera le dénoûment de cette nouvelle complication de mes destinées? Point de réponse. — Il y a des moments où tout ce qu'il y a d'amer, de sinistre, d'accablant dans la vie humaine, vous apparaît à la fois; c'est la réalité de l'existence de l'homme qui se découvre, et je vous assure qu'elle se découvre à moi dans toute sa nudité depuis quelques jours. En ce moment je jette dessus le voile de votre amitié, et je ne vois rien que de doux. Mais la perspective d'une séparation, prochaine peut-être, et sans espoir de retour, si elle a lieu, me verse de l'amertume jusque dans cette consolation. Pardon, mon cher, si je vous entretiens aujourd'hui si tristement; du moins cette fois j'ai raison de me lamenter, et si c'est dans votre sein que je jette toutes ces tristesses, prenez-vous-en à l'abandon et à la confiance de mon amitié en votre amitié. Écrivez-moi, si vous en avez le loisir; conseillez-moi, malmenez-moi pour mon défaut de volonté.

(M. de Marzan répondit à cette lettre par une épître intime en vers, en échange de laquelle il reçut les vers et la lettre qui suivent.

AU MÊME.

> Aveugle suis, ne sais où aller doye :
> De mon bâton, afin que ne fourvoye,
> Je vais tâtant mon chemin çà et là :
> C'est grand pitié qu'il convient que je soye
> L'homme égaré qui ne sçait où il va.
> CHARLES D'ORLÉANS.

Un jour, François, au fil de notre causerie
Je laissai s'en aller les secrets de ma vie.
Ce fut une revue où vos yeux tour à tour
Regardèrent passer beaux souvenirs d'amour,
Rêves de poésie et de bien longues files
D'illusions, fuyant gracieuses, agiles,
Chacune au mieux parée et portant ses couleurs,
Et ses nœuds de rubans et ses fragiles fleurs;
Chacune, derrière elle, en sa marche flottante,
Laissant jouer au vent son écharpe ondoyante;
Et chacune, en dépit de son air tout joyeux,
Portant bien près d'éclore une larme en ses yeux.

Puis, à pas mesurés, sans retourner la tête,
Une procession morne et toute muette
S'en venait, comme on voit les rangs noirs et profonds,
De moines sur leur chef baissant leurs capuchons,
Sous un cloître moisi pousser, quand minuit sonne,
La tête d'une longue et pesante colonne.
C'étaient mes souvenirs de deuil et de malheur,
Évoqués devant vous du plus profond du cœur;
Des doutes ténébreux, des croyances fatales,
Qui marchaient devant moi comme des lampes pâles
Au temps où je laissais sur le foyer sacré
S'amonceler la cendre et la suie à leur gré;
Des spectres tout honteux de passions impures,
Qui portaient en passant la main sur leurs figures:
Les mânes détestés de maint rêve orgueilleux,
Mort de confusion dans un coin ténébreux.
Enfin, comme une queue à cette marche sombre,
Pêle-mêle suivaient, indistinctes, sans nombre,
Les terreurs de mon âme, et ces rêves sans nom
Qui creusent dans la tête un abîme profond,
Ces effrois inouïs de la nature humaine
Qui sent, à certains jours, une main qui l'entraîne
Sur une pente immense, et puis comme une voix
Qui dit : Homme vivant, dis-moi ce que tu vois ?
— La gueule d'un grand puits d'où monte un air humide;
La nuit, rien que la nuit dans cette gorge vide.
J'ai poussé trois grands cris et rien ne me répond,
Bien qu'une voix murmure et nomme l'homme au fond
— Vous regardiez, l'œil vif et le front taciturne,
Défiler devant vous la légion nocturne,
Et peut-être admiriez, voyant ces trépassés,
Ombres de tant de vœux et de rêves brisés
Sous les pieds du Temps, lourd comme un géant de pierre,
Que dans mon cœur (le cœur est un champ funéraire

Où chacun en pleurant ensevelit ses morts)
J'eusse déjà creusé, comme les hommes forts,
Tant de tombeaux, et fait de mon âme un lieu sombre,
Un mortuaire noir que la poussière encombre.

Le passé, le passé! Si rien n'en revenait
Si dans la solitude il se tenait muet;
Grand sépulcre, si mieux tu verrouillais tes portes,
Oh! je ne verrais pas l'ombre des choses mortes,
Se dressant devant moi dans les nuits sans sommeil,
Défiler la parade en leur triste appareil,
Narguer d'un rire amer les restes de ma vie
Et jeter en passant la pierre à ma folie.
On verrait moins de fronts pâles et réfléchis,
Mais aussi devant Dieu moins de genoux fléchis,
Moins de coupables reins saignant sous le cilice,
Et moins de pleurs lavant les souillures du vice.

François, vous avez vu. Tournons le dos, voici
L'avenir; tout est pur et reluisant en lui.
C'est un char qui n'a pas encor foulé la terre;
Gardons-nous de pousser ce beau char dans l'ornière,
Quand nous serons dessus : évitons les chemins
Pétris et défoncés par les torrents humains.
Conduisons-le si bien qu'à la fin de la route,
Lorsque nous descendrons, personne ne se doute
Que nous venons de loin, tant il sera luisant,
Tant il aura pris peu de poussière en roulant.
Mais où l'ordre de Dieu veut-il que je le mène?
Comment s'orienter en cette vaste plaine?
C'est l'énigme : j'attends le mot de jour en jour,
Sur mon char attelé debout, au carrefour.

Vous voulez, mon ami, que mon âme, lassée

De tant de vains essors et de toute pensée,
S'en aille retrouver là-bas, comme un abri,
Son rêve le plus doux pour se cacher en lui;
Qu'elle fasse retraite et demande le voile,
Ce voile plus serein qu'une lueur d'étoile,
Plus pur que la blancheur du ciel au point du jour,
Dont l'âme s'enveloppe, elle et tout son amour,
Comme les chérubins aux flammes immortelles,
Qui se font pour aimer un dais avec leurs ailes.
Allez de ce côté, dites-vous. Oh! j'irais,
Plus vite que l'oiseau dans son asile frais,
Quand les grandes chaleurs pèsent sur la nature;
J'irais où veut mon cœur, faire vœu de clôture :
Sainte et douce clôture, entier dépouillement,
Adorable prison, portes de diamant
Qui se ferment, avec de saintes harmonies
Comme celles du ciel, sur deux âmes bénies
Qui n'ont plus à quêter de ce bonheur qu'il faut
Aux colombes sur terre, aux beaux anges là-haut!

Mais je ne porte pas cette lettre divine
Qu'au front pur des élus un doigt d'ange dessine,
Afin qu'au beau royaume ils puissent être admis.
Je rôde comme Adam autour du paradis,
Et je n'espère pas qu'on m'en ouvre la porte.
Mon amour de quatre ans, ce rayon que je porte
Parmi le siècle impur, comme un rayon de Dieu,
N'est dans mon pauvre cœur que la langue de feu
Qui s'abattait jadis du haut du ciel en terre
Pour embraser le bois du sacrifice austère.

Je suis errant, François, et longtemps le serai,
Et j'irai par pays, et je cheminerai,
Tirant à l'aventure et n'ayant d'autres guides

Que les oiseaux du ciel, dont les ailes rapides
Bruissent dans les airs, et, par leur sifflement,
Réjouissent le cœur du pèlerin tremblant
Que la lune a surpris dans la lande sauvage.
Dieu ne m'a point tracé la carte du voyage;
Il m'a mis simplement le bourdon à la main
Et m'a dit : Va. Je vais au hasard du chemin :
C'est mon épreuve à moi ; mais, grâce à l'habitude,
Cette façon d'aller n'est pas encor si rude.
Mes pieds sont endurcis, la ceinture de cuir
Prête force à mes reins, les garde de fléchir.
Et puis, de temps en temps, je trouve sur ma voie
De secourables cœurs que le Seigneur m'envoie,
Quand la lourde fatigue a grimpé sur mon dos
Et sous sa pesanteur fait craquer tous mes os,
Des amis comme vous, dont la main présentée
Ravive mon courage et m'aide à la montée.

La Chênaie, 19 août 1833.

AU MÊME.

La Chênaie, 20 août 1833.

Votre lettre charmante et vos vers charmants me sont arrivés, mon cher François, comme deux bénédictions, comme ces messagers de grâce dont parle Milton, qui sont les plus agiles de tous ceux que Dieu dépêche vers nous. La Sagesse, qui d'ordinaire a la parole sèche et même un peu grondeuse, discourt par votre bouche d'une façon si suave; elle revêt des conseils de formes si séduisantes qu'il y a vraiment du plaisir à être fou, quand on vous a pour mentor. Voilà pourquoi, dans la pièce que je vous envoie, je vous accuse mes péchés, mes vieux péchés, en liant cette confession à nos causeries précédentes, où je ne vous avais guère conté que les belles aventures de ma vie.

Malgré vos avis si sages et si lumineux, je suis encore livré à l'indécision, à l'anxiété, au va-et-vient d'une âme faible et plus mobile qu'une feuille de tremble. Je suis *en équilibre sur la question*, et je n'ose pas hasarder le moindre effort pour le rompre, parce que je redoute également la chute, de quelque côté que je tombe. C'est une rude position. J'attends de jour en jour une lettre de mon père, qui probablement me tirera d'embarras en décidant la péripétie de cette espèce de drame que jouent les volontés de mon âme. Je vous informerai du dénoûment aussitôt la toile tombée, et j'attendrai aussi à cette époque pour demander à M. Féli cette chère faveur suspendue jusqu'au temps des vacances, qui ont commencé il y a quinze jours. Alors je serai libre de toute pénible incertitude et pourrai être tout entier à mon bonheur.

(Le reste de cette lettre roule sur la querelle de M. de La Mennais avec le Saint-Siége, et sur ses démêlés avec l'évêque et le chapitre de Rennes.)

A M. DE LA MORVONNAIS,

AU VAL SAINT-POTHAN, PRÈS ET PAR MATIGNON.

La Chênaie, 24 août 1833.

Monsieur,

Votre aimable lettre ne m'est arrivée qu'hier 23; j'espère que celle-ci n'éprouvera pas un retard aussi considérable. J'accepte avec reconnaissance l'offre amicale que vous me faites; Élie y est également sensible, mais, ne pouvant quitter La Chênaie pendant l'absence de M. Gerbet, il se voit privé, à grand regret, du plaisir de se rendre à votre invitation. M. Féli compte assez sur votre amitié et celle de François pour vous prier d'accueillir MM. Chavin et Mermet qu'il me donne pour compagnons de voyage. Puisque vous poussez la complaisance jusqu'à venir vous-même nous prendre à Dinan, j'ai l'honneur de vous prévenir que vous nous y trouverez lundi, à neuf heures, chez les Frères. Comme cette lettre n'a pas de temps à perdre pour ne pas manquer le courrier de Plancoët, je retiens au bout de ma plume une infinité de choses qui sont forcées d'attendre à nos prochaines causeries.

Veuillez, Monsieur, présenter nos hommages à madame de La Morvonnais, et agréer l'expression de ma respectueuse amitié.

AU MÊME.

La Chênaie, 4 septembre 1833.

Monsieur,

Me voici de retour dans ma cellule et accoudé, comme par le passé, sur ma table chargée de livres. Le silence et l'étude sont revenus se placer l'un à ma droite, l'autre à ma gauche, comme deux anges gardiens ; mais, en dépit de leur surveillance, ma pensée s'échappe, s'en revient au Val et repasse partout où j'ai passé avec vous. Eh ! mon Dieu, que serait-ce de nous si nous n'avions pas la faculté de prolonger, par les souvenirs et les retours de l'âme sur le passé, la durée si courte des jours joyeux ?

J'ai perdu tout espoir de rester à La Chênaie. M. Féli m'a dit que les nouvelles persécutions qui s'élèvent contre lui le contraignaient de se mettre en dehors de toute association, et qu'il nous fallait par conséquent déloger d'ici. C'est désolant, mais qu'y faire ? Le mieux est de sortir de La Chênaie avec résignation, comme j'y suis entré avec joie, et de doubler mon sacrifice de bonne grâce ; car, après avoir renoncé au monde, il me faut renoncer à une solitude qui m'était plus douce que le monde. C'est la vie. Il paraît que nous partirons d'ici au commencement de la semaine prochaine, pour aller faire une retraite de huit jours à Saint-Méen, et que de là nous irons nous confiner à Ploërmel. Mais, après tout, en quelque endroit qu'on m'envoie, n'y a-t-il pas moyen de se faire partout un petit bonheur? Le mal est qu'il faut recommencer sur nouveaux frais, et qu'on est longtemps à se tourner et retourner avant que de se trouver à l'aise. Priez Dieu pour que j'aie la constance des oiseaux qui bâtissent un second nid quand on leur a défait le premier.

Je ne puis rien vous dire encore sur le parti que prendra M. Féli relativement à sa lettre. Comme il n'aime [pas] qu'on jette ces sortes de sujets dans la conversation, nous avons chargé Élie de lui en parler en particulier. Aussitôt que je saurai quelque chose, je m'empresserai de vous le communiquer.

Je vous envoie mes couplets sans musique. C'est un corps sans âme. L'abbé Gaudin s'étant absenté ces jours-ci n'a pu noter l'air, mais il le fera, et l'âme rejoindra le corps prochainement.

M. Féli vous envoie Turquety avec mille amitiés. Comme il est un peu minutieux pour ses livres, il vous prie de veiller à ce qu'il n'arrive pas malheur à ce volume. Il m'a chargé de vous le dire, et je le fais en esprit d'obéissance.

Nos trois hôtes vous renouvellent leurs remercîments et vous prient de faire accepter leurs hommages à madame de La Morvonnais.

Votre dévoué serviteur et ami respectueux.

A M. FRANÇOIS DU BREIL DE MARZAN.

Ploërmel, maison des frères La Mennais,
2 octobre 1833.

Mon cher François,

Il y a un mois que je vous dis adieu sur la grande route et que je vous vis piquer des deux votre petit coursier qui vous emporta avec la rapidité d'un hippogriffe. Il y aura un mois dans cinq jours que je montai, vers quatre heures du soir, chez M. Féli, pour lui dire adieu, et que les portes du petit paradis de La Chênaie se fermèrent derrière moi. Enfin, après trois semaines de séjour à Saint-Méen, il y a trois jours que je suis ici dans une petite chambre assez gaie, ouverte sur un horizon qui réjouirait ma vue si j'avais en ce moment assez de cette liberté et de cette douce nonchalance d'âme qui vous laisse une heure durant en contemplation devant un horizon. Il n'y a pas eu moyen de détourner de moi cet exil : c'était absolument impossible, vous allez le voir.

L'évêque de Rennes ne savait pas que M. Féli fût à la tête de la congrégation, il ne l'a appris que dans ces dernières affaires, et il a aussitôt exigé qu'il se démît de son autorité; il est évident qu'après cela nous ne pouvions pas rester à La Chênaie. Élie seul y est demeuré.

Ne parlez pas de cela, et ne faites pas semblant de le savoir quand vous irez voir M. Féli. Ainsi, grâce à des manœuvres et à de tristes hostilités dont vous connaissez la source, les destinées de la congrégation, d'une œuvre dont la portée était immense pour le bien de la religion, sont à demi ruinées. Il est vrai que M. Jean a succédé à M. Féli, mais vous comprendrez bien que ce n'est pas la même chose, et que rien ne peut remplacer un génie aussi large et qui comprend si bien la vertu de la liberté. Aussi, depuis qu'il n'est plus notre chef, le rétrécissement commence-t-il à se faire sentir, et je crains bien que la congrégation ne rentre dans l'ordre banal de toutes les congrégations du monde. Ce sera une réunion d'hommes pieux, et voilà tout.

On nous a dit, dans la retraite de Saint-Méen, que nos vœux emportaient obéissance complète, passive, tandis qu'on aurait dû, ce me semble, appliquer là surtout cette admirable alliance de l'ordre et de la liberté, de la variété dans l'unité, en nous liant par un lien commun qui laissât à chacun sa sphère d'expansion dans le monde. Pour moi, je vous assure que j'aime mieux courir la chance d'une vie aventureuse, que de me laisser ainsi garrotter par un règlement. M. Jean est bien un homme de liberté, comme son frère, mais sa position ne lui permet pas les mêmes hardiesses. L'esclavage ne nous viendra pas de là, mais de plus haut; on lui force la main pour nous serrer, et vous comprenez bien que, si la congrégation dans son enfance ne *suce pas le lait de la liberté*, autant valait ne pas la mettre au monde.

Pour moi, en attendant que les choses prennent une tournure plus décidée, j'irai faire un cours d'*histoire de la littérature* à Saint-Méen. Le métier de professeur ne va guère ni à mes goûts ni à mes moyens. Mais j'ai pris ce parti, afin d'achever mon travail qui va toujours lambinant, et aussi pour donner le change à la tournure de mes idées qui s'en vont je ne sais où, comme des folles. Quoique ce soit peut-être faire injure à votre discrétion, je vous prierai encore d'enfermer dans la loge aux secrets tout ce que je vous dis ici touchant la congrégation.

Je vous renvoie Dante avec mille remercîments.

A M. DE LA MORVONNAIS,

AU VAL SAINT-POTHAN.

> Ploërmel, chez les frères de l'instruction chrétienne, 7 novembre 1833.

Monsieur,

Je m'accuserais le premier de mon silence en vous priant de me le pardonner, si je ne me l'étais imposé moi-même à cause des événements étranges qui sont survenus. J'ai voulu attendre que mes destinées, qui se sont singulièrement compliquées depuis quelque temps, commençassent à s'éclaircir, afin de vous apprendre quelque chose de positif. Ce positif est enfin venu, mais hélas! bien triste et bien désolant. Voici le mot de ce mystère. Les cris qui se sont élevés il y a quelque temps contre M. Féli ont d'abord nécessité notre départ de La Chênaie. Mais une épreuve bien plus rude m'était réservée. La congrégation s'est trouvée dans une position si critique, et obligée à ménager des susceptibilités si irritables, qu'on a jugé prudent de ne plus y admettre de laïques et d'en éloigner ceux qui s'y trouvent. Cette mesure me relance dans le monde et me contraint à recommencer l'œuvre si dure de mon avenir. Tout cela est venu si soudainement que j'ai à peine eu le temps de me reconnaître pour chercher à me caser quelque part. J'ai écrit à la hâte pour demander à entrer au collége de Juilly, et j'attends de jour en jour une réponse qui me fera partir aussitôt. Si ce n'eût été tout ce qu'il y a eu de précipité dans cette affaire, et s'il m'était possible de soustraire quelques jours à cette terrible nécessité qui me poursuit si vivement, ma plus douce consolation, en ces tristes jours, eût été d'aller au Val vous faire mes adieux, et vous témoigner ma reconnaissance pour toutes vos bontés. Mais, devant partir pour Paris peut-être au premier jour, je ne puis guère me promettre ce bonheur. Je vous prie donc de recevoir ici, bien en raccourci, l'expression de tout ce que mon cœur vous dit. Les sentiments et les regrets dont je suis plein trouveraient difficilement des paroles assez vives sous ma plume, je les livre avec abandon à votre amitié qui les comprendra. Ce pauvre François, mon Dieu, quelle n'eût pas été aussi ma joie de le voir une dernière fois! Je ne puis que lui écrire. Nous vous rendons bien tard les livres que vous avez eu la bonté de nous prêter, mais les occasions pour vous les faire passer sont si rares que vous voudrez bien nous excuser en cette considération. Je fais partir à l'instant l'*Antiquaire* et *Ronsard*; ils vous arriveront sans doute quelques jours après cette lettre, mais ils feront le voyage en sûreté, car je les ai bien recommandés. Mille remercîments pour ces livres. Je ne partirai pas probablement avant le quinze de ce mois. Si vous aviez la bonté de me donner de vos nouvelles après cette époque, vous pourriez adresser votre lettre chez M. Raynaud, à Paris, rue d'Anjou-Saint-Honoré, n° 45.

Veuillez, Monsieur, faire agréer mes souvenirs et mes hommages respectueux à Madame de La Morvonnais, et me croire pour la vie votre fidèle ami et votre serviteur dévo.

P. S. Il pourrait se faire à toute force que je vinsse vous faire mes adieux dans le courant de la semaine prochaine, la lettre que j'attends en décidera. Tous ces Messieurs me chargent de vous présenter leurs souvenirs. Mille amitiés à François, je vais lui écrire.

A MES DEUX AMIS.

(M. DE LA MORVONNAIS ET F. DU BREIL DE MARZAN.)

Ploërmel, 12 novembre 1833.

Ce sept du mois novembre, à neuf heures du soir,
La tempête fait rage et le ciel est tout noir.
L'eau des toits retentit sur le pavé des rues;
Le vent d'ouest, chassant des bandes éperdues
De nuages fuyards, jette au loin dans la nuit
Des tourbillons de pluie et des vagues de bruit.
Et moi, tout accroupi près d'une flamme vive,
Je suis là, recueillant en mon âme attentive
Ces gémissements sourds et la voix de ces vents
Qu'on dirait apporter au séjour des vivants
Les lamentations de la foule des âmes
Dont l'épuration s'achève dans les flammes.
Et tandis que j'écoute, arrivent par milliers
Les pâles souvenirs et les vagues pensers
Que les moindres accords, sur leur aile légère,
Ramènent dans mon âme, et, tout comme une mère
Prend une joie extrême au nocturne entretien
D'un fils qui lui revient d'un voyage lointain
Mon âme se complaît aux douces causeries
De ses vieux souvenirs et des ombres chéries
De rêves trépassés qui reviennent, pieux,
A leur mère, le soir, parler une heure ou deux.

LES SOUVENIRS.

Oh! que te voilà triste au foyer solitaire!
Pauvre âme, qu'y fais-tu? qu'y fais-tu, notre mère?

L'AME.

Je regarde le feu, qui brûle à petit bruit,
Et j'écoute mugir l'aquilon de la nuit.

LES SOUVENIRS.

Laisse, laisse la nuit jeter ses clameurs folles
Et le feu consumer : nous avons des paroles
Qui se coulent au cœur comme des flots de miel,
Et des chants purs et doux comme les voix du ciel.

L'AME.

Oh! vos divins discours, vos chants mélancoliques,
Pleins d'un charme infini comme les chants antiques,
Le plus léger soupir sur vos lèvres errant,
Ont tourné bien des fois en plein ravissement
Mes plus cuisants soucis; mais, comme dans les plaines
On entend s'effacer et fuir les voix lointaines,
Hélas! je perds beaucoup de vos chants les plus doux,
Car déjà la douleur chante plus haut que vous.

UN SOUVENIR.

Sur le penchant d'une colline
S'élève un antique château.
Une haute tour le domine,
Comme le mât sur le vaisseau.
Oh! rêve à l'antique château!

Une terrasse qui s'avance
Se couronne de pots de fleurs,
Au lieu de créneaux de défense.

Oh! rêve aux parfums enchanteurs
De la terrasse aux pots de fleurs!

Les soirs d'été, les soirs d'automne,
Un enfant y venait toujours,
A l'heure où l'Angelus résonne,
Pour voir comment meurent les jours...
A cet enfant rêve toujours!

Pour voir flotter un beau nuage,
Et suivre de l'œil les oiseaux
Qui vont par bande au bois sauvage
Chercher la branche du repos...
Rêve au nuage, aux vols d'oiseaux!

Pour s'y promener à la brune
En causant avec ses deux sœurs,
Et s'épancher au clair de lune
Qui fait épanouir les cœurs.
Rêve à la lune, aux bonnes sœurs!

Ce castel, avec sa terrasse,
Tu le sais bien, c'est le Cayla.
Il n'a pas effacé ta trace,
Tes deux sœurs sont encore là.
Oh! rêve, rêve au doux Cayla!

L'AME.

O douceur, ô douceur de rêver au Cayla!

UN AUTRE SOUVENIR.

Un jour, des planes campagnes,
Vers le sentier des montagnes,

S'en allait un cavalier.
Bien que la chaleur fût dure,
Il essoufflait sa monture
En gravissant le sentier,
Ce rapide cavalier.

Un jour, sur la haute cime
D'une montagne sublime,
Deux causeurs étaient assis,
Et les oiseaux au passage
Prirent pour un doux ramage
Les mots que disaient ravis
Les deux qui s'étaient assis.

Un jour, l'écharpe éclatante,
D'un ange en robe flottante,
Aux épines du chemin
Allait accrochant sa frange,
Mais de l'écharpe de l'ange
Un mortel tirait soudain
Les épines du chemin.

Un jour, dans une vallée,
Le long d'une onde voilée,
Tous deux allaient chevauchant.
On voyait du plus timide
L'autre gouverner la bride.
L'un vers l'autre se penchant,
Ils s'en allaient chevauchant.

Un jour vint qu'à l'aventure,
Pour adorer la nature,
Ils allèrent. On eût dit
Deux esprits de la montagne

Qui s'en allaient en campagne
A tire-d'aile et sans bruit.
Sans doute quelqu'un le dit...

Un soir, à l'heure sans voiles
Qui voit poindre les étoiles.
Une voix claire chantait.
Près de là, silencieuse,
En cette nuit bienheureuse,
Une âme aux anges était
Tandis que la voix chantait.

Connais-tu ces solitaires?
Oh! tu sais bien les mystères
De leur histoire d'amour.
Rêve à la douce compagne
Qui t'aimait sur la montagne,
Pauvre âme, fais un retour
Sur cette histoire d'amour!

L'AME.

O bonheur de rêver à son premier amour!

Beaux souvenirs, ombres pieuses,
Je passerais ma vie à vous ouïr chanter.
Il est, il est si doux d'entendre remonter
Du lointain de ses jours des voix voluptueuses
    Qui reviennent vous enchanter!

Mais je perds à moitié votre belle harmonie,
Car du fond de mon cœur, parmi ces chants si doux
Une voix va jetant sa longue monodie.
Oh! qui m'adoucira sa tristesse infinie!
    Sera-ce vous, sera-ce vous?

13.

Pauvre, m'a-t-elle dit, pauvre âme faible et nue,
Des demeures du ciel ici-bas descendue,
Comme un petit oiseau qui tombe de son nid
Et, jusqu'à ce qu'il meure, au fond du bois gémit,
En un asile pur tu t'étais abritée,
D'où, comme un voyageur regarde choir l'ondée,
Sous un chêne à couvert, naïve, tu comptais
Voir, à l'abri du mal, tomber les jours mauvais,
Et remonter bientôt aux palais de lumière
Sans avoir trop souillé tes pieds nus sur la terre.
Que cette illusion déloge de ton sein :
Il faut marcher, allons! voilà le grand chemin,
Ce chemin où partout de leurs vieilles chaussures
Les générations ont laissé les souillures;
Où l'on verrait, je crois, les archanges légers
Ternir, en se tenant sur la pointe des pieds,
Le bord de leur tunique ou le bout de leurs ailes,
Pour deux pas qu'ils feraient dans ces routes mortelles.

O toi, m'a-t-elle dit, âme de liaison,
Répandue en tendresse, allant à l'abandon
Avec les cœurs chéris, et faisant tes délices
Des eaux pures qu'on boit au fond de ces calices,
Pour ta félicité tu possédais ici
Deux célestes trésors en deux âmes d'ami.
Plus heureuse en cela que la Samaritaine,
Qui revenait toujours à la même fontaine,
Le ciel t'avait ouvert deux puits larges et frais;
Pour plus de volupté leurs ondes tu mêlais,
Et tu goûtais ainsi les flots les plus limpides
Que le ciel ait versés sur des lèvres arides.
Pauvre âme, il faut serrer la main à ces amis
Et loger en ton sein les regrets ennemis,
Et te prendre à pleurer sur le seuil de la porte.

Mais en quelque pays que le souffle t'emporte,
Si l'on vient à parler des célestes douceurs
Que l'on tire ici-bas de l'union des cœurs,
Si l'on cause, un beau soir, de sainte poésie
Et des âmes qui font le charme de la vie,
Aussitôt, parmi tous, lève bien haut la voix,
Pour nommer et chanter Hippolyte et François.

O La Brousse et Le Val, bienheureuses demeures!
Là, le temps me paya le compte de mes heures
En or pur; là, je fus divinement bercé
Dans les bras blancs et doux de la sainte amitié.
L'une a le col penché sur le miroir des ondes,
L'autre a les yeux ouverts sur les forêts profondes,
Ce sont comme deux sœurs; et moi qui les voyais
Me sourire à la fois, j'allais et revenais
De la rêveuse assise au sable fin des grèves
A la rêveuse aux bois agitant ses longs rêves.

O mes doux souvenirs, qui des chants composez
Avec tous les débris de mes bonheurs passés,
Flottez, flottez longtemps sur Le Val et La Brousse :
Vous y composerez des chansons la plus douce;
Et si quelqu'un après peut endormir les coups
De cette rude main qui me pousse et repousse,
    Ce sera vous, ce sera vous!

PROMENADE

A TRAVERS LA LANDE.

> Thou, Nature, art my Goddess
> SHAKSPEARE.

Un de ces derniers soirs, je sortis à la brune,
Pour réjouir mon âme au premier clair de lune,
Courir parmi les champs, et chercher à travers
De ces rêves qu'on trouve aux coins les plus déserts.
Et, tandis que j'allais cherchant comme à la piste,
Je me disais cent fois : Ce pays est bien triste !
Pas un bout d'horizon, pas un tertre écarté,
Où le pâle soleil se couche avec beauté ;
Il tombe tout d'un coup aux confins de ces plaines,
Et disparait derrière une touffe de chênes.
Ce pays est bien triste ! Il n'étale aux regards
Qu'un sol jaune et grossier, coupé de toutes parts
De fossés inondés, de hauts remparts de terre
Dont le laboureur clôt son champ héréditaire ;
Planté de proche en proche, à la façon des camps,
De vieux chênes trapus, sentinelles des champs.
Ce pays est bien triste ! Une grossière bourre,
Qui se déchire à peine au soc qui la laboure,
Est le plus fin tapis qui se trouve en ses prés.
Le houx aux nœuds de fer, aux feuillages lustrés,
L'ajonc tout hérissé d'épines meurtrières
Et le grêle genêt que l'on brûle aux chaumières,
Dans les halliers épais sont les plus doux abris
Où les petits oiseaux puissent faire leurs nids.
Ce pays est bien triste ! Aucune perspective,

Rien qui s'ouvre au regard, rien qui parle et qui vive,
Des plaines sans lointain, des cieux sans profondeur,
Où passe le soleil comme un pâle coureur ;
Quelques clochers aigus et la blanche fumée
Que souffle dans les airs l'obscure cheminée
D'une maison des bois, brûlant son petit feu,
Comme un fumeur oisif qui va songeant à peu :
Avec ses accidents voilà le paysage.
Quelquefois une lande, aride pâturage,
Déroule tout d'un coup au détour d'un chemin
De ses mornes arpents le sauvage lointain.
Quelques vaches au flanc maigre, aux cornes bizarres,
D'un air infortuné paissent ses herbes rares,
Et, si quelque passant longe ces tristes lieux,
Lèvent leur tête lourde et le suivent des yeux.
Quelquefois il advient qu'un étang dans sa digue,
Au voyageur, dont l'œil s'ennuie et se fatigue,
Déploie à l'improviste un large et bleu contour
Entre deux bois épais qui viennent tout autour
Se mirer et verdir à la fraîcheur des ondes.
On regarde rêvant choses douces, profondes,
Enchantements divers, et ces rêves si beaux
Qui s'élèvent dans l'âme en contemplant les eaux ;
Mais passe, voyageur, et laisse à ce rivage
Des rêves qui mourraient dans la lande sauvage.

Tandis que je marchais, songeant comme j'ai dit,
Ce qui restait de jour dans l'ombre se perdit,
Et la lune encor belle, en son quartier troisième,
A la voir blanche et claire, était la candeur même.
Elle et le crépuscule, amour de l'occident,
Rayonnaient à la fois sur le bleu firmament,
Alliant à ravir leurs clartés nuancées,
Comme la perle et l'or ou deux belles pensées.

Or donc, mon soliloque achevé, je me pris
A contempler le ciel et son divin pourpris,
A contempler la terre et ses horizons pâles,
Semblables, sous le feu des lueurs vespérales,
A l'aïeul vénéré qui se laisse gagner
A l'assoupissement au coin de son foyer.
Dans l'âtre au large sein, une flamme qui joue
D'une vive rougeur dore sa vieille joue;
Il semble rajeunir, et le cercle est ravi
Des brillantes couleurs du grand-père endormi.

Et j'entendis alors comme une voix divine
Qui tenait ce discours au fond de ma poitrine :
« D'où peuvent choir en toi la tristesse et l'humeur,
Jeune homme qui t'en viens comme un enfant boudeur
Accuser et gronder la sublime Nature,
Pour ne t'avoir ici fait si bonne figure
Que par les jours passés, et t'avoir regardé
Sans sourire à la bouche et le front tout ridé ?
O vain contemplateur de la forme idéale,
Qui, pourchassant partout la beauté sans égale,
As le goût difficile et fais le dédaigneux,
Si quelquefois, du haut de ton rêve pompeux
Rabattant ton regard sur le sol que tu foules,
Tu ne lui trouves pas l'empreinte de tes moules,
Ne va pas, entends-tu, ne va pas, beau rêveur,
Pliant les deux genoux, comme un adorateur,
Aux pieds resplendissants de la grande Nature,
La prier de t'ouvrir un nœud de sa ceinture,
Car elle est inflexible et se croise les bras
Devant le suppliant qui vient et ne sait pas
Qu'il ne la faut jamais, quand elle se présente
Pâle et mal costumée, ainsi qu'une indigente,
Outrager en passant d'un regard de dédain,

Elle, toujours ayant des trésors dans le sein,
Et faite pour ravir toute humaine paupière,
Même avec l'indigence et la maigreur austère. »

La voix ayant parlé, ma main droite frappa
Sur ma creuse poitrine un grand *mea culpa;*
Et comme ayant déjà par cette pénitence
Expié le péché de mon intelligence,
La Nature écarta les plis du voile noir
Qui, de la tête aux pieds, tel que l'ombre du soir,
Dérobait à mes yeux ses beautés souveraines;
Et de ravissement j'eus les paupières pleines.
Car dans cet horizon où mon œil n'avait vu
Qu'un triste et plat pays, mal léché, dépourvu
De toute expression et de séve féconde,
Mon regard, animé d'une vigueur profonde,
Reconnut l'abondance et d'admirables traits
De la Nature, belle et puissante à jamais.
Pas un simple horizon fuyant dans un nuage,
Pas un arbre chétif et tout cassé par l'âge,
Pas un pauvre genêt, pas de ronce, allongeant
Ses longs bras exposés au bâton du passant,
Qui ne prit tout soudain à ma vue attentive
Expression étrange ou grâce en perspective.

Mais tandis que mon œil de l'un à l'autre allait
Et qu'au dedans de moi mon âme remuait
(Tel qu'un rude mineur dans le fond des carrières)
D'innombrables pensers et de puissants mystères,
Je sentis sous mes pieds une douce chaleur,
Comme si par amour un ange du Seigneur
En eût baisé la plante; et le long de mes veines,
Molle et comme eussent fait d'enivrantes haleines,
Elle allait s'élevant, et plus elle avançait,

Plus le sang orageux et le cours inquiet
De la vie à travers notre ardente nature
S'apaisaient et prenaient de calme en leur allure.
Ils devinrent si doux, il se fit dans mon sein
Un repos inconnu si suave et si plein ;
Mes artères battaient avec tant d'harmonie,
Et ma chair savourait une si douce vie,
Qu'il semblait que ma veine eût dans ce corps mortel
Le sang pur et rosé d'un habitant du ciel.
Mon regard devint fixe et mon âme fut prise
D'un tremblement léger (comme on voit sous la brise
Une feuille frémir dans le calme du soir) :
Car elle ne savait ce qui se ferait voir.

Et comme un homme assis, au faîte des montagnes,
Regarde le brouillard couché sur les campagnes
Au souffle du matin filer en ondoyant,
Tel qu'un manteau de soie emporté par le vent,
Je vis alors, je vis cette belle parure
D'arbres majestueux et de fraîche verdure,
Voile mystérieux dont la main du Seigneur,
Au troisième soleil du travail créateur,
Couvrit la terrre ainsi qu'une jeune épousée,
Je le vis soulevé par une main cachée
Et roulé sur lui-même, et par un vent soudain
Dans l'espace entraîné comme un bandeau de lin,
Et mon œil contempla la plaine immense et vide,
Non comme au jour où Dieu fit paraître l'aride,
Mais brillante et limpide, et merveilleuse à voir :
Car elle m'apparut plus lisse qu'un miroir
Et d'un clair transparent comme une pierre fine,
Et, plongeant à travers la clarté cristalline,
Mon regard découvrit au plus creux de son sein
Des choses à ravir les yeux d'un séraphin.

Car je voyais là-bas, aux entrailles du monde,
La Nature, échauffée à son œuvre profonde,
De ses divines mains travailler et pétrir
Les germes inconnus des êtres à venir;
Et ces germes confus abondaient autour d'elle,
Au loin, de tous côtés, comme une onde éternelle
Dont chaque flot, chantant un hymne sans pareil,
Demandait à grand bruit la forme et le soleil.

Et la grande ouvrière ardente, infatigable,
Sans relâche puisait à l'onde intarissable;
Et les êtres moulés dans le creux de sa main
Vers le jour s'envolaient chacun par son chemin.
Ils prenaient leur essor, parfaites créatures,
Avec leur jeune vie, avec leurs formes pures;
Et de mille côtés s'élançaient avec eux
L'hosanna de la vie et le salut aux cieux.

Cependant, comme un bruit qui descend des montagnes,
Une rumeur venait du fond de ces campagnes.
C'était la grande voix du torrent éternel
Qui s'échappe à jamais des abîmes du ciel,
Et va roulant des flots de germes et de vie
A cette mer étrange où chaque flot s'écrie:
« O Nature, prends-nous dans tes mains! bienheureux
Qui jouit de sa forme et de l'éclat des cieux! »

Terre, terre, ô combien tes entrailles sont belles!
Et ton flanc abondant! Heureuses mes prunelles,
A qui tu laisses voir en toute intimité
La source et les secrets de ta fécondité!
Bienheureux mes regards, heureuses mes oreilles,
Que ravissent des voix en douceur non pareilles,
Les merveilleuses voix des êtres qu'en ton sein

La Nature façonne avec sa grande main,
Et qui chantent après dans leur joie infinie
Des actions de grâce et l'hymne de la vie!

Je m'écriais ainsi, de bonheur radieux,
Et mes regards ardents attachés sur les cieux.
Quand je les rabattis, je ne vis dans les plaines
Que des buissons épars et l'ombre des grands chênes :
Et les calmes rayons du croissant argentin
Me venaient d'un limpide et sauvage lointain,
Et notre monde allait, dans sa couche moelleuse,
S'endormant sous les yeux de sa belle veilleuse.

Ploërmel, novembre 1833.

A M. DE LA MORVONNAIS,

MAIRE,

AU VAL SAINT-POTAN.

Ploërmel, ce 25 novembre 1833.

Mon cher ami,

Voici l'histoire de mon chemin. J'ai, comme vous savez, couché vendredi à Dinan. J'y ai rencontré M. Jean à ma grande satisfaction, car j'espérais recueillir de lui de nouveaux détails; mais il ne savait rien de plus que nous. Du reste, je me suis peu entretenu avec lui à cause de ses nombreuses occupations. L'évêque de Saint-Brieux était venu à Dinan peu de jours auparavant, avait fait en chaire une violente sortie contre M. Féli et annoncé une circulaire dans le genre de celle de l'évêque de Rennes.

Samedi je me suis bravement mis en route à pied pour Saint-Méen, où je suis arrivé sans trop de fatigue et tout chargé de mille rêves que j'avais pris sur les bords de mon chemin. A Saint-Méen, il y a une majorité absurde et une minorité raisonnable; les lettres de M. Féli y sont un signe de contradiction. Dimanche matin, j'ai encore assez compté sur mes pieds pour achever de me rendre ici, et, Dieu aidant, je m'en suis fort bien tiré. J'aime assez cette façon d'aller en piéton solitaire, surtout lorsque l'on vient d'un endroit charmant et que mille souvenirs vous accompagnent en voltigeant et murmurant autour de vous. Ici nous sommes tous unanimes et j'ai embrassé mes amis au milieu d'un concert de félicitations mutuelles sur tout ce qui s'est passé.

Pardon si je vous parle si en abrégé sur toutes ces choses dont vous m'aviez demandé le détail; je voudrais laisser de la place pour d'autres affaires d'un bien moindre intérêt, mais dont ma confiance en votre amitié veut que je vous fasse part. Je comptais trouver en arrivant la lettre attendue de Juilly; je n'ai rien trouvé, et il y a plus d'un mois que j'ai écrit. Cela veut dire qu'il n'y faut plus penser et que sans doute ces messieurs ont cru se compromettre en admettant dans leur maison un élève de M. Féli.

Que devenir? Voici ce que j'ai pensé. M. Quemper m'a témoigné beaucoup d'amitié, il est très-versé dans le monde, il pourrait me procurer un poste quelconque dans un journal ou ailleurs, qui me permît de tenir la place à Paris jusqu'à meilleure fortune. M. Quemper part, je crois, jeudi; mais, si vous vouliez bien avoir cette bonté, vous pourriez lui écrire à ce sujet un petit mot qui aurait peut-être le temps de lui arriver avant son départ. Voilà ce que j'ai pensé en songeant à votre amitié si abondante et aux avances de cœur si touchantes que m'a faites M. Quemper.

Mais ce n'est pas tout encore, et si votre bonté n'était pas allée au-devant de ceci, je croirais vraiment dépasser les bornes de la confiance amicale pour tomber dans l'importunité. Je viendrais donc passer au Val le temps qui s'écoulerait jusqu'à la réponse de M. Quemper, et, cette réponse venue, je partirais pour Paris, s'il y avait quelque chose à faire, ou bien j'irais m'ensevelir où je suis né, si décidément la fortune me repoussait. Mais votre voyage à Mordreux et tous vos projets ne seront-ils pas dérangés? Je vous supplie de me le dire sans détour. J'aborde assez franchement votre amitié pour que vous ne vous gêniez pas à cause de moi. Voici en résumé toute ma position : il faut que je sorte d'ici puisque je n'appartiens plus à la congrégation, et je ne puis aller qu'à Paris ou chez moi; je vais agir à Paris par l'amitié de M. Quemper et de parents que j'y ai, et, puisque vous avez été assez bon pour m'y inviter, je viens attendre sous votre toit la décision de la fortune. Mais encore une fois, si je dois apporter le moindre dérangement dans vos projets, ne me le cachez pas. Si tout cela peut aller sans obstacles, je partirais aussitôt votre réponse reçue. Excusez mon griffonnage, j'écris en toute hâte et avec un désordre d'idées inévitable dans une position si étrange.

Veuillez présenter mes hommages à Mme de La Morvonnais et poser un baiser pour moi sur le front de votre petit ange Marie.

Croyez-moi votre ami le plus dévoué.

Je mets sur l'adresse le titre de *maire* parce qu'ainsi peut-être la lettre arrivera plus promptement.

Si M. Quemper était parti, voudriez-vous bien lui écrire à Paris? Le journal *la France catholique* m'irait bien, s'il y avait moyen d'y entrer.

A M. F. DU BREIL DE MARZAN.

Ploërmel, ce 27 novembre 1833.

J'ai trouvé en passant à Saint-Méen, mon cher François, votre lettre qui m'attendait, et je l'ai saisie avec un doux transport, intacte et vierge. Donnez moi donc le secret que vous possédez si bien de répandre dans une lettre amitié, poésie, éloquence, et ce flot de choses charmantes qui couvrent votre papier. Pour ce qui est de l'amitié, je vous en dirais long, bien long, en écoutant cette voix au fond de moi qui me parle toujours de vous ; mais encore y a-t-il façon de parler, et quand mon amitié s'entretient avec la vôtre, elle se trouve la langue rude et grossière au regard de sa compagne qui l'a si harmonieuse.

J'ai causé longtemps avec M. l'abbé Houët de vous et de tout ce qui se passe. Je mettrais votre modestie en souffrance si je vous rapportais tout ce que nous avons dit sur le premier sujet; quant au second, nous avons donné cours à nos émotions sur ce qui a été fait par M. Féli, et à nos craintes sur ce que feront ses ennemis. A Saint-Méen, il y a division d'esprits; car, comme vous savez, la congrégation, ce pauvre petit royaume, est divisée contre elle-même. Les hommes d'en arrière blâment beaucoup la conduite de M. Féli avec Mgr de Rennes, et surtout les mots : *ce que ma conscience permet*, dans la lettre au pape. Les nôtres, qui comprennent bien ces mots, ne les blâment pas ; mais ils craignent qu'ils ne soient blâmés à Rome. M. Jean, que j'ai vu à Dinan, le redoute beaucoup. A propos de Dinan, vous savez que l'évêque de S.-B., en prêchant dans cette ville, a fait une sortie violente et qu'il a promis une circulaire pour faire couple à celle de son frère de R.?

Mais qu'importe ce qui tombera des chaires ou courra dans les circulaires? *Le Seigneur est debout, prêt à plaider sa cause,* la cause des nations, et *tous les avocats de la servitude tomberont en confusion.* Je souffre pour tout ce que souffre M. Féli; mais je n'ai pas la moindre crainte dans l'âme pour l'*issue de notre grand procès.* Quand même le pape *condamnerait,* n'y a-t-il pas, comme vous me l'écriviez un jour, mais dans un tout autre sens, n'y a-t-il pas dans le ciel *une cour de cassation?*

Je ne sais rien de plus que ce que je savais en quittant le Val de l'Arguenon. Vous savez que nous disons ici tout ce que nous dirions, vous, Hippolyte et moi. Nous avons bon courage; notre Samson a la chevelure longue, et Rome ne l'endormira pas sur ses genoux.

Je suis dans une étrange position, mon cher ami; on ne m'a rien répondu de Juilly; c'est que, sans doute, on aura craint d'introduire un hérétique, un loup dans le bercail. Il faut chercher ailleurs, chercher à Paris, et, en attendant, sortir d'ici; car je n'y puis rester plus longtemps, n'appartenant plus à la congrégation depuis un mois. La douce amitié d'Hippolyte m'a ouvert son sein pour y attendre le résultat de mes démarches; j'y entrerai, et, jusqu'à la réponse de la Fortune que je fais interroger à Paris, qui est son temple, mon âme endormira ses soucis en se berçant sur vous et sur Hippolyte.—Me permettrez-vous une petite question peut-être indiscrète?

Vous aviez quelque chose dans l'âme quand je vous ai vu, quelque chose là-bas tout au fond; car votre sourire était bien plein d'amitié, comme de coutume, mais il était, passez-moi la comparaison, comme l'arc-en-ciel qui décrit sa courbe sur un nuage. N'est-ce pas? — Je partirai pour le Val dans les premiers jours de la semaine prochaine. Votre voyage ne sera pas, j'espère, si long que je ne puisse m'entretenir encore avec vous *facie ad faciem*. Je ne sais si vous pourrez lire et comprendre tout ce barbouillage. Les phrases courent à la débandade sur mon papier, et, quand on est en souci, la main tremble pour écrire et l'âme balbutie pour parler. Je veux écrire pourtant, d'une façon bien nette et bien appuyée, que je vous aime et vous embrasse de toute la puissance de mes bras et de mon cœur, au risque de vous étouffer avec les uns et de vous surcharger avec l'autre.

L'ANSE DES DAMES.

Le Val de l'Arguenon, 16 décembre 1838.

Je voudrais à l'Anse des Dames,
Où brisent de si belles lames,
Me creuser au cœur d'un rocher,
Tel qu'un antique anachorète,
Une fraîche et sombre retraite,

Comme celle où vont se coucher
Le vieux héron, le vieux nocher.

A mi-côte de la colline,
Qui prête à la vague marine
Cette belle anse, j'ouvrirais
Ma douce grotte, afin d'entendre
D'un peu haut la vague répandre
Ses bruits divins, qu'en mon palais,
Brise des mers, tu porterais.

Tandis qu'à mes pieds, sur le sable,
Bruirait la mer adorable,
Sur ma tête d'autres concerts
Rouleraient leur onde divine ;
Car un bois croît sur la colline,
Et les bois, ainsi que les mers,
Chantent des hymnes doux et fiers.

Cette anse serait un empire :
Les vagues viendraient me sourire
Et me diraient leur jeune dieu ;
Et moi, de ma grotte profonde,
Je rendrais le sourire à l'onde
En regardant le blanc courlieu
Jouer sur mon empire bleu.

Mais, quelque beau que fût un trône,
Sans faire part de ma couronne,
Je ne voudrais pas être roi.
Ma Muse deviendrait ma reine
Et de l'anse la souveraine ;
Car en un antre, dis-le-moi,
Que faire, ô ma Muse ! sans toi ?

Aux jours de mer belle et sereine,
Elle s'en irait par la plaine,
Par la plaine humide volant
Avec les oiseaux et la brise,
Dont l'aile gracieuse frise
L'onde, pour cueillir en allant
La fraîcheur que l'onde répand.

Et de retour à la nuit close,
Elle me conterait sans pause
Toutes les merveilles des mers,
Et le mystère qui se passe
En ce point vague de l'espace
Où le ciel et les flots amers
S'entre-baisent dans les jours clairs.

Elle me ferait une histoire
Toute vivante en sa mémoire
De l'azur lumineux des eaux,
Des ailes blanches des navires
Et des brises dont les sourires
Poussent mollement sur les flots
Les goëlands et les vaisseaux.

Ce seraient des contes volages,
Tout pleins d'oiseaux, et de nuages,
Et de murmures inouïs,
Où serait dit quelle est l'arène
Où la vague qui se promène
En traînant sa robe à longs plis
Chante le mieux aux bords ravis.

Avec ces chants, avec ces vagues,
Ces histoires douces et vagues,

Ces océaniques rumeurs,
Tous deux, le genou sur la mousse,
Ferions cette prière douce
Qui porte au Seigneur des seigneurs,
Le soir venu, l'encens des cœurs.

L'encens éteint, si sur les grèves
La lune promenait ses rêves,
Je dirais : l'Océan est plein
De lampes douces et sereines;
Ma Muse, va parmi ses plaines
Chercher un autre chant marin
Pour la prière du matin.

Et ma Muse prendrait passage
Sur une vague molle et sage,
Portant une étoile en ses plis;
Et sur sa marine coursière
On la verrait, joyeuse et fière,
Courir les limpides pays
Tout parsemés de l'or des nuits;

Souriant aux belles étoiles
Qui figurent de blanches voiles
Voguant au plus profond des eaux,
A la brise qui les balance
Et fait de l'Océan immense
Un ciel limpide dont les flots
Mouillent d'innombrables vaisseaux;

S'enfonçant au loin dans l'humide,
Puis revenant raser l'aride
Pour recueillir les grands discours
Que l'Océan dit en lui-même,

Et ceux dont aux grèves qu'il aime
Il va développant le cours,
Mieux encor les nuits que les jours.

Ma Muse ainsi, cherchant fortune,
Irait aux rayons de la lune,
Nocturne coureuse des mers ;
Enfin la vague, sa monture,
Avec un doux et clair murmure,
La rendrait à mes bords déserts,
Gaie et le cœur plein de concerts.

A M. QUEMPER,

A SAINT-MALO.

Le Val Saint-Potan, 16 décembre 1833.

Mon cher ami,

Si j'étais riche et fécond en discours d'amitié, si j'avais cette éloquence du cœur qui s'en va à grands flots, roulant pêle-mêle tous les trésors du dedans, j'aurais grand sujet de m'en applaudir aujourd'hui, car j'ai bien des choses à répandre qui demeureront renfermées, faute d'abondance et d'entraînement d'expression. On respire au Val un si grand parfum d'amitié, vous y en avez laissé vous-même comme un nuage si suave, que l'âme en tire toute sa nourriture et ne veut pas autre chose. C'est que vraiment le Val est tout à fait semblable à ces heureuses demeures dont nous parlent les romanciers : pas un bois, pas une grève, pas un rocher qui ne soit consacré par un souvenir d'amitié, à qui l'on ne pût donner des noms tels que ceux-ci : *le bois des amis, le rocher des causeries, la grève des adieux.* Oh ! si je faisais l'histoire de cette solitude, avec quel bonheur je retracerais ces pastorales de l'amitié, et, entre toutes, cette scène si douce qui nous mit la main dans la main et nous fit donner nos âmes chacun à chacun. Oh ! cependant, l'échange était bien inégal : je pris là votre âme toute belle et tout ornée, et vous n'eûtes en retour qu'une pauvre âme faible et nue comme un enfant qui vient en ce monde, mais qui se donnait à vous bien abandonnément : vous lui tendiez si bien vos bras ! Encouragé par cette franchise et cette simplicité antiques, qui ont présidé à la naissance de notre amitié, je n'ai pas balancé à vous appeler à mon secours presque au sortir de notre premier entretien.

Ma destinée est devenue toute ténébreuse, de claire et limpide qu'elle était, il y a quelques mois. Je suis un peu de ceux qui, je ne sais par quelle étrange maladie de l'âme, nourrissent un grand dégoût pour toute fonction sociale, pour tout emploi de la vie dans une sphère spéciale et à contours bien tracés. Je redoute prodigieusement tout rapport avec les hommes dans un ordre autre que celui de l'amitié et du commerce ordinaire de la vie. Voilà le fond de mon âme. A la surface flotte la raison qui va sans cesse me prêchant qu'il faut gérer sa part de cette immense exploitation du monde par les hommes, qu'il faut labourer son sillon, faire comme tous, etc.; et quelquefois la voix de la nécessité vient prêter aide à celle de la raison. Voilà mon âme entière. Qui l'emportera du fond ou de la surface? Je n'ose pronostiquer. Pour mettre d'accord les deux principes qui luttent en moi, en leur faisant une part égale, j'avais choisi la vie religieuse, mi-partie active et mi-partie contemplative. Mais voilà que la retraite me renvoie au monde, parmi les travailleurs, et c'est en m'en allant de la solitude à la foule que j'ai eu le bonheur de vous rencontrer. Oh! prenez-moi par la main, mon ami, car j'étoufferai dans la cohue, si vous ne me faites faire place. Logez-moi dans quelque petit coin d'où je puisse prendre part au monde sans en être trop contus. Un bureau de journal me semble la chose la plus désirable pour moi. L'enseignement sous toutes ses formes, soit publiques, soit particulières, me répugne invinciblement. C'est étrange ce que je vous dis là; mais je vous parle du fond de mon âme, et je me dis tel que je suis; de cette façon, on évite les désappointements à ses amis.

Veuillez rappeler M. Duquesnel à mon souvenir en lui présentant mon amitié.

Hippolyte vous embrasse bien tendrement, et moi

je savoure au fond de mon âme le moment où je m'inscris, pour la première fois, votre ami tout dévoué.

———

AU MÊME.

Mordreux, 28 décembre 1833.

Mon cher ami,

Nul ne peut dire où il a appris à aimer ici-bas, car cela s'apprend dans le sein de Dieu d'où nous venons; mais chacun peut dire où il a rencontré les amis qui lui étaient prédestinés, comment leurs âmes se sont embrassées et ont célébré cet hymen mystérieux de l'amitié que Dieu bénit de sa main invisible. C'est une histoire merveilleusement douce, et que je vais me contant sans cesse à moi-même, que celle de cette sainte alliance qui m'a fait membre d'une famille d'amis tels que vous, Hippolyte et Duquesnel. Je me connais si pauvre et si faible, que je suis à me demander ce qui mérite en moi le don d'une triple amitié; mais quand je creuse un peu cette pensée, je vois qu'il y a de la providence là dedans, que Dieu ménage aux plus débiles la plus grande mesure de secours, et que mon mérite réside dans ma faiblesse même. Si je me prends à songer à mon passé si languissant, si traînant, si vide de toutes choses, fors de misères; si je me scrute moi-même, si je compare mes forces à l'immense lutte de la vie, si je pense que j'ai mille fois demandé des secours à ma volonté, et que je l'ai toujours trouvée plus engourdie, plus liée de sommeil que le loir ou la marmotte dans les froides cavernes des Alpes; oh! alors une grande défaillance me prend, car je me suis éloigné de mon âme pour aller avec ces pensées, car je me trouve dans un désert seul avec elles, sans que nul puisse me prêter main-forte contre je ne sais quelle ombre qui rôde autour de moi et qui ressemble au désespoir, d'après ce que m'ont dit quelques hommes qui l'ont connu, et à qui j'ai tracé la peinture de cette ombre. Mais depuis que je me sens sous l'égide de l'amitié, sous la protection spéciale de cette sainte, la tentation a moins de pouvoir sur moi, bien qu'elle ait encore au moins le double de mes forces, et qu'elle me terrasse avec une étonnante facilité. Mais je sens que son empire n'est plus aussi absolu, et c'est un grand point d'obtenu. Je vous ferais des volumes et je vous ennuierais dix ans avec cette histoire qui remplit toute ma vie; c'est le seul sujet pour lequel ma plume soit abondante, car, chose dont elle rougit, elle a moins d'expressions pour l'amitié, quoique mon âme lui en dise tout autant; mais c'est que, voyez-vous, le premier sujet est un malheur et le second un bonheur, et que notre langue humaine est merveilleusement féconde pour le premier, et ne sait presque pas parler du second. Mon cher ami, il faudrait pouvoir mesurer tout le bonheur que je goûte ici pour vous dire combien je sème de larmes pour la moisson prochaine des douleurs et des regrets. C'est une grande faiblesse, n'est-ce pas? Mais je pleure toujours au sortir d'un bonheur, surtout de celui de l'amitié, et je ne sais pas rougir des larmes. C'est encore là une autre histoire pour laquelle je suis conteur comme un vieillard; si je l'entamais, je crois qu'elle prendrait à peu près la tournure d'un discours de Nestor, moins l'éloquence charmante et naïve du bon vieux Pylien. — Mon Dieu! j'oubliais que cette lettre doit vous arriver avec les dernières heures de l'année. Recevez, mon cher ami, des vœux dont l'étendue ne peut se trouver sur ce papier, mais que vous trouverez au fond de mon cœur, pour peu que vous regardiez dedans. Veuillez faire part de mes amitiés et de mes sentiments bien sincères à Duquesnel, et me croire *your most affectionately and faithfully...*

PROMENADE

AUX BORDS DE LA RANCE.

Mordreux, 4 janvier 1834.

I

Un vent frais a chassé les nuages brumeux
Qui rendaient le soleil malade et soucieux

Et nous voilaient, la nuit, les célestes paupières
D'où découlent, avec d'ineffables mystères,
Ces regards complaisants dont la douce clarté
Fait et fera toujours rêver l'humanité.
Le jour est pur et gai ; bien que de la froidure
L'haleine ait fait aux champs mourir toute verdure,
Pourtant l'on voit encore au bord de l'horizon
Flotter comme un sourire, et la triste saison
N'a pas tant et si bien affligé notre terre,
Qu'il ne lui reste encore, en son âme de mère,
Assez de complaisance et de sérénité
Pour montrer à son front un éclat de gaîté,
Et, malgré les rigueurs que l'hiver nous apprête,
Célébrer une douce et rayonnante fête.

Chaque fois que le ciel nous donne un jour serein,
C'est jour de pure joie et de fête en mon sein ;
Car, né sur les coteaux, mon âme s'est liée
D'une douce amitié divinement nouée
Avec les champs, les bois, les ondes, le soleil,
Le ciel soit pâle ou gris, soit riant ou vermeil,
Les divers éléments et toute la nature ;
Et de l'intimité de cette amitié pure,
Vient que mon âme suit les variations
Que les vents incertains impriment aux saisons,
Et qu'autant la nature en fête se déploie,
Autant mon âme chante et rayonne de joie.

II

C'était donc jour luisant qu'aujourd'hui, deux janvier,
Le printemps à l'hiver aurait pu l'envier.
Aussi dès le matin, le sourire à la bouche,
Vous m'avez dit : « Ami, voyez l'hiver farouche :

« Comme il est débonnaire et de quel doux regard
« Nous caresse ce rude et sévère vieillard !
« A l'égal des zéphyrs, de légères haleines
« Bruissent dans les bois, s'épandent dans les plaines;
« Le long des chemins creux et des taillis touffus,
« Le merle en se jouant pousse des cris aigus,
« Et le fin roitelet a chanté dans les haies.
« Les bois sont vaporeux, les collines sont gaies.
« Nous irons, mon ami, vers le milieu du jour,
« A pied sec, sur la digue, en suivant le contour
« De la Rance, trouver les dunes qu'a couvertes
« Le Temps, ce grand semeur, de belles mousses vertes.
« Là, debout, appuyés sur nos bâtons noueux,
« Contemplant l'horizon qui charmera nos yeux,
« Nous rêverons ensemble et sans bruit de paroles,
« Selon notre coutume, afin que les symboles
« De la sainte Nature en nous puissent venir
« En paisible ordonnance et nous entretenir,
« Et ne point s'interrompre, et de leurs poésies
« Faire bruire en nous les fraîches mélodies. »

III

Midi, donc, nous a mis nos bâtons à la main,
Et nous avons marché prenant notre chemin
Sur la digue, et traînant nos deux pâles images
Dans les flots du courant, ainsi que deux nuages.
A mesure qu'aux yeux le tour de l'horizon
Allait s'agrandissant, la conversation
Déployait son essor, nous disions : « La Nature
« Nous sourit aujourd'hui comme la vierge pure
« Qui, d'un simple rayon de ses yeux noirs et doux,
« Soulève mille flots de poésie en nous. »
Et nous allions notant toutes les ressemblances

Découvertes par nous entre ces deux puissances,
La vierge et la Nature; et, dans mille détours,
Qu'en cheminant faisait notre grave discours,
Nos âmes s'égaraient au gré des rêveries
Qui les menaient si loin en ces routes fleuries
Qu'il leur semblait parfois, en un charme éternel,
Respirer l'air qui souffle aux approches du ciel.

IV

Descendu par degrés de ces choses divines,
Notre discours s'emplit des bois et des collines
Qui se mirent en Rance, et du beau chêne vert
Qui figure si bien sur le vieux mur désert.
Baschamp, qui déroulait ses plaines de verdure
Qui seront plaines d'or, les belles dentelures
Des caps entre lesquels la Rance au flot serein
Prenait si bien la fuite et gagnait le lointain;
Et les hêtres qui font figure merveilleuse
Aux pentes des coteaux; et la bise rêveuse
Qui, dans le premier arbre aux rameaux allongés
Siffle un air de tristesse; et les sables longés
Par les courlieux; et puis, la traînante parure
Que des nuages blancs la troupe vague et pure
Promenait dans le ciel; enfin la volupté
Du désert : tout cela, dans nos discours jeté,
Charmait, le long des flots, notre errante manie.
Aux dunes arrivés, la douce rêverie
Nous posa son doigt blanc sur la bouche, et tous deux,
Comme deux vieux oiseaux, calmes, silencieux,
Nous portions l'œil au loin, et, dans leur sanctuaire,
Nos deux âmes après se mirent en prière.

V

Vous savez qu'au retour, au pied noir d'un rocher,
Sur le sable argenté nous vîmes s'épancher
Une source d'eau vive, et qu'ayant dans l'arène
Planté là mon bâton, une belle fontaine,
Avec son doux murmure et son limpide flot,
De ce sable creusé prit naissance aussitôt.

Mon ami, si demain l'aimable poésie,
Mon ange, mon amour, ma plus chère folie,
Fait descente en mon sein et, tout en se jouant,
Remue un peu le sable avec son doigt charmant
Mon âme répandra, source obscure et plaintive,
Son onde abandonnée en votre âme naïve.
Vous saurez, mon ami, ce qu'a prié mon cœur,
Quelle plainte mon âme a livrée au Seigneur,
A l'heure où, nous versant une douceur commune,
Les rêves nous tenaient enchantés sur la dune!

A Mlle EUGÉNIE DE GUÉRIN,

AU CAYLA.

Mordreux, 10 janvier 1834.

Mordreux est un village sur la Rance, entre Saint-Malo et La Chênaie. Nous avons quitté le Val, la veille de Noël, pour venir ici passer les fêtes et saluer le nouvel an chez M. de La Villéon, beau-père de mon ami. N'admires-tu pas mon étoile, ma chère? Au moment où je ne savais où porter mes pas, elle s'est mise à marcher devant moi, et va, me menant ainsi de maison douce en maison douce, vers ma destinée inconnue. Pourquoi le Cayla est-il si loin, et pourquoi faut-il que je n'aie que cette pauvre plume trempée d'encre, pour te parler de mille choses charmantes qui te raviraient, si je pouvais te les retracer au vif? Je ne pense pas qu'il y ait au monde de plus doux spectacle, et surtout dans ce siècle d'agitation et de confusion publique, qu'un intérieur de famille plein de calme et respirant le bonheur. Oh! quand on voit au dehors les choses de l'État livrées à des mains impures, la liberté convertie en déception, la foi devenue la servante des rois, toute pensée généreuse étouffée, et les prophètes tués, comme à Jérusalem, entre le parvis et l'autel; oh! qu'il fait bon alors fermer la porte sur soi, et de quel prix est une seule soirée passée au coin d'un feu hospitalier, au doux murmure de la flamme et de la causerie! Je sens ce bonheur bien vivement ici; il me pénètre, il coule dans mes veines, il me rend mélancolique à force de douceur; ici, de tous côtés, visages riants, liberté exquise, simplicité de mœurs et union des cœurs, digne vraiment des temps antiques. Cette famille est un bel arbre dont toutes les branches et les feuilles se caressent à la moindre brise qui passe. M. de La Villéon et papa s'entendraient à merveille, j'en suis sûr, car il est aussi agriculteur passionné, et je me figure que tous deux, comme des vétérans, se raconteraient volontiers, au coin du feu, leurs paisibles campagnes. Il y a ici des scènes comme au Cayla, lorsque papa revient le soir, fatigué et mouillé, de ses expéditions champêtres. Nous deux, Hippolyte et moi, qui passons notre vie sur les livres, nous nous retirons dans une chambre silencieuse pour y travailler à l'aise et jeter quelquefois en poésie ce bonheur intime, qui naturellement remplit l'âme de belles pensées, ou les impressions recueillies dans nos promenades ; et le soir, après souper, nos élucubrations poétiques prennent place parmi les lectures de la veillée. Sur tout cet ensemble de vie, répands cet enchantement, cette poésie, cette atmosphère enivrante qui se respire partout où des jeunes filles respirent le même air que vous, et tu auras la vue vague, et comme à travers une ombre, de notre paradis. Je me répandrais à l'infini sur cette douce histoire, et je voudrais, tout en allant, oublier qu'il m'en reste une autre à conter, s'il était possible d'endormir la mémoire des choses tristes. Que toutes les bonnes âmes dorment tranquilles sur leur oreiller, ou plutôt qu'elles jettent des cris, qu'elles se désespèrent : toutes leurs belles espérances d'hérésie, ou tout au moins de schisme, viennent de s'en aller en fumée. L'Antechrist s'est montré de bonne et facile composition : il a souscrit complétement à l'Encyclique, ce qui lui a valu une embrassade de M. de Quélen et des félicitations de la part de l'évêque de Rennes...

Les nouvelles que je reçois de Paris me disent des choses fort tristes de l'état de M. Féli. Quand on connaît l'immense faculté de souffrance d'une âme comme la sienne, et qu'on mesure la douleur qu'on lui a livrée, on s'étonne qu'il vive, et l'on entend sortir de la bouche de ses amis, de ceux qui le connaissent bien, ces lugubres paroles : *il ne vivra pas deux ans; ils l'ont tué.* Oui, ils l'ont tué. Sais-tu que c'est un meurtre énorme que celui du génie, et d'un génie catholique armé pour la foi? Le corps y passera peut-être aussi; car, d'ordinaire, le fer qui traverse l'âme tranche aussi la vie mortelle, et alors deux meurtres chargeront certaines consciences. Si la santé lui revient, M. Féli fera un long et lointain voyage aux États-Unis, sans doute. Ainsi, voilà qu'un ostracisme barbare et absurde aura banni de l'Europe son plus beau génie, et qu'on le contraint d'aller se coucher vers l'Amérique! Il est vrai que le soleil décline aussi de ce côté. Singulière destinée! M. Féli et Chateaubriand sont nés tous deux à Saint-Malo, dans deux maisons qui se touchent : Chateaubriand est allé, pour ainsi dire, chercher son génie en Amérique, et M. Féli ira y ensevelir le sien. Pauvre M. Féli! il voulait dormir à La Chênaie, il avait choisi son tombeau derrière la chapelle, entre deux pins d'Écosse; un jour, il nous le traça avec son bâton, en nous disant : « Oh! que je serai bien là! »

Et s'en aller mourir en Amérique, où il ne trouvera rien qui ressemble à sa Chênaie! car les grands lacs ne lui vaudront pas l'étang; ni les vastes forêts, la plantation de hêtres; ni aucune promenade, le sentier que nous lui avions tracé le long de l'eau; ni aucun emplacement, celui qu'il avait choisi pour son tombeau derrière la petite chapelle. Mon Dieu! mon Dieu! s'en aller en Amérique! et que deviendrons-nous sans lui, nous, jeunes gens qu'il guidait vers la science et l'art, qu'il nourrissait de son lait, qu'il réchauffait contre son sein? Ma chère amie, je pleure et m'abandonne à la douleur comme un orphelin. Qui guidera mon âme comme il faisait? Qui m'enveloppera de la paix et de la solitude dont il m'avait couvert? Où sera mon asile? où pourrai-je cacher ma tête nue? où m'abriter, me reposer? Qu'il est terrible de se trouver, avec vingt-trois ans et tout ce qu'il y a d'orageux dans cet âge, lancé à la merci de la fortune! Monde et solitude, tout est redoutable à cette époque de la vie; mais quand les embarras et les soucis matériels s'en mêlent, il faut d'autres forces que les miennes pour combattre en même temps au dehors et au dedans et gagner deux victoires...

A M. H. DE LA MORVONNAIS.

Paris, 1ᵉʳ février 1834.

Au gré de mon cœur, la première chose que j'eusse faite en arrivant eût été de vous écrire, mon doux ami, d'inonder mon papier d'un torrent de pensées, de ces pensées qu'on ne peut contenir en soi, qui s'en vont en larmes quand on est seul, et en longues et mélancoliques causeries quand on est deux. Mais je devais m'abstenir jusqu'au moment où j'aurais recueilli assez de nouvelles de mes amis et des données assez positives sur l'avenir que la fortune me réserve ici, pour vous tenir au courant de notre histoire. Je me suis donc imposé cette contrainte, comptant qu'elle n'irait pas au delà de deux ou trois jours ; mais vous savez, ce maudit Paris, tout s'y fait avec une lenteur incroyable, tout y traîne en longueur, tout y conspire à éprouver la plus forte patience ; jugez donc de celle du cœur qui n'est pas longue et tourne bien vite à l'explosion d'un dépit amer.

Vous aviez calculé que vous recevriez de mes nouvelles sur la fin de cette semaine, et tout ce calcul est renversé, et vous aurez aussi des impatiences, et vous pourrez penser que je vous néglige, que le tumulte de Paris m'a distrait de cette voix douce et solitaire de l'amitié qui chante sans cesse au fond de l'âme. Oh! non, mon ami, ne pensez rien de tout cela. Dieu sait si, en arrivant à Paris et depuis que j'y suis, j'ai prêté l'oreille à autre chose qu'à ces deux adieux que je reçus dans cette noire soirée du jeudi, l'un de celle que vous me permettrez d'appeler votre douce Marie, qui, tandis que je descendais l'escalier dans la pensée que tout était fini, s'inclina sur la rampe pour me dire encore adieu, et l'autre de vous, au pied de la voiture, prononcé à demi-voix et accompagné d'un serrement de main. Oh! je ne cesse pas de les entendre tous les deux, tels qu'ils furent dits, et je m'applique constamment à les écouter, laissant passer tous autres bruits comme s'ils n'étaient pas.

Je n'ai pu voir Quemper que le surlendemain de mon arrivée. Je l'ai surpris mardi matin, dans son lit, rêvant, dans un demi-sommeil, musique, danse, fraîches guirlandes de jeunes filles, enfin toutes ces images vagues et enchanteresses qui flottent longtemps dans l'imagination après que la magie du bal s'est évanouie. Notre ami avait passé la nuit dans une de ces fêtes radieuses dont sa plume, si fraîche qu'on la dirait trempée dans une goutte de rosée, rend si bien tout l'éclat. Ma triste et pâle figure lui apparut soudain parmi ces beaux songes, et, bien qu'elle contrastât autant avec eux que le faisaient à nos yeux ces corneilles qui volaient dans un vol de blanches mouettes, il m'embrassa avec toute cette effusion de cœur que vous lui connaissez. Je m'assis à son chevet, et la vivacité des premières paroles avec lesquelles on s'aborde étant apaisée, une longue et douce conversation commença à se dérouler. En voici à peu près le résumé. Remarquez bien que c'est lui qui parle, que je mêlais peu de mes paroles aux siennes, tout attentif que j'étais à recueillir ses instructions.

Le plus difficile, au début de la carrière que nous voulons parcourir, c'est de se faire imprimer, de livrer son nom à la publicité; et il me citait plusieurs exemples de jeunes gens qui avaient vainement frappé, durant plusieurs années, aux portes des journaux. Nous sommes donc déjà bien avancés, puisque nous en avons deux qui nous sont tout ouverts, *la France catholique* et la *Revue européenne*. Les libraires n'ont aucune confiance aux inconnus, et refuseraient obstinément de faire imprimer un chef-d'œuvre qui serait le coup d'essai de son auteur, au lieu que, pour peu qu'ils aient vu votre nom dans les revues et les journaux, ils se montrent assez faciles et traitables. Il faut donc à toute force divulguer notre nom par les revues et les journaux.

Mais pour se faire agréer dans ces sortes de publications, il faut se plier à leurs habitudes, parler leur langage et se faire tout à tous, quant aux formes du style, bien entendu. Efforçons-nous donc d'attraper le genre, comme on dit, et de jeter nos pensées dans ce moule convenu, en attendant que nous ayons atteint cette indépendance de plume qui nous permettra de formuler nos pensées à notre guise. Il ne faut pas se le dissimuler, tant que nous serons sous la dépendance d'un comité de rédaction, j'appuie sur ce point parce qu'il est important et que Quemper a insisté très-fort là-dessus, nous devrons, jusqu'à un certain point, renoncer aux habitudes de style qui nous sont propres, pour revêtir celles du journal, de manière cependant que l'individualité se conserve toujours, mais fondue et combinée avec les mœurs étrangères. Il est dur, quand on a comme nous des allures à soi, fières et indépendantes de toutes les modes que nous frondons et dédaignons, il est dur de s'affubler des livrées du jour, de marcher à la suite au lieu de s'en aller seul, de calquer au lieu de peindre; mais la nécessité avec son clou de fer est là. Dernièrement le comité de la *Revue européenne* a rejeté un article de Cazalès lui-même, un article sur l'Allemagne, parce qu'il avait une forme germanique.

Quant à cette Revue, il faudrait nous partager sa rédaction de la manière suivante. Chaque numéro doit contenir un article de fond, purement philosophique, un article de haute critique littéraire, et un article d'art et d'imagination, léger et propre à délasser de la lecture sérieuse des précédents. Vous, Duquesnel et moi, pourrions nous partager cette besogne et nous entendre, de façon qu'il y eût dans chaque numéro, autant que cela pourrait se faire, trois articles de nous, conçus comme je viens de dire. Dans ce cas, vous m'abandonneriez l'article léger, car vous savez que je n'entends goutte à la philosophie ni à la critique.

Je suis reçu à *la France catholique*, et cela a souffert d'autant moins de difficulté que je connaissais M. Jean, mais, chose étrange, sans le savoir, car il y a deux ans j'avais longtemps hanté le même cabinet de lecture que lui, et dans la suite les bureaux de *l'Avenir*, nous entretenant ensemble sans que je lui eusse jamais demandé son nom. C'est un jeune homme fort bon et fort doux. Il m'a demandé si *vous* étiez content de son journal; je lui ai répondu franchement que vous en trouviez la rédaction très-faible, et qu'il avait fait la même impression sur tout le monde. Cette réponse n'a pas semblé le fâcher, pas même l'étonner. Il m'a dit qu'il venait de réformer le comité, et qu'à l'avenir on serait beaucoup plus sévère pour l'admission des articles. J'ai vu chez lui cette madone d'Andrea del Sarto, je crois, qui se faisait attendre. Vous devez en être content; elle m'a semblé très-belle. Je n'ai pas parlé cette fois de l'introduction de la poésie dans le journal; mais, à la prochaine visite que je ferai avec Quemper, nous tâcherons de faire entendre raison sur ce point.

Je n'ai encore fait ni conditions ni marché, je ne sais pas si mon travail me reviendra à quelque chose de suffisant; il faut avant faire un article d'essai auquel je travaille. Je vous instruirai de tout cela dans ma prochaine lettre. Quoi qu'il en soit, je m'estime heureux d'être reçu de plain-pied dans un journal qui pourra obtenir quelque succès, et qui me servira toujours, quoi qu'il arrive, à cette première publication du nom dont je vous parlais. Ce qui doit nous encourager surtout, c'est que M. Gerbet a commencé à y écrire. J'ignore quel est le sujet de l'article, mais vous l'aurez bien reconnu. Il ne signe pas. Je n'ai pas encore abordé la *Revue européenne*, mais j'ai toute raison d'avoir aussi bonne espérance de ce côté, étant déjà connu de ces messieurs, et me trouvant appuyé par Quemper. Il lira de vos articles à la prochaine réunion du comité.

Figurez-vous que je n'ai pas encore vu M. Féli. Il est si souffrant qu'il ne reçoit que les très-hautes visites, et comme j'aimerais à être reçu de lui avec un visage riant, j'aime mieux attendre quelques jours plutôt que d'insister pour entrer et lui voir un air mécontent. Mais j'ai embrassé Élie, Boré, et avec eux j'ai cru revoir toute notre Chênaie. C'est une sorte de Chênaie que la maison qu'ils habitent, tant elle est tranquille et retirée. Ils y ont transporté toutes les habitudes du désert. Quant au fond de toutes ces affaires qui nous ont si fort intrigués, il paraît qu'il n'y a rien réellement de plus que ce qui a paru.

Élie m'a dit que la soumission était simplement de discipline, et ne portait aucune atteinte sérieuse à nos doctrines, qui n'ont été frappées d'aucune condamnation. Tout cela a été fait pour épargner du scandale aux bonnes âmes, nonnes, mères de couvent et autres. Toutes nos idées restent donc intactes, de l'avis même du président de la congrégation des Rites, à Rome, qui trouve fort étrange que l'épiscopat français regarde comme dogmatique une simple lettre encyclique, une lettre d'avénement, lui qui ne consentait à reconnaître les actes vraiment dogmatiques émanés de Rome qu'après mille et mille formalités. Ce même président disait à un prêtre américain, qui, avant de s'en retourner aux États-Unis, vint le consulter en conscience sur ce qu'il fallait croire de l'encyclique : « Allez en toute tranquillité, je vous mets sur ce point la bride sur le cou; en Amérique, ces opinions n'ont pas le moindre inconvénient. » Nouvelle preuve que tout cela est de la politique toute pure, qu'il faut s'en affliger et non s'en désespérer. C'est Élie qui m'a rapporté tout cela; il m'a remis la paix dans l'âme, c'est-à-dire la résignation.

Je ne vous parle presque pas de M. Gerbet, parce que je ne l'ai pas vu. Il a été fort malade de la grippe. Son séjour paraît désormais fixé à Juilly; il ne vient plus à Paris que de loin en loin. Il continuera ses conférences; mais en modifiant beaucoup le plan, afin de ne pas toucher aux *écueils*. Élie, bien que sa destinée semble attachée à celle de M. Féli, cherche à se faire un avenir par la plume et l'encre, et, comme moi, est en quête de journaux. Nous pouvons compter sûrement sur lui dans le cas où nous parviendrions à nous emparer de quelque poste.

Il m'a montré une lettre de François, pleine de tristesse et de désolation : c'est à tirer les larmes des yeux. Ce pauvre jeune homme est bien malade ; il faut de toute nécessité qu'il sorte de La Brousse. Il y a dans la maison qu'occupe M. Féli une chambre vacante ; ce serait à souhait pour François, s'il se décidait à venir ici. J'ai engagé Élie à lui en parler. Revenez à l'assaut avec tous ces motifs et mille autres, pour le déterminer à ce voyage. Les cours du collége de France sont au moment de s'ouvrir, c'est un nouvel appât qu'il faut faire valoir. Il aime beaucoup l'Orient : Élie fait du sanscrit, il en ferait avec lui. Le projet de voyage de M. Féli n'était qu'une de ces résolutions extrêmes qu'inspire une extrême douleur ; il n'en parle plus, et il faut espérer qu'il n'y pensera plus.

Voici quelle est ma position pour le présent. J'ai loué une petite chambre à vingt francs par mois dans le voisinage de mon parent. Il lui était impossible de me donner place chez lui; mon ami Lefebvre se trouvait dans la même impossibilité, et d'ailleurs, à vrai dire, il vaut mieux pour le travail se trouver seul et un peu indépendant; il vaut mieux être chez soi. Je prends mes repas chez mon cousin. En somme, je suis dans une position très-tenable, et qui me permettra largement de tenter la fortune durant trois mois et bien au delà, j'espère.

Ajoutez à cela une perspective qui me charme et dont j'espère beaucoup pour l'avancement de mes affaires et le soutien de mon courage. A la fin de ce mois, Quemper doit changer de logement. Il a en vue, toujours dans la rue des Petits-Augustins, un appartement composé de trois pièces, deux chambres à coucher et un salon. Il m'a proposé une de ces chambres, qui ne me reviendrait qu'à vingt francs, comme celle que j'occupe; le salon serait commun. Jugez si j'ai donné les mains à ce projet, et quel bonheur ce sera pour moi d'associer ma vie à celle d'un si excellent ami. Nous avons déjà arrangé toute une existence intime, toute une félicité, que dirai-je? une sorte de Val à nous deux, au milieu de Paris. Est-ce que le découragement osera me venir prendre là, et, s'il y vient, n'en sera-t-il pas bien vite chassé? Quemper m'a fait un règlement de vie, il m'a donné des leçons d'une double économie à laquelle je ne connaissais rien jusqu'ici, celle du temps et de l'argent; enfin, suivant son expression, il me *pilotera* dans la vie et dans Paris, deux choses que j'ignore parfaitement, quoique je compte vingt-trois ans de vie et huit ans de séjour à Paris. Enfin je commence à croire qu'en dépit de moi-même ou de mon mauvais génie, je parviendrai à quelque chose.

Si je remonte à la source de tous ces biens, je vous trouve, mon ami, vous qui par vos exhortations et vos généreux reproches avez jeté dans mon âme les premiers germes de ce courage que je sens maintenant se remuer au fond de moi; vous qui m'avez poussé à Paris quand je ne songeais qu'à une lâche retraite; vous qui m'avez associé à ce beau faisceau d'amis que vous formez avec Quemper et Duquesnel, bienfait immense qui engendrera peut-être tout le succès de ma vie; vous enfin qui m'avez fait goûter deux mois des plus belles impressions et de la plus pure félicité. Aussi me permettrez-vous de regarder le Val comme un second Cayla, de l'aimer de cet amour qu'on porte au lieu de sa naissance, car il a été pour moi celui de ma renaissance; de le pleurer dans mes jours de tristesse, de le chanter dans ceux de ma joie.

La petite fille de mon cousin a neuf mois; elle est charmante, se tient déjà debout, sans marcher pourtant, sourit à merveille, enfin ferait le plus joli couple d'anges avec Marie. Quand sa langue commencera à se dénouer, je lui apprendrai les petits mots que prononce sa petite sœur du Val, *bonjour, ma, à tantôt, le v'là lia,* je la balancerai dans une serviette; enfin je ferai tout ce que je pourrai pour la rendre semblable à Marie, afin d'en avoir une fidèle et charmante représentation.

Je n'ai pas encore écrit à ma sœur; je le ferai ce soir ou demain, j'exhorterai, je presserai vivement. Que je serais heureux si une correspondance bien serrée s'entamait entre madame de La Morvonnais et Eugénie! ce sont deux âmes faites pour se comprendre et qui tireraient des biens merveilleux en douceurs l'une de l'autre.

Présentez mes souvenirs et mes hommages respectueux à celle qui bientôt, je l'espère, appellera ma sœur son amie, et qui sera aussi appelée mon amie par ma sœur, comme vous me dites, et je vous dis mon ami, mon cher ami. Des baisers sans nombre à Marie. — Ne m'oubliez pas, je vous prie, quand vous écrirez à Mordreux et à Saint-Malo. Mille amitiés à Duquesnel, à François.

A Mlle EUGÉNIE DE GUÉRIN,

AU CAYLA.

Paris, 2 février 1834.

J'ai quitté le Val le 21, et le 23 je me suis embarqué dans la diligence de Saint-Malo à Paris, passant par la Normandie. Il y a aujourd'hui huit jours que je suis ici. Je ne te parlerai pas, ma chère amie, de la violence que je me suis faite pour m'arracher aux bras de cette excellente famille, qui m'a fait goûter durant deux mois toutes les délices de la plus douce intimité. Tu sais trop bien ce que c'est que l'amertume des séparations. Me voilà donc encore à Paris, où une sorte de fatalité me renvoie toujours malgré que j'en aie. Je croyais bien cependant lui avoir dit un éternel adieu; et celui-là, je t'assure, ne m'avait pas coûté beaucoup, car je suis passé non-seulement à l'indifférence, mais même au dégoût pour tout ce qui fait, dit-on, le charme de ce séjour. Mais il faut se surmonter et aller là où la fortune donne rendez-vous à ses prétendants...

J'ai dans le monde littéraire, où je veux me pousser, un guide, un ami excellent, d'une activité extraordinaire et d'un zèle infatigable. Il s'appelle Quemper; c'est au Val que je l'ai connu. Comme il connaît parfaitement mon peu de savoir-faire, il me prend par la main et me mène où je dois aller; il me fait faire place, il m'introduit dans la vie réelle, il me *pilote*, suivant son expression. Seul, je t'avoue que je ne sais ce que je serais devenu avec mon peu de hardiesse, mon embarras à parler et ma gaucherie universelle. Mais, avec lui, tous ces obstacles matériels me sont ôtés; il se charge de toutes les négociations, je n'ai qu'à écrire. Où tout cela me mènera-t-il? Qui pourrait le dire? Rien n'est obscur et incertain comme un début dans quelque carrière que ce soit. Je ne demande à Dieu que du courage; c'est ce qui me manque le plus. Pour peu qu'il m'en donne, je pourrai, je crois, arriver assez tôt à me suffire à moi-même. Je sais qu'il y a beaucoup d'objections à faire au parti que je prends; je sais qu'il y a toujours quelque chose de flottant et de vague dans la destinée d'un homme qui vit de sa plume. Mais, à l'âge où je suis venu et dans ma position, y a-t-il une autre carrière qui puisse me donner plus promptement de quoi vivre? Toutes les autres demandent de longues préparations et de grandes dépenses, il faut les acheter; celle-ci, pour peu qu'on sache tourner une phrase quelconque et qu'on ait quatre idées à délayer, vous donne du pain pour la journée, et c'est à ce pain-là qu'il me faut viser. Maintenant que la force des choses m'a retranché toute pensée de vie retirée et séparée du mouvement du monde, je sens dans toute son étendue la nécessité de faire le métier commun et d'arracher ma part du gâteau. Toutes mes forces seront dévouées à cette fin; et comme elles ne sont pas excessives et que je me trouve bien en retard, il m'est avis que je dois prendre par le plus court. Je sais que j'ai perdu un temps énorme, que j'ai mangé mes années comme l'enfant prodigue faisait de son bien, que j'ai vécu tout au dedans sans songer au dehors; je sais, enfin, que je mérite grand nombre de reproches; mais peut-être, avec la grâce de Dieu, sera-ce de cette conscience de mes fautes que je tirerai la force de les réparer, et ce sentiment me tiendra-t-il lieu de l'énergie du caractère dont j'ai très-peu, comme vous savez...

Je n'ai pas encore vu M. Féli; il est si souffrant qu'il ne reçoit pas. Il paraît qu'il est revenu de son projet de voyage. M. Gerbet s'est fixé à Juilly, et ne vient à Paris que fort rarement.

Tes vers à Mme de La Morvonnais sont très-beaux, oui, très-beaux, tout sentiment fraternel mis à part. Mais tu vois bien, *Testudo,* que ton talent n'est pas une illusion, puisqu'après je ne sais combien de temps d'inaction poétique, rude épreuve à laquelle ne résisterait pas un demi-talent, il se réveille plus vigoureux que jamais. C'est vraiment une désolation que de te voir réprimer et lier avec je ne sais quels scrupules ton âme, qui tend de toutes les forces de sa nature à se développer de ce côté. On t'a fait un cas de conscience de suivre cet entraînement, et moi je t'en fais un de ne pas le suivre. N'est-ce pas abuser des dons de Dieu que de les laisser oisifs et inutiles au fond de soi? On peut faire du bien, un grand bien avec la poésie, surtout en ce siècle où nous comptons si peu de poëtes purs et religieux; et n'est-il pas visible que Dieu t'a donné quelque mission pour cela, puisque tu n'as pas été chercher la poésie, toi, mais que la poésie est venue te trouver? Si tu n'avais pas un grand fonds poétique, aurais-tu jamais songé à faire des vers, isolée comme tu l'es au sein de la campagne, privée de livres et de toute excitation? Je sais que la vie de la campagne et le spectacle habituel de la nature provoquent infiniment à la poésie; mais ils n'y provoquent que les âmes d'une certaine trempe et les poëtes d'instinct comme toi. Réfléchis sérieusement à cela. Je te dis fort en raccourci ce qui mériterait de grands développements; mais je sais qu'il suffit de te mettre sur la voie d'un raisonnement pour que tu arrives bientôt jusqu'au bout. Réponds-moi consciencieusement là-dessus.

Hippolyte t'a adressé des vers, et sa femme a dû te

répondre. Entame une correspondance poétique avec l'un et un commerce d'amie avec l'autre : cela ferait le plus vif plaisir à tous les deux. Ils ont été si bons pour moi que tu ne peux vraiment leur refuser une chose si simple et à laquelle ils tiennent infiniment. Envoie des vers à Hippolyte, et de la bonne et douce prose, comme tu sais en faire, à sa douce Marie. Ils m'ont prié de leur laisser cette petite esquisse du Cayla que m'avait faite Raymond de Rivières; elle sera encadrée et placée au salon. Je leur ai laissé avec cela tout ce que j'ai de cœur et d'amitié.—T'ai-je dit que, de Mordreux, j'avais fait un pèlerinage à La Chênaie? Ce fut plein de tristesse, mais de cette tristesse où l'on trouve de la douceur. La bonne gouvernante Marie me fit fête et le fidèle Polydore m'accabla de caresses. C'est un sanctuaire que cette pauvre Chênaie; mais tout y respire encore les parfums de cette douce fête que nous y avons célébrée neuf mois durant, car n'est-ce pas une fête continue qu'une vie studieuse et cachée? Mais si j'entamais le chapitre de ces souvenirs, ce serait infini. Comme je les garde bien rangés et bien clos en mon âme, je te dirai tout cela un jour tout aussi fidèlement que si c'était de la veille.

Adieu, mon poëte malgré toi.

A M. H. DE LA MORVONNAIS.

Paris, février 1834.

> J'ai bien peur qu'au mois de mai, au lieu de roses, nous ne voyions des boules de neige.

Quand je vous ai quitté, mon ami, votre solitude était prête à s'épanouir en fleurs et en verdure. Dans votre jardin les espaliers devenaient rouges, et tous les arbustes délicats, frileux et grands amis du soleil, dédiaient en toute confiance leur frêle feuillage à cet hiver doux et bénin qui leur souriait avec la grâce du printemps. Le bois répandu sur la pente de la côte, et qui trempe presque dans la mer, prenait cet air vivant et gai qui donne aux arbres une expression toute particulière aux approches du renouveau. Les bourgeons ovales et visqueux du marronnier d'Inde reluisaient au soleil; ceux du hêtre, aigus et grêles, se dressaient en l'air avec une singulière vivacité, et ceux menus et ronds du chêne commençaient à se grouper au bout des branches, bien que le chêne vienne toujours fort tard et le dernier en verdure. Nous voyions les jeunes pousses des taillis se colorer vivement de cette teinte rouge qui les saisit toujours au réveil de la végétation, comme si la séve qui les gonfle était du sang. Le gazon, perçant la couche de feuilles mortes et de débris végétaux étendus sur lui dans la saison de la chute, commençait à faire tapis sur les lisières des sentiers et dans les clairières, et des milliers de pâquerettes et de marguerites l'égayaient déjà de leur émail. Enfin tout semblait se préparer pour la grande fête de la nature. — Oh! si le rossignol, l'hirondelle, la fauvette, le loriot savaient cela, comme ils se hâteraient d'accourir *dulcesque revisere nidos!* Peut-être leurs frères d'Europe leur ont-ils dépêché des messages pour leur dire que tout s'apprête ici à les recevoir, les forêts, les bocages, les buissons, les haies; que les graines et les baies seront précoces; que les moucherons sont nés et tourbillonnent le matin et le soir, par myriades, dans les rayons du soleil levant et du soleil couchant; enfin que tout s'égaye ici et qu'ils se pressent de venir, s'ils ne veulent pas manquer la grande fête. Je ne sais si nos oiseaux casaniers ont eu cette attention pour leurs frères voyageurs. Quoi qu'il en soit, ils se livrent à l'harmonie et à la joie en attendant leur venue. Vous souvenez-vous, mon ami, que les sifflements du merle, le babil gai et mélodieux des grives, ou les gazouillements de quelque roitelet perché sur la crête d'un mur, nous tiraient souvent de notre chambre d'étude et nous engageaient aux douces promenades?

Telle était votre Thébaïde, comme vous l'appelez, la veille de mon départ : échauffée, animée, toute en séve et en travail de végétation. Aujourd'hui, je gage que l'éruption des fleurs et des feuilles est fort avancée, que les oiseaux sont en quête de mousse, de bûchettes, de plumes errantes et de duvet, et que vous allez promenant des rêveries de printemps sous les premiers ombrages de vos marronniers. Mais, mon ami, vous endormez-vous bien sur ces belles apparences? Ne soupçonnez-vous point que ce ne soit là qu'un stratagème de l'hiver, et que ce vieux despote n'ait rusé pour attirer dehors les fleurs et la verdure, et les tuer après avec son haleine mortelle? Ne craignez-vous pas qu'il ne mette le comble à nos déceptions? Si le vent si embaumé et si tiède tournait à la bise; si un froid âpre et noir condensait toute cette séve de vie et de fécondité qui bouillonne dans les veines de la nature; si le givre cristallisait vos bois et leurs jeunes feuillées; si vos ruisseaux, avec leurs petits remous, se figeaient et prenaient dans la glace les hampes des fleurs et les tiges des herbes qui croissent sur leurs bords et dans leur lit; si, au lieu du rossignol et des oiseaux chanteurs que vous attendez des plages du midi, vous voyiez descendre du septentrion des triangles d'oies et de cygnes au long cou, et ces files de canards sauvages dont on entend siffler les ailes dans les nuages, les soirs de décembre; si l'hiver exterminateur faisait mourir en une nuit tous les germes premiers-nés; enfin, si votre Thébaïde se convertissait en Sibérie, que deviendraient vos rêves d'abondance en fleurs et en fruits, vos molles siestes au pied d'un arbre, vos chants sur la côte et toute cette existence nourrie de soleil, de brise tiède et de parfum, que vous menez dans **votre** désert bien-aimé?

Si vous aviez puissance sur la nature, je vous dirais : Mon ami, donnez leçon de sagesse à vos jardins, à vos bois, à vos oiseaux. Dites à vos bourgeons, que je voyais bâiller au soleil, de retenir et empêcher fortement sous l'enveloppe les feuilles qui leur sont confiées ; effrayez-les des rigueurs qui peuvent les surprendre : le plus beau soleil est trompeur. Mettez-les en garde contre les appâts d'un beau jour; faites le sévère, et contez-leur mille histoires que vous savez de fleurs qui se sont évanouies en poussière pour s'être livrées à une brise qui passait, à un rayon qui les touchait. Ajoutez que, si quelques-uns se sauvent du ravage, ils ne donneront le jour qu'à des fruits maigres, ridés, menus, qu'aucune main blanche et délicate ne viendra cueillir, qui sécheront sur branche ou seront livrés en proie aux dents impures des bêtes. Dites-leur encore que leur feuillage rare, frappé de pâle et comme étiolé, leur attirera les dédains du voyageur haletant, des jeunes filles joueuses et des oiseaux musiciens, qui recherchent l'ombrage pour se délasser, jouer, chanter. On les prendra pour des décrépits, et peut-être la cognée sera-t-elle posée à leur pied. Quant aux oiseaux, ah! la première chose à leur dire, c'est de laisser leurs frères dans l'exil jusqu'à ce que le jour du vrai printemps ait lui. Il leur vaut mieux de différer le retour dans la patrie que d'y revenir aujourd'hui pour la trouver souffrante et esclave de l'hiver. Que vos oiseaux aient donc garde de rappeler leurs frères, et qu'eux-mêmes ne se hâtent pas de bâtir leurs nids : la couvée n'irait pas à bien. Les pauvres mères transiraient sur les œufs, et le froid aigu, se glissant sous leurs ailes, ferait mourir les poussins dans la coque, en dépit du sein maternel. Oh! si vous aviez puissance sur la nature, s'il vous était donné de lui parler comme elle nous parle, quels discours je vous enverrais pour la Thébaïde, afin de la préserver des séductions de ce printemps perfide dont je sais le danger!

Prendrez-vous tout ceci sérieusement, mon ami? Je crains bien que non, et que vous n'y donniez guère qu'un sourire, comme au babil d'un enfant. Je redoute même que cette lettre ne vous semble assez étrange, et que vous ne disiez en vous-même : Mais quelle bizarrerie! parler de bois et de fleurs à un solitaire, se répandre en discours aux plantes et aux oiseaux quand on écrit de Paris, sans toucher un mot de ce qui s'agite dans le monde! Il mériterait, pour son châtiment, que je l'entretinsse des romans et des drames de l'an passé! — Mon ami, suspendez votre dépit et vous contenez le temps seulement d'entendre mes raisons.

Horace disait : A Rome, je raffole de Tibur, et à Tibur, je raffole de Rome. N'allez pas me croire ce goût changeant et léger comme les brises, et vous expliquer par là mes longues tirades sur votre solitude. Quand j'habitais la Thébaïde, vous ai-je jamais parlé sur le ton du regret des joies et des fêtes de Paris? N'allais-je pas, au contraire, vous disant sans cesse combien mon humeur répugne à la vie citadine, et le peu d'état que je fais des douceurs qu'on y goûte? Ne vous souvenez-vous point que les huttes sauvages de vos douaniers me faisaient envie, et qu'un jour je me pris à discourir sur le charme extrême que j'aurais à me creuser une grotte fraîche et sombre au cœur d'un rocher, dans une anse de vos côtes, et d'y couler ma vie à contempler au loin la vaste mer, comme un dieu marin? Si vous avez gardé mémoire de tout cela, vous vous expliquerez aisément pourquoi, étant à Paris, je vous parle de la campagne et oublie Paris. Bien mieux, vous trouverez qu'il ne peut en aller autrement; car ayant dit aux champs, vous le savez :

Le corps s'en va, mais le cœur vous demeure [1],

mon entretien ne peut rouler que sur eux, et je ne saurais être de ce monde parisien, folâtre et tourbillonnant, que comme n'en étant pas.

Si vous me connaissez bien, ces raisons doivent vous suffire, et au delà, pour vous faire comprendre et supporter le début de ma lettre. Mais pourrez-vous résister à cet entraînement de l'esprit, qui va cher-

---

1. Froissart. (Note du manuscrit.)

chant des mystères dans les choses les plus limpides, tant il est friand du plaisir de deviner? Je suis sûr que vous soulèverez le sens naturel de mon discours, et que vous vous imaginerez avoir surpris dessous un sens malin qui se tiendrait tapi sous mes phrases, qui ne respirent que les douces images du printemps, comme un serpent sous les fleurs. Je ne redoute pas, il est vrai, que vous y découvriez aucune allusion politique; je vous connais trop solitaire et vous tenant trop à l'écart de ces choses-là, pour que cette pensée vous tombe dans l'esprit. Mais, si vous détournez vos yeux de l'arène politique, vous les tenez arrêtés sur le noble champ clos des doctrines littéraires. Or, depuis peu, le combat s'est réchauffé, le bruit de la mêlée a retenti au loin, et vous pourrez supposer que, spectateur passionné de la lutte, je m'amuse à envelopper le parti auquel je veux du mal de subtiles et moqueuses allégories. Je dois vous prévenir que cette interprétation, et toute autre semblable donnée à mon idylle sur le printemps précoce, tombe pleinement à faux; que mon idylle ne voile point une satire, et que, si elle vous semble le moins du monde rieuse et pensant à mal, ce sera vous qui aurez soufflé votre malice à cette innocente. Je le répète, elle ne vient vous entretenir que des choses de la nature : et quoi de plus simple? Pensez que jamais rayon n'a pénétré directement dans la chambre que j'habite; je n'en reçois que par répercussion. Vers midi, le soleil frappe les vitres d'une mansarde, qui me renvoient quelques pâles reflets, sans gaieté et sans chaleur, comme ceux d'une lampe; et encore cette lueur languissante et vague s'évanouit-elle au bout d'un quart d'heure. Voilà le jour qui réjouit mes yeux accoutumés aux larges et libérales effusions de lumière du ciel du Midi. Une cour étroite et sombre, où pas un brin d'herbe croissant dans les fentes du pavé, pas un pot de fleurs aux croisées n'attire mes regards et ne leur rit, voilà, en fait d'horizon, où j'en suis réduit, moi qui tant de fois ai gravi sur vos pas vos falaises, vos dunes, vos roches marines, d'où nos yeux embrassaient la divine étendue des mers, les merveilleuses dentelures de vos côtes et vos campagnes toutes verdoyantes de blé et de lin. Et, tombé de ces belles cimes dans un réduit qui donne à peine accès au jour, je ne tenterais pas de faire revivre tant de charmes dans les ardeurs de l'imagination, et je vous entretiendrais d'autres sujets que de vous-même et de votre désert! Et vous, malin solitaire, vous envenimeriez ces doux et innocents souvenirs, et trouveriez je ne sais quel apologue dans ces images de la nature parmi lesquelles je me complais! Mais, comme j'ai toute raison de croire que vous ne m'écouterez pas, et que vous n'en irez pas moins votre train vers le sens figuré, voyons si, à toute force, la malice peut tirer quelque parti de mon printemps précoce, et à quelle allusion il peut être tourné.

Épris que vous êtes des choses littéraires, et tout attentif au différend qui s'est ému, il y a peu de jours, entre nos écrivains, je gage que la *littérature facile* ne tardera pas à vous venir en pensée, que vous croirez alors tenir le fil, et qu'avec ce fil vous vous enfoncerez dans le labyrinthe de mon allégorie prétendue, espérant en revenir, votre malice satisfaite et triomphante. Je conviens que l'imagination peut aller, sans faire trop de chemin, des bourgeons qui s'épanouissent prématurément, sur la foi d'un soleil d'hiver bien luisant, à cette jeune littérature qui s'est couverte de fleurs avant le temps et s'est exposée si naïvement à ces retours de gelée que je prédis à vos vergers et à vos bois. Mais, mon ami, vous que la vue d'un amandier fleuri réjouit tant, vous piqueriez-vous de sévérité envers ces âmes qui se sont ouvertes au grand jour et ont déployé leurs trésors avec une foi si touchante aux faveurs du ciel? Prenez-vous-en plutôt au soleil du siècle, qui était ardent, à cette atmosphère chargée d'une chaleur funeste qui a précipité tous les développements, et réduira peut-être à quelques épis la moisson de notre âge.

Et les arbres dont les fleurs ne font que naître et mourir, et ceux qui portent des fruits arides qu'on ne cueille pas ou qu'on rejette après les avoir cueillis, oh! sans peine encore vous y verrez les emblèmes de tant d'auteurs dont le nom a paru une fois et a disparu pour toujours; de tant d'auteurs dont les livres mal venus auprès des uns, les hommes graves, bien venus auprès des autres, les chercheurs de nouveautés et les grands liseurs de romans, comblent de choses vaines ces âmes vaines, et puis, souvent, de leurs mains relâchées par ce sommeil qui vient de la lourde satiété, tombent dans le puits de l'oubli.

Voulez-vous que les arbres dont s'éloignent les voyageurs, les jeunes filles et les oiseaux, figurent ces livres renommés et si dignes de l'être comme œuvres d'art, mais qui ne renferment pas un grain de cette manne cachée, pas une de ces douces et bienfaisantes pensées qui nourrissent les âmes et les remettent de leurs fatigues; ces livres que des mains virginales n'oseraient feuilleter, et qui mettent en fuite tout ce qu'il y a de jeune et d'innocent, chose à mourir de honte et de douleur! voulez-vous tout cela? Je m'y prête de bonne grâce, d'autant plus qu'en vérité mes paroles rendent ce sens comme si je l'y avais réellement caché! Aussi ne vous suivrai-je pas plus loin dans la marche de vos malicieuses recherches, assuré que je suis que mon texte ne souffrira pas trop de violence de votre part, et que vous poursuivrez, et jusqu'à la fin, sans vous fourvoyer.

Quelles conclusions tirerez-vous de tout ceci? D'abord, que je veux décidément entrer en lice, et que je prépare en secret mon char, ma lance et mon courroux. Mais, mon ami, mes inclinations paisibles vous sont donc inconnues, et encore plus sans doute la faiblesse de mon bras et la mollesse de mon courage? Moi, combattre! mais songez donc que le moindre tumulte m'effarouche et me met en déroute, comme la fuyante proie, et que mes forces suffisent à peine à me tirer du danger : comment pourraient-elles m'y porter?

En second lieu, vous jugerez que je nourris de l'aversion pour la jeune École et que j'appelle du fond du cœur une restauration classique. M. Nisard, sans doute, ne veut pas que la jeune École périsse, mais qu'elle corrige ses voies; c'est dans cette croyance, et, j'oserai le dire, à cette condition, que je forme des vœux ardents pour le succès de la campagne qu'il vient d'ouvrir. La foi catholique ne souffrirait pas qu'il y eût dans mon cœur une sympathie entière pour une littérature sceptique ou fataliste qui tient si peu de compte de la morale. Mais cette même foi m'y rallie par certains points; car cette jeune École, si folle et si désordonnée, n'est-elle pas une échappée de notre bercail?

Non, mon ami, je ne suis épris d'aucun courroux; je gémis seulement à l'écart des égarements de cette littérature qui a oublié la maison et les enseignements de son père, et s'est perdue si tristement, que le dernier et le plus terrible roman à faire, dans le goût des siens, serait celui qui raconterait son histoire. Parmi ces gémissements, il m'est venu quelques réflexions sur la cause du mal et les moyens d'y remédier; c'est ce que je voulais vous annoncer dans cette lettre toute décousue, dans laquelle je vous prie de ne voir qu'un prélude assez bizarre de mon imagination qui va toujours errant de vos côtés.

AU MÊME.

Paris, 28 février 1834.

Mon cher Hippolyte,

Quelle douce chose qu'une lettre d'ami et quel parfum s'échappe des plis de ce papier sur lequel une âme chérie s'est répandue! Oh! comme je l'ai délicieusement éprouvé le jour où, retiré dans ma petite chambre solitaire, assis au coin de mon feu, j'ai, dans la joie de mon âme, fait partir le cachet de votre lettre et livré cette douce pâture à mes yeux, qui tantôt allaient dévorant les lignes avec une extrême rapidité, avides et impatients qu'ils étaient, tantôt, plus sages et ménageant mieux le plaisir, n'avançaient plus qu'avec cette lenteur que l'on met à savourer un bonheur dont on est le maître, et dont on voudrait comme éterniser la durée en n'en prenant que par miettes.

Ce fut dans ma cellule, car c'est une cellule que ma chambre par sa petitesse et le silence qui l'enveloppe; ce fut, dis-je, une fête incroyable, mais une de ces fêtes muettes et intimes qui se passent au fond du cœur, dont l'éclat est tout intérieur et dont on ne peut se douter qu'au rayonnement doux et serein des yeux et du visage *illuminé du dedans*. Mais, après ce bonheur, quel est le plus grand? C'est de tout arranger et disposer pour vous écrire, c'est de m'incliner sur ce papier qui doit apporter la moitié de mon âme à l'autre moitié, c'est de m'environner d'une illusion qui me replace au Val, au coin de votre foyer, le soir, poursuivant mille entretiens, tandis que la *fouée* brille et que la rafale bat les murs de la maison.

Hier, Paul et moi avons erré tout le long du jour dans la Thébaïde. Oh! la douce journée que celle d'hier, comme elle a été pleine, comme elle a débordé des plus pures joies! Je l'ai passée presque tout entière avec cet inestimable ami, et vous pouvez juger si la causerie et l'imagination ont été bon train. Je vous rapporterai encore notre conversation parce qu'elle est toute pleine de vous et que Paul, à cause de ses innombrables affaires, m'a prié de nouveau d'être son interprète auprès de vous. Il lui a été impossible de prendre un moment pour vous écrire comme il le voudrait, c'est-à-dire longuement et avec effusion, parce que tout son temps a été absorbé en allées et venues de comité en comité, de réunion en réunion, au sujet de la *Revue Européenne,* qu'il est question de refondre et de jeter dans un nouveau plan.

Il y a trois projets : le premier serait une fusion des doctrines de l'*Avenir* avec celles de la *Revue* actuelle; mais c'est toujours des moyens termes, de l'indécision, des nuances au lieu de couleur, et il ne vaudrait guère la peine de sortir d'un milieu pour retomber dans un autre : il n'y aurait guère plus de chances de succès. Le second projet consiste en une rénovation complète dans le sens des doctrines de l'*Avenir*, mais exposées sous la forme d'examen, la discussion ardente et hardie, telle qu'elle était dans ce journal, présentant trop d'inconvénients dans les circonstances actuelles. Enfin un troisième projet, qui est celui de quelques rédacteurs de l'*Avenir*, abattus et découragés, serait un silence complet et l'abandon total de la *Revue*. Il n'y a pas encore de solution définitive, mais il est probable qu'on se résoudra pour l'adoption des doctrines de l'*Avenir* sous forme d'examen. Dans tous les cas, la *Revue* garderait le *statu quo* jusqu'au mois de septembre.

En second lieu, Paul s'est donné beaucoup de mouvement pour nous ouvrir des avenues dans la *Revue des Deux Mondes* et celle *de Paris*. Les visites, les entrevues, qui prennent un temps immense à Paris, se sont multipliées, si bien qu'il se croit assuré du plus heureux succès de ce côté. Enfin il a dû mettre en train ses affaires personnelles, et, voyez quel ami! c'est toujours nous qu'il a en vue, même dans ce qui le regarde individuellement, car il sent qu'il nous est nécessaire, que nous ne ferions guère de progrès ici sans lui, et il veut se mettre dans une position qui, en l'affermissant dans le monde, lui donne plus de puissance pour nous pousser au succès. Ses affaires et les nôtres, tout marche, tout se déblaye, tout semble s'arranger pour combler nos vœux. Mais c'est une chose vraiment inconcevable que l'activité de Paul, surtout quand on connaît les difficultés de Paris et la peine matérielle qu'on a pour aborder les gens.

Imaginez que lui et moi n'avons encore vu M. Féli qu'une seule fois. Il y a huit jours que j'ai enfin réussi à pénétrer auprès de lui. Il était souffrant et triste. Il fait faire des réparations à la Chênaie et y retournera probablement vers Pâques. Élie, qui se dévoue au sanscrit, ne le suivra pas immédiatement; il restera encore plusieurs mois à Paris pour suivre les cours. Il me charge de vous exprimer combien il est sensible à vos amitiés et de vous envoyer pour lui mille choses affectueuses.

Paul a lu en petit comité votre lettre philosophique; voici ce qu'on a jugé. On a trouvé que c'était un programme très-bien fait de hautes et grandes questions qui demanderaient d'être traitées chacune à part et d'une manière complète; car pour les articles de fond on veut toujours dans la *Revue* une discussion de la question qu'on expose, suivie de conclusions. Si vous traitiez séparément chacune des questions que contient votre travail, on en serait enchanté, et ce serait reçu avec le plus grand plaisir; mais on trouve le mode d'exposition que vous avez suivi trop général et par cela même pas assez instructif. Paul avait aussi parlé de votre travail sur le théâtre grec, et hier il m'a chargé d'aller lire au comité l'article sur *Hécube*. Oh! que j'ai été heureux, mon cher ami! il a été reçu avec transport, par acclamation. Tout le monde a applaudi aux réflexions qui coupent la traduction, et la traduction a été trouvée délicieuse. On a dit que vous sentiez l'antiquité comme Chénier et que vous la rendiez avec le même bonheur. Les strophes du chœur final ont enlevé tous les écoutants. Vous serez publié dans le numéro du 15 mars. Tout cela ne m'a point surpris, moi qui connais votre âme et votre délicieux talent; mais n'importe, j'avais le cœur gonflé de joie de vous entendre ainsi exalter par des hommes ordinairement si froids et si incrédules aux talents cachés dans la province comme vous. Je m'en allai donc triomphant pour rejoindre Paul, qui m'attendait au Palais-Royal, et l'inonder de ma joie. Nous avons dîné ensemble, tête à tête, les plus heureux des mortels. Nous avions été bien contrariés de la non-insertion du premier article, mais, réflexion faite, c'est un bonheur. Le second est plus saillant, plus neuf, c'est un meilleur début. Nous avons, durant ce dîner, repassé toutes nos affaires, et, tout bien examiné, il nous a paru évident que nous étions au meilleur chemin possible. Sachons seulement patienter. Patience et activité, et nous arriveront infailliblement. Paul a parlé de vous à tous ses amis : vous pouvez vous considérer comme en pleine relation avec eux. Tout est *chauffé*. Il n'a reçu qu'hier votre lettre datée du 14 janvier : le portier l'avait égarée. Il va s'occuper incessamment de vos commissions et vous répondra très-prochainement. Les affaires de Duquesnel vont aussi à merveille. Voilà les choses en masse.

Quant à moi, tout va aussi pour le mieux. Je suis installé et affermi dans la *France Catholique* et la *Revue Européenne*. J'ai trois articles reçus dans la *France*. Le premier paraîtra de demain samedi en huit. Il n'a pu paraître plus tôt parce qu'il faut attendre là à tour de rôle. Ce sont des lettres ; je ne vous dis pas à qui elles sont adressées ; vous le devinerez aisément quand vous les lirez. Il y aura aussi un autre article sur un livre intitulé : *Promenades dans Rome*. Ceux de mes articles qui ne porteront pas ma signature entière seront signés M... Dans le numéro de la *Revue* où se trouvera votre article, il y aura aussi une page de moi sur un livre ayant pour titre : *Mon portefeuille*. En lisant *Hécube* au comité, j'ai fait connaissance avec tous ces messieurs. Cette façon d'entrer était plus naturelle que de se faire introduire. Paul me l'avait ménagée exprès. Je vais entamer un grand article pour la *Revue*. En un mot, je me sens du courage, et je suis plein de confiance en notre avenir.

J'ai vu enfin Boulay-Paty. Il m'a reçu avec beaucoup de bonhomie, quoiqu'on le dise un peu Parisien ; mais il reste toujours du Breton là-dessous.

Ma sœur envoyait à madame Morvonnais, dans la lettre qui ne m'a pas trouvé au Val, une seconde édition de ses vers, un peu moins griffonnée et avec quelques changements ; mais comme ils ne sont pas importants, je ne vous l'envoie pas. « J'étais sûre, me dit-elle dans une autre lettre, que mes vers étaient bons, touchée, comme je l'étais, de reconnaissance et d'affection. Quand c'est le cœur qu'on écoute, impossible d'être mal inspiré. » J'ai tout lieu d'espérer que je la déterminerai à reprendre la poésie. Toute ma famille va à merveille et me charge de vous exprimer mille sentiments d'amitié.

Adieu, mon excellent et doux ami. Vous savez tout ce qu'il faut dire pour moi à votre céleste compagne et de combien de baisers il faut couvrir le front de votre jeune ange. Mes souvenirs respectueux à tous les vôtres. Je vous lie dans mes deux bras et vous embrasse.

Eh! mon Dieu! étourdi que je suis, je croyais avoir rempli tout mon papier, et je m'aperçois à mon grand bonheur qu'il me reste encore une page. J'avais oublié de vous dire que je n'ai pas encore remis votre lettre à M. Jean, parce que je voulais avant voir Paul, et que je ne l'ai vu qu'hier depuis que j'ai reçu la vôtre. Je la lui porterai ces jours-ci, elle lui fera grand plaisir. Je pénètre insensiblement dans le monde qu'il me faut connaître. J'ai assisté hier au comité de la *Revue*; j'y assisterai tous les huit jours, ainsi qu'à celui de la *France Catholique*. Je me ferai recevoir prochainement chez M. Bailly, où se tiennent des conférences philosophiques et littéraires. Lacordaire improvise tous les dimanches, au collége Stanislas, des choses admirables sur les vérités fondamentales de la foi; c'est une réunion très-brillante qui attire toute la jeunesse *pensante* et nombre d'hommes très-distingués, voire même de grandes célébrités. Dimanche dernier, Lamartine s'y trouvait. C'est qu'en vérité c'est quelque chose d'inouï que cette éloquence, cette inspiration. Il n'est bruit que de cela dans le monde religieux et philosophique. En sortant, on cause pêle-mêle, on aborde des hommes qu'il serait très-difficile de rencontrer ailleurs. Enfin, je commence à m'évertuer, à me dégourdir. Pardonnez-moi, mon cher, de vous parler tant de ma personne. Je voudrais vous montrer que je mets en pratique vos conseils, vos exhortations, et vous consoler des peines que je vous ai données par mes opiniâtres découragements, en vous apprenant que je les ai vaincus, grâce à votre amitié qui me domine comme une puissance douce, la puissance d'une mère à qui l'on doit par amour.

A Mlle EUGÉNIE DE GUÉRIN,

AU CAYLA

Paris, 9 avril 1834.

Eh bien, voyageuse, es-tu de retour au Cayla? Je pense que, les fêtes de Pâques expirées et le printemps renaissant, tu te seras hâtée de regagner la campagne ; car que faire dans une ville comme Alby, quand tout fleurit aux champs? Pour moi qui suis, malgré que j'en aie, décidément citadin, je fais mon printemps en imagination ; car ici, sauf une lumière plus vive et quelque verdure aux Tuileries, il n'y a rien du printemps. Mon esprit s'en retourne à la Chênaie, qui est ravissante en cette saison; je suis encore solitaire, ermite, amant de la nature et austère serviteur de Dieu. Ce soir, il sortira de Paris, du côté de l'orient, un homme, dont je voudrais suivre tous les pas et qui reprend le chemin du désert que je regrette : M. Féli part aujourd'hui pour la Chênaie. Je l'ai vu hier un moment, car il était tout embarrassé dans les préparatifs du voyage; il paraissait tout joyeux de quitter Paris. Il veut se tenir désormais tout seul à la Chênaie, afin d'achever paisiblement son grand ouvrage, et aussi pour se sauver des Argus et des perfides. Prions Dieu de lui donner un peu de paix sur la fin de ses jours, et qu'il ne le laisse pas mourir dans l'amertume comme il a vécu. Ces dernières épreuves l'ont terriblement atteint ; la fièvre ne l'a pas quitté de trois mois, et l'a réduit à une maigreur extrême. Mais ce n'est pas ce qui l'attriste, lui ; il est si impatient de mourir! Si je m'écoutais, je t'en dirais encore bien long sur cet homme, et je ne mettrais que lui en scène dans cette lettre; mais comme il faut de toute nécessité que je fasse parler mon *moi*, maigre et petit personnage, je renonce au grand homme, pour ne pas le faire rencontrer avec quelque chose d'aussi insignifiant.

Tu sais que j'écris dans la *France Catholique*. Ce petit journal n'est pas des plus forts ni des plus riches, mais pour le moment c'est ce qu'il y a de mieux pour moi. Mes articles sont payés à raison de six francs la colonne, ce qui me revient à peu près à soixante francs par mois. Je ne puis pas vous envoyer le journal, parce qu'on ne me donne que des *épreuves* qui ne peuvent passer à la poste parce qu'elles ne sont pas timbrées. Mais puisque M. Limer le reçoit, vous pouvez vous le procurer aisément. Quant à la *Revue Européenne*, je n'y écris pas encore pour les raisons que voici : 1° il me faut beaucoup de temps et de travail pour faire des articles qui puissent y être reçus, et même est-ce bien chanceux, car, bien qu'elle ne soit pas merveilleuse, je ne suis pas encore à sa portée ; or, j'aime mieux travailler pour la *France Catholique* où j'entre toujours de plain-pied, que de perdre une quinzaine de jours à élaborer pour la *Revue Européenne* un travail qui n'est pas sûr de réussir ; 2° elle ne paraît qu'une fois le mois et n'insère que très-rarement deux articles de suite du même auteur ; 3° elle finira bientôt, je le sais, et j'aime mieux m'attacher à un journal qui jouit d'un peu de santé qu'à un moribond. Comme il faut autant que possible multiplier ses ressources, je cherche à donner des répétitions. Je n'en ai pas encore trouvé parce qu'en cette saison de l'année elles sont fort rares, mais cela peut venir d'un jour à l'autre. Quant à ma pétition pour entrer dans les bureaux du ministère de l'instruction publique, c'est une affaire de patience. Il faut attendre qu'il y ait une place vacante, et alors, appuyé comme je suis, j'ai tout espoir de réussir. Voilà ma position, ma chère amie, travaillant, cherchant, furetant çà et là, et vivant tout doucement jusqu'à ce que meilleure fortune me vienne.

As-tu reçu une lettre de madame de La Morvonnais ? Parle-moi un peu de cela, si tu en es contente, comment tu la trouves, etc. T'ai-je dit qu'elle est cousine de M. Féli ? Nous sommes ici trois ou quatre jeunes gens de la Chênaie. C'est un grand bonheur pour nous que de nous retrouver ici après avoir été dispersés ; c'est ma plus douce société.

A M. H. DE LA MORVONNAIS.

AU VAL SAINT-POTAN.

Paris, 10 mai 1834.

François m'a volé mon tour de vous écrire, mon cher Hippolyte, il a pris pour lui ce bonheur, le premier de ce mois, le premier du mois de mai, le premier jour de la fête des fleurs dont j'eusse voulu faire pour moi une petite solennité d'amitié. J'aurais arrangé ici un bouquet mélangé de mille nuances, de mille senteurs, le tout si bien combiné, agencé, harmonié que j'eusse peut-être donné de la jalousie à vos touffes de lilas, à vos violettes solitaires et même à ces nombreuses tribus de roses qui vous jettent tant de parfums et de sourires, quand vous passez au milieu d'elles, grave et rêveur comme un roi de la solitude. Aujourd'hui, c'est le 10 mai; dix jours ont passé sur la nature, dix jours d'un soleil dévorant; la virginité de la jeune saison se fane, le déclin commencera bientôt. La gaieté vive qu'inspire la fraîcheur de toutes choses, quand le printemps se lève, se ralentit déjà; la poésie intérieure prend une teinte pâle comme les gazons qui passeront bientôt de leur verdure triomphante à ce jaune aride et brûlé dont l'ardente saison les frappera. Il y a dix jours, je vous eusse chanté une chansonnette d'amitié aussi fraîche, aussi gaie que les gazouillements de vos oiseaux, le premier mai, au lever du soleil; aujourd'hui, l'allure de ma voix sera lente, molle et monotone. Je vous dirai tout d'une manière un peu traînante; mon amitié pour vous, qui sourd de mon cœur comme une source vive de la roche cachée, coulera tout aussi abondamment qu'elle eût fait, mais il en émanera moins de cet air frais et vif qui flotte sur les fontaines. Vous savez que tout se rend maître de moi et que je ne sais jamais renverser la chance pour prendre le dessus à mon tour. Aujourd'hui, c'est la chaleur accablante et le sentiment du dépérissement rapide des beautés naturelles qui me dominent et m'affaissent.

François a dû vous parler de la petite révolution qui s'est opérée dans la *France Catholique*. En sera-t-il de celle-là comme des autres qui nous font tomber de mal en pis? Je l'ignore. On promet beaucoup. M. Jean, qui se trouvait fort gêné par les premiers propriétaires, sera désormais maître absolu avec son associé, dont je ne sais pas le nom. Le baron d'Eckstein formera à lui seul le conseil de rédaction. Ce n'est pas mal choisi; mais il eût été mieux, ce me semble, de lui adjoindre un ou plusieurs collègues. C'est une espèce de despotisme qu'ils ont établi là. M. Ballanche fera l'introduction au deuxième volume du journal, et M. de Coux a, dit-on, promis sa coopération. Il y aura constamment une feuille et demie d'impression. Le nom est conservé. Ce sont là certainement de notables améliorations, si l'on tient parole. Mais je me défie un peu des promesses, bien qu'elles soient assurément faites de bonne foi. Les fonds n'abondent pas, et quand on est court de ce côté, on n'est jamais assuré de grand'chose. Ils ouvriront aussi un peu plus de place à la poésie et donneront chaque mois une chronique littéraire dont je suis chargé. Je la rédigerai sous forme de lettres à vous adressées.

Élie leur avait fait un article sur les *Paroles d'un Croyant*, on l'avait déjà porté à l'impression; mais, réflexion faite, ils l'ont retiré, craignant qu'il ne fût trop laudatif et qu'il ne déplût à leurs abonnés, *à la sacristie et à leur cercle de dévotes*, comme vous dites si bien. Concevez-vous une telle pusillanimité?

Vos deux lettres sur les poésies de François débordent de choses douces, intimes, ravissantes; vous aviez bien raison de dire que nous vous croirions encore parmi nous en les lisant. Eh! mon ami, n'y êtes-vous pas toujours parmi nous? Quand nous marchons ensemble en nous donnant le bras, chacun de nous ne vous donne-t-il pas le sien, et quand nous sommes assis ensemble, chacun de nous ne vous place-t-il pas sur un siége à côté de lui? Nous n'avons pas encore lu, dans notre petit et doux comité, le *Coup d'œil sur la critique catholique*. Quemper, qui l'a lu, nous l'a annoncé comme un morceau d'espérance.

Eh bien! que dites-vous du réveil du lion? Voilà donc enfin notre grand homme sorti de cette position douteuse et fausse qui paralysait son génie. Des hommes sages, et dont on ne peut suspecter la sympathie, blâment le manque d'à-propos de cette publication; pour moi, et je ne suis pas le seul, il me paraît qu'il est toujours temps opportun de s'élancer hors d'une position ambiguë et de plaider la cause des peuples, de l'humanité, contre ses oppresseurs. Avez-vous vu M. Féli? On délibère maintenant dans le conseil des ministres si l'on doit diriger des poursuites contre lui. On dit que le ministre des affaires étrangères est le seul qui opine négativement. L'*Univers Religieux*, dont le pauvre esprit vous est sans doute connu de réputation, a fait un article extravagant ; l'*Ami de la Religion* prétend qu'il n'y a plus qu'à se voiler la face, et adresse à M. Féli l'apostrophe de l'Écriture à Lucifer : *Quomodo cecidisti, Lucifer, qui mane oriebaris ?* Recueillir tout ce qui se dit ou se dira de fou à ce sujet dans les séminaires, les sacristies, les salons légitimistes et autres lieux de commérages enragés, serait chose impossible. Vous pouvez ou plutôt vous ne pouvez pas vous l'imaginer. Que nous importe ! Le livre lancé, le bien est fait, et qui pourrait l'arrêter ? Savez-vous que c'est une terrible trilogie contre les porte-couronne que le *Livre des pèlerins polonais*, les *Prisons de Pellico* et les *Paroles d'un Croyant :* trois coups de massue coup sur coup, et portés par des hommes catholiques, des hommes purs, des hommes saints.

Je vous annoncerai avec douleur que Lacordaire a cru devoir protester de nouveau, et dans *l'Univers Religieux*, de sa séparation d'avec M. Féli. Sa lettre donne à entendre qu'il s'est éloigné de lui, crainte de faillir à l'orthodoxie. Néanmoins, il a répondu à Élie et Boré, qui lui ont demandé des explications, qu'il n'avait pas voulu dire cela, que le seul point de division entre lui et son ancien maître était que M. Féli voulait porter son action sur l'ordre politique, et lui retrancher la sienne dans l'ordre religieux. Il est bien fâcheux qu'il se soit fait si mal entendre, et surtout qu'il ait cru devoir renouveler des protestations dont la première suffisait, et de reste. Il me semble que c'était bien moins à lui qu'à tout autre d'insister sur un semblable sujet. C'est d'autant plus triste qu'au fond ses doctrines et celles de M. Féli sont demeurées les mêmes. Il a soutenu dans ses admirables conférences du collége Stanislas, où courait toute la jeunesse, que *le pouvoir dans la société était un châtiment,* que *le pouvoir était le fruit du péché;* or, entre cette proposition et celle-ci de M. Féli, *les péchés font les princes,* quelle différence y a-t-il? Si M. Féli ignore ces détails, ne lui en parlez pas, cela lui ferait de la peine. Au reste, il a dit que si on l'attaquait du côté de Rome, il se bornerait à protester de sa soumission entière quant à la foi, mais aussi de sa liberté entière en matière politique.

Madame Hippolyte a dû recevoir une lettre d'Eugénie, et vous, des vers. Ma sœur me parle vivement du bonheur qu'elle a d'entrer en correspondance avec *une âme aussi bonne et aussi belle* que celle de sa nouvelle amie. — Pourrais-je vous exprimer, mon cher Hippolyte, combien je suis heureux de voir se doubler les liens qui m'unissent à vous, et ma sœur trouver une sœur chez vous comme j'y ai trouvé un frère!

M. Ange du Breil nous a causé en arrivant une agréable surprise; il fait si bon voir un visage breton et les frères de nos frères! Paul et François présentent leurs hommages à madame Morvonnais et vous envoient mille douces amitiés. Je vous prie de joindre mon hommage aux leurs et de déposer pour moi un baiser sur cette petite bouche de quinze mois qui disait si bien *M. Guérin* et donnait tant de grâce et de douceur à ce pauvre nom. Mes souvenirs respectueux à tous vos parents de Mordreux et de Saint-Malo.

Ne m'oubliez pas auprès de vos bons domestiques, Pierre, Suzon et la berceuse de Marie, dont je cherche vainement le nom dans ce moment en maudissant ma mémoire. Écrivez-le moi, qu'il ne m'arrive plus de ces oublis qui font mal. — Une caresse à Tamerlan qui marchait si gaiement devant nous dans nos promenades. — Dites à l'Océan qu'un grain de sable le salue.

A M. DE GUÉRIN,

AU CAYLA.

Paris, 16 mai 1834.

..... Une fois pour toutes, n'ayez pas d'inquiétudes à mon sujet quand vous entendrez parler d'émeute, et même de bataille. Mon quartier est si paisible qu'on n'y apprend guère l'émeute que par les journaux. Ses rues sont si longues et si droites, qu'elles ne valent rien pour la barricade. Les quartiers Saint-Denis et Saint-Martin. sont le terrain classique de toutes ces luttes, et j'en suis éloigné d'une demi-lieue. Que tout soit fini, je me garderais bien de le prédire. Le gouvernement fera si bien qu'il mettra la France dans l'alternative de se laisser étrangler par les lois qu'on lui file chaque jour comme des cordes, ou de faire un effort violent pour lui sauter à la gorge et essayer à son tour de l'étrangler. C'est une lutte entre le bourreau et la victime.

J'ai reçu une lettre du Val, qui est enchanté de tout ce qui lui arrive du Cayla. Eugénie rendra vraiment cette excellente famille heureuse en lui écrivant. Elle est isolée, peut-être plus encore que vous ne l'êtes au Cayla, et ses goûts sont pareils aux vôtres. Que peut-on faire de mieux que de s'aider réciproquement à supporter la vie?

A M. H. DE LA MORVONNAIS,

AU VAL SAINT-POTAN.

Paris, 15 juin 1834.

Que j'aime, mon cher ami, le retour de cette date du mois qui me met la plume à la main pour vous écrire, pour reprendre cette douce causerie qui, vu notre éloignement, ne peut aller que par jets, d'intervalle en intervalle, sur une feuille de papier toujours trop étroite, mais qui dans le fond du cœur se continue sans interruption; car, entre amis, il y a dans le secret de l'âme un entretien délicieux et sans bruit de paroles qui ne s'arrête jamais.

François a dû vous rendre compte de ce qui s'est passé ces dernières semaines : vos articles reçus et qui paraîtront côte à côte avec ceux d'Amédée dans la *France Catholique* et la *Revue Européenne,* le progrès de nos desseins sur ce dernier journal et la publication du livre d'Amédée annoncée dans trois ou quatre feuilles, et ainsi acheminée vers le succès. Si je reviens sur ces nouvelles que vous savez déjà, c'est que je ne puis contenir la joie que j'en éprouve et qui s'épanche tout naturellement en vous. Le mérite de vos travaux et de ceux d'Amédée mis à part, nous devons le bel avenir qui s'ouvre devant nous à cet infatigable et inappréciable ami Paul, qui est ici notre providence. Plus j'avance dans son âme, et plus j'y découvre de trésors d'amitié, d'amitié naïve et dévouée qui, combinée avec sa grande expérience de la vie et son infatigable activité, détermine en lui un caractère unique en fait de bonté, de charme et d'attrayantes qualités. Mais que vous dirai-je de lui que vous ne sachiez déjà? Je m'arrête donc dans cet épanchement de louanges qui couvrirait mille pages si je laissais faire à mon cœur, et je me contente aujourd'hui d'effleurer cette fleur aux replis si riches en nuances et en parfums.

Notre doux François a subi une petite épreuve dont il se relève en ce moment : il a souffert trois jours durant des coliques assez violentes qui l'ont alité, mais le mal n'a pas opposé longue résistance aux remèdes et a fait place depuis hier à la convalescence. François vous prie de vouloir bien apprendre à ses parents sa petite maladie et de les presser de lui donner de leurs nouvelles dont il n'a pas reçu depuis longtemps. Gouraud l'a soigné. Dans le cours de ses visites il l'a maintes fois entretenu de vous, lui parlant avec grands éloges de vos articles et lui témoignant un vif désir de lier avec vous connaissance et amitié.

Je vous écris, mon cher Hippolyte, à la veille de quitter Paris pour aller à la campagne pour un mois ou six semaines chez un ami de collége. Je vais dans le Perche, à une quarantaine de lieues d'ici. Je pars demain au soir et suis dans tous les petits embarras qui précèdent les déplacements et les voyages. En cette considération je vous prie d'excuser cette courte et étrange manière de lettre où je vous dis si peu de chose et si mal. Dans quelques jours, dans le calme de la campagne, je vous écrirai selon mon cœur, c'est-à-dire longuement et avec un résumé de ma position et de mes affaires depuis quelques mois. Je suis tout impatient de vous conter cette histoire, où du reste vous verrez, comme dans toutes mes histoires, la faiblesse de mon caractère et la bonté providentielle de mes amis.

J'ai reçu fraîchement de bonnes nouvelles de ma famille par ma sœur qui revient avec enchantement sur la douce et aimable lettre de madame Morvonnais, et avec tristesse sur cette terrible distance qui les sépare.

Veuillez, mon cher ami, faire agréer à madame Morvonnais mes hommages affectueux et pleins de respect.

Mille caresses à Marie qui sera aussi douce que son nom. — Tous les frères vous embrassent avec moi.

Quand vous irez à la Chênaie, ne parlez pas à M. Féli de nos projets sur la *Revue Européenne;* vous savez qu'il ne l'aime pas, et ce serait assez pour nuos priver dans notre affaire de son nom ou de son aide.

Encore une fois, pardon pour la brièveté de cette lettre. — Mon adresse est chez M. Vacher, canton d'Authon commune de Soizé (Eure-et-Loir).

A M. DE GUÉRIN,

AU CAYLA.

30 juin 1834.

Me voici à 45 lieues de Paris, dans le Perche, chez M. Vacher, un de mes amis de collége. Je m'y repose de ces rudes cinq mois que j'ai passés à lutter péniblement avec ma position qui commençait à devenir très-fâcheuse. J'y mène la vie de famille à la campagne, dans une maison simple et pleine de cordialité. Comme vous connaissez depuis assez longtemps ce genre de vie, il n'est pas besoin d'entrer dans de plus amples détails. Suivant mon usage, je vais visitant les curés du voisinage, principalement celui de notre paroisse, excellent homme et l'un des meilleurs prêtres à tous égards que j'aie jamais connus. Nous discutons avec lui, et la discussion se termine assez souvent par un petit goûter savoureux, arrosé d'un vin blanc exquis. Si la dispute s'est échauffée, c'est un moyen sûr de rapprochement; si elle est encor-pendante, nous y reprenons des forces. Ce goûter est toujours un traité de paix ou une trêve charmante. Je passe ainsi mon temps à visiter, à babiller, à discuter, à faire de l'arithmétique avec mon ami ou à lire, quand je suis seul, quelques livres que j'ai apportés de Paris. Ce pays est un pays de blés; la récolte s'y annonce excellente. En est-il de même au Cayla?

Eugénie m'a demandé ce que je pense des *Paroles d'un Croyant :* je pense que c'est un livre d'avenir que les événements commenteront et que Dieu se chargera de justifier par les choses qu'il fera voir à nous, si nous vivons encore un peu, et bien sûrement à la postérité.

A M. PAUL QUEMPER.

Au Parc, 4 juillet 1834.

Permettez-moi, mon cher ami, de vous conter la petite histoire suivante, si tant est que ce soit une histoire, pour vous donner une idée de mon train de vie intérieur.

Hier au soir, après trois jours d'un vent brûlant, il s'est formé un orage qui a grondé toute la nuit. Au réveil, je m'imaginais trouver le ciel encore tout ému et barbouillé de vapeurs; mais, à ma grande surprise, il avait repris tout son éclat et souriait avec une gaieté plus vive encore que d'habitude. J'ai sauté aussitôt de mon lit et renoncé aux douceurs du somme du matin, pour les sensations plus nobles et plus pénétrantes qui m'attendaient au dehors. La fraîcheur de l'air était si attrayante, j'ai été saisi dès le premier pas d'une humeur si alerte et qui me poussait si fort en avant, que je me suis pris à marcher rapidement, la tête haute, l'air décidé, sans regarder mon chemin, et ne demandant que de l'espace pour exercer cette vigueur de jambes qui m'emportait. L'espace ne me manquait pas : en un clin d'œil j'avais longé de vastes champs de blé, et mis derrière moi vingt fossés et autant d'échaliers. J'allais ainsi tout transporté, tout ému, fou d'une volupté indéfinissable que j'essayerai pourtant de définir en disant que c'était comme un mélange, une fusion intime du plus large sentiment de liberté et de l'impression des beautés naturelles. Mais, tandis que j'allais, le soleil allait aussi. Bientôt j'ai senti mes jarrets qui s'énervaient, la vivacité de mon humeur qui s'émoussait, et, toute ma bouillante énergie s'étant évaporée en sueur, il m'est resté à peine assez de forces pour m'en revenir à la maison. Voilà ma vie en raccourci : une alternative d'élans et de défaillances, d'emportements d'imagination et de prostrations d'âme, de rêves fous à force d'ardeur, et de refroidissements désolants. Il faut que j'avoue ma faute : je travaille peu ici (je n'ai presque pas travaillé de ma vie). Les impressions amollissantes de la campagne et mes habitudes en sont la cause. Le surcroît de vie que je puise ici, au lieu de déborder au dehors, demeure contenu au dedans faute d'issue, se porte au cœur et à la tête, et les fait, en quelque sorte, délirer tous les deux. Au lieu du travail extérieur, qui conserverait mes forces par un sage exercice, je me livre avec fureur à un labeur interne, dont le fruit est l'épuisement. Tout cela est vrai, je me le reproche, je le confesse; mais j'aime mon péché et, par conséquent, ne suis pas près de me convertir.

Je vous ai laissé souffrant, épuisé, en besoin du repos de la campagne. Comment allez-vous, mon cher ami? Faites-moi un petit bulletin de votre santé.

J'ai demandé à François des nouvelles politiques et un rapport sur la marche des affaires de notre petit monde d'amitiés : je vous ferai grâce de la politique, mais point du petit monde. Ma vie n'est pas complète, vivant éloigné de lui et dans l'ignorance de ce qui s'y passe.

Adieu, mon doux ami; donnez de mes nouvelles et mes plus tendres amitiés à nos frères. Je vous embrasse de tout mon cœur.

Le 10 approche, je vais écrire à Hippolyte et à Amédée. — Ne croyez pas cependant que je sois complétement oisif; je lis Jean-Jacques et Shakspeare, et je vais entamer un article pour la *France Catholique*; j'en ai reçu un numéro. Je déplore l'amère polémique qui s'est élevée entre le Baron et Lacordaire.

Je ne puis me résoudre à clore cette lettre sans vous demander grâce pour les extravagances dont elle est pleine. Ce qu'il y a d'étrange, c'est que je ne puis m'empêcher de donner cette tournure à ma correspondance. Riez de moi, grondez-moi, faites en votre gré; pourvu que je demeure en votre cœur, je suis content.

A M. F. DU BREIL DE MARZAN.

Au Parc, 4 juillet 1834.

J'ouvre votre lettre, mon cher François, je la dévore, je mets mon front dans mes mains cinq minutes et je vous réponds. Je ne consulte plus ni mes goûts ni mes répugnances; j'ai fait mon sacrifice, je bande mes yeux, je livre ma main à la fortune : qu'elle me mène où elle voudra. J'accepte donc de grand cœur la proposition que vous me faites. Mais comme j'avais déjà pour l'année prochaine à opter entre plusieurs partis et que mon peu d'expérience des choses ne me permet pas de choisir *proprio motu*, je vous prie de vouloir bien prendre à ce sujet l'avis de Quemper et de mon cousin, avant de répondre à Juilly. Je remets entièrement ma volonté entre leurs mains. Je suis décidé à accepter la place ; à eux de juger si elle vaut mieux que ce que j'avais en vue. Avec eux je dirai *oui* ou *non*. Priez Quemper, qui a une si parfaite expérience de la vie, d'aller trouver mon cousin pour délibérer de cela avec lui. Sur leur réponse, vous écririez aussitôt à Juilly la négation ou l'affirmation, et vous m'écririez après pour me faire connaître leur décision. Vous ne m'expliquez pas s'il faut aller prendre ma chaîne sur-le-champ; je pense que ce ne serait que pour la rentrée. Vous me direz cela dans votre lettre... J'ai écrit à Quemper ce matin même; ces deux lettres arriveront ensemble à Paris.

Adieu, mon excellent ami; le piéton m'attend; j'écris au galop. Recevez mes remerciements pour toutes vos peines passées et futures. Donnez pour moi à Élie l'adieu et le baiser du départ.

Je vous embrasse de tout mon cœur.

A M. H. DE LA MORVONNAIS.
AU VAL SAINT-POTAN

Au Parc, 9 juillet 1834.

Je vous ai écrit en partant de Paris une petite lettre dont je vous priais de ne pas tenir compte. Aujourd'hui, mon cher Hippolyte, que j'ai devant moi tout le loisir possible et autour de moi tout le calme de la campagne, je reprends notre causerie pour m'y livrer à mon aise et la pousser aussi loin qu'il le faut à mon cœur, c'est-à-dire jusqu'au point où je commencerai à craindre que mon bavardage ne vous ennuie.

Je vous ai annoncé un exposé de mes affaires et

de ma position durant les cinq derniers mois. Je commence, écoutez. Vous savez quelles étaient mes espérances quand je quittai le Val : je me sentais un certain goût pour la vie littéraire, le métier de journaliste me souriait, je caressais intérieurement je ne sais quel beau fantôme d'avenir qui s'était élevé dans mon imagination, et, bien que la défiance que vous me connaissez s'en mêlât, je me portais sur ce rêve avec une ardeur extraordinaire. Car, pour vous le dire en passant, je me jette avec impétuosité sur tout projet nouveau qui peut modifier mon existence; qu'on m'annonce une petite course pour demain ou qu'on me dise : demain vos destinées vont subir un grand changement, je suis également ému, je m'élance au-devant de ces deux événements avec la même impatience; une activité étrange de pensée se développe en moi, je ronge en frémissant le frein du temps qui m'empêche de saisir d'un bond ce que je dévore de l'œil. Vous concevez qu'avec une âme sujette à de si ardentes convoitises, je dus arriver à Paris plein d'ardeur et y saisir ma plume de journaliste avec un frémissement de plaisir. Mais, comme d'habitude, l'enthousiasme dura peu; les difficultés, tant personnelles qu'étrangères, se firent sentir. Je vis l'accès des journaux fermé et gardé par l'égoïsme qui veille à la porte de toutes les places pour en défendre l'approche aux pauvres jeunes gens qui arrivent à Paris le cœur plein de naïves espérances. La seule *France Catholique* m'admit parmi les siens;

mais ce journal, malgré la bonne volonté de ceux qui le dirigent, ne pouvait suffire à mes besoins. Mes articles étaient accueillis favorablement, mais le cadre étroit du journal se refusait à de fréquentes insertions. Dans quatre mois j'ai été à peine imprimé quatre fois.

Cependant la dépense allait son train. Bien que je vécusse petitement, cette dépense était grosse comparativement à mes ressources. J'allais épuisant sans fruit mon temps, mon argent, ma patience et celle de mon père. Je persistai quelques mois dans cette disposition, je fis ferme contre la mauvaise fortune pour sauver les apparences et ne pas lâcher pied sans avoir combattu. Mais à la fin tout alla si mal qu'il fallut me résoudre à chercher en hâte un de ces partis qu'on ne prend qu'à l'extrémité. Seul, je ne sais ce que je serais devenu dans la défaillance entière de mes forces et de mon courage, mais Dieu, comme par précaution, a rangé autour de mon âme chancelante des amis qui la soutiennent, l'étayent, la maintiennent en elle-même avec la plus touchante sollicitude. J'allai trouver Paul; je lui exposai ma fâcheuse position dans toute son étendue, je lui proposai l'énigme terrible de ma destinée et lui en demandai la solution. Il dénoua aussitôt et sans peine ce nœud gordien. « L'avenir vous échappe, me dit-il, si vous quittez Paris. Il ne faut point démordre, à tout prix. Faites sentir à votre père qu'il s'agit de toute votre vie, qu'un dernier effort peut tout sauver, qu'un premier refus peut tout perdre. » Là-dessus, nous nous mîmes à supputer, article par article, toutes les nécessités à satisfaire, toutes les dettes à combler, toutes les chances les plus menaçantes à prévenir, et, ce compte fait et arrondi en une somme de 1200 francs, je l'expédiai à mon père, accompagné d'une supplique écrite par mon cousin, afin de lui donner plus d'autorité.

Au bout de quinze jours, mon père me la renvoya avec approbation et concession de la somme demandée. Quelle joie ce fut, comme je me hâtai d'aller trouver ce cher Paul pour le remercier, pour triompher avec lui, pour le combler de joie avec ma joie, car je le connais si bon que je ne doutais pas de lui faire partager tous mes transports. Je ne fus point trompé; la joie qu'il eut de mon succès me fut bien plus douce que la mienne propre, et j'eus encore l'inestimable bonheur de le voir circuler dans le cœur de mes autres amis, François, Élie, etc. Elles sont si douces ces manifestations de sympathie vive et pure! Enfin, mon cher Hippolyte, me voilà lancé à flot, approvisionné d'argent et de courage, et marchant vers l'avenir d'un pas assuré; il me semble qu'une lueur me guide, et je pressens comme un but encore inconnu sur lequel je m'avance. Pour le moment, voici ce que je compte faire. Je passerai la fin d'août et septembre entier au collége Stanislas, où je ferai une classe de vacances : la rentrée venue, je me fixerai dans ce collége s'il y a place, sinon je trouverai chez mon cousin une place assez avantageuse en lui aidant à tenir sa petite pension d'élèves.

Voilà en raccourci l'histoire de ces cinq derniers mois; ce n'en est que la surface, mais vous êtes assez au fait de mon train intérieur pour juger du cours de mes pensées durant tout ce temps. Ici, je me repose, je rêve l'avenir, je me livre aux douceurs de l'amitié et de la causerie, je savoure la campagne et ces paresses chéries qu'on ne goûte bien à plein qu'au milieu des champs. Notre solitude est si retirée que nous ignorons encore le résultat des élections. Une autre ignorance qui me coûte beaucoup plus que celle-là, c'est celle de ce qui se passe entre nos amis et nos affaires de Paris. Je ne sais rien de plus que je savais quand je les ai quittés. Il y a aussi fort longtemps que je n'ai rien reçu de ma sœur.

Veuillez faire agréer mes hommages respectueux à madame Morvonnais, et mes souvenirs à Mordreux et à Saint-Malo. Je vais écrire à Amédée. — Demandez pour moi à Marie, qui peut maintenant me répondre, si elle se souvient de M. *Guérin* qui lui envoie mille baisers.

A Mlle EUGÉNIE DE GUÉRIN,

Paris, 13 août 1834.

Me voici de retour à Paris depuis quelques jours, ma chère amie. J'aurais voulu t'écrire plus tôt, mais l'espoir de voir bientôt mon affaire de Juilly se terminer m'a fait suspendre jusqu'aujourd'hui. Il n'y a rien encore de bien positif. M. de Salinis a écrit que lui et ses collègues ne demandaient pas mieux que de m'associer à leur œuvre, que le professeur actuel de rhétorique manquait de certaines qualités, mais qu'il en possédait aussi de fort précieuses et qu'on ne se résoudrait pas à le remercier sans l'avis préalable de M. Gerbet, qui est à la campagne du côté de Saint-Quentin et qu'on attend de jour en jour. Si l'abbé Gerbet doit décider l'affaire, j'ai grand lieu d'espérer qu'elle tournera bien pour moi, car il est très-porté en ma faveur et a fait à ces messieurs de grands éloges de mon petit mérite. Quoi qu'il en soit, j'irai toujours le 23 ou le 24 m'installer à Stanislas à côté du cher père Buquet. Félicité part le 20 pour Lagny, Auguste ne tardera pas à la suivre; c'est le temps de la dispersion.

J'ai quitté avec bien du regret ce bon pays du Perche où j'ai passé six semaines des plus calmes et des meilleures de ma vie. J'y étais si bien acclimaté, mes habitudes s'y étaient si doucement établies, en un mot, tout m'y allait si bien que je ne puis y penser maintenant sans éprouver un regret tout semblable au mal du pays.

Tes vers à Louise sont très-bien ; il y a beaucoup de poésie et grande abondance d'âme ; mais si tu m'en crois, tu referas cette pièce, et voici pourquoi. Le sentiment de l'amitié y est très-bien exprimé ; mais c'est l'amitié générale, l'amitié abstraite, et point l'amitié de Louise. J'aurais voulu que, dans une causerie en vers adressée à ton amie, tu lui eusses exposé tout ce qui fait en elle le charme de l'amitié ; que tu lui eusses parlé de la tournure vive, piquante, originale de ses lettres ; de son âme ardente, passionnée, capricieuse, sévignéenne ; de Rayssac, des montagnes, de sa vie isolée, de tout l'ensemble de son existence extérieure et intime ; et cela en vers hexamètres rompus au ton de la conversation, sans passer jamais aux strophes qui donnent aussitôt le mouvement de l'ode, ce qu'il ne faut pas. Je voudrais, en un mot, que tu fisses une pièce d'intimité où fût reproduit le caractère si individuel de cette amitié. Il ne faut pas compter sur la *Revue Européenne* pour cette publication ; elle n'admet guère de vers et, si elle en admet, c'est qu'ils ont quelque rapport avec sa rédaction. Il y a un *Journal des jeunes personnes*, rédigé en partie par des femmes ; madame Janvier entre autres y écrit. Elle se chargera volontiers d'y faire insérer ta pièce, et je ferai adresser un numéro à Rayssac et l'autre au Cayla. Mais je t'engage à refaire la pièce, sans te presser trop, sans trop écouter la facilité, en travaillant un peu plus la contexture du vers et la rime, et surtout en écartant toute influence lamartinienne pour te renfermer dans ton individualité et ne ressembler qu'à toi-même.

Il ne faudrait pas mettre dans ta pièce trop de dévotion ni d'ascétisme. Que ce soit une pièce purement humaine [1].

Quant aux *Enfantines,* c'est une excellente idée que tu as là ; mais il faut bien prendre garde de tomber dans l'enfantillage en parlant aux enfants. C'est une tâche bien difficile que de leur parler en poésie ; il est beaucoup plus facile de parler d'eux comme l'a fait Hugo. Mais ne va pas te décourager ; commence, envoie-moi quelques échantillons, expose-moi tes idées à ce sujet. Je voudrais que tu fisses une réforme dans ton système de composition : il est trop lâche, trop vague, trop lamartinien. Ta poésie chante trop, elle ne cause pas assez. Forme-toi un style, un style à toi, qui soit ton expression. Étudie la langue française par des lectures attentives,

---

1. Mlle Eugénie de Guérin a écrit sur cette lettre :

« O mon ami, que remarque-t-on dans la vie de l'homme vraiment chrétien et parfaitement soumis à l'Évangile ? Une sainte liberté qui influe dans toute sa conduite, une aisance d'action et de conversation qui charme ceux qui en sont témoins, une détermination fixe et généreuse à exécuter le bien, et un talent d'insinuation pour le persuader aux autres.

« Mon cher Maurice, j'ai vu cela. »

en attachant ton travail à remarquer les constructions, les tournures, les délicatesses de style, mais sans adopter jamais la manière d'aucun maître. Il faut apprendre la langue chez eux ; mais il faut s'en servir chacun à sa manière. Et surtout point de scrupules sur la perte du temps et le plus ou moins de convenance qu'il y a pour une femme de s'occuper de choses littéraires. Si tu savais la musique, tu ferais de la musique dans tes moments de loisir : tu ne sais pas la musique; mais tu sais la poésie, fais de la poésie.

A LA MÊME.

Paris, 10 septembre 1834.

Un échec, ma chère amie. Cette espérance de Juilly qui me tenait en haleine depuis plus d'un mois vient de crever comme une bulle. Ces messieurs se sont décidés à garder le professeur que je devais remplacer. Voilà qui est fini; n'y songeons plus et tournons-nous ailleurs. Je suis à Stanislas depuis quinze jours, faisant une petite classe à quelques élèves qui restent au bercail, comme les moutons malades, tandis que le troupeau s'égaye aux champs. M. Augé a témoigné beaucoup de satisfaction de me voir rentrer dans le collége, et m'a, de son propre mouvement, offert une classe pour la rentrée, s'il peut en donner. Qu'imaginer de mieux en fait de bonté et de prévenance? J'aurai donc une classe, s'il y en a de disponible; sinon, je demanderai à rester dans la maison comme professeur suppléant, fonction de peu de poids, qui me vaudrait le vivre et le couvert. Professeur et demeurant au collége, je me procurerais facilement quelques répétitions, dont le prix me sauverait de tout besoin d'argent. L'essentiel de l'existence étant ainsi basé et assuré, je pourrais courir à l'aise et sans trop m'inquiéter après le chanceux, le vague, le mouvant, c'est-à-dire chercher fortune dans l'aventureuse carrière de la presse, et tenter des voies d'avenir. Qu'il m'arrive de tout ceci comme à Perrette, c'est fort possible; cependant les probabilités sont assez en ma faveur, et je ne vois pas quel choc pourrait renverser mon pot au lait, après la preuve de bienveillance que m'a donnée M. Augé...

Voilà mon plan de campagne et tous mes projets d'avenir. Quant au passé, tous les abîmes qu'il avait creusés sont fermés, toutes les dettes sont comblées. Je suis redressé et raffermi sur mon trône comme un roi de restauration.

Je me trouve maintenant isolé au milieu de Paris. Cette nitée d'amis que j'avais rue de Vaugirard s'est envolée et dispersée; mais c'est seulement pour le temps des vacances, l'hiver les ramènera. Le silence et le vide du collége me font comme un second isolement dans le premier. C'est comme un village abandonné. Qu'est-ce qu'une vingtaine d'habitants dans une maison qui en renfermait 350, il y a quinze jours? J'y vis seul, comme à la campagne, dans une grande chambre démeublée que je ne remplis guère avec mon petit bagage, mes quelques livres et ma pauvre personne. Au demeurant, je ne me plains pas de ma solitude. Elle n'est troublée que par quelques amis qui m'aiment assez pour venir me chercher au fond de ce désert, et, le soir, par l'abbé Buquet, qui couche dans la chambre à côté et vient m'entraîner en de longues et charmantes causeries. Ma classe, qui, au grand complet, compte cinq élèves, prend peu de place dans mon travail et dans ma journée ; de longues heures demeurent à la disposition de ma volonté, de façon que le travail libre l'emporte de beaucoup sur le travail obligé, ce qui est d'un grand prix dans la vie.

Voilà un an passé que j'ai quitté la Chênaie. C'était le 5 septembre. Que de voyages, que de projets créés et détruits depuis ce jour-là ! C'est mon année errante. Et celle qui commence, que sera-t-elle ? Si ce n'était ce maudit argent et l'inquiétude de l'avenir, il y aurait du charme à errer. Quand on erre, on sent qu'on suit la vraie condition de l'humanité ; c'est là, je crois, le secret du charme. Voici la saison où tu deviens, toi aussi, errante. Je suis enchanté de ton voyage à Rivières. Cette excellente baronne ! je prie Dieu qu'il me ramène dans le pays assez tôt pour la revoir encore.

Pourquoi voudrais-tu rompre l'échange de parfums entre les quatre ou cinq jolies fleurs qui t'entourent, et toi? Pourquoi froisser dans un petit accès de pieuse misanthropie cette guirlande de charmantes amies? Cette pauvre Gabrielle, où en est sa dépérissante santé? Cette idée de Lucie, devenue de jeune enfant jeune fille, m'est venue comme un riant avertissement de la fuite des années. Voyez-vous cette Psyché courant après les papillons? Que fait-elle de ses grands yeux bleus? Que dit sa voix molle et lente relevée d'un petit défaut de langue? A mon retour, je ne sais quand, j'effaroucherai toute cette jeunesse, barbu, ridé et rechigné. La plupart me donnent trente ans; quelques-uns trente-cinq; un enfant m'en a donné quarante. Dieu! si j'étais femme! La noirceur de ma barbe, ma peau tannée et quelques rides qui se creusent en sont la cause. Le temps laboure, le soleil hâle, l'âme soutire : que voulez-vous que devienne un pauvre visage d'homme ainsi en proie?...

Pourquoi as-tu peur du vers hexamètre? Ce vers-là n'est pas si roide que tu crois. Il s'assouplit aisément et se prête de bonne grâce au ton de la causerie, et peut prendre un air de négligence qui lui sied à merveille dans les sujets intimes. Je le préfère même pour causer au petit vers ou aux vers libres, qui, à mon gré, ont peu d'harmonie et de balancement.

A M. H. DE LA MORVONNAIS.

Paris, 21 septembre 1834.

Je reçois, mon cher ami, votre manuscrit et la lettre qu'il renfermait; je le reçois à l'instant et je vous écris avant de lire, parce qu'il faut que je me hâte de faire mon courrier pour Paul, qui part après-demain matin. Vous allez donc posséder cet inestimable trésor d'amitié, de fraîcheur d'âme et de bonté de cœur. Il va se reposer de sa vie si active, si dévouée, dans ce beau sanctuaire d'amitié et de paix dont vous êtes le prêtre; il va se baigner au courant de ces jours limpides et faciles, qui murmurent sous votre toit. Quelle interruption, quelle lacune dans ma vie, à partir d'après-demain jusqu'au jour qui me le ramènera, lui et les autres frères! Quel deviendra mon ennui! Demain au soir, ce sera la soirée des adieux. Savez-vous quelles soirées nous passons ensemble de temps en temps? Nous nous réunissons à l'heure du dîner, dîner intime, causeries intimes, longues et vagues promenades sous les marronniers des Tuileries, aux parfums des orangers et des fleurs des parterres, aux lueurs du couchant. Ces causeries vont et viennent de Paris au Val, d'un ami à un autre ami, du présent à l'avenir, de la mélancolie à la joie, de la philosophie à la poésie, des molles tristesses aux résolutions fermes et viriles, de l'une à l'autre des choses de la vie. Vouloir vous peindre ces entretiens, ce serait essayer de rendre avec le style les couleurs du crépuscule, la vague nonchalance des brises, ou, chose encore plus difficile, ce qui sonne de plus doux et de plus nuancé dans le cœur. Demain, ce sera donc la soirée des adieux, la clôture des mélodieuses soirées. Que de choses qui se closent avant nos yeux ! Je ne vous parle pas de mes affaires; Paul vous dira où j'en suis, les espérances qui s'élèvent et qui tombent, qui s'élèvent jusqu'à la chaire de rhétorique de Juilly, et qui tombent dans une petite salle d'étude. Il vous dira mes fortes résolutions et les mâles efforts de ma volonté pour ressaisir l'empire de mon âme. Ce serait une bien longue narration que celle de mes révolutions intérieures, changements de gouvernement, guerres civiles, anarchie, despotisme, lueurs de liberté. Ce sont de ces annales qui s'écrivent en rudes lettres dans l'âme et en rides sur le front. Il m'arrive parfois de n'en pouvoir plus, comme un vieil empire. O mon charmant solitaire, mon cygne de mer, mon philosophe-poëte, comment vous exprimerai-je le mélange de mon âme en ce moment, cette confusion de plaisir et de peine, ce pêle-mêle de larmes joyeuses et tristes qui se poussent et roulent les unes sur les autres dans mes yeux? Je vous vois là, dans mon âme; j'y vois Paul qui va partir, que j'embrasse en lui disant adieu; j'y vois le Val, vos réunions, tout le charme de votre vie, et mon isolement ici et mes aspirations vers la bien-aimée Bretagne. Mon ami, il y a des moments où l'âme s'étend à perte de vue et se trouble comme la mer.

AU MÊME.

Paris, 19 octobre 1834.

Enfin, mon cher ami, je puis être à vous, je puis enfin me rouvrir et vous faire part de mon âme, qui est un bien très-mélangé, sans doute ; mais, par malheur, je ne sais pas la retenir pour moi seul. Aujourd'hui donc, dimanche, jour gris, jour calme, jour de déclin et tout à souhait pour la chute des feuilles et l'émigration des âmes, ma vie affairée et échauffée par l'action s'arrête, recueille ses esprits, reprend ses entretiens du dedans depuis longtemps interrompus, se livre au Génie de l'automne, prête l'oreille aux souvenirs qu'on entend bruire si distinctement dans le silence de certains jours, et, toute chargée d'impressions, de souvenances, de mélodies automnales, se retire dans un coin bien solitaire, bien à couvert des interruptions, pour se raconter à vous. Mais je laisse derrière moi un mystère vers lequel je reviens pour vous le dénouer. *Ma vie affairée et échauffée par l'action :* comment, moi, homme d'action? Il faut donc qu'une voix puissante m'ait dit : Lève-toi et emporte ton grabat! Le lendemain du départ de Paul, je devais aller à Versailles, où l'on me faisait espérer une place de professeur dans une institution. J'allai donc à Versailles, et voici ce que j'y rencontrai : quatre heures de classe par jour, des salles d'étude, des récréations, des promenades à surveiller, le tout appointé de 400 francs. Ce que j'espérais au collége Stanislas m'ayant aussi manqué, il ne me restait plus que mon espérance de réserve, celle d'aller chez mon cousin; mais, pour comble et comme pour achever la leçon qu'elle avait résolu de me donner, la Fortune a voulu que mon cousin vînt tout à coup à manquer absolument d'élèves. J'ai donc été un moment renversé tout du long et sous les pieds du sort. Alors, certes, j'avais le loisir de vous écrire, je surabondais de loisir. Pour me punir par où j'ai péché, moi qui si longtemps ai fait le rebelle contre l'antique condamnation au travail, Dieu m'avait ôté la possibilité de rien faire; il avait détourné, éloigné de moi tout instrument de labeur au moment où mes mains en étaient avides. Du loisir de tous côtés, bien loin, sans fin, condamné à m'enfoncer dans un loisir sans bornes comme dans un morne désert. Pourquoi ne vous ai-je donc pas écrit quand j'avais toute ma vie devant moi, à ma merci? Mon ami, je n'avais que des disgrâces à vous conter, je ne pouvais que vous contrister avec mon récit. J'ai mieux aimé attendre que le vent eût emporté tous ces jours noirs et purifié mon atmosphère. La tempête a été courte ; le ciel de mon petit monde s'est coloré de nouveau à l'orient, et c'est à la lueur de ses premières clartés que je vous écris. Le professeur de cinquième à Stanislas a demandé un congé d'un mois ; je le remplace et je gagne cent francs à cette besogne. Je me suis mis en quête de répétitions et j'en ai rencontré quelques-unes... Classes et répétitions remplissent ma journée depuis sept heures et demie du matin jusqu'à neuf heures et demie du soir. Je couche chez mon cousin. Le dîner du collége me tient lieu de déjeuner, et je m'en vais dîner, sur le soir, à 24 sous, comme un débutant. Telle est ma vie depuis trois semaines : révolution subite dans mon existence, transformation soudaine de la nonchalance des rêves à l'essoufflement de l'action. Une urgente nécessité, un peu de raison, quelques grains d'amour-propre irritant, suppléent aux forces de mon âme, qui s'épuisent au premier coup de collier. Cependant, je dois dire que, dans les régions les plus reculées, les plus profondes de mon être, dans le sanctuaire de la volonté, vit une résolution, que je crois ferme et stable, de sacrifier une moitié de mon existence à la chose extérieure pour assurer le repos de la chose intérieure ; ainsi, il est décidé que je vais me préparer à l'agrégation. Je vous ai dit les faits, les accidents, les dehors ; rentrons. Le latin et le grec et tout ce tracas de vie laborieuse absorbent une certaine portion de mes pensées ; mais c'est cette portion flottante et dernière que je laisse aller à tout vent comme les franges d'un manteau ; je n'y ai aucun regret. Ce sont les vagues qui brisent sur la grève : le sable en boit, l'homme les écume, la mer en fait abandon à qui veut les prendre. Ainsi, vous dis-je, ma pensée sur les bords est prise par les soucis et les soins de la vie active ; mais, au large, rien n'y touche, rien n'y passe, rien ne s'en va de ses flots que par l'évaporation continuelle de mon intelligence aspirée par un astre inconnu [1].

Il y aura bientôt un an que, des hauteurs de Créhen, je saluai le Val tout doré là-bas sur son coteau par un beau soleil d'automne. Doux anniversaire, tout suave de mélancolie comme la saison qui l'amène. Chaque matin, en allant au collége, je traverse les Tuileries, dont le sol est tout couvert des jonchées de l'automne ; le vent siffle dans les rameaux, comme au désert ; comme les ramiers qui habitent ces antiques marronniers, quelques-unes des poésies de la solitude voltigent dans le bois de la cité. La rumeur d'une brise dans les branchages me rappelle quelquefois le bruit de la mer ; je m'arrête, je m'empare de la fiction, je m'isole avec elle du monde entier : ce sont les flots, je les côtoie avec vous, nous errons sur les caps, le soir, à la brune ; je m'assieds sur la Roche-Alain. Puis, quand je sens que l'illusion perd

---

[1]. La fin de ce passage se trouve, avec quelques légères différences, dans le *Cahier vert*, à la date du 22 octobre 1834.

de son intensité, je me remets en marche, tout ému, tout en vous, et m'écriant comme le *Jeune Barde :* *Bon Dieu! rendez-nous la mer!* Un hôte vous est venu cette année aussi sur un rayon d'automne, et peut-être lui avez-vous trouvé un peu de la pâleur du rayon. Peu de jours avant son départ, il revenait d'une vallée charmante des environs de Paris, et il revenait cette fois comme un homme qui a laissé une grande partie de lui-même dans le lieu qu'il a quitté. L'Amérique lui avait envoyé dans cette fraîche vallée une apparition des rêves de jeunesse, mais pâle, languissante et atteinte. Nous causions, et la vivacité de cette âme si étincelante était tombée. La parole au vol brillant et hardi se traînait comme un oiseau qui a une aile cassée. Il y avait un point fatal qui l'attirait; elle voulait s'échapper, mais elle n'allait pas bien loin, et je la voyais se rapprocher insensiblement du centre, comme si elle eût été enfermée dans un cercle magique. Tels furent nos entretiens le soir de notre séparation; une tristesse solennelle nous dominait tous deux; nous avions tous deux besoin de consolation, nous nous en demandions secrètement l'un à l'autre, et chacun ne parlait que de douleur. Nous aurions voulu faire échange d'âmes. Faites respirer au malade les brises marines et les sauvages parfums de vos rivages. Si j'avais une atteinte semblable, je vous demanderais hospitalité au Val pour enchanter ma souffrance.

AU MÊME.

Paris, 27 novembre 1834.

Croyez-vous par hasard que je vous oublie, mes amis, mes excellents amis? Vous serait-il arrivé, le soir en serrant le cercle autour du foyer, de vous plaindre de mes longs silences avec un doute au fond du cœur? Mais non; vous me connaissez de part en part, vous savez qu'il n'y a pas un seul repli de mon âme où vous ne soyez comme une vive lumière qui pénètre dans les coins les plus retirés d'un appartement, comme un parfum qui s'attache à toutes les fibres d'un tissu et ne les quitte plus. Maintenant que ma vie est tout extérieure et acharnée sur la réalité, que croyez-vous que devienne ma pensée? Vous imaginez-vous qu'elle assiste à mon labeur et le surveille comme un inspecteur de travaux? Oh! non; elle a peu de souci du dehors et creuse en sens contraire; elle élargit chaque jour son excavation dans les flancs de la montagne pour s'y faire une demeure et s'y établir à tout jamais, avec quatre ou cinq idées et votre souvenir qui sera comme la lampe que je suspendrai à la voûte de mon palais. Je me trouve à merveille de ce dédoublement de ma vie. Une fois lancée, ma vie extérieure va son train comme un char à ressort, et ma pensée occupée ailleurs ne vient jamais arrêter ni troubler dans son chemin la bonne routine. Chose étrange! je suis beaucoup plus intérieur depuis que mon action est extérieure. Le partage de mes facultés s'est fait nettement et, je crois, sans retour : les unes sont allées à leur vocation externe et travailleuse, les autres ont pris le chemin qui s'enfonce loin du visible et du bruyant.

Et vous, mes amis, que la solitude enveloppe de tous ses charmes (oui, même en novembre, car je vois d'ici la beauté sauvage de vos côtes, mornes, plus solitaires que jamais, et retentissantes; je vois aussi ce sommet de Bellauré d'où l'on découvre, le soir, une si grande mélancolie dans le lointain de vos campagnes. Vous souvenez-vous de cette soirée, veille d'une séparation, que nous passâmes en partie à errer sur cette hauteur ? Les premières ombres s'étendaient sur le château du Guildo et adoucissaient l'âpreté de ses ruines; nous transportions nos regards de ce débris au sein de l'avenir, car nous allions nous séparer; notre causerie murmurait vague et un peu triste, comme un souffle d'une soirée de novembre, tandis que le bon Tamerlan promenait les éclatantes bigarrures de sa robe sur les flancs grisâtres et rocheux de la colline. C'est un tableau qui ne s'efface pas de mon imagination non plus que le coin du feu qui suivit. O souvenirs, souvenirs, douce pente qu'on voudrait descendre à l'infini, mélancolique entraînement de ce qui n'est plus à ce qui n'est plus, d'une ombre à une autre ombre, chacune ayant un mélodieux filet de voix dont elle vous appelle et vous séduit : où me mènerez-vous si je continue à rebrousser ainsi le chemin de ces dernières années et à remettre le pied sur mes empreintes? Au plus doux point d'arrêt de ma vie, quand elle s'appuyait des deux côtés sur le bras d'un ami, vous me ferez tourner sans cesse autour de ce point, car je ne vois rien au delà qui m'appelle avec la même puissance). Vous donc que le désert couvre de son silence, mes bons causeurs qui excellez dans cette musique de causerie que l'homme en hiver chante, ému, comme le grillon, par la chaleur gaie du foyer; comme vous devez mêler vos âmes, et vous causer des joies mutuelles et profondément ressenties! J'établis en mon âme toutes les scènes de votre vie : vous dialoguez en moi-même, ombres chéries, sur un théâtre où je vous ramène sans cesse.

J'ai distribué les lettres et les articles contenus dans le dernier envoi, sauf le *Tombeau de Chateaubriand* que je remettrai ces jours-ci. Votre article sur *Volupté*, mon cher Hippolyte, a rencontré autant d'admirateurs que de lecteurs; on en a adressé des compliments à la *France catholique*. — François vous est rendu sans doute depuis longtemps; voudriez-vous lui rappeler qu'il me doit une lettre, et le gronder un petit pour sa négligence?

Veuillez, mon cher Hippolyte, faire agréer mes respectueux hommages à madame Morvonnais, et glisser parmi un petit reproche de la part de ma sœur, qui là-bas prête l'oreille à la douce voix et n'entend rien venir.

Mille tendres souvenirs à François, Amédée, Élie. Je vous embrasse et répartis entre vous deux quatre baisers.

AU MÊME.

Paris, 13 décembre 1834.

Quand cette lettre vous viendra, mon cher ami, Paul vous aura quitté sans doute; vous souffrirez les amertumes de la séparation. Que je serais heureux si je pouvais vous apporter quelque distraction dans ces premiers moments et vous adoucir le passage du regret vif et récent au regret d'habitude, qui est un souvenir aimant et mélancolique qui flatte l'âme au lieu de la déchirer. En rêvant à cela, j'ai supputé par entraînement tous les départs et les séparations que j'ai essuyées. Voici bientôt treize ans que je me suis éloigné pour la première fois de ma famille; depuis ce temps-là, je ne fais, pour ainsi dire, qu'ouvrir et fermer les bras pour donner et recevoir des adieux. Quand donc les ouvrirai-je pour vous ressaisir, mon cher Hippolyte, et oublier dans la joie de votre présence que nous sommes passagers et en rencontre ici-bas? Vous me donnez cette espérance pour le mois de février; voilà donc enfin de quoi charmer mon isolement, répandre de l'onction sur mes travaux et faire travailler doucement ma pensée dans les intervalles...

A M. DE GUÉRIN,

AU CAYLA.

Paris, 2 janvier 1835.

Voilà, je crois, plus de douze ans, mon cher papa, que je n'ai eu le bonheur de vous embrasser au renouvellement de l'année. Ce fut, s'il m'en souvient bien, la veille de la fête des Rois 1822 que nous arrivâmes à Toulouse, sur le chariot, traînés par cette bonne jument qui occupe une place si distinguée dans le souvenir de vos montures. C'était ma première sortie du Cayla; je m'en allais avec une cruelle déchirure, la première que la séparation eût faite à mon âme, mais aussi avec l'amour de la nouveauté qui prend les hommes presque au berceau et me possédait dès lors assez vivement pour me faire ouvrir de grands yeux et regarder toutes choses avidement à travers mes larmes. Les impressions de ce temps-là se sont effacées pour la plupart : elles ont cédé la place à mille autres, qui, à leur tour, s'en iront, sauf quelques-unes, qui demeureront toujours comme gravées sur bronze. Je vous vis partir quelques jours après : vous aviez lancé votre vaisseau à la mer. Me voici enfin, après douze ans de marche périlleuse et incertaine, arrivé en lieu sûr, autant qu'on peut en rencontrer ici-bas, et repassant en moi-même toutes les chances de ma traversée. Il est vrai que ce lieu sûr où je me réjouis d'être parvenu peut me renvoyer quand bon semblera à la Providence, et que le vent dont je me crois à l'abri peut, au moment où je m'y attendrai le moins, me faire chasser sur mes ancres; c'est le sort commun icibas, où rien n'est stable que l'instabilité. Mais, enfin, je puis à peu près entrevoir mon avenir et disposer mes moyens vers un but que j'ai marqué après de si longs tâtonnements. Comme on change, ou plutôt comme les événements, la nécessité, l'âge, les révolutions qui se font à notre insu en nous-mêmes, font changer l'aspect des choses, et modifient nos goûts et nos penchants ! Il y a deux ans, et moins encore, je n'avais rien tant en aversion que l'instruction publique. Une chaire me semblait le siége du monde le plus détestable et je crois que je me serais assis plus volontiers sur des aiguilles. Aujourd'hui, sans avoir pour moi de grands attraits, cette profession me paraît fort supportable : sans flatter mon goût, elle ne lui répugne pas trop ; et, quant à la raison, c'est le seul de tous les états qui me paraisse abordable et où je puisse espérer de poser ma vie avec quelque consistance. Si j'avais pris ce parti-là plus tôt, je serais déjà assez avancé; aujourd'hui j'aurai plus de peine à y parvenir. Il y a encombrement partout, et les épreuves par lesquelles il faut nécessairement passer pour arriver sont, en raison de cela, devenues plus difficiles. Ainsi l'agrégation est un pas très-difficile à franchir...

A M. H. DE LA MORVONNAIS.

Paris, 29 janvier 1835.

Je viens, mon cher Hippolyte, me jeter dans vos bras et pleurer sur votre sein, et fondre ma désolation dans la vôtre. Vous entretenir de ma douleur, de mes larmes, de mes souvenirs aujourd'hui si funèbres après avoir été si riants, est le seul adoucissement que je puisse trouver. Vous en êtes avide, vous aussi, sans doute; car c'est là un instinct profond du malheur. Et d'ailleurs que pouvons-nous faire de mieux pour nos amis, que de les combler de ce qu'il y a au monde de plus pur et de plus saint, des affections, des actes, des paroles, des moindres débris laissés en ce monde par la vertu? Mon ami, vous avez une âme forte et égale aux plus grands sacrifices; je ne crains pas de la voir s'abattre et succomber; mais le cœur de l'homme est ainsi fait, que sa force s'alimente souvent et se soutient par ce qui semblait devoir le miner, par l'entretien de la douleur qu'il supporte, les plus intimes relations avec la perte qu'il a essuyée et les moindres marques de son malheur. L'âme puise beaucoup dans sa propre substance, dans la foi, dans la prière, dans l'attente du jour qui nous fera rejoindre nos affections parties avant nous; mais elle a une autre nourriture secrète et de prédilection : les souvenirs fidèles qui se rallient de toutes parts à la même pensée, l'image pleurée et adorée. Mon cher Hippolyte, en écrivant ceci, je vous fais part des instincts de mon âme dans sa douleur; je vous indique les asiles où elle se réfugie, non comme asile de consolation, car ni vous ni moi ne voulons être consolés, mais comme des abris contre les abattements mortels. Comment pourrais-je ne pas sourire à une espérance divine, à quelque chose de sublime et d'inaltérable, en contemplant sans cesse au dedans de moi l'image de Marie, telle qu'elle était parmi nous dans la simplicité de sa vie, la douceur de sa parole et le charme de tout son être qui s'étendait au loin autour d'elle? La présence en moi de cette chère représentation est la vertu même sous les traits de celle qui voulut bien m'admettre à son amitié. Qu'on est fort contre la vie et porté puissamment au bien, quand la vertu vous sourit par une image si douce et si consacrée! Mais le charme de notre vie est détruit; il s'est transporté ailleurs, dans un immuable séjour. Oh! suivons-le donc! Qu'il attire de son côté toutes les aspirations et tous les mouvements de notre âme! Tournons-nous vers le monde où demeure Marie : c'est notre patrie plus que jamais. Mon doux ami, désormais *notre Thébaïde* est dans le ciel.

Comme je m'épanche avec vous, je me suis épanché avec Paul. Oh! que nous avions besoin l'un de l'autre! Nous avons passé plus de la moitié d'une journée avant de pouvoir, pour ainsi dire, nous reconnaître; et puis notre douleur a pris son cours en évocations du passé, en redites plaintives, en répétitions de doux noms.

Que je voudrais serrer dans mes bras François, Amédée, et vous surtout, pour vous envelopper de toute notre amitié et de tout notre deuil!

Autant que vous le pourrez, donnez-nous bientôt des nouvelles de votre santé, de celle de votre famille et de l'enfant chérie sur la tête de qui se concentrent tant d'affections.

Adieu, mon Hippolyte; je vous embrasse dans la prière et dans les larmes.

A Mlle EUGÉNIE DE GUÉRIN.

Paris, 1er février 1835.

Je crois que tu as reçu, ma chère amie, dans les premiers jours de cette année, une lettre de madame Morvonnais, impatiemment attendue, car tu t'étais plaint de son silence. Papa m'a dit qu'elle t'y parlait d'un voyage à la Chênaie, où il s'était agi de toi et de tes louanges : elle était si heureuse quand elle parlait de ses amis! De quoi t'entretenait-elle encore? De l'avenir, sans doute, qui lui souriait tant; du bonheur qui l'entourait; de sa petite Marie, qui remplissait son cœur maternel; que sais-je? de toutes les douces peintures qui viennent sous la plume dans les rares moments où l'on est à peu près heureux. Je présume tout cela, car je lui connaissais une âme si sereine et si expansive qu'elle ne pouvait mettre dans ses lettres que du calme et de riants tableaux. Ma chère amie, conserve bien précieusement cette lettre, comme la dernière marque d'une amitié que tu vas pleurer et la dernière expression d'une pauvre jeune femme qui ne savait pas qu'elle allait mourir.

Nous l'avons perdue par un de ces coups foudroyants dont on écarte toujours la possibilité pour ceux que l'on aime, comme si notre amour consacrait les têtes sur lesquelles il repose et détournait d'elles la mort. Hélas! le plus souvent il l'attire! Notre amie nous a été ravie le jeudi 22 janvier, à neuf heures du soir, après deux jours de maladie. Une fièvre cérébrale l'a atteinte au milieu d'une causerie, dans un cercle de famille et d'amis, devant ce foyer où j'ai passé à côté d'elle des heures si charmantes. Elle ne s'est presque pas aperçue qu'elle mourait : son âme a été transportée presque sans secousse de son sein pur dans le sein de Dieu. Dans les derniers moments de sa santé, peu d'heures avant que le mal se déclarât, elle s'entretenait des personnes qui lui étaient chères, de celles dont elle cultivait le souvenir, et mon nom se trouvait parmi les leurs. Étrange instinct de l'âme d'énumérer ses amis, quand elle est, à son insu, sur le point de les quitter! Quel bonheur d'être compris dans ce compte si solennel et si touchant des affections d'une mourante, qui revient une dernière fois sur le passé, et quelle source de larmes il ouvre dans le cœur! Quelle douce et inviolable consécration est imprimée par cette désignation suprême! Notre pauvre Marie avait à peine vingt-six ans. Hippolyte a déployé une force d'âme égale à son malheur. Il a été admirable dans la douleur de son sacrifice. Je ne sais encore rien qui m'ait convaincu de la force profonde des sentiments religieux comme la constance de cette âme dont je connais toute la sensibilité. Voilà donc toute sa vie de poésie et de solitude flétrie, rompue, détruite. Le Val était notre centre en Bretagne, le foyer de notre famille bretonne, notre Thébaïde, comme nous l'appelions : toute sa beauté a disparu. Celle qui animait ce désert, qui le remplissait des charmes de son cœur, de son esprit, de toute sa personne, a tout emporté avec elle. Si notre ami garde cette demeure, fixé par l'attrait singulier et fatal des lieux où l'on a été heureux, nous y reviendrons pour le consoler : ce sera un pèlerinage sacré, mais bien douloureux. Mon Dieu, que j'y retrouverai d'empreintes, moi qui, durant deux mois et demi, y ai caché la plus heureuse vie ! Y a-t-il un seul recoin dans tout ce rivage qui ne mérite des larmes par quelque bonheur que j'y ai goûté? Cette mer, si souvent témoin de nos promenades et de nos longues causeries! ces rochers, dont je savais toutes les anfranctuosités! voilà pour jamais un souvenir funèbre attaché à cet Océan que j'ai tant aimé. Hier, il m'est tombé sous la main un livre dont nous faisions des lectures, le soir, dans nos veillées, qui se prolongeaient avec tant de charme au bruit de la mer; oh! que la vivacité des souvenirs attachés aux objets extérieurs est terrible! La simple vue de ce livre m'a remis sous les yeux, pleins de vie et dans tout leur relief, une infinité de détails qui commençaient à s'effacer dans le lointain de la mémoire, et m'a tellement reporté au sein d'un bonheur à jamais perdu, que j'ai fondu en larmes sur ses pages comme j'aurais fait sur les lieux mêmes qu'il me rappelait[1].

---

1. Voir le Journal, page 112.

Ma chère amie, je me tourne maintenant avec plus de confiance et avec une sorte d'attrait vers ce monde où s'en vont une à une toutes nos affections. La mort de nos amis nous enseigne à ne pas tant redouter un passage frayé par eux et que quelques-uns rendent attrayant.

J'ai écrit à Hippolyte, non pas des consolations, mais des témoignages de ma douleur. Tout autre baume irrite, au lieu de calmer. Écris-lui aussi : ta lettre lui fera un grand bien. Adresse toujours au Val.

Adieu, ma chère amie; je n'ai pas le courage de te parler d'autre chose aujourd'hui.

Adieu; prions tous pour notre amie.

A M. F. DU BREIL DE MARZAN.

Paris, 3 février 1835.

Il y a eu hier huit jours, mon cher François, que j'ai lu votre lettre fatale. La stupeur du coup de foudre est dissipée; mais la douleur lente et continue, la pensée attachée à jamais aux plus profonds replis de mon âme, font leurs progrès et plongent leurs racines. Les larmes ont emporté la première vivacité de la sensation; l'irritation extérieure du chagrin s'est adoucie ; mais si des épanchements violents m'ont procuré je ne sais quel repos par l'épuisement, je garde au fond de moi un besoin sourd et rongeur d'effusions plus discrètes et plus pures que les larmes. Je viens à vous, mon cher ami, dans tout l'abandon de ma douleur. Recevez-moi, accueillez-moi, ouvrez votre âme à mon entretien.

Que je vous estime heureux d'avoir assisté jusqu'au bout à la scène terrible qui s'est dénouée dans le tombeau! Non-seulement vous l'avez veillée et suivie dans la lutte suprême ; mais après avoir fermé les yeux de notre amie, vous l'avez conduite à sa dernière demeure; vous avez été jaloux de partager avec l'un de vos frères d'âme [1] l'honneur de porter sa bière au milieu de la population touchée de ce bel acte de l'amitié. Je conçois, comme vous le dites si bien, que vous vous soyez senti glorieux de cette profession de l'amitié devant la mort; je conçois qu'un sentiment de fierté ait soutenu votre douleur au moment où votre bras s'est chargé d'une relique si chère. Je vous admire à cette place que vous nommez bien justement *le poste d'honneur de l'amitié;* mais je vous envie à celle que vous occupiez près de la couche de notre chère agonisante. Après le bonheur de mourir avant ceux que l'on aime, je ne connais

---

1. M. l'abbé Menard, alors laïque, aujourd'hui supérieur du grand séminaire de Saint-Brieux, et l'un des prêtres les plus distingués de la Bretagne.

(Note de M. du B. de M.)

rien qui marque plus la faveur du ciel que d'être admis au chevet d'un ami mourant[1]...

J'ai lu dans une lettre d'Amédée [Duquesnel] un passage qui m'a causé une indéfinissable sensation : il annonce le projet d'Hippolyte de tailler un tombeau dans les rochers de la côte. Notre ami fixera donc son veuvage dans le mélancolique séjour; le Val sera conservé à notre amitié, à notre douleur, à nos pèlerinages. Ce que vous dites à Paul de la force d'âme déployée par Hippolyte m'a profondément ému, sans m'étonner. J'avais entrevu l'énergie de cette âme à travers sa poésie. Mais quel mystère de douleur a dû enfanter la lutte d'un tel courage avec une telle sensibilité! François, dites-moi ce que vous savez et ce que vous pouvez dire de l'avenir; revenez sur ce que vous avez vu; faites-moi partager un peu des trésors que vous avez recueillis dans les heures suprêmes; initiez-moi à ce mystère dans lequel je voudrais m'envelopper pour toujours. Je suis avide de douleur et de funeste savoir. Pauvre petite Marie! Oh! qu'un enfant est terrible au milieu d'une scène pareille! Elle avait déjà des traits de sa mère quand je partis. Dites-moi que la ressemblance se déclare et que nous la verrons renaître, si nous n'allo s pas bientôt la rejoindre. Étendez-vous sur l'état d'Hippolyte, de la famille infortunée, sur le vôtre,

---

1. La suite de cette lettre, jusqu'au dernier alinéa, avait été transcrite par Guérin dans son *Cahier*, et se trouve imprimée p. 108-110.

mon cher ami. Je vais écrire à Amédée; j'ai déjà écrit à Hippolyte. Paul et moi nous nous cherchons l'un l'autre tous les jours pour répandre des plaintes et des larmes dont l'amas se renouvelle sans cesse. Une chaîne terrible ceint toute notre famille et renforce celle de l'amitié. Nous ne nous en détacherons que pour aller reformer le groupe dans la demeure où Marie nous attend.

A Mlle EUGÉNIE DE GUÉRIN,

AU CAYLA.

Paris, 4 mars 1835.

Le pauvre Hippolyte est à Mordreux, chez son beau-père. Il a quitté le Val pour un an peut-être, jusqu'à ce que le deuil affreux étendu sur cette demeure se soit un peu adouci, et qu'il y puisse rentrer sans y retrouver de ces marques trop fraîches qui désolent inutilement le cœur. Il a le projet de faire tailler un tombeau dans les rochers de la côte et d'y garder les cendres de Marie. Ce mélancolique dessein, s'il l'accomplit, fixera à jamais sa vie extérieure et intérieure : ce sera une veille fidèle et méditative près d'un tombeau. Pourquoi ne lui as-tu pas écrit? Tu ne peux pas t'imaginer le bien que ta lettre lui aurait fait.

Mais il en est encore temps : répare cette lettre adressée à Marie et qui est survenue toute joyeuse au milieu du deuil. Je t'en prie, écris-lui ; ne perds pas cette correspondance où tu trouveras ce que tu aimes et qui te convient tant, l'onction, l'effusion, la mysticité. Ne crains pas de lui parler de Marie. Il le veut, il demande qu'on lui en parle, il en est avide. Je ne pense pas que sa qualité de veuf à trente ans entre le moins du monde dans les difficultés que tu pourrais faire de continuer avec lui la correspondance que la mort a rompue entre Marie et toi. Ce serait d'une délicatesse qui toucherait à la pruderie, et je te connais d'une nature trop franche pour que ce ridicule soit jamais admis en toi. Cette correspondance est un fil sacré qu'il faut renouer. C'est un homme admirable qu'Hippolyte ; tu ne sais pas quelle abondante source de force, de poésie et d'édification religieuse je t'ouvre en lui, si tu veux aller y puiser. Quand tu recevras de ses lettres, tu croiras lire une onctueuse et sublime exhortation d'un Père du désert, bien doux et bien aimant, comme saint Pacôme ou saint Paul, le maître de saint Antoine. Tu recevras de lui une inspiration d'énergie journalière et pratique, et en même temps un grand élan d'idéalité contemplative. Je crois vous connaître assez bien tous deux, et chacun de vous, ou je me trompe fort, trouvera dans l'autre ce qu'il cherche et n'a pas trouvé jusqu'ici...

Je me suis probablement fort mal exprimé, puisque vous avez cru que j'allais faire un voyage en Bretagne. Je voulais dire que le malheur qui a frappé la pauvre solitude l'avait, pour ainsi dire, consacrée, et que nous lui devions un pèlerinage; mais pas en ce moment : quand les circonstances le permettront. Je n'ai rien d'arrêté là-dessus que le désir; le ciel décidera de l'exécution.

Le livre de M. Gerbet est étranger à l'ouvrage de M. de La Mennais. C'est tout simplement une histoire élémentaire de la philosophie. Si le système de M. de La Mennais s'y trouve, ce ne peut être que comme exposition.

A M. H. DE LA MORVONNAIS.

13, RUE D'ALGER, A PARIS.

[30 mai 1835.]

Cela vient à malheur : une affaire à traiter pour ma condition de donneur de leçons est survenue pour demain. S'il me venait au moins la consolation de savoir que Paul est sorti triomphant de son terrible pas d'armes! Adieu, mon ami, excusez-moi, je vous écris sur le genou et prêt à partir : la plupart de mes loisirs sont ainsi; comme ces courriers qu'on ôte de dessus un cheval pour les enfourcher sur un autre, je n'ai de repos que le temps rapide qui s'écoule nécessairement entre la fin d'une action et le commencement d'une autre.

Adieu encore, excusez-moi pour demain et croyez-moi toujours tout vôtre.

AU MÊME.

Paris, 16 août 1835

C'était hier, mon cher ami, un anniversaire de joie converti en tristesse ; celle dont la fête tombait le 15 d'août nous a ôté à jamais la joie de ce jour. Je l'ai passé presque en entier avec Paul, nous livrant tous deux à la mélancolique redite des souvenirs et sondant l'étrange énigme de cette vie. Un coup de la veille, aussi terrible qu'inattendu, nous avait précipités bien bas dans l'affliction et les sombres routes, et va vous y faire tomber aussi, mon cher Hippolyte. Une maladie, dont les caractères ne s'annonçaient pas d'abord pour être graves, a tourné tout d'un coup aux extrémités et nous a enlevé, avant-hier matin, notre excellent ami l'abbé Daubrée. Il a succombé à une fièvre inflammatoire, alité depuis un mois. Je le visitais fréquemment ; mais l'agonie est survenue si prompte que je n'ai pu assister au pied de son lit. Je suis sûr que vous avez été dans ses dernières pensées. Il m'entretenait souvent à votre sujet et me parlait avec espoir de son voyage projeté en Bretagne. Quelles réflexions ajouter à de semblables nouvelles? La confusion où l'on tombe d'avoir été, la veille, plein de confiance dans la vie, suspendrait le cours de l'âme, si la douleur pressante et qui cherche à se mêler ne se précipitait vers les amis. A ce coup si douloureux viennent se joindre pour moi des craintes bien cruelles : le choléra, qui s'étend dans tout le Midi, est entré dans notre département; je l'ai lu hier dans les journaux. Il est bien pénible d'être si loin des siens dans de pareils moments, et de ne pouvoir partager le danger. Je balance maintenant en moi-même si je dois faire ce voyage. Voici ce qui me tient en suspens : le peu de temps que je pourrais passer dans ma famille (ce serait à peine trois semaines), et les déchirements de la séparation en présence du fléau et dans un doute terrible. Si je pouvais essayer ce péril jusqu'au bout, je serais déjà en chemin; mais nous quitter sous la menace de la mort et m'en retourner, moi, en lieu sûr, laissant tout ce que j'aime exposé à tous ces traits, c'est une considération qu'il est bien difficile de braver. Que sont devenus, mon cher Hippolyte, les jours de tranquillité entière que nous avons passés ensemble ? C'est un temps et un bonheur qui ne se renouvelleront plus; les conditions en sont perdues. Il ne s'ouvre aucune perspective sereine dans l'avenir.

Mille amitiés bien tendres, mais bien tristes, à

Amédée et à François. Notre pauvre famille est en deuil pour bien longtemps.

A Mlle EUGÉNIE DE GUÉRIN,

AU CAYLA.

Paris, 11 octobre 1835.

Je suis arrivé mercredi ici. Voilà mes voyages et mes vacances terminés comme une espèce de songe; je me réveille au milieu du bruit de la ville. La longueur de notre course ne m'a laissé que très-peu de jours à passer à Saint-Martin, huit à peine. Nous avions fait une première station chez Mme de Maistre, sœur d'Adrien, qui habite un joli petit château, dit les Coques, sur les coteaux de la Loire, à quelques lieues de Nevers. C'est là que nous avons pris haleine, après avoir fait à pied le trajet de Tours à La Charité, cinquante lieues environ. Tu vois que je deviens décidément marcheur, et que la distance d'ici au Cayla pourra bien ne plus m'effrayer quelque jour. Saint-Martin est au milieu des bois qui couvrent une grande partie du département de la Nièvre. C'est une grande surprise que de rencontrer, à mi-côte d'une colline sauvage, un magnifique jardin français dessiné par Lenotre. La vie de château se mène dans ces demeures avec tout son charme. Il n'y a de dame que Mme de Sainte-Marie ; sa fille, comme j'ai dit, habite, dans la belle saison, le château des Coques; l'hiver la ramène à Paris.

Je vais reprendre mes travaux ordinaires et m'avancer de tout mon pouvoir vers le but que je me suis donné [1]. J'en suis séparé par une assez forte distance, et le chemin n'est pas des plus aisés ; mais à moins d'être né au milieu des biens ou d'attendre philosophiquement la fortune dans son lit, il faut prendre un parti et s'enrôler parmi les travailleurs. Il y en a tant de travailleurs aujourd'hui, et surtout dans les carrières libérales ! On se coudoie à l'instruction publique comme aux écoles de médecine, comme dans le barreau. Cela est cause que la difficulté des épreuves auxquelles les aspirants sont soumis a été doublée ; on a haussé les barrières qu'il faut franchir. On dit que la Providence a mis dans le cœur des hommes l'amour du pays natal, pour empêcher que les contrées fertiles et douces ne fussent sans cesse envahies et disputées par les habitants des climats rigoureux. Il ne faudrait pas que la même loi s'appliquât avec la même force à la condition natale, nous aurions une société pétrifiée ; mais je crois que l'hérédité des professions, l'amour de l'état de son père, nous sauveraient d'un grand embarras et peut-

---

1. L'agrégation.

être de grands malheurs, s'ils pouvaient reprendre quelque racine dans la génération présente. C'est à quoi les gouvernements ne songent pas, ouvrant de plus en plus les voies de l'instruction, ce qui est fort bien, mais ne pouvant ou ne sachant pas élargir à proportion les carrières destinées à recevoir les jeunes gens qui débordent tous les ans des écoles. Il y a partout engorgement, malaise, comme dans une foule qui veut forcer une issue étroite. Je me trouve engagé au milieu de cette foule, et j'y étouffe un peu...

A M. H. DE LA MORVONNAIS.

Paris, octobre 1835 (vers le 15).

Voilà une bien longue interruption entre nous, mon cher Hippolyte : deux mois de silence. C'est comme une absence; nous allons nous retrouver, goûter de nouveau la joie des entretiens, nous raconter les pensées de la séparation. J'ai voyagé : je ne sais quel mouvement de mon destin m'a entraîné sur les rives de la Loire jusqu'à la mer. Je ne prévoyais pas cette excursion la veille de mon départ. J'ai vu le long du fleuve des plaines où la nature est puissante et gaie ; de royales et antiques demeures, toutes marquées de souvenirs qui tiennent place dans la triste légende de l'humanité : Chambord, Blois, Amboise, Chenonceaux, les villes des deux bords, Orléans, Tours, Saumur, Nantes, et l'Océan grondant au bout. De là, je suis rentré dans l'intérieur des terres jusqu'à Bourges et Nevers, pays des grands bois, où les bruits d'une vaste étendue et continus abondent aussi. J'ai fait cent lieues à pied, le reste à cheval, en voiture, en bateau à vapeur. J'ai pris des fatigues que je regretterai longtemps et vivement, à travers les grandes campagnes, à monter d'horizon en horizon, jouissant de l'espace et gagnant cinq ou six fois par jour ces impressions qui s'élèvent de toutes parts des étendues de pays nouvelles et s'abattent par volées sur le voyageur. Le courant du voyage est bien doux, je le suivrais volontiers toute ma vie. Oh! qui m'exposera sur ce Nil[1] ? Rentré dans Paris et remis à la meule où je suis condamné, je retire à grand'peine mon esprit des lointains que j'ai parcourus ; je tâche à me replier, à reprendre avec un peu de cœur la vie attachée. Je voudrais étendre un peu d'onction sur la croix où la nécessité, que je vois venir avec ses clous et son marteau, va m'attacher. Écrivez-moi, mon ami ; vous savez que vos lettres sont des calmants pour moi.

1. On retrouve une partie de ce qui précède dans le *Cahier Vert*, à la date du 13 octobre 1835. (Voir le Journal, page 126.) Guérin transcrivait sur son Cahier les passages de ses lettres qu'affectionnait le plus sa pensée. Il est à remarquer que ce fragment est la dernière chose qu'il y ait écrite.

A M. PAUL QUEMPER,

A SAINT-MALO (ILLE-ET-VILAINE).

Paris, 26 octobre 1835.

J'ai expédié vos malles, mon ami, comme nous en étions convenus, par le roulage ordinaire de la rue Bailleul. Elles vous arriveront dans douze ou quinze jours. La lettre de voiture vous sera remise par le voiturier. — Vous voilà donc avec les frères et dans les causeries. Que je vous envie ce bonheur, et que ces mois sombres et pluvieux auront de charmes pour vous, passés dans l'intimité, au coin des foyers aimés! Pour moi, aguerri par la nécessité, je brave les boues éternelles de certaines rues, la longueur des courses et toutes les difficultés matérielles de mon métier, bien que parfois je rentre attristé par le froid, l'humidité ou cette mélancolie d'atmosphère qui se répand si fréquemment sur Paris. Dimanche prochain je m'établirai enfin dans mon nouveau quartier. Cette prise de possession d'une chambre confortable me sourit moins aujourd'hui : je ressens une vive peine de quitter mon pauvre hôtel de Valence où j'aurais peut-être partagé la chambre d'un ami. Mais je suis engagé, et d'ailleurs les impitoyables distances exigent ce sacrifice. Je ne suis pas encore allé voir Letellier, et je balance. Bien que, dans ma position, la somme de trente ou quarante francs, de temps à autre, ne soit pas indifférente, la répugnance que j'ai pour cette façon d'écrire en *articles*, et le petit nombre de sujets que je puis traiter, me retiennent et m'empêcheront peut-être de faire cette démarche. Vous savez qu'*Absalon* me plaisait fort quand nous nous sommes quittés; je n'ai pas changé de goût depuis, ma fantaisie se maintient dans ces sortes de sujets. N'en riez pas, ni vous, Amédée; et vous, Hippolyte, ne vous écriez pas que mes goûts dégénèrent et que je suis infidèle à la poésie : j'aborderais de bien meilleure grâce un petit traité sur la révolte du fils de David, qu'une dissertation sur B. de Saint-Pierre, par exemple, ou tout autre sujet du même ordre. Ce pauvre Bernardin, il y a trois ans que je le néglige, et bien d'autres livres encore.

Le monde politique est tombé, comme vous savez, dans un silence plat. L'orgie de Grand-Vaux vient de rompre cette monotonie. Vous en connaissez sans doute les détails et avez lu le charmant article de Nettement dans *la Quotidienne.* Le monde littéraire s'est réveillé à grand'peine et s'est frotté les yeux pour aller voir le *Don Juan d'Autriche* de C. Delavigne. On dit que c'est fort spirituel. Adieu, mon ami; je vous fais ici une chronique réchauffée qui ne vaudrait pas mieux que le dîner du proverbe. Je finis donc en vous priant d'embrasser les frères comme je vous embrasse.

A Mlle MARIE DE GUÉRIN,

AU CAYLA.

Paris, 30 octobre 1835.

Je voudrais, s'il était possible, ma chère Marie, te détromper de l'étrange erreur où tu es à mon égard. Tu penses que je t'oublie, que je vous oublie; il n'y a qu'à ouvrir ta lettre pour voir que c'est là ta persuasion intime, que tu exprimes d'une manière assez indécise, il est vrai, mais qui n'en laisse pas moins démêler le fond de ton idée. C'est une véritable douleur pour moi que cette pensée existe chez toi, surtout si quelque chose de ma part en a été l'occasion. Que serait-ce? La rareté de mes lettres? Mais j'écris régulièrement tous les mois. Leur forme? Mais je n'y vois rien d'extraordinaire et qui porte à tirer les conclusions que tu sembles en avoir déduites. J'écris le plus souvent rapidement, entre deux leçons, quand je peux, dans les moments qui me restent et qui la plupart sont fort courts. Comme je pense que l'attachement que j'ai pour vous ne peut être l'objet d'un doute, il arrive, faute de temps quelquefois, et pour aller au plus pressé, que je passe sur les formules et termine brusquement ma lettre. Quant au reproche de la largeur des marges, avoue-le, n'est-ce pas un enfant tillage, et peut-on sérieusement accuser qui que ce soit de froideur pour deux doigts de papier laissés en blanc? C'est regarder les grandes choses à la loupe. Le procès que tu me fais est basé sur des observations microscopiques. Eh! mon Dieu, à regarder les gens de trop près, quelle amitié pourrait subsister? Je ne crois pas que personne gagne à être observé : les allures secrètes de tous les hommes sont si misérables! A cette accusation, une autre vient se joindre encore plus hasardée, si cela se peut : je vis, dis-tu, dans le vague, dans les nuages, ne songeant ni au passé, ni à l'avenir, pas même au présent. Si cela était, à l'âge où me voilà venu et après l'enseignement pratique que j'ai reçu, je serais, en vérité, un bien pauvre garçon et dont il faudrait à peu près désespérer. Pour peu qu'on soit muni de sens, on est descendu de ses nuages à vingt-cinq ans, et l'on s'applique tout de bon à se faire un avenir positif. Les chimères s'en vont avec l'âge : c'est bien commun, tout le monde le sait et le répète; les miennes m'ont été ôtées comme aux autres, je ne suis point privilégié et ne voudrais point l'être pour cela. Si je savais qu'il m'en fût resté quelqu'une, je me l'arracherais violemment comme un ridicule. Et, d'ailleurs, ma façon de vivre ne m'interdit-elle pas toute espèce de vague? Crois-tu qu'on en puise beaucoup dans Lhomond ou la Méthode grecque, et qu'en courant dans la crotte de Paris on rêve au septième ciel? — Je ne dis rien de ma vie. — C'est qu'elle ne fournit rien à dire. Je vais et viens du faubourg Poissonnière au quartier du Luxembourg, donnant des leçons. C'est toujours le même retour des mêmes choses et rien hors de ces choses. Je ne vais pas dans le monde ; je ne vois personne qu'Auguste. Ma vie est aussi monotone ici qu'elle pourrait l'être au fond d'une campagne, et même plus stérile en choses à raconter, car il n'arrive rien à qui va par mesures réglées comme l'aiguille d'un cadran. Autre accusation encore, mais celle-ci vient de papa : je persiste dans des systèmes de politique, de religion. Une fois pour toutes, et, je vous en prie, ajoutez foi à mes paroles, je n'ai aucune espèce de système en rien ni pour rien. Je ne pense jamais à ces choses-là ; elles me sont totalement étrangères et me le seront toujours. Croyez-moi enfin sevré de M. de La Mennais : on n'est pas éternellement à la mamelle ; je suis aussi libre de lui que possible. Je ne suis, grâce à Dieu, de l'école de qui que ce soit. J'aime mieux n'être rien que disciple ; car, en fait d'idées, c'est le cas de dire : Ne soyons rien pour rester quelque chose.

Adieu, ma chère amie ; je t'embrasse, et donne-moi l'absolution, avec Eugénie, de ma très-vénielle faute.

A M. H. DE LA MORVONNAIS.

Paris, 5 décembre 1835.

Cette impatience de savoir la disposition de mes journées et comment tournent les chemins que je suis, afin que votre pensée puisse s'y engager avec moi, m'a touché d'un sentiment bien doux et de ceux qui ne peuvent guère prendre leur expression dans le langage. Mais vous élevez beaucoup trop ma vie et lui attribuez une dignité dont elle n'est pas investie, en parlant, à mon endroit, de souffrances, d'épreuves et de courage à les supporter. Non, mon cher Hippolyte, ma part n'est pas si belle que vous la faites. Les difficultés de ma vie consistent dans quelques fatigues matérielles, à quoi le corps s'endurcit vite et prend même un surcroît de forces, et dans les dégoûts d'une profession qui a déjà beaucoup gagné sur mes répugnances par l'action lente, mais irrésistible, de l'usage, qui apprivoise les plus sauvages esprits et les range, presque à leur insu, à une entière soumission. Tout s'émousse, tout se dissout insensiblement. Les résolutions les plus fermes abandonnent chaque jour quelque chose d'elles-mêmes au cours des heures. Toutes les rébellions rentrent par degrés dans le sein commun. Il y a une pente de toutes choses, qui ne souffre pas qu'on la remonte longtemps. J'ai pris mon cours dans la vie; je vais et viens conduit par l'habitude, tenant mon esprit au milieu du chemin, et le gardant avec soin de ces pensées qui le tirent à côté et ne servent qu'à altérer la monotonie des jours qui est si belle et prête quelque chose à l'existence même la plus menue. Rendu à ce point, je n'ai plus lieu d'appliquer aucun courage. Il a fallu, il est vrai, quelque résolution pour y arriver, mais de peu de valeur dans le fond et empruntée aux circonstances. Voici les principaux traits de l'ordonnance de mes journées : je suis sur pied dès sept heures pour une leçon à donner dans le voisinage; de là je cours au collége Stanislas, à l'autre bord de Paris, et j'y suis retenu jusqu'à six heures du soir. Il me reste alors une heure et demie pour dîner et repasser à l'autre extrémité de la ville, où m'attend une dernière leçon qui se clôt à huit heures et demie. Ma liberté se lève dans la nuit. L'accoutumance ayant usé les aspérités de cette vie, il ne lui reste guère qu'un défaut, mais capital : c'est de réduire à quelques débris le temps, dont les études qui doivent me porter au-dessus de la condition présente réclament de grandes portions. Accorder le soin de la subsistance avec des travaux si exigeants me paraît un problème insoluble à Paris. Mais le temps est si fécond en meilleurs conseils et dénoue parfois si aisément des nœuds qui eussent défié une épée, que je me suis retiré dans la sécurité à cet égard. Vous me portez à produire quelques essais de composition, à découvrir quelques côtés de prix que vous estimez qui se trouvent dans mes facultés. Mon ami, pourquoi rompre le cours d'une résolution sage et altérer son œuvre, qui se forme si lentement et qui est si coûteuse? Laissez rentrer les eaux dans leur cours naturel et caché, et se ranger aux destinées tranquilles d'un lit fort mince et sans nom. Mon esprit est casanier et fuit toute aventure; celle du monde littéraire répugne directement à son humeur, et même, soit dit sans la moindre suffisance, il la dédaigne. Elle lui semble imaginaire, soit dans son essence, soit dans le prix qu'on y poursuit, et partant mortellement blessée d'un secret ridicule. Envisager la vie à l'œil nu, dans l'étendue sévère et monotone qu'elle présente à quelques-uns, me paraît plus conforme à l'intérêt de l'esprit et rentrant mieux dans les règles de la sagesse que d'appliquer sans cesse ses yeux au prisme de l'art et de la poésie. Pour embrasser l'art et la poésie, je voudrais qu'ils me fussent démontrés éternellement graves et hors de doute comme Dieu. Ce sont deux fantômes douteux et d'un sérieux perfide qui cachent sous leur lèvre un rire moqueur. Je ne veux pas essuyer ce rire..

AU MÊME.

22 janvier 1836.

Enfin, voici Paul de retour et le grand vide de cette absence comblé. Je l'ai pressé de mille questions sur vous, sur Amédée, sur François, m'informant de ce que je sais comme de ce que je ne sais pas; car tout est empreint d'un charme singulier dans les détails sur des amis, pris de la bouche d'un ami, et difficilement pourrait-on citer un plaisir aussi doux que celui de recueillir la fraîcheur de ses souvenirs. Je viens, mon cher Hippolyte, vous marquer la joie que j'en ai reçue; mais voilée et se détournant pour céder toute mon âme aux pensées douloureuses qui s'y réveillent en foule à chaque retour de cette époque de l'année. Quand on pleure à des souvenirs aussi chers, il s'élève du fond du cœur, et comme de la place qu'ils y habitent, un parfum également mêlé de douceur et d'amertume; car tel est le privilége de quelques personnes, d'attacher à toutes choses la beauté de leur mémoire et d'en déposer le charme au fond même des sombres pensées du deuil. J'ai passé ce jour qui rouvre toutes nos blessures dans l'entretien des prières et du souvenir, remontant avec vous le calvaire de notre sacrifice.

Vous savez comment ma vie est établie; je tourne

ma roue d'une manière égale et sans interruption, attaché à mon œuvre comme ces esclaves Scythes à qui leurs maîtres crevaient les yeux pour en obtenir un travail soutenu et mené sans distraction. Je ne sais quelle visée prendra ma fortune; cela m'inquiète assez peu, car j'use du jour sans croire au lendemain.

Si le printemps devait vous amener cette année, comme il le fit l'année dernière, je ne prendrais pas les jours dans cette indifférence; j'aurais à les compter un intérêt aussi vif que doux. Pouvez-vous me donner cet espoir?

A Mlle EUGÉNIE DE GUÉRIN,

AU CAYLA.

Paris, 9 février 1836.

J'ai vu avant-hier madame (nom illisible) qui doit partir dans quinze jours. Elle m'a dit avec beaucoup d'obligeance qu'elle se chargerait de mes commissions pour Gaillac. Je profiterai de sa complaisance pour t'envoyer ce que tu me demandes, les nœuds de velours pour le cou, le filet pour les cheveux (pourquoi as-tu choisi cette coiffure qui est fort laide?) et l'aube que Mimi m'a prié de lui envoyer.

Je désire que ce petit envoi soit à votre souhait et remplisse exactement votre attente. Mais pourquoi craindre de tomber dans l'indiscrétion en adressant ainsi quelques demandes à ma bourse? Songez, mes chères amies, que je suis ici votre trésorier et que je veux que vous me considériez comme tel. Si vous m'aviez fait songer plus tôt aux manteaux, vous en auriez maintenant. J'aurais remis à l'année prochaine d'en faire un pour moi, et je n'éprouverais pas le regret d'avoir les épaules bien couvertes depuis que je sais que le froid ou l'air humide vous pénètrent en allant à Andillac. Que je m'en veux de n'avoir pas songé à cela! J'ai bien mauvaise grâce, n'est-ce pas? Je ne vais au-devant de rien, il faut que je sois averti, qu'on me tire de ce qui ressemblerait à une distraction de cœur. M'en voudriez-vous pour ce motif, et pourriez-vous quelquefois vous arrêter à me juger par les dehors? Non, je ne le crois pas. Vous avez trop de pénétration pour vous tromper un instant sur l'affection même la plus enveloppée ou la plus maladroite.

J'apprends avec beaucoup de plaisir que l'union si longtemps incertaine est enfin arrêtée. Je ne doute pas que toutes les conditions de bonheur ne s'y trouvent réunies, si la santé vient s'y joindre.

L'époque du voyage de papa s'avance. De loin, il est difficile de calculer ses moyens avec justesse; il faut être arrivé au moment même pour les apprécier véritablement. J'examine, dans ce moment-ci, ce que je dois attendre de ma fortune pour l'accomplissement de ma plus chère espérance.

A M. H. DE LA MORVONNAIS.

Paris, 30 juin 1836.

Êtes-vous au Val, mon ami? Puisez-vous, dans les aspects de cet horizon consacré par tant de souvenirs, de quoi suffire à l'entretien secret de votre âme? Mais pourquoi vous adresser cette question? Ne sais-je pas qu'entre vos douleurs et ces lieux c'est à jamais un échange de rapports consolants et intarissables? Là, votre tristesse est dans sa naturelle demeure, chez elle; car la douleur a une patrie, un foyer, et n'est heureuse qu'aux lieux qui l'ont vue naître. Le règne des beaux jours, la vivacité redoublée des vertus de l'air et de l'expression du paysage, peuvent ébranler les plus pesantes afflictions. Vous donc, de qui les chagrins participent de la nature poétique de votre esprit, c'est-à-dire se mêlent à la rapide circulation de vos pensées et de vos rêves, et par là sont plus exposés et plus tendres aux bonnes influences, pourriez-vous résister à la beauté du soleil et aux impressions de vos bords qui vous tiennent ce langage si bienfaisant, mêlé de tristesse et de joie?

Mais, quelque confiance que j'aie aux influences naturelles pour adoucir vos souffrances, je ne suis pas dans une entière tranquillité sur le calme de votre état. Il est des douleurs auprès desquelles les plus belles saisons et les plus puissants paysages perdent leur crédit : ce sont les douleurs de l'esprit, et je crois que vous y êtes en proie. Votre avenir littéraire vous inquiète ; des doutes vous apparaissent, des aigreurs vous altèrent, mille nuages vous assombrissent. Pourquoi vous prêter à ce surcroît de tourments, tandis que dans la valeur de votre esprit vous avez de quoi vous rassurer pleinement, si vous étouffez des inquiétudes qui empêchent vos forces ? Aucune œuvre ne peut grandir que dans le calme et par des moyens employés avec une claire conscience de leur étendue. Vous troublez ce calme et cette vue intérieure par les questions inquiètes dont vous vous fatiguez. Écrire comme sous les yeux du public est, je crois, une mauvaise méthode, bien qu'on la conseille. A mon avis, l'insouciance de ce public et l'interdiction à toute préoccupation d'avenir de pénétrer dans le sanctuaire du travail garantissent bien mieux la bonté de l'œuvre. Si nous jouons à la renommée, que ce soit en joueurs superbes ou railleurs, toujours au-dessus de la fortune bonne ou mauvaise, en gardant un éclat de rire à tout événement. Poëte, que me demandez-vous des conseils sur la forme ? Je n'en ai pas une plus vive intelligence que vous. Mais on ne l'accomplit qu'au prix d'un assez long attachement au même ouvrage et de lois sévères imposées à l'imagination. Que vous répond votre conscience sur ces deux points?

Je ne puis obtenir de ma fortune, la plus capricieuse des sibylles, une réponse à votre aimable question : quand viendrez-vous? La sévérité de ma position me retient à Paris cette année, bien qu'il y ait quatre ans que je n'ai vu ma famille. Les études qui me conduisent à l'agrégation sont si difficiles et d'un succès si peu assuré, que je ne puis prévoir l'époque de ma liberté. Je renouvelle dans une fréquentation journalière avec Paul et François les anciennes causeries; votre nom et celui de Marie y passent et repassent.

Nous avons adressé des circulaires à un grand nombre d'éditeurs pour l'impression Wordsworth. Nous attendons la réponse d'un moment à l'autre.

A M. PAUL QUEMPER.

Paris, 15 mars 183 .

Deux lettres sans réponse! Qu'aurez-vous pensé de moi, mon ami? Aurez-vous attribué à la négligence, à l'oubli, un si long silence? Que j'en serais désolé! Quelle douleur de songer qu'un soupçon d'attiédissement par l'absence a pu entrer dans votre esprit ! Rien dans mon cœur n'est coupable de ce qui a dû vous affliger; les événements seuls en sont la cause. Je vais tout expliquer.

Le jour même où vous m'écriviez votre lettre datée de la Nouvelle-Orléans, le 11 juin, je quittai Paris en convalescence d'une maladie de poitrine dont je donnais quelques signes à l'époque de votre départ. Arrivé dans ma famille après quelque séjour dans le Nivernais, je redevins malade, mais d'une autre maladie que celle dont je venais guérir les derniers restes. Une fièvre d'accès se déclara qui, au bout de quelque temps, dégénéra en fièvre lente et de consomption. Trois mois se passèrent à descendre une pente douce, mais qui menait au bord de certain fleuve qu'on ne passe qu'une fois, et déjà j'avais un pied dans la barque, lorsque je me ravisai et repris tout aussi lentement le chemin de la vie. Le tout, aller et venir, a duré six mois.

A mon retour ici (1er février) j'ai eu vos lettres qu'on avait négligé de m'envoyer. Que je suis heureux, mon ami, d'y voir le plein succès de votre voyage et la promesse d'un prochain retour ! Enfin vous avez conquis le gage du repos, du bien-être, de tous les biens; vous n'avez plus qu'à repasser l'Atlantique pour mettre la dernière main à votre œuvre en vous établissant dans le seul pays où l'on sache jouir et donner quelque verve à l'usage monotone de la vie. Hâtez-vous donc, mon cher Paul; que ce beau mois de mai vous ramène parmi nous *victorieux, content*, et tel que mes vœux vous ont toujours voulu.

Je suis revenu ici assez bien rétabli et avec espoir de meilleure fortune. Qu'est-ce à dire et quelle étrange nouveauté est ceci? Rien sinon la chose du monde la plus commune qui se fait tous les jours et par tout pays, un mariage, ici, à Paris, avec une enfant qui naquit pour moi, il y a dix-huit ans, à six mille lieues de la France, à Batavia. Elle a nom Caroline de Gervain, de grands yeux bleus qui éclairent une physionomie fort délicate, une taille des plus déliées, un pied oriental de petitesse, enfin (sans amour-propre d'amant) un ensemble exquis et fin qui ne vous déplaira pas. La fortune est dans le commerce avec les Indes: pas considérable encore, mais avec toutes chances de développement. Les engagements sont pris et toutes choses réglées; nous n'attendons plus que les arrivages de Calcutta, qui nous apportent des pièces indispensables à la célébration d'un mariage, pour serrer les derniers nœuds. Si vous partez au mois de mai, vous serez ici à temps pour assister à l'agonie de ma vie de garçon et me voir sauter le pas.

On a bavardé infiniment sur le mariage: dans tous les temps on en a dit cent sottises et c'est une condition des plus décriées qu'il y ait. Je n'ai cure de tout cela, mais je pense que c'est une assez belle application à faire de tout ce qu'on a pu recueillir de sagesse et de bon sens sur la vie. Vos pensées sur le mélange égal de la poésie avec la réalité et le soin d'éviter les extrêmes ne pouvaient venir plus à propos : c'est une affaire d'équilibre que le mariage ; vous m'avez donné le balancier. Quelle est sur ces matières l'opinion de notre ami *des Grèves*, qu'est devenu son esprit, je n'en sais rien; j'ignore même ce qu'il a fait de sa personne. Depuis son voyage avec Duquesnel au mois de mai dernier, je n'ai pas eu de ses nouvelles. Je serais bien fâché que cette amitié-là fût rompue : je tiens à Hippolyte par toutes sortes de motifs de cœur et de souvenir. J'espère que votre retour sera l'époque d'un rapprochement général.

Soyez fidèle à la date que vous me marquez, le 1ᵉʳ mai; songez que je compterai les jours à partir de celui-là et qu'une erreur serait bien cruelle. Mon bonheur ne sera pas plein si je ne vous vois pas là, à mes côtés, un certain jour.

A M. H. DE LA MORVONNAIS.

Paris, 8 novembre 1838.

A Dieu ne plaise, mon cher ami, que j'oublie jamais la Bretagne et rien de ce qui se rattache à une époque de ma vie que vous sûtes me rendre si regrettable; mais vous n'ignorez point le train des choses et comme les circonstances semblent altérer ce qui demeure intact au fond des cœurs. Ma vie a été fort agitée ces dernières années; j'ai essuyé des maladies, j'ai fait quelques voyages, je me suis efforcé de débrouiller d'assez grandes difficultés, enfin j'ai été l'homme le plus tiraillé et le plus empêché du monde. Heureusement tout ce tracas tire à sa fin, et même je puis dire que j'en suis tout à fait débarrassé, puisqu'il n'y a plus que quelques jours d'ici à un avenir qui me récompensera, j'espère, de tous les maux passés. Je me marierai, le 15 de ce mois, à une jeune fille qui n'était pas née pour moi, si l'on eût consulté les probabilités, mais que la fortune, qui aime les surprises, a poussée dans mes bras du fond des Indes Orientales. *Ce sont là de ses coups.* Grâce à cette charmante bizarrerie du sort, ma vie sera désormais plus unie, et j'y trouverai enfin ces loisirs si longtemps enviés.

Vous, mon ami, vous consacrez les vôtres à la poésie dans la solitude que vous aimez; c'est sans doute une existence pleine de charmes, mais il faut pour la mener une nature privilégiée, une sorte de vocation exclusive pour le culte du beau et les fantaisies de l'imagination. Vous m'annoncez un recueil de vos poésies; je n'ai rien reçu et suis dans une grande impatience de goûter les fruits de votre solitude.

A Mlle EUGÉNIE DE GUÉRIN

AU CHATEAU DES COQUES, PAR LA CHARITÉ.

Paris, 8 avril 1839.

Pluie et froidure t'auront accompagnée tout le long du voyage, ma chère amie; on m'a dit que tous ces jours-ci le temps a été affreux. Mais au moment où je t'écris, j'ai la consolation de penser que, depuis deux jours, tu jouis dans le repos du plaisir de la fatigue. Sur cette assurance, ma pensée a quitté la route de Nevers pour se mettre sur celle de Toulouse où roule Éran[1], toujours avec ce même cortége « de vent, de froidure et de pluie. » Ce pauvre Éran! il m'a quitté avec une émotion qui m'a bien touché. Ce voyage de Paris et tout ce qui est survenu ont, en quelques mois, rapproché et mêlé nos vies (à Éran et à moi) plus que vingt ans n'avaient pu faire. Nous avons toujours vécu fort loin l'un de l'autre, et notre caractère, à chacun, ne servait pas beaucoup à réparer les distances. Enfin, les événements ont hâté ce qui devait arriver tôt ou tard, à l'âge où nous sommes venus, et nous nous sommes séparés avec un sentiment de plus dans le cœur. En vérité, le

---

1. Son frère Érembert.

bien sort de partout; c'est comme une poudre d'or subtile dont il n'y a rien qui ne recèle quelque molécule...

Je vis fort tranquille sous mes rideaux, et attendant avec assez de patience, grâce aux soins de Caro, aux livres et aux songes, la guérison que m'apportera le soleil. Je me plais assez dans cette séquestration presque complète du reste du monde; car je ne suis pas aussi ennemi de la solitude que tu pourrais le penser, et il y a en moi, bien avant en moi, des goûts et même des besoins que ne désavoueraient pas les amis les plus décidés de la vie de la campagne. J'espère que Dieu fera mûrir en même temps ces pensées et les moyens qui serviront à les réaliser.

M. Buquet est venu me voir le jour de ton départ, quelques heures après. Il est revenu hier pour *causer* avec moi, comme tu le veux. Il doit revenir la semaine prochaine; enfin, j'espère que tout ira pour le mieux.

Ma gorge me fait un peu moins souffrir. Je dors assez bien et mange des sucreries, goût primitif en moi, comme tu sais.

Ta lettre se croisera sans doute avec la mienne et m'apportera, sans manquer, des nouvelles de votre voyage à tous. Dis à ces dames combien je suis impatient d'avoir ces nouvelles, et donne-leur celles du malade, qui veut tenir la promesse qu'il a faite à leur sollicitude, qui lui est chère.

POÈMES

POËMES

LE CENTAURE

J'ai reçu la naissance dans les antres de ces montagnes. Comme le fleuve de cette vallée dont les gouttes primitives coulent de quelque roche qui pleure dans une grotte profonde, le premier instant de ma vie tomba dans les ténèbres d'un séjour reculé et sans troubler son silence. Quand nos mères approchent de leur délivrance, elles s'écartent vers les cavernes, et dans le fond des plus sauvages, au plus épais de l'ombre, elles enfantent, sans élever une plainte, des fruits silencieux comme elles-mêmes. Leur lait puissant nous fait surmonter sans langueur ni lutte douteuse les premières difficultés de la vie; cependant nous sortons de nos cavernes plus tard que vous de vos berceaux. C'est qu'il est répandu parmi nous qu'il faut soustraire et envelopper les premiers temps de l'existence, comme des jours remplis par les dieux. Mon accroissement eut son cours presque entier dans les ombres où j'étais né. Le fond de mon séjour se trouvait si avancé dans l'épaisseur de la montagne, que j'eusse ignoré le côté de l'issue, si, détournant quelquefois dans cette ouverture, les vents n'y eussent jeté des fraîcheurs et des troubles soudains. Quelquefois aussi, ma mère rentrait, environnée du parfum des vallées ou ruisselante des flots qu'elle fréquentait. Or, ces retours qu'elle faisait, sans m'instruire jamais des vallons ni des fleuves, mais suivie de leurs émanations, inquiétaient mes esprits, et je rôdais tout agité dans mes ombres. Quels sont-ils, me disais-je, ces dehors [1] où ma mère s'emporte, et qu'y règne-t-il de si puissant qui l'appelle à soi si fréquemment? Mais qu'y ressent-on de si opposé qu'elle en revienne chaque jour diversement émue? Ma mère rentrait, tantôt animée d'une joie profonde, et tantôt triste et traînante et comme blessée. La joie qu'elle rapportait se marquait de loin dans quelques traits de sa marche et s'épandait de ses regards. J'en éprouvais des com-

1. Cette expression est étrange, — dit Mme Sand dans une note sur ce mot, — peu grammaticale peut-être; mais je n'en vois pas de plus belle et de plus saisissante pour rendre le sentiment mystérieux d'un monde inconnu. Un tel écrivain eût été contesté sans doute; mais il eût fait faire de grands progrès à notre langue, quoi qu'on eût pu dire.

munications dans tout mon sein; mais ses abattements me gagnaient bien davantage et m'entraînaient bien plus avant dans les conjectures où mon esprit se portait. Dans ces moments, je m'inquiétais de mes forces, j'y reconnaissais une puissance qui ne pouvait demeurer solitaire, et me prenant, soit à secouer mes bras, soit à multiplier mon galop dans les ombres spacieuses de la caverne, je m'efforçais de découvrir dans les coups que je frappais au vide, et par l'emportement des pas que j'y faisais, vers quoi mes bras devaient s'étendre et mes pieds m'emporter... Depuis, j'ai noué mes bras autour du buste des centaures, et du corps des héros, et du tronc des chênes; mes mains ont tenté les rochers, les eaux, les plantes innombrables et les plus subtiles impressions de l'air, car je les élève dans les nuits aveugles et calmes pour qu'elles surprennent les souffles et en tirent des signes pour augurer mon chemin; mes pieds, voyez, ô Mélampe! comme ils sont usés! Et cependant, tout glacé que je suis dans ces extrémités de l'âge, il est des jours où, en pleine lumière, sur les sommets, j'agite de ces courses de ma jeunesse dans la caverne, et pour le même dessein, brandissant mes bras et employant tous les restes de ma rapidité.

Ces troubles alternaient avec de longues absences de tout mouvement inquiet. Dès lors, je ne possédais plus d'autre sentiment dans mon être entier que celui de la croissance et des degrés de vie qui montaient dans mon sein. Ayant perdu l'amour de l'emportement, et retiré dans un repos absolu, je goûtais sans altération le bienfait des dieux qui se répandait en moi. Le calme et les ombres président au charme secret du sentiment de la vie. Ombres qui habitez les cavernes de ces montagnes, je dois à vos soins silencieux l'éducation cachée qui m'a si fortement nourri, et d'avoir, sous votre garde, goûté la vie toute pure, et telle qu'elle me venait sortant du sein des dieux! Quand je descendis de votre asile dans la lumière du jour, je chancelai et ne la saluai pas, car elle s'empara de moi avec violence, m'enivrant comme eût fait une liqueur funeste soudainement versée dans mon sein, et j'éprouvai que mon être, jusque-là si ferme et si simple, s'ébranlait et perdait beaucoup de lui-même, comme s'il eût dû se disperser dans les vents.

O Mélampe! qui voulez savoir la vie des centaures, par quelle volonté des dieux avez-vous été guidé vers moi, le plus vieux et le plus triste de tous? Il y a longtemps que je n'exerce plus rien de leur vie. Je ne quitte plus ce sommet de montagne où l'âge m'a confiné. La pointe de mes flèches ne me sert plus qu'à déraciner les plantes tenaces; les lacs tranquilles me connaissent encore, mais les fleuves m'ont oublié. Je vous dirai quelques points de ma jeunesse; mais ces souvenirs, issus d'une mémoire altérée, se traînent comme les flots d'une libation avare en tombant d'une urne endommagée. Je vous ai exprimé aisément les premières années, parce qu'elles furent calmes et parfaites ; c'était la vie seule et simple qui m'abreuvait, cela se retient et se récite sans peine. Un dieu, supplié de raconter sa vie, la mettrait en deux mots, ô Mélampe !

L'usage de ma jeunesse fut rapide et rempli d'agitation. Je vivais de mouvement et ne connaissais pas de borne à mes pas. Dans la fierté de mes forces libres, j'errais m'étendant de toutes parts dans ces déserts. Un jour que je suivais une vallée où s'engagent peu les centaures, je découvris un homme qui côtoyait le fleuve sur la rive contraire. C'était le premier qui s'offrît à ma vue, je le méprisai. Voilà tout au plus, me dis-je, la moitié de mon être ! Que ses pas sont courts et sa démarche malaisée ! Ses yeux semblent mesurer l'espace avec tristesse. Sans doute c'est un centaure renversé par les dieux et qu'ils ont réduit à se traîner ainsi.

Je me délassais souvent de mes journées dans le lit des fleuves. Une moitié de moi-même, cachée dans les eaux, s'agitait pour les surmonter, tandis que l'autre s'élevait tranquille et que je portais mes bras oisifs bien au-dessus des flots. Je m'oubliais ainsi au milieu des ondes, cédant aux entraînements de leur cours qui m'emmenait au loin et conduisait leur hôte sauvage à tous les charmes des rivages. Combien de fois, surpris par la nuit, j'ai suivi les courants sous les ombres qui se répandaient, déposant jusque dans le fond des vallées l'influence nocturne des dieux ! Ma vie fougueuse se tempérait alors au point de ne laisser plus qu'un léger sentiment de mon existence répandu par tout mon être avec une égale mesure, comme, dans les eaux où je nageais, les lueurs de la déesse qui parcourt les nuits. Mélampe, ma vieillesse regrette les fleuves; paisibles la plupart et monotones, ils suivent leur destinée avec plus de calme que les centaures, et une sagesse plus bienfaisante que celle des hommes. Quand je sortais de leur sein, j'étais suivi de leurs dons qui m'accompagnaient des jours entiers et ne se retiraient qu'avec lenteur, à la manière des parfums.

Une inconstance sauvage et aveugle disposait de mes pas. Au milieu des courses les plus violentes, il m'arrivait de rompre subitement mon galop, comme si un abîme se fût rencontré à mes pieds, ou bien un dieu debout devant moi. Ces immobilités soudaines me laissaient ressentir ma vie tout émue par les emportements où j'étais. Autrefois j'ai coupé dans les forêts des rameaux qu'en courant j'élevais par-dessus ma tête; la vitesse de la course suspendait la mobilité du feuillage qui ne rendait plus qu'un frémissement léger; mais au moindre repos le vent et l'agitation rentraient dans le rameau, qui reprenait le cours de ses murmures. Ainsi ma vie, à l'interruption subite des carrières impétueuses que je fournissais à travers ces vallées, frémissait dans tout mon sein. Je l'entendais courir en bouillonnant et rouler le feu qu'elle avait pris dans l'espace ardemment franchi. Mes flancs animés luttaient contre ses flots dont ils étaient pressés intérieurement, et goûtaient dans ces tempêtes la volupté qui n'est connue que des rivages de la mer, de renfermer sans aucune perte une vie montée à son comble et irritée. Cependant, la tête inclinée au vent qui m'apportait le frais, je considérais la cime des montagnes devenues lointaines en quelques instants, les arbres des rivages et les eaux des fleuves, celles-ci portées d'un cours traînant, ceux-là attachés dans le sein de la terre, et mobiles seulement par leurs branchages soumis aux souffles de l'air qui les font gémir. « Moi seul, me disais-je, j'ai le mouvement libre, et j'emporte à mon gré ma vie de l'un à l'autre bout de ces vallées. Je suis plus heureux que les torrents qui tombent des montagnes pour n'y plus remonter. Le roulement de mes pas est plus beau que les plaintes des bois et que les bruits de l'onde; c'est le retentissement du centaure errant et qui se guide lui-même. » Ainsi, tandis que mes flancs agités possédaient l'ivresse de la course, plus haut j'en ressentais l'orgueil, et, détournant la tête, je m'arrêtais quelque temps à considérer ma croupe fumante.

La jeunesse est semblable aux forêts verdoyantes tourmentées par les vents : elle agite de tous côtés les riches présents de la vie, et toujours quelque profond murmure règne dans son feuillage. Vivant avec l'abandon des fleuves, respirant sans cesse Cybèle, soit dans le lit des vallées, soit à la cime des montagnes, je bondissais partout comme une vie aveugle et déchaînée. Mais lorsque la nuit, remplie du calme des dieux, me trouvait sur le penchant des monts, elle me conduisait à l'entrée des cavernes et m'y apaisait comme elle apaise les vagues de la mer, laissant survivre en moi de légères ondulations qui écartaient le sommeil sans altérer mon repos. Couché sur le seuil de ma retraite, les flancs cachés dans l'antre et la tête sous le ciel, je suivais le spectacle des ombres. Alors la vie étrangère qui m'avait pénétré durant le jour se détachait de moi goutte à goutte, retournant au sein paisible de Cybèle, comme après l'ondée les débris de la pluie attachée aux feuillages font leur chute et rejoignent les eaux. On dit que les dieux marins quittent durant les ombres leurs palais profonds, et, s'asseyant sur les promontoires, étendent leurs regards sur les flots. Ainsi je veillais ayant à mes pieds une étendue de vie semblable à la mer assoupie. Rendu à l'existence distincte et pleine, il me paraissait que je sortais de naître, et que des eaux profondes et qui m'avaient conçu dans leur sein venaient de me laisser sur le haut de la montagne, comme un dauphin oublié sur les sirtes par les flots d'Amphitrite.

Mes regards couraient librement et gagnaient les points les plus éloignés. Comme des rivages toujours humides, le cours des montagnes du couchant demeurait empreint de lueurs mal essuyées par les ombres. Là survivaient, dans les clartés pâles, des sommets nus et purs. Là je voyais descendre tantôt le dieu Pan, toujours solitaire, tantôt le chœur des divinités secrètes, ou passer quelque nymphe des montagnes enivrée par la nuit. Quelquefois les aigles du mont Olympe traversaient le haut du ciel et s'évanouissaient dans les constellations reculées ou sous les bois inspirés. L'esprit des dieux, venant à s'agiter, troublait soudainement le calme des vieux chênes.

Vous poursuivez la sagesse, ô Mélampe! qui est la science de la volonté des dieux, et vous errez parmi les peuples comme un mortel égaré par les destinées. Il est dans ces lieux une pierre qui, dès qu'on la touche, rend un son semblable à celui des cordes d'un instrument qui se rompent, et les hommes racontent qu'Apollon, qui chassait son troupeau dans ces déserts, ayant mis sa lyre sur cette pierre, y laissa cette mélodie. O Mélampe! les dieux errants ont posé leur lyre sur les pierres; mais aucun... aucun ne l'y a oubliée. Au temps où je veillais dans les cavernes, j'ai cru quelquefois que j'allais surprendre les rêves de Cybèle endormie, et que la mère des dieux, trahie par les songes, perdrait quelques secrets; mais je n'ai jamais reconnu que des sons qui se dissolvaient dans le souffle de la nuit, ou des mots inarticulés comme le bouillonnement des fleuves.

« O Macarée! me dit un jour le grand Chiron dont je suivais la vieillesse, nous sommes tous deux centaures des montagnes; mais que nos pratiques sont opposées! Vous le voyez, tous les soins de mes journées consistent dans la recherche des plantes, et vous, vous êtes semblable à ces mortels qui ont recueilli sur les eaux ou dans les bois et porté à leurs lèvres quelques fragments du chalumeau rompu par le dieu Pan. Dès lors ces mortels, ayant respiré dans ces débris du dieu un esprit sauvage ou peut-être gagné quelque fureur secrète, entrent dans les déserts, se plongent aux forêts, côtoient les eaux, se mêlent aux montagnes, inquiets et portés d'un dessein inconnu. Les cavales aimées par les vents dans la Scythie la plus lointaine ne sont ni plus farouches que vous, ni plus tristes le soir, quand l'Aquilon s'est retiré. Cherchez-vous les dieux, ô Macarée! et d'où sont issus les hommes, les animaux et les principes du feu universel? Mais le vieil Océan, père de toutes choses, retient en lui-même ces secrets, et les nymphes qui l'entourent décrivent en chantant un chœur éternel devant lui, pour couvrir ce qui pourrait s'évader de ses lèvres entr'ouvertes par le sommeil. Les mortels qui touchèrent les dieux par leur vertu ont reçu de leurs mains des lyres pour charmer les peuples, ou des semences nouvelles pour les enrichir, mais rien de leur bouche inexorable.

« Dans ma jeunesse, Apollon m'inclina vers les plantes, et m'apprit à dépouiller dans leurs veines les sucs bienfaisants. Depuis, j'ai gardé fidèlement la grande demeure de ces montagnes, inquiet, mais me détournant sans cesse à la quête des simples, et communiquant les vertus que je découvre. Voyez-vous d'ici la cime chauve du mont OEta? Alcide l'a dépouillée pour construire son bûcher. O Macarée! les demi-dieux enfants des dieux étendent la dépouille des lions sur les bûchers, et se consument au sommet des montagnes! les poisons de la terre infectent le sang reçu des immortels! Et nous, centaures engendrés par un mortel audacieux dans le sein d'une vapeur semblable à une déesse, qu'attendrions-nous du secours de Jupiter qui a foudroyé le père de notre race? Le vautour des dieux déchire éternellement les entrailles de l'ouvrier qui forma le premier homme. O Macarée! hommes et centaures reconnaissent pour auteurs de leur sang des soustracteurs du privilége des immortels, et peut-être que tout ce qui se meut hors d'eux-mêmes n'est qu'un larcin qu'on leur a fait, qu'un léger débris de leur nature emporté au loin, comme la semence qui vole, par le souffle tout-puissant du destin. On publie qu'Égée, père de Thésée, cacha sous le poids d'une roche, au bord de la mer, des souvenirs et des marques à quoi son fils pût un jour reconnaître sa naissance. Les dieux jaloux ont enfoui quelque part les témoignages de la descendance des choses; mais au bord de quel océan ont-ils roulé la pierre qui les couvre, ô Macarée! »

Telle était la sagesse où me portait le grand Chiron. Réduit à la dernière vieillesse, le centaure nourrissait dans son esprit les plus hauts discours. Son buste encore hardi s'affaissait à peine sur ses flancs qu'il surmontait en marquant une légère inclinaison, comme un chêne attristé par les vents, et la force de ses pas souffrait à peine de la perte des années. On eût dit qu'il retenait des restes de l'immortalité autrefois reçue d'Apollon, mais qu'il avait rendue à ce dieu.

Pour moi, ô Mélampe! je décline dans la vieillesse, calme comme le coucher des constellations. Je garde encore assez de hardiesse pour gagner le haut des rochers où je m'attarde, soit à considérer les nuages sauvages et inquiets, soit à voir venir de l'horizon les hyades pluvieuses, les pléiades ou le grand Orion; mais je reconnais que je me réduis et me perds rapidement comme une neige flottant sur les eaux, et que prochainement j'irai me mêler aux fleuves qui coulent dans le vaste sein de la terre.

FRAGMENT [1]

Non, ce n'est plus assez de la roche lointaine
Où mes jours, consumés à contempler les mers,
Ont nourri dans mon sein un amour qui m'entraîne
A suivre aveuglément l'attrait des flots amers.
Il me faut sur le bord une grotte profonde,
Que l'orage remplit d'écume et de clameurs,
Où, quand le dieu du jour se lève sur le monde,
L'œil règne, et se contente au vaste sein de l'onde,
Ou suit à l'horizon la fuite des rameurs.
J'aime Téthys : ses bords ont des sables humides;
La pente qui m'attire y conduit mes pieds nus;
Son haleine a gonflé mes songes trop timides,
Et je vogue en dormant à des points inconnus.
L'amour qui, dans le sein des roches les plus dures,
Tire de son sommeil la source des ruisseaux,
Du désir de la mer émeut ses faibles eaux,
La conduit vers le jour par des veines obscures,
Et qui, précipitant sa pente et ses murmures,
Dans l'abîme cherché termine ses travaux :

1. Publié avec le Centaure par la Revue des Deux Mondes (15 mai 1840).

« Le Centaure, qui est complet, et ce fragment de vers, qu'on pourrait int tuler Glaucus, sont, disait George Sand, les seuls essais que nous ayons pu recueillir. »

C'est le mien. Mon destin s'incline vers la plage.
Le secret de mon mal est au sein de Téthys.
J'irai, je goûterai les plantes du rivage,
Et peut-être en mon sein tombera le breuvage
Qui change en dieux des mers les mortels engloutis.
Non, je transporterai mon chaume des montagnes
Sur la pente du sable, aux bords pleins de fraîcheur;
Là, je verrai Téthys, répandant sa blancheur,
A l'éclat de ses pieds entraîner ses compagnes;
Là, ma pensée aura ses humides campagnes,
J'aurai même une barque et je serai pêcheur.

Ah! les dieux retirés aux antres qu'on ignore,
Les dieux secrets, plongés dans le charme des eaux,
Se plaisent à ravir un berger aux troupeaux,
Mes regards aux vallons, mon souffle aux chalumeaux,
Pour charger mon esprit du mal qui le dévore.

J'étais berger; j'avais plus de mille brebis.
Berger je suis encor, mes brebis sont fidèles :
Mais qu'aux champs refroidis languissent les épis,
Et meurent dans mon sein les soins que j'eus pour elles!
Au cours de l'abandon je laisse errer leurs pas,
Et je me livre aux dieux que je ne connais pas!...
J'immolerai ce soir aux Nymphes des montagnes.

. . . .

Nymphes, divinités dont le pouvoir conduit
Les racines des bois et le cours des fontaines,
Qui nourrissez les airs de fécondes haleines,
Et des sources que Pan entretient toujours pleines
Aux champs menez la vie à grands flots et sans bruit,
Comme la nuit répand le sommeil dans nos veines;
Dieux des monts et des bois, dieux nommés ou cachés,

De qui le charme vient à tous lieux solitaires,
Et toi, dieu des bergers à ces lieux attachés,
Pan, qui dans les forêts m'entr'ouvris tes mystères
Vous tous, dieux de ma vie et que j'ai tant aimés,
De vos bienfaits en moi réveillez la mémoire,
Pour m'ôter ce penchant et ravir la victoire
Aux perfides attraits dans la mer enfermés.
Comme un fruit suspendu dans l'ombre du feuillage,
Mon destin s'est formé dans l'épaisseur des bois.
J'ai grandi, recouvert d'une chaleur sauvage,
Et le vent qui rompait le tissu de l'ombrage
Me découvrit le ciel pour la première fois.
Les faveurs de nos dieux m'ont touché dès l'enfance;
Mes plus jeunes regards ont aimé les forêts,
Et mes plus jeunes pas ont suivi le silence
Qui m'entraînait bien loin dans l'ombre et les secrets.
Mais le jour où, du haut d'une cime perdue,
Je vis (ce fut pour moi comme un brillant réveil!)
Le monde parcouru par les feux du soleil,
Et les champs et les eaux couchés dans l'étendue,
L'étendue enivra mon esprit et mes yeux;
Je voulus égaler mes regards à l'espace,
Et posséder sans borne, en égarant ma trace,
L'ouverture des champs avec celle des cieux.
Aux bergers appartient l'espace et la lumière
En parcourant les monts ils épuisent le jour;
Ils sont chers à la nuit, qui s'ouvre tout entière
A leurs pas inconnus, et laisse leur paupière
Ouverte aux feux perdus dans leur profond séjour.
Je courus aux bergers, je reconnus leurs fêtes,
Je marchai, je goûtai le charme des troupeaux;
Et, sur le haut des monts comme au sein des retraites,
Les dieux, qui m'attiraient dans leurs faveurs secrètes,
Dans des piéges divins prenaient mes sens nouveaux

Dans les réduits secrets que le gazon recèle,
Un ver, du jour éteint recueillant les débris,
Lorsque tout s'obscurcit, devient une étincelle,
Et plein des traits perdus de la flamme éternelle,
Goûte encor le soleil dans l'ombre des abris.
Ainsi. . . . .

LA BACCHANTE

Voilà la montagne dépouillée des chœurs qui parcouraient ses sommets ; les prêtresses, les flambeaux, les clameurs divines sont retombés dans les vallées ; la fête se dissipe, les mystères sont rentrés dans le sein des dieux. Je suis la plus jeune des bacchantes qui se sont élevées sur le mont Cithéron. Les chœurs ne m'avaient pas encore transportée sur les cimes, car les rites sacrés écartaient ma jeunesse et m'ordonnaient de combler la mesure des temps qu'il faut offrir pour entrer dans l'action des solennités. Enfin les Heures, ces secrètes nourrices, mais qui emploient tant de durée à nous rendre propres pour les dieux, m'ont placée parmi les bacchantes, et je sors aujourd'hui des premiers mystères qui m'aient enveloppée.

Tandis que je recueillais les années réclamées pour les rites, j'étais semblable aux jeunes pêcheurs qui vivent sur le bord des mers. A la cime d'un rocher, ils paraissent quelque temps, les bras tendus vers les eaux et le corps incliné, comme un dieu prêt à se replonger; mais leur âme balance dans leur sein mortel et retient leur penchant. Enfin ils se précipitent, et quelques-uns sont racontés qui revinrent couronnés sur les flots. Ainsi je suis demeurée longtemps suspendue sur les mystères ; ainsi je m'y suis abandonnée et ma tête a reparu couronnée et ruisselante.

Bacchus, jeunesse éternelle, dieu profond et partout répandu, j'ai de bonne heure reconnu tes marques dans mon sein et rassemblé tous mes soins pour les dévouer à ta divinité. Je me portai un jour vers le lever du soleil, dans le temps où les rayons de ce dieu comblent la maturité des fruits et ajoutent la dernière vertu aux ouvrages de la terre. Je gagnai les collines pour m'offrir à ses traits et devant déplier mes cheveux à la première issue de sa lumière au-dessus de l'horizon ; car on enseigne que la chevelure inondée par les flammes matinales en devient plus féconde et reçoit une beauté qui l'égale à la chevelure de Diane. Mes yeux, en sortant, avaient surpris les extrémités des ombres qui redescendaient sous le pôle. Quelques signes célestes, lents à accomplir leur déclin vers les flots, marquaient encore le ciel presque abandonné, et le silence laissé par la nuit occupait les campagnes. Mais ainsi que, dans les fraîches vallées de la Thessalie, les fleuves ont coutume d'élever une haleine semblable aux nuages, et qui se repose sur eux-mêmes, la vertu de ton souffle, ô Bacchus ! s'était exhalée du sein de la terre, durant les ombres, et régnait au retour du soleil sur toute l'étendue des plaines. Les constellations qui se lèvent pâles prennent moins d'éclat en gagnant dans la profondeur de la nuit, que ma vie ne croissait dans mon sein, soit en puissance, soit en splendeur, à mesure que je pénétrais dans les champs. Quand j'arrêtai mes pas au plus haut des collines, je chancelais comme la statue des dieux entre les bras des prêtres qui la soulèvent jusqu'à la base sacrée. Mon sein, ayant recueilli les esprits du dieu étendus sur la plaine, en avait conçu un trouble qui pressait mes pas et agitait mes pensées comme des flots rendus insensés par les vents. Sans doute, ce fut à la faveur de cet égarement que tu te précipitas dans mon sein, ô Bacchus! car les dieux surprennent ainsi l'esprit des mortels, comme le soleil qui, jaloux de pénétrer des rameaux pressés et pleins d'ombre, les fait entr'ouvrir par l'aquilon.

Puis Aëllo survint. Cette bacchante, fille de Typhon, le plus emporté de tous les vents, et d'une mère errante dans les montagnes de la Thrace, avait été élevée par les nymphes de ces contrées, dans le sein des cavernes et à l'écart de tous les hommes; car les dieux confient aux fleuves qui tournent leur cours vers les plus grands déserts, ou aux nymphes qui habitent les quartiers des forêts les moins accessibles la nourriture des enfants issus de leur mélange avec les filles des éléments ou des mortels. Aëllo descendait de la Scythie où elle s'était élevée jusqu'aux sommets des monts Riphées, et se répandait dans la Grèce, agitant de toutes parts les mystères et portant ses clameurs sur toutes les montagnes. Elle avait atteint l'âge où les dieux, comme les bergers qui détournent l'eau des prairies, ferment les courants qui abreuvent la jeunesse des mortels. Quoiqu'elle possédât encore la fierté d'une vie toute pleine, les bords, il fallait le reconnaître, commençaient à se dessécher, et d'ailleurs l'usage des mystères avait troublé l'ordre de sa beauté qui présentait de grandes marques de pâleur. Sa chevelure, aussi nombreuse que celle de la nuit, demeurait étendue sur ses épaules, attestant la force et la richesse des dons qu'elle avait reçus des dieux ; mais, soit qu'elle l'eût trop de fois déployée dans le tourbillon des vents hyperboréens, soit qu'elle souffrît dans sa tête le travail de quelque destinée secrète, cette chevelure flétrie devançait l'injure des ans à peine commencée. Ses regards déclaraient dès l'abord qu'ils avaient reçu l'empire des plus vastes campagnes et de la profondeur du ciel; ils régnaient toujours et se mouvaient sans se hâter, s'étendaient de préférence vers ces rivages de l'espace où sont rangées les ombres divines, qui reçoivent dans leur sein tout ce qui disparaît à l'horizon. Cependant, par intervalles, ce grand regard et d'un si long cours devenait irrésolu, et roulait dans le trouble comme celui de l'aigle au moment où ses yeux ressentent les premiers traits de la nuit. Elle montrait aussi des inconstances dans la manière de porter ses pas. Tantôt elle allait exaltant par degrés sa course ferme et légère qu'elle prenait au long des fleuves ou des forêts, et tantôt elle conduisait sa démarche, comme Latone cherchant dans sa longue aventure un point d'asile pour enfanter les dieux qu'elle avait conçus. Quelquefois pour l'hésitation de ses pas qui cherchaient à s'assurer et à l'air de sa tête contraint et chargé, on eût dit qu'elle marchait au fond d'un océan. Quand son sein par la persuasion de la nuit se rangeait au calme universel, sa voix sortait dans les ombres, paisible et longtemps soutenue, comme le chant des Hespérides à l'extrémité des mers.

Aëllo me renferma dans son amitié et m'instruisit avec tous les soins que les dieux emploient autour des mortels désignés pour leur faveur, et qu'ils veulent élever eux-mêmes. Comme les jeunes Arcadiens qui descendent avec le dieu Pan aux plus secrètes forêts pour apprendre de lui à poser leurs doigts sur les flûtes sauvages, et aussi à recueillir dans leur esprit le gémissement des roseaux, je marchais avec la grande bacchante qui, chaque jour, tirait ses pas vers quelque point écarté. C'était dans ces lieux déserts que son discours se déclarait, et que j'écoutais ses paroles prendre leurs cours comme si j'eusse assisté à la source cachée d'un fleuve :

« Les nymphes qui règnent dans les forêts, disait-elle, se plaisent à exciter, sur le rivage des bois, des parfums ou des chants si doux que le passant rompt son chemin et s'induit pour les suivre au plus obscur de ces retraites. Une influence subtile pénètre l'esprit de l'étranger, l'égarement qui s'élève en lui altère la fermeté de ses pas, et, tandis qu'il s'avance semblable aux demi-dieux champêtres qui portent toujours quelque ivresse dans leurs veines, les nymphes s'applaudissent de la puissance de leur séjour sur l'esprit des mortels.

« Mais Bacchus fait reconnaître l'enivrement de son haleine à tout ce qui respire et même à la famille inébranlable des dieux. Son souffle toujours renouvelé court par toute la terre, nourrit aux extrémités l'ivresse éternelle de l'Océan, et, poussé dans l'air divin, il agite les astres qui se décrivent sans cesse autour du pôle ténébreux. Lorsque Saturne dans le sein de la nuit mutila Uranus endormi, la terre et les mers reçurent avec le sang répandu une nouvelle fécondité dont les premiers fruits qui s'élevèrent furent les nymphes sur la terre et Aphrodite sur les mers. Bacchus, sans cesse arrêté comme une tiède vapeur dans le sein humide de Cybèle, soutient la chaleur du sang vieilli qui engendre encore des chœurs entiers de nymphes dans l'épaisseur des forêts et dans l'écume immortelle des eaux.

« Les fleuves ont leur séjour dans les palais profonds de la terre, demeures étendues et retentissantes, où ces dieux penchés président à la naissance des sources et au départ des flots. Ils règnent, l'oreille toujours nourrie de l'abondance des bouillonnements, et l'œil attaché à la destinée de leurs ondes. Mais ni la profondeur ni l'état impénétrable de leurs voûtes ne peuvent soustraire ces divinités à Bacchus, car nul accès ne lui fut interdit par les destins. Les fleuves s'agitent sur leurs couches et le limon antique s'émeut dans le sein de leurs urnes troublées.

« Durant le règne d'un été, j'avais attaché mon séjour au sommet des monts Pangées. Des atteintes secrètes que je reconnais chaque année, les joies de la terre et la beauté des campagnes approchant, m'engagent à prendre les rampes des montagnes. Les mortels agréables aux dieux ou dont l'excès des maux les a touchés ont été conduits et rangés parmi les signes célestes : Maïa, Cassiopée, le grand Chiron, Cynosure et les tristes Hyades sont entrés dans la marche silencieuse des constellations. Guidés par les destins, ils gravissent dans le ciel et déclinent sans écart ni suspens, et sans doute cette poursuite d'une marche qui s'élève et retombe, et reprend sur elle-même, institue un état de bonheur s'étendant à des limites incertaines, empruntant de la monotonie des chemins et mêlé de quelques pavots. Je voulais qu'une marche lente, appliquée aux escarpements des monts, engendrât en moi une disposition pareille à celle que les astres tirent de leurs cours, mon chemin me portant vers le comble des montagnes ainsi qu'ils s'élèvent dans les degrés de la nuit. Mais le fruit ne peut écarter la maturité qui l'approche; chaque jour la terre le pénètre de dons plus pressants dont la chaleur qui le consume se marque au dehors par des couleurs toujours plus avancées. Atteinte comme lui et gagnée dans mon sein, j'étais impuissante à rejeter ou à ralentir la vie qui m'était suggérée. Les pas tardifs, la recherche sous les forêts des asiles consacrés à ces divinités muettes et si puissantes par le calme, qui assoupissent les douleurs les plus aiguës; les longues pauses sous les souffles qui viennent du couchant, la chute du soleil étant accomplie, ni l'ombre vide de la nuit, ni les songes ne pouvaient suspendre un moment les secrètes poursuites dont mon esprit souffrait l'effort. Je m'élevai jusqu'à ce degré des montagnes qui reçoit les pas des immortels; car, parmi eux, les uns se plaisent à parcourir la suite des monts, tenant leur marche inébranlable sur les ondulations des cimes, et d'autres, sur les rochers qui règnent au loin, consument les heures à plonger dans la dépression des vallées, y recueillent les approches de la nuit ou considèrent comment les ombres et les songes s'engagent dans l'esprit des mortels. Parvenue à ces hauteurs, j'obtins les dons de la nuit, le calme et le sommeil qui réduisent les agitations même soulevées par les dieux. Mais ce repos fut semblable à celui des oiseaux amis des vents et sans cesse portés dans leur cours. Quand ils obéissent aux ombres et abattent leur vol vers les forêts, leurs pieds s'arrêtent aux branches qui, perçant dans le ciel, sont facilement émues par les souffles qui parcourent la nuit; car jusque dans le sommeil ils se réjouissent des atteintes des vents et veulent que leur plumage frissonne et s'entr'ouvre aux moindres haleines survenues au faîte des bois. Ainsi, dans le sein même du repos, mon esprit demeurait exposé au souffle de Bacchus. Ce souffle observe en se répandant une mesure éternelle et se communique à tout ce qui jouit de la lumière; mais un petit nombre de mortels, par un privilége des destinées, savent s'informer de son cours. Il règne jusqu'à l'extrême sommet de l'Olympe, et passe à travers le sein même des dieux couverts de l'égide ou revêtus de tuniques impénétrables. Il retentit dans l'airain toujours agité autour de Cybèle, et conduit la langue des Muses qui entraînent dans leurs chants l'histoire entière de la génération des dieux dans les entrailles humides de la terre, au sein de la nuit sans bornes, ou dans l'Océan qui a nourri tant d'immortels.

« Au sortir du sommeil, je livrais mes pas à la conduite des Heures. Elles réglaient ma course sur les degrés du jour, et je tournais sur la montagne, entraînée par le soleil, comme l'ombre qui accomplit sa révolution au pied des chênes. Les pas de quelques mortels furent arrêtés par les dieux au voisinage des eaux, dans la profondeur des forêts ou sur la descente des collines. Des racines soudaines ont conduit leurs pieds dans le sol, et toute la vie qu'ils contenaient s'est étendue en rameaux et déployée en feuillage. Les uns, attachés au bord des eaux dormantes, gardent un calme sacré et accueillent à l'approche du jour l'essaim des songes qui prennent asile dans leur branchage obscur. D'autres, ajoutés aux forêts de Jupiter ou dressés sur les sommets stériles, portent une cime vieille et sauvage, qui prend tous les vents, et arrêtent toujours quelqu'un de ces oiseaux écartés qu'observent les mortels. Leur destin est irrévocable, car la terre divine les possède et ils sont assujettis à la nourriture éternelle de son sein ; mais tels qu'ils ont été rendus et dans l'immobilité de leur état, ils retiennent encore quelques secrets mouvements de leur première condition. Que les saisons déclinent ou se relèvent, ils demeurent attentifs au soleil ; de tout ce qui se meut dans l'univers ils ne discernent plus que lui, et c'est à lui seul qu'ils adressent ce qu'ils peuvent former encore de vœux confus. Quelques-uns même, telle est la force de leur amour, conduisent le mouvement de leur croissance sur la marche du dieu et tournent vers son passage l'abondance de leurs rameaux. Dans le chemin où j'entrais à la suite du jour, j'ai vu mes pas tomber dans le ralentissement, mes forces encore pleines, et s'éteindre enfin dans une entière immobilité. Alors je devenais semblable à ces mortels réduits sous l'écorce et arrêtés dans le sein puissant de la terre. Retenue dans le repos, je recevais la vie des dieux qui passait, sans marquer de mouvement et les bras détournés vers le soleil. C'était vers l'heure du jour qui montre le plus puissant éclat : tout s'arrêtait sur la montagne, le sein profond des forêts ne respirait plus, les flammes fécondes embrasaient Cybèle, et Bacchus enivrait jusqu'à la racine des îles dans les entrailles de l'Océan.

« La marche du soleil dans le déclin déterminait mes pas vers les points de la montagne les plus avancés vers l'occident. Le dieu disparu et la lumière qu'il laissait ayant ressenti le premier mélange des ombres, le sein des vallées et toute l'étendue des campagnes reprenaient, mais lentement, la liberté de leur haleine. Les oiseaux s'élevaient au-dessus des bois, cherchant dans le ciel si le cours des vents s'était rétabli; mais leurs ailes encore enivrées fournissaient avec peine un vol chancelant et plein d'erreur. Un murmure né au faîte des forêts témoignait du réveil des souffles, mais les cimes ne rendaient qu'un tremblement léger qui n'égalait pas l'agitation éprouvée par les rameaux de cyprès dans les mains de Pan, quand le dieu se retire des chœurs qu'il anime durant les nuits favorables : la mesure impétueuse s'attache à ses pas et le fait rentrer chancelant dans les bois endormis. Sortis de l'épaisseur de leurs retraites, les animaux sauvages venaient prendre sur les hauteurs une respiration plus vive : leurs yeux paraissaient dans une flamme nouvelle, leur voix terrible était tombée dans le murmure et leur marche hardie dans la langueur des pas.

« Cependant les ombres comblaient la profondeur des vallées; elles montaient vers moi, distribuant à tout ce qui respire le sommeil et les songes, elles me joignaient enfin et m'enveloppaient, mais sans me pénétrer. Je demeurais ferme et vive sous la pesanteur de la nuit, tandis que la terre, pleine de sommeil, communiquait le repos à mes membres et les gagnait à l'immobilité générale ; mon front veillait sans être frappé de langueur. Il était animé de tous les dons répandus par les dieux durant le jour, leur charme l'entourait, et la vie nouvelle que j'avais recueillie lui envoyait ses esprits enflammés.

« Callisto, revêtue d'une forme sauvage par la jalousie de Junon, erra longtemps dans les déserts. Mais Jupiter, qui l'avait aimée, l'ôta des bois pour l'associer aux étoiles et conduisit ses destins dans un repos dont ils ne peuvent plus s'écarter. Elle a reçu sa demeure au fond du ciel ténébreux qui répandit les éléments, les dieux et les mortels dans les entrailles de Cybèle. Le ciel range autour d'elle les plus antiques de ses ombres et lui fait respirer ce qu'il possède encore des principes de la vie, y joignant les atteintes du feu infatigable dont les émanations animent l'univers. Pénétrée d'une ivresse éternelle, Callisto se tient inclinée sur le pôle, tandis que l'ordre entier des constellations passe et abaisse son cours vers l'Océan. Telle, durant la nuit, je gardais l'immobilité au sommet des monts, la tête enveloppée d'une ivresse qui la pressait comme la couronne de pampre et de fruits qui entretient aux tempes de Bacchus une jeunesse inaltérable. »

Ainsi m'instruisait Aëllo par le récit de ses destinées. Une fois debout pour suivre la voix qui l'appeait dans la science des dieux, mon esprit ne retourna plus vers la foule où il avait sa première demeure : il s'éloigna avec son guide vers les mystères les moins fréquentés. Chaque jour la parole de la grande bacchante se relevait prenant devant moi dans l'obscurité des chemins. Souvent les Muses quittent le mouvement rapide des chœurs pour commencer une marche à pas lents au sein de la nuit. Revêtues de leurs voiles les plus épais et se conduisant sur l'extrémité des monts, elles ouvrent des chants divins sous les ténèbres. La parole d'Aëllo m'entraînant vers les dieux s'avançait pareille à cette voix des Muses portée dans les ombres. Un antre ouvert sur les plaines, les cimes réservées aux derniers traits du jour, le lit des vallées les plus fécondes, tels étaient les lieux où me guidait le choix d'Aëllo. La durée de ses entretiens pénétrait souvent jusque dans le sein de la nuit, et alors elle se retirait seule, laissant son discours suspendu dans mon esprit comme les nymphes qui, ayant attaché leurs vêtements humides à une branche inclinée, rentrent dans le secret de leurs demeures.

Cependant s'avançaient les mystères qui allaient enfin m'emporter dans leur cours, mais leurs premiers mouvements dans les bacchantes devancèrent de bien loin l'heure de leur lever. Chacune de nous, ayant reconnu en soi les signes envoyés par le dieu, commença dès lors à s'écarter, car les mortels atteints par les divinités dérobent aussitôt leurs pas et se conduisent par des attraits nouveaux. Nous entrâmes chacune dans le penchant où nous portait le cours de notre esprit. Semblables aux nymphes, filles du Ciel et de la Terre, qui, dès leur naissance, se répartirent à l'ouverture des fontaines, aux divers cantons des forêts et à tous les lieux où Cybèle avait rassemblé des marques de sa fécondité, ces penchants nous dispersèrent à toutes les régions des campagnes. Nous fûmes admises dans la destinée des dieux qui s'attachèrent à régner sur les éléments. Puissants sur les fleuves, les bois, les vallées fertiles, ils se réjouissent à considérer la vie qui s'achemine sous leurs yeux. Mais dans la durée de ce loisir attentif qu'ils mènent, penchés sur les ondes, leur vie immortelle se conforme à leur chute monotone, et leur nature s'engage dans les éléments contemplés, comme un homme surpris au bord des fleuves par le sommeil et les songes et dont la robe se répand dans les flots. Chaque bacchante s'alliait ainsi à quelque lieu signalé par la naissance d'une destinée naturelle. Aëllo parut à la cime des collines et reposa longtemps sa tête sur le sein de la Terre ; elle semblait attendre, comme Mélampe, fils d'Amithaon, que le serpent marqué d'un pavot vînt se nouer autour de ses tempes. Hippothée, assise à la venue des fontaines, y fut rendue immobile ; ses cheveux, qu'elle avait répandus, ses bras dans l'abandon, et l'attachement de ses regards à la fuite des eaux marqueraient sa pente vers leur destinée et que son esprit se joignait à leur cours. La marche de Plexaure se plongea dans les forêts les plus déployées. Quand une océanide est touchée de sommeil, tandis qu'elle parcourt les mers, ses membres s'affaissent et prennent leur couche sur les flots ; elle a résigné la conduite de son voyage à l'inconstance des ondes. Flottante, on dirait de loin un mortel expiré ; mais dans la vague qui l'emporte, elle est étendue avec la légèreté de la vie et son sein use d'un sommeil inspiré par l'Océan. Tel paraissait le repos de Plexaure dans le lit des forêts. Arrêtée sur le bord des descentes profondes, Telesto s'inclinait tenant ses bras étendus vers les vallées, pareille à Cérès, au sommet de l'Etna, quand la déesse, s'avançant sur l'ouverture du cratère, allume sa torche de pin dans le feu du volcan.

Pour moi, qui ignorais encore le dieu, je courais en désordre dans les campagnes, emportant dans ma fuite un serpent qui ne pouvait être reconnu de la main, mais dont je me sentais parcourue tout entière. Semblable à un rayon de soleil, conduit en replis autour d'un mortel par la puissance des dieux, ses nœuds m'enlaçaient d'une chaleur subtile qui irritait mes esprits et chassait mes pas comme un aiguillon. J'allais accusant Bacchus et songeant aux flots de la mer où je me croyais contrainte ; mais le dieu eut dans peu de temps épuisé mes pas. Inclinée vers la chute, j'implorai la terre qui donne le repos, quand le serpent, redoublant ses nœuds, attacha dans

23.

mon sein une longue morsure. La douleur n'entra pas dans mon flanc déchiré ; ce fut le calme et une sorte de langueur, comme si le serpent eût trempé son dard dans la coupe de Cybèle. Il s'éleva dans mon esprit une flamme aussi tranquille que les lueurs nourries durant la nuit sur un autel sauvage érigé aux divinités des montagnes. Attentive et dans le repos comme une nymphe de Nysa, pressant dans ses bras l'enfance de Bacchus, j'occupai les antres jusqu'à l'heure où, le cri d'Aëllo ayant signalé la venue des mystères, je m'élevai sur les traces de cette bacchante qui marchait devant nous comme la Nuit, quand, la tête détournée pour appeler les ombres, elle se dirige vers l'occident. . . . .
. . . .

LA SAINTE THÉRÈSE

DE GÉRARD

Thérèse de Jésus, ô ma sainte adorée !
Amante du Seigneur, colombe consacrée,
J'ai votre image enfin ! Du jour où je connus
Votre vie admirable, et du jour où je lus
Ces ouvrages de vous où votre amour suprême
A fait naïvement un céleste poëme,
Je résolus d'avoir en ma possession,
Vieil ou neuf, un portrait qui portât votre nom..
Le ciel enfin m'a fait trouver une gravure
Comme je la voulais, d'une empreinte fort pure,
Et donnant un dessin assez digne de vous.
Fût-il plus imparfait, je l'aimerais sur tous :
Votre nom fait peinture assez. Or donc, ma sainte,
En ce portrait voici comment vous êtes peinte.

La scène est une église, et c'est fort bien choisi,
Car c'était là vraiment votre asile chéri.
Vous pliez seulement un genou sur la dure,
L'autre à demi s'incline, et la robe de bure
Qui se déroule et dont nul pli n'est retenu,
Laisse divinement échapper un pied nu,

Et ce pied gracieux qui porte une sandale,
Pur et blanc comme neige, est posé sur la dalle.
Vous vous penchez un peu comme quand on est las,
Au pied d'une colonne, et sur la base un bras
S'accoudan : vos deux mains, l'une à l'autre enlacées,
Comme deux blanches sœurs se tiennent embrassées.
De votre front serein comme le plus beau jour
Une toile en bandeau suit le charmant contour,
Et sur ce front si pur reluit et se détache
Comme un nuage blanc sur l'aurore sans tache
Au cou, la mentonnière, autre bandeau de sœur,
Dérobe à nos regards blancheur par la blancheur.
Un mantelet de lin, qui tombe jusqu'à terre,
Roule en plis gracieux son étoffe légère,
Et sur la tête, un voile, en arrière jeté,
Fait l'effet du feuillage à nos roses, l'été.
Puis en l'air, assez près de la simple coiffure,
Brille un cercle argenté d'une lumière pure,
Couronne aérienne en un trait des plus fins,
Dont on voit surmonté le chef de tous les saints.
Est-ce tout? J'oubliais la croix de la prière,
Qui pend à la ceinture au bout du grand rosaire,
Et je dois dire ici, tout en parlant de croix,
Que dans l'église c'est la seule que je vois.
Pas un autel non plus. Votre sainte figure
Est vivante de grâce et d'expression pure ;
Elle est belle à passer devant vous tout un jour
Sans bouger; elle est belle à donner de l'amour;
Mais l'artiste, manquant de foi, n'a pas pris garde
Que vous y regardez celui qui vous regarde,
Que les chrétiens priant tiennent leurs yeux baissés
Et que des yeux ouverts ne priaient pas assez.

En la chambre où je vis, cellule toute nue,

Thérèse, vous voila compagne devenue
D'un chrétien mal dépris de ce monde mortel
Et qui traîne du pied en marchant vers le ciel.
Vous voilà suspendue, ô ma chère peinture!
En un cadre où reluit encor quelque dorure,
A la cloison de bois qui protége mon lit,
O ma sainte, le jour! ô mon rêve, la nuit!
Plus bas un bénitier dans sa coquille ronde
Garde un peu de cette eau que fuit l'esprit immonde,
Et j'y viens, chaque soir, tremper le bout du doigt.
Dirai-je mieux, disant que la prière y boit
Au moment de partir pour la divine plage,
Comme je l'ai vu faire aux oiseaux de voyage?
N'importe. Mais je sens, quand le front lourd et chaud
A porté, dans le jour, quelque rêve trop haut,
Que j'ai laissé sur lui se poser d'aventure,
De ces pensers au front laissant une brûlure,
Je sens, dis-je, le soir, qu'en y portant la main
Empreinte de cette eau, le mal se tourne en bien.

Thérèse, mon amour, reine de ma cellule,
Vous voyez bien souvent combien le front me brûle,
Et, pécheur que je suis, qu'il m'arrive, le soir,
De baisser devant vous mes yeux, de peur de voir
Vos angéliques traits qui font rougir ma face.
Car dans l'âme souvent telle chose se passe
Qui fait que l'on n'a pas assez de ses deux mains
Pour cacher son visage, et que des yeux sereins,
Le ciel pur, la beauté de toute la nature,
Une simple colombe à la blanche parure,
Tout cela nous tourmente, et qu'on semble avoir peur
De la douce innocence et de toute blancheur.

Quand j'aurai peur de vous, ma vierge, oh! je vous prie,

Détournez vos regards de mon âme flétrie;
Ne nous regardons plus l'un l'autre, seulement
Ménageons entre nous un accommodement.
Point de regards, c'est dit. En pareille occurrence
Vous m'aurez en pitié; moi, j'aurai confiance,
Et le bénitier blanc qui pend auprès de vous
Nous fera seul alors correspondre entre nous.
Vous y déposerez, en manière d'aumône,
Un peu d'eau pour mon mal, de cette eau qui se donne
Aux âmes en faiblesse, et moi, nécessiteux,
Défaillant, je prendrai l'aumône dans ce creux.

MA SŒUR EUGÉNIE

1

En l'âge d'enfance,
J'aimais à m'asseoir
    Pour voir
Dans le ciel immense
L'oiseau voyager
    Léger.

Quand le ciel couronne
Les horizons bleus
    De feux,
Plus d'un soir d'automne
Aux bois m'a surpris
    Assis,

---

1. « Dans le dernier mois de 1833, nous étions au bord de la Rance, petit fleuve de Bretagne, qui lie Saint-Malo, la ville des grèves... et Dinan, la ville aux vallons romantiques... Le 31 décembre, après une promenade dans les bois, où Maurice avait pris beaucoup de plaisir à fouler ces feuilles sèches, en modulant un air national de son pays, il écrivit sur ce même air une élégie dont voici le text .. »

(H. DE LA MORVONNAIS, *l'Université catholique*, janvier 1841.)

L'éditeur n'a pu résister au désir de clore le recueil des *Reliquiæ* de Maurice de Guérin par ces vers, très-imparfaits sans doute, mais qui expriment d'une manière touchante le sentiment qui, selon lui, a tenu et dû tenir la *meilleure place* dans le cœur du poëte. On comprendra ce désir et cette pensée lorsqu'on aura lu, après les œuvres de Maurice, ce qui nous est aussi *resté* de SA SŒUR EUGÉNIE.

Écoutant les ailes
Qui rasaient les toits
   Des bois,
Bruissant entre elles
Comme les flots clairs
   Des mers.

II

Et ces mélodies
Pénétraient mon cœur
   Rêveur,
Et mes rêveries
Faisaient mieux qu'un roi
   De moi.
Ma sœur Eugénie
Au front pâle et doux,
   Chez vous,
Bois pleins d'harmonie,
Aux soupirs du vent
   Souvent
Mêlait sa romance
Qui faisait pleuvoir
   Le soir
La douce abondance
Des pleurs qu'au désert
   On perd.

III

Elle aimait mes rêves
Et j'aimais les siens
   Divins;

Et nos heures brèves
Passaient sans témoin
   Au soin
De faire l'échange
De biens entre nous
   Si doux ;
Mille rêves d'ange
Allaient de son sein
   Au mien.
Quand la feuille grise
Sous le vent follet
   Roulait :
« Vois comme la brise
Fait de ces débris
   Des bruits, »
Disait Eugénie;
Et toutes les fois
   Qu'au bois
La feuille flétrie
Au vent qui passait
   Tombait,
Elle, sans parole,
Mais levant tout droit
   Son doigt,
Montrait ce symbole
Qui dans l'air muet
   Tournait.

IV

A travers les branches
Et parmi le noir
   Du soir,
Si des ailes blanches

Reluisaient soudain,
　　Mon sein
De mille pensées
Soulevant le poids,
　　Ma voix
Disait : « Nos années
Sont ces passagers
　　Légers. »

V

Sur nos têtes frêles,
Poussés par les vents,
　　Douze ans
Ont battu des ailes
Depuis les accords
　　D'alors ;
Mais leurs ailes lourdes
Dans l'ombre des soirs
　　Trop noirs
Passent toutes sourdes
Sans bourdonnements
　　Charmants.

VI

Voici qu'une année
Du mont éternel
　　Du ciel
Vers nous inclinée,
Sur nous va passer,
　　Glisser.
Vous qui, par les plaines,

Écoutez les chants
    Errants.
Des choses lointaines,
Quel est aujourd'hui
    Celui
De l'an qui s'avance?
Est-ce un oiseau doux
    Vers nous
Portant l'espérance
Et le rameau frais
    De paix?

VII

Quel bruit font ses ailes
Je voudrais avoir
    Ce soir
De sûres nouvelles
De ce nouvel an
    Venant :
Aura-t-il les charmes,
Ma sœur, de ces jours
    Si courts
Où toutes nos larmes
Venaient du bonheur
    Du cœur?

Mordreux, 31 décembre 1833.

FIN DES POÈMES.

TÉMOIGNAGES

TÉMOIGNAGES

NOTES

SUR LA FAMILLE ET SUR LES PREMIÈRES ANNÉES

DE MAURICE DE GUÉRIN

La maison de Guérin du Cayla porte pour armes . de gueules à six besans d'argent, trois, deux et un, au chef d'azur. Devise: *Omni exceptione majores*. Noblesse d'origine inconnue.

Les chroniques de notre famille la disent de race vénitienne. On la trouve établie en France au commencement du IXe siècle, où un Guérin ou plutôt Guarini [2] (ce nom ainsi écrit jusqu'à 1553)

---

1. Ces notes ont été écrites par Mlle Eugénie de Guérin, qui en parle dans une lettre à M. de La Morvonnais (2 juillet 1842). Ainsi qu'elle nous l'apprend elle-même dans ce passage, elle les avaient envoyées à Paris au mois de janvier de cette année, non pour qu'elles fussent publiées, mais pour qu'elles servissent à la rédaction d'une notice placée en tête des œuvres de son frère. Aujourd'hui, nous ne pouvions mieux faire que de les reproduire ici telles qu'elles nous sont parvenues.

2. Il existe encore en Italie des Guarini avec lesquels les Guérin se sont toujours cru une même origine.

(Note de Mlle de Guérin.)

était comte d'Auvergne. D'après Moréri, *Dictionnaire Généalogique,* ce fut la souche des Guérin de Montaigu qui ont été longtemps comtes de Salisbury. Par suite des temps et des divisions de branches, ces Guérin sont devenus seigneurs d'Ols en Quercy, de Rinhodes en Rouergue, d'Apchier dans le Gévaudan, de Laval, de Saignes et du Cayla dans le Languedoc[1]. La descendance et les titres de noblesse de cette dernière branche ont été confirmés par jugement souverain, prononcé à Montpellier par M. de Bezons, intendant de la province de Languedoc, le 26 novembre 1668.

De cette même origine sont sortis plusieurs hommes marquants. L'histoire cite un chancelier de France, Guérin, évêque de Senlis, que la reine Blanche mit à la tête de son conseil, vieillard d'âme fière et rude, dit un chroniqueur, qui ne pouvait inspirer que la confiance, mais jamais l'amour, pas même l'amitié. Il donna, en plusieurs occasions, des marques de son courage, et surtout à la bataille de Bouvines, où il rangea les troupes et les anima à bien faire. Voir Moréri, Rigord, Guillaume le Breton, historien de Philippe-Auguste.

Il releva l'éclat de la charge de chancelier, en faisant ordonner qu'il aurait rang parmi les pairs du royaume. Depuis, il se retira à l'abbaye de Chalais ou Chalis, où il prit l'habit de religieux, et y mourut en 1230.

Vertot cite dans son *Histoire de Malte* deux grands maîtres du nom de Guérin. On possède au Cayla le portrait de l'un de ces grands maîtres, Guérin de Montaigu, élu en 1206. Nous avons eu un cardinal, un troubadour, Guarini, seigneur d'Apchier, qui florissait à la cour d'Adélaïde de Toulouse, nièce

---

1. En 1534, noble homme Michel de Lapeyre, seigneur du Cayla, donne en mariage à noble homme Jean de Guérin, seigneur de Rinhodes, au diocèse de Rhodez, sa fille héritière, Jeanne de Lapeyre, à condition que ledit noble Jean de Guérin porterait le surnom et les armes du Cayla. — Ceci semble expliquer pourquoi les armes actuelles de la famille de Guérin ne sont point les mêmes que celles du chancelier de France et du grand-maître de Saint-Jean de Jérusalem.

de Louis le Jeune, duquel troubadour les mémoires littéraires de l'époque font mention. Cette famille a donné de tout temps des officiers distingués, dont les services sont attestés des signatures de nos rois. Un de ces derniers, le chevalier Guérin de Bonnac, est mort à Tours, commandant des milices de la Touraine, en 1763. Il avait épousé une de Longchamp, Barbe Simone.

Quant aux alliances anciennes, on voit dans les généalogistes, dit le père Courtade, jésuite généalogiste, dans une lettre à mon grand-père, on voit que les Guérin sont entrés dans les plus grandes maisons de France. Les titres de famille font mention des Séguier, des Dulac, des Bernis, des Latour d'Auvergne. Il est de tradition que la tour qui est dans nos armes vient de cette alliance contractée par un Sylvestre de Guérin. J'ai trouvé note de ce mariage, mais non de l'époque [1]. Une fille des Guérin est entrée dans la maison de La Rochefoucauld, marquis de Langeac, en 1720.

Voici maintenant Maurice. Dès son jeune âge, il annonça une remarquable intelligence. Un de ses premiers maîtres, interrogé par mon père sur les dispositions de son élève : « Ah! monsieur, lui dit-il, vous avez là un enfant transcendant. » Cet enfant, à neuf ans, se passionnait pour l'histoire. Il passait avec Rollin toutes ses récréations, quand on ne l'en détournait pas. Il pleura de joie à la première leçon d'écriture.

Maurice était enfant imaginatif et rêveur. Il passait de longs temps à considérer l'horizon, à se tenir sous les arbres. Il affectionnait singulièrement un amandier sous lequel il se réfugiait aux moindres émotions. Je l'ai vu rester là, debout, des heures entières.

Il est à la campagne, aux beaux jours d'été, des bruits dans es airs que Maurice appelait *les bruits de la nature.* Il les écoutait longuement, et voici de ses impressions :

[1]. L'alliance mentionnée dans l'*Histoire de la Maison d'Auvergne* est celle de Guérin III, seigneur d'Apchier, qui épousa Blanche, fille du Dauphin d'Auvergne, vers le milieu du XIIIe siècle.

« Oh! qu'ils sont beaux ces bruits de la nature, ces bruits répandus dans les airs, qui se lèvent avec le soleil et le suivent, qui suivent le soleil comme un grand concert suit un roi.

« Ces bruits des eaux, des vents, des bois, des monts et des vallées, les roulements des tonnerres et des globes dans l'espace, bruits magnifiques auxquels se mêlent les fines voix des oiseaux et des milliers d'êtres chantants ; à chaque pas, sous chaque feuille, est un petit violon.

« Oh ! qu'ils sont beaux ces bruits de la nature, ces bruits répandus dans les airs !

« Comme les jours d'été en sont pleins! Quels retentissements lorsque les campagnes éclatent de vie et de joie comme les grandes jeunes filles; lorsque, de tous côtés, s'élèvent rire et chansons, cadence de fléaux sur l'aire, avec accompagnement de cigales, et, le soir, les tintements des cloches, l'*Angelus* qui annonce Dieu parmi nous!

« Oh! qu'ils sont beaux ces bruits de la nature, ces bruits répandus dans les airs!

« Entendez-vous ces battements de feuilles qui s'agitent comme de petits éventails, ces sifflements des roseaux, ces balancements des lianes, escarpolettes des papillons, et ces souffles harmonieux et inexprimables que font sans doute les anges gardiens des champs, ces anges qui ont pour chevelure des rayons de soleil.

« Oh! qu'ils sont beaux ces bruits de la nature, ces bruits répandus dans les airs!

« Je vais toujours les écoutant. Quand on me voit rêveur, c'est que je pense à ces harmonies. Je tends l'oreille à leurs mille voix, je les suis le long des ruisseaux, j'écoute dans le grand gosier des abîmes, je monte au sommet des arbres, les cimes des peupliers me balancent par-dessus le nid des oiseaux.

« Oh! qu'ils sont beaux ces bruits de la nature, ces bruits répandus dans les airs!

« Bientôt je ne les entendrai plus! bientôt je n'entendrai que ce je ne sais quoi des villes. O Toulouse! on dit de toi de bien belles choses, mais auras-tu rien qui me plaise comme ce qui me plaît au Cayla?

« Oh! qu'ils sont beaux ces bruits de la nature, ces bruits répandus dans les airs!

« Quand je ne pourrai plus les entendre, ô ma sœur, que ta lyre m'en fasse encore jouir. Oh! viens me les chanter, ces bruits de la nature, viens chanter pour ton frère au collége, comme la calandre de dehors chante à ta calandre en cage.

« Oh! qu'ils sont beaux ces bruits de la nature, ces bruits répandus dans les airs! »

Une de ses jouissances, c'était encore d'improviser en plein air, et, comme il avait du penchant pour l'état ecclésiastique, c'était des discours religieux qu'il faisait. Il y a dans les bois du Cayla, sous un enfoncement, une grotte taillée en forme de chaire où il montait, et qui fut appelée pour cela la chaire de Chrysostome. Maurice avait toujours ses sœurs pour auditoire

A onze ans, il fut mis, à son grand bonheur, au petit séminaire de Toulouse. Alors commença entre nous cette correspondance intime qui n'a fini qu'à sa mort. J'ai bien peu retrouvé de ses premières lettres, en voici deux fragments

« Chère Eugénie, je suis bien touché des regrets que tu as de mon absence. Moi aussi je te regrette, et je voudrais bien qu'il fût possible d'avoir une sœur au séminaire. Mais ne t'inquiète pas, j'y suis très-content. Mes maîtres m'aiment, mes camarades sont excellents. Je me suis lié plus particulièrement avec un dont je te parlerai. Il commence à parler ma langue (une sorte de langue de son invention) et par ce moyen nous nous communiquons l'un à l'autre, et nous jouons à la *pensée* sans qu'on s'en doute. J'avance à pleines voiles dans le pays latin. Tu auras un meilleur maître aux vacances. Soigne à ton tour mes tourterelles. Je chante à la chapelle.

« Adieu. Je t'embrasse et te prie d'embrasser Pépone (mon père) et toute la famille. Dis-leur que je suis bien content d'être ici. »

« Hélas, le monde entier sans toi
N'a rien qui m'attache à la vie.

« Chère Eugénie, tu seras peut-être étonnée de voir ces deux vers au commencement de ma lettre. C'est que c'est, pour ainsi dire, le texte dont je veux la tirer, et pour mieux exprimer le tendre amour que je te porte. Le sentiment qui inspirait à Paul ces paroles pour Virginie n'était pas plus sincère que le mien.

« C'est particulièrement à toi que je donne la *Vie de Voltaire*. Tu y verras le génie et la perversité de cet homme, ce coryphée de l'impiété qui mettait au fond de chaque lettre : Écrasons l'infâme, c'est-à-dire la religion catholique. Pour moi, je ne cesserai d'y mettre : je t'aime, je t'aime.

« Je ne puis pas te dire les places que j'ai, n'ayant pas encore composé. Adieu, je n'en puis plus, je souffre trop pour pouvoir continuer. »

Maurice se fit bientôt remarquer au séminaire par ses moyens et sa bonne conduite. Sur ce qui fut dit de lui à l'archevêque de Toulouse, Mgr de Clermont-Tonnerre, ce prélat voulut se charger de son éducation. Il en fit l'offre pressante à mon père qui reçut la même faveur de M. de Bernis, archevêque de Rouen. Néanmoins, Maurice demeura sous la direction paternelle. A treize ans, il fut envoyé à Paris, au collège Stanislas, où il obtint les plus brillants succès, et des affections distinguées et profondes qui se témoignent encore après sa mort. Il demeura cinq ans sans retourner au Cayla. J'eus pendant ce temps communication des développements et impressions de son âme, et de cette mélancolie profonde que semblait lui donner le sentiment confus des choses à venir. Quand il revint à la fin de ses classes, je le trouvai tout empreint de cette tristesse. Rien ne lui plaisait, que les promenades qu'il remplissait d'épanchements de cœur et d'observations sur la nature. Il y a tel site au Cayla, tel arbre, tel point à l'horizon qu'il m'a rendus chers par l'attention qu'il leur a donnée. Ce fut dans une de ces promenades qu'arriva l'aventure du coup de fusil exprimée dans ces lignes :

« O ma sœur, que je te suis donc fatal! Ce n'est pas assez de faire si souvent couler tes larmes, j'ai manqué te donner la mort, j'ai manqué t'immoler dans ces bois comme la colombe, maudit chasseur! Maudite soit l'arme perfide et meurtrière! Je l'ai jetée pour jamais loin de moi. Jamais la main de ton frère ne touchera un fusil. Comment le plomb mortel est-il parti? et comment n'a-t-il fait que déchirer ta robe sans t'atteindre? Dieu t'a préservée. Sans ce prodige, il y aurait eu deux tombes, chère sœur : je ne t'aurais pas survécu. »

Il avait renoncé à l'état ecclésiastique, sans perdre néanmoins ses tendances religieuses. Il était même si pieux, qu'on l'appelait dans le pays le jeune saint. Il n'avait de goût que pour la retraite et l'étude, et lorsque La Chênaie s'ouvrit, il sollicita vivement de mon père d'y rentrer. Ses lettres et *memoranda* d'alors sont pleins de ses impressions. On y voit ce qu'il avait trouvé dans cette solitude, où il y avait, dit une de ces lettres, *un charme si étrange et si puissant à travailler sous les vieilles forêts bretonnes.*

Après la dispersion de l'école et quelques mois de séjour chez M. de La Morvonnais, au Val de l'Arguenon, noble et gracieuse demeure, Maurice retourna à Paris. A une vie toute faite en solitude succéda une vie à faire dans le monde. Il s'y fatigua pendant trois ans, et n'eut de repos que dans cette maison indienne, auprès d'une compagne faite pour son bonheur, ange d'amour et de soins, donnée de Dieu aux derniers jours de Maurice. Voici ce qu'il écrivait d'elle, six mois après son mariage : « Caroline est douce, bonne et pleine d'excellentes qualités. Elle mérite toute mon affection, elle la possède. »

SÉJOUR

DE

MAURICE DE GUÉRIN EN BRETAGNE

IMPRESSIONS ET SOUVENIRS

DE M. F. DU BREIL DE MARZAN[1]

(A M. G. S. TRÉBUTIEN)

I

La Chênaie et sa physionomie en 1833. — Naissance de ma liaison avec Guérin. — Esquisse de son caractère.

L'automne de 1832 et les trois premiers trimestres de 1833 furent la dernière année de La Chênaie et de l'école catholique dont cette maison était comme le mont sacré où l'on venait interroger l'oracle si près alors de devenir celui d'un autre ciel. L'abbé Lacordaire, qui, dès le mois de mars précédent, avait quitté M. de La Mennais à Rome, parce que ce dernier s'obstinait à vouloir arracher à tout prix une réponse que le saint-siége lui faisait attendre par égard pour ses mérites et ses anciens services, avait, aussitôt après l'acte de la soumission, rejoint le groupe des pèlerins de La Chênaie, où il séjourna jus-

---

[1]. Nous détachons ces chapitres d'une notice plus étendue que M. de Marzan a consacrée à la mémoire de notre ami, non sans regretter vivement qu'il ne nous ait pas été permis d'insérer tout entier dans notre seconde édition ce beau travail, qui s'est accru depuis la première, et doit être prochainement l'objet d'une publication spéciale.

qu'au milieu de l'automne, époque où, ayant enfin reconnu qu'il n'avait jamais bien compris la doctrine du maître, il dut sur-le-champ effectuer sa retraite avec une résolution qui eut de l'éclat et donna matière à des réflexions déjà pleines de gravité.

L'aimable et platonique abbé Gerbet occupait toujours, à mes yeux du moins, la première place sous ce *portique* chrétien, dont il était la lumière pure en même temps que le charme. Mais il y avait dans son esprit des inquiétudes et de la rêverie. Ce visage, habituellement si calme, laissait voir par moments des signes de préoccupations pénibles qui le faisaient ressembler à celui d'un ange commis à la garde d'un temple dont il pressentirait la ruine prochaine, et peut-être la profanation. Le savant et bonhomme abbé Rohrbacher y venait, de la succursale de Malestroit dont il était supérieur, prendre des notes pour son *Histoire de l'Église,* et s'assurer de la manière dont on traitait au Noviciat la question de la Nature et de la Grâce, qui l'inquiétait, non sans motifs. Nous aimions tous l'humeur joviale de ce consciencieux et naïf érudit qui avait une manière à lui de tourner les jeux de mots et d'en rire, et dont la figure franche et carrée s'épanouissait sous le moindre rayon de gaieté, comme celle d'un vieillard qui dilate ses deux mains devant une belle flamme. Les membres laïques de l'école, MM. de Coux, d'Ortigue, de Cazalès, s'y donnaient aussi rendez-vous. Quant au plus célèbre des jeunes disciples séculiers, dont un premier séjour à Rome n'avait point suffi pour calmer l'ardeur, alors un peu bouillante, il y paraissait de temps à autre, accompagné de nobles proscrits de la Pologne, dont il avait chevaleresquement épousé la cause, qui, à tous ses malheurs, joignait, en ce temps-là, celui de provoquer vivement les sympathies de la Révolution. M. de Montalembert se retrempait dans ses entretiens avec M. Féli, auquel peut-être il demandait inutilement des moyens efficaces pour lutter avec avantage contre l'influence salutaire de Mme Swetchine, qui ne tarda pas cependant à prévaloir et à convaincre cet esprit si noble et si droit, qu'une simple femme avait eu le regard plus clairvoyant que le maître et le disciple, qui, à cette époque, il est vrai, n'écrivaient plus *Avenir*.

Mais, à ce moment, aucun soupçon ne pouvait raisonnablement planer sur l'auteur de *l'Indifférence*, livré consciencieusement à ses travaux variés par l'instruction de quelques jeunes gens destinés, dans sa pensée, à former le noyau d'une congrégation religieuse, vouée comme lui et après lui à la défense de l'Église. Ne venait-il pas d'ailleurs, et tout récemment, d'ajouter à la renommée de son beau génie l'éloquence de la vertu de soumission, qui fera l'éternel honneur de l'archevêque de Cambrai ?

A cette époque, qui était celle de la fin de mes études, je passais à Paris une partie de l'année et le reste en Bretagne, où j'avais, aux environs de Dinan, trois stations principales : la Brousse-Briantais, maison de la famille ; le Val de l'Arguenon, maison de l'amitié ; et La Chênaie, qui fut quelques mois encore celle de la doctrine.

Le 18 décembre 1832, je revoyais avec émotion ce petit monastère, où j'aimais à venir de temps à autre respirer le bon air de l'étude et de la piété, dans la compagnie de quelques jeunes gens de mon âge, qui, pour la plupart, se disposaient au sacerdoce sous la direction d'un homme auquel je me sentais attaché moi-même par le triple lien de la foi, de l'admiration et de la reconnaissance. Là régnaient les rapports de la cordialité la plus franche. Quelques-uns se servaient entre eux du pronom de collège *tu*, à l'exemple du maître, qui *tutoyait* aussi ses préférés, honneur que je partageais avec Ange Blaize, Élie de Kertanguy, Eugène Boré et plusieurs autres. Tous se désignaient par leurs noms de chrétiens et connaissaient à peine celui de la famille. M. de La Mennais s'appelait, pour nous, *M. Féli*, et son frère était *M. Jean*. Les titres d'hommes glorieux ou simplement honorables semblaient se perdre ici dans le charme de l'intimité et de l'affection. L'heure que je préférais dans nos journées de La Chênaie était celle fixée par le règlement pour la réunion commune qui suivait le souper. Une fois au grand complet dans le salon, d'une simplicité antique, duquel Maurice vous a décrit l'ameublement en n'omettant que la table de jeu d'échecs et la boîte de trictrac, dont le vue suffisait pour dérider le chef de la colonie et éveiller sa bonne humeur, tout souci, toute gêne d'étiquette et de règlement disparaissaient. Il se faisait alors un échange intime et familier d'impressions et de remarques, qui allaient en toute liberté du maître aux disciples et des disciples au maître; chaque question s'y trouvait naturellement accidentée par les tours imprévus de l'imagination de chacun, et la variété, souvent la plus amusante, y régnait au sein de l'ordre le plus aimable et le plus vrai.

Or, le soir du 18 décembre, M. de La Mennais fit presque tous les frais de la conversation, qui roula sur les épisodes de sa récente campagne d'Italie, dont il nous retraça les principaux incidents avec cette verve de saillies toujours spirituelles et très-souvent comiques, peu connue de ses lecteurs, parce qu'il la réservait surtout pour son petit auditoire d'affection. Les narrations du *pèlerin* donnèrent lieu à des dialogues animés, qui avaient sans doute de l'intérêt. Mais ce qui fixa surtout mon attention, ce ne furent ni les récits piquants de M. de La Mennais, ni les observations qu'y mêlaient à propos Élie de Kertanguy ou Frédéric de La Provostaye, ni les éclats un peu bruyants du reste de l'assistance; ce ne fut pas même la manière originale et tout à lui avec laquelle M. Gerbet effectuait parfois, au cœur même de la conversation dont il semblait fort loin, des rentrées ou charges imprévues, succédant alternativement à certaines pauses ou absences demi-rêveuses, illuminées tout à coup par un eclair charmant, qui faisait tout aimer et apprécier en cet homme, même les distractions. Ce qui me rendait moi-même inattentif et distrait, c'était l'attitude réservée et circonspecte d'un étranger de vingt-deux ans, au visage pâle, aux cheveux noirs déjà rares au-dessus du front, à l'œil méridional et vivant où brillait la lumière de l'idée, alliée cependant à cette expression particulière de tristesse douce qui trahit, avec la souffrance intérieure, la poésie, qui naturellement l'accompagne et la console. Il se tenait un peu à l'écart, tendant bien plutôt à s'effacer qu'à se faire remarquer, si ce n'est par son silence. Eh bien ! tous les visages anciens et amis que je retrouvais dans cette réouverture du salon de La Chênaie m'occupèrent moins que la vue de cet inconnu, regardant, écoutant, observant et ne disant rien.

Cette apparition peut-être eût troublé mon sommeil, si je n'eusse commencé sur l'heure à éclaircir mes doutes. J'appris en deux mots de l'oracle du petit cercle, Élie de Kertanguy, que le nouveau-venu arrivait du Languedoc; que La Chênaie lui avait été ouverte par notre aîné et savant Eugène Boré, qui lui avait recommandé son ancien camarade du collége Stanislas comme un sujet de facultés remarquables, mais de caractère irrésolu, ayant besoin, avant tout, d'encouragements, de soutiens et d'un ami; qu'il avait répondu à la prière d'Eugène en s'efforçant de gagner la confiance de Maurice, sans avoir pu y réussir encore de tout point ; qu'enfin il soupçonnait ce jeune homme, distingué du côté de la naissance et de l'éducation, d'avoir connu des souffrances précoces, qui avaient fait entrer en lui la poésie en même temps que la douleur. — Cela suffit pour me donner pleine confiance en mes pressentiments et me prouver que je venais de faire une rencontre heureuse. Le lendemain, à pareille heure, l'étranger n'ignorait plus que la Chênaie était pour moi un lieu de souvenirs, et moi qu'elle était pour lui un port d'attente où il était venu chercher ce que demande au désert celui qui n'a pas eu toujours la paix de l'âme. Le *Cahier Vert* m'avait livré ses premières confidences et ses éphémérides de la veille; je savais que l'abeille avait failli parfois se tromper de fleur, mais qu'à l'heure du lever des passions, un secours providentiel et béni s'était rencontré pour l'enfant du Cayla dans un premier amour qui avait uni sa flamme douce aux clartés que répandait en cette âme l'amitié d'une sœur; j'aimais déjà Louise, et surtout Eugénie. Le collége Stanislas, la terrasse du Cayla, le foyer de Rayssac et son aimable Grillon, la roche d'Onelle et sa *fontaine des larmes,* étaient pour moi de vieilles connaissances.

Nous avions fait échange de muses et de souvenirs, et désormais ce n'était plus des choses de la veille que j'avais à m'entretenir avec Georges-Maurice de Guérin du Cayla.

Si je me félicitai de ma bonne fortune, je ne pus me défendre d'un premier moment de surprise, et plus tard d'un mouvement de fierté, en me rappelant ce qu'il y eut de spontané et de rapide dans la naissance et le progrès d'une intimité qui, dès le premier jour, n'avait plus de mystères réservés.

Maurice, en effet, — je parle de celui de La Chênaie, — était peu communicatif, parfois même un peu sombre, dans cette saison, féconde pourtant, où, au double mal de l'amour et de la poésie qui le travaillaient intérieurement, s'ajoutait l'accablant souci d'une grande et prochaine décision à prendre. Sa réserve était remarquable à l'égard des supériorités intellectuelles dont il aimait les lumières et dont il craignait l'empire. L'attitude inquiète qu'il observait en présence des hommes qui lui imposaient par le savoir ou la célébrité, il la conservait en présence de tout étranger, comme s'il eût pressenti l'approche de quelque génie inconnu et redoutable. De là deux mouvements en lui à la vue de tout nouveau visage : un mouvement de curiosité qui était le premier, un mouvement de défiance qui était le second. Alors il se tenait aux écoutes et sur le qui-vive, s'efforçant de juger les gens par l'oreille, avant de se faire juger lui-même par la voix. La vérité est que mêlant, comme il le confesse lui-même à son ancien maître de Stanislas, une dose réelle d'amour-propre à beaucoup de délicatesse et de sensibilité, il apercevait dans cette disposition une cause incessante d'humiliations et de souffrances, parce que, ne croyant guère qu'à sa faiblesse, il craignait à tout moment de la trahir. Ceci explique pourquoi il ne cherchait alors qu'à profiter et à recevoir, sans songer encore à rendre et à payer de sa personne, par la conviction que les pauvres ne doivent rien, et pourquoi, n'acceptant que des confidents éprouvés, il ne donnait finalement que la portion de lui-même qu'il se croyait en mesure de n'avoir jamais à reprendre.

Ainsi en avait-il agi avec Élie de Kertanguy antérieurement à notre liaison. Appréciant la noblesse et l'admirable fermeté d'âme qui distinguaient éminemment son jeune et aimable conducteur, il lui livra sa volonté chancelante et lui ouvrit volontiers son esprit, d'où jaillissaient parfois des éclairs éblouissants, suivis d'anxiétés et de ténèbres. Pour faciliter ses rapports avec le chef qu'il révérait et aimait en le craignant, il le choisit comme interprète, j'allais dire comme truchement; il pria Élie d'assurer sa marche, de lui donner une volonté et un but, et de lui faire voir enfin s'il y avait autre chose qu'un rêve pieux dans ses pensées de vocation religieuse. C'est assez dire qu'en tout ce qui concerne l'impulsion vers quelque chose de fixe et de précis, Élie était devenu le bras droit de Guérin et son véritable frère, capable de l'entraîner partout, fût-ce sur le champ de bataille. Mais s'il fut par ce côté son guide et son mentor, il ne fut pas de tout point son confident. Guérin toujours se réservait quelque chose, la partie de lui-même où il y avait eu de l'amour et qui contenait encore de la poésie et des armes.

D'où vient donc qu'avec infiniment moins de mérites que mon intelligent ami de collége et de jeunesse, Élie de Kertanguy, cœur généreux et loyal comme doit être tout *Léonard,* âme transparente et à jour comme les clochers de sa ville bretonne [1], je fus cependant plus favorisé, et que notre poëte m'offrit de

---

1. Saint-Pol-de-Léon, dont les habitants portent le nom de *Léonards.* Kertanguy y mourut, catholique fervent, en 1846, à l'âge de 37 ans.

lui-même le privilége dont il n'avait encore laissé jouir que sa sœur? C'est que la règle de conduite rigoureuse et prudente que Guérin s'imposait en pays inconnu se brisait presque à son insu dans les rares occasions où le hasard venait à lui faire reconnaître une sympathie et une parenté d'âme. Ainsi le contact d'une nature simplement aimante ou poétique le pénétrait subitement comme un rayon de soleil, amenait le sourire intérieur et bientôt l'épanouissement. J'ai deux exemples à l'appui : la spontanéité de notre liaison, qui fut complète dès le second entretien du 19 décembre 1832, et celle d'Hippolyte de La Morvonnais, connaissance éclose aussi sous l'aile de la Muse et que ces deux poëtes ne devaient pas cultiver longtemps sur la terre, parce qu'ils étaient prédestinés à en jouir de bonne heure au ciel. Celle-ci avait pris naissance quatre mois après l'autre, le 2 avril 1833, et elle resta le meilleur fruit d'une lecture que Maurice nous fit à tous deux du premier entretien qu'il m'ait adressé. J'aimerais à en détacher ici quelques vers presque aussi charmants dans leur négligé que la prose de Guérin est quelquefois puissante dans son attitude :

> Sur la fin de ce jour, sombre jour de décembre,
> Je fis à petit bruit descente en votre chambre,
> Pour y causer à l'aise et recueillir de vous
> Cette fleur d'amitié qui me faisait jaloux.
>
> Après notre babil, je vous lus quelques pages
> Où ma plume a couché des souvenirs peu sages,
> Des complaintes du cœur, d'infortunés débris
> De mon premier amour que le malheur m'a pris.
> . . . .
> Savez-vous quelque chose où plus de joie excelle?
> S'asseoir à la lueur d'une simple chandelle,
> Côte à côte, le coude appuyé sur le bois,
> La tête un peu penchée et les yeux quelquefois
> Regardant le plafond, causer comme en cachette
> De ce qui nous émeut ou le cœur ou la tête,
> Sans ordre et comme veut la pente du discours,
> Et repassant ainsi le compte de nos jours,

Tout comme deux vieillards chenus, sexagénaires.
Déplorer quelque peu nos erreurs printanières,
Aux folles passions jeter tous nos dédains,
Et d'un passé mauvais purifier nos mains.

II

Époque poétique à la Chênaie et au Val de l'Arguenon. — Incidents divers. — Prométhée et Antigone.

Guérin ne vécut en société sincère avec la Muse que dans les lieux où il put se laisser aller sans contrainte à l'illusion des espérances et des souvenirs, les promener et en causer librement avec nous au bord des étangs de la Chênaie, à l'ombre des bois de Coëtquen, à Mordreux sur la Rance, la perle des rivières bretonnes, au Val de l'Arguenon, qui lui montrait tous les jours une chose grande et une chose douce : l'Océan qui donne à la nature tant de solennité, et l'amitié qui y fait circuler pour vous tant de charmes et de vie. C'est là qu'il aima la poésie comme on aime la source qui a donné sa rosée à vos premières fleurs. Il lui rapportait en secret ses travaux et ses ambitions; il aimait à se regarder comme l'un de ses prédestinés et s'imaginait alors avoir contracté avec la Muse une sorte de mariage qui devait être un jour abondant en fruits, s'il en jugeait par les douceurs de sa lune de miel.

Cependant l'élève de la Chênaie, de même que l'hôte du Val de l'Arguenon, bien que déjà grand prosateur, manifesta toujours en vers un véritable faible pour la négligence qu'il affectait trop de considérer comme une beauté, prétendant s'appuyer en cela de l'autorité de La Fontaine, de Voltaire, de Lamartine et de Béranger. D'où venait cette légère tendance hétérodoxe? Du penchant même de sa nature. Sa poésie, qui s'était tenue dans la région un peu vague de l'élégie pendant les premiers mois où elle n'avait point eu d'échos à la Chênaie.

du jour où elle se sentit enfin comprise et aimée, descendit volontiers de son nuage et entra, comme chez elle, dans le domaine de l'intimité, heureuse de se voir échappée à la punition du silence et de courir toute radieuse à travers les familiarités de la causerie, dont elle prit, sans y penser, tous les caractères, les saillies, la grâce, le piquant, mais aussi la nonchalance et l'abandon. Cette tendance se trouvait puissamment favorisée par la vogue du moment, qui était au *genre intime*, pour lequel nous professions tous un goût presque ridicule.

Ainsi, dans les premiers temps du petit *cénacle* poétique du Val de l'Arguenon, où Maurice profitait, en l'accentuant à sa manière, de l'heureuse veine des *Consolations*, pendant que La Morvonnais y importait celle des Lakistes et de Wordsworth, on s'imaginait très-aisément avoir fait preuve de génie, quand on avait rimé les détails les plus prosaïques de la domesticité et du ménage, et surtout introduit dans un vers le nom technique et vulgaire de la chose, trop souvent au préjudice des véritables qualités poétiques qui l'eussent rendue digne de cet honneur. En voulant ainsi tout anoblir et poétiser, le petit cercle subissait évidemment l'influence démocratique qui s'insinuait alors un peu partout : ce qui n'entachait pas de félonie ceux d'entre nous qui, portant au cœur des affections traditionnelles, avaient pour modérateur et pour patron le républicain Chateaubriand, chevalier quand même de l'exil et du malheur. Quoi qu'il en fût, le souffle égalitaire du moment ne laissait pas de troubler des têtes même de gentilshommes, qui se regardaient comme les vrais champions du *progrès*, quand ils avaient proclamé bruyamment l'abolition du *privilége* devant la Muse.

Les choses en étaient venues au point qu'à nos yeux d'alors, le *nec plus ultrà* du genre était de produire une illusion telle que les seules oreilles exercées fussent en état de distinguer à la lecture les vers de la prose. Ce qui peut surprendre en ceci, voire même amuser, n'était pas que cette fantaisie traversât quelques jeunes têtes, susceptibles assurément de folies plus dangereuses, mais qu'elle eût parfois un plein succès

A l'appui du fait, je conserve de notre ami La Morvonnais une petite collection de ballades et anecdotes, parmi lesquelles il en avait glissé de Guérin, tous morceaux convenables de rimes et de césures, imprimés au feuilleton d'un journal qui, sans avoir les préjugés du grand disciple de Socrate, proclamait cependant qu'il ne publiait jamais de vers, ce qui était exact ; car les fragments en question n'étaient bien réellement que de la prose pour le grand nombre qui juge la poésie par les yeux et ne la reconnaît que par la différence des lignes. Mais ces lignes, d'une égalité républicaine, se transformaient bien vite en vers presque toujours harmonieux et charmants pour les oreilles et les esprits d'élite, qui n'étaient pas longtemps dupes de l'artifice, et, sous la vile figure de cette prose, discernaient promptement le suc poétique, comme l'abeille le miel caché dans le calice de la fleur sans parfum pour les insectes vulgaires. Le triomphe consistait dans le plaisir de mystifier les braves gens de comptoir qui, après le chocolat du matin, trouvaient un dessert de leur goût dans la lecture de ces feuilletons perfides, qui les intéressaient et les déridaient, et dans lesquels ils étaient si loin de soupçonner un ennemi. Qu'eussent-ils dit si leurs yeux dessillés tout à coup avaient entrevu l'affreuse vérité ? J'ignore s'ils auraient perdu la parole, comme le personnage virgilien, quand il prit un serpent pour une fleur. Mais ce que j'ai à noter ici, c'est que le souvenir de cette plaisanterie de province causait à notre ami Guérin de véritables spasmes d'hilarité, ce qui l'empêcha de garder le mystère qu'on lui avait recommandé. Dans un instant de gaieté malheureuse, il lui arriva de lâcher le secret au beau milieu d'un salon littéraire, d'où il vola de bouche en bouche, jusqu'à ce qu'il fût recueilli, comme une chose piquante, par le spirituel auteur des *Guêpes,* qui ne tarda pas à en faire son profit.

Sortons, s'il est possible, de cette longue parenthèse, pour revenir sans transition à ce qui nous y a conduits, je veux dire aux idées de Maurice en matière de réforme poétique.

Si je partageais là-dessus la plupart des erreurs de notre ami, j'avais conservé cependant un vrai culte pour la richesse de la rime, à laquelle je croyais de notre devoir de rester scrupuleusement fidèles, ne fût-ce que pour faire pardonner le reste de nos hardiesses envers la prosodie de l'ancien régime, laquelle d'ailleurs avait accrédité sous ce rapport des libertés qui nous scandalisaient. Guérin soutenait l'opinion contraire, esclave en cela d'une sorte de paresse qui lui faisait redouter *la pleine rime*, tantôt comme une richesse dont l'acquisition coûte trop cher, tantôt comme un régime disciplinaire et parent de la censure, incompatible avec la liberté, ce à quoi je répondais que l'injustice est toujours un tort, fût-ce à l'égard de la censure. Car s'il y a de bons auteurs qui la respectent parce qu'elle peut entraver les mauvais livres, il peut se trouver de bons poëtes qui honorent la rime riche parce qu'elle est un obstacle aux méchants vers. Mais j'avais beau répéter, avec l'un de nos artistes les plus aimés, M. Émile Deschamps, que *la rime est la suprême grâce de la poésie française*, notre aimable contradicteur traitait cela de paradoxe, ce qui ne l'empêchait pas, le cas échéant, de me donner raison par la manière dont il rendait à la lecture les admirables beautés de forme du poëme de *Rodrigue*, l'un des chefs-d'œuvre de la jeune école de ce temps-là [1]. Au reste, l'hétérodoxie de Guérin sur ce point n'était au fond qu'une petite faiblesse bien permise à l'homme dont on peut dire qu'il parlait en vers et qu'il écrivait en prose.

En dépit ou à cause des différences qui existaient dans notre manière de voir et de versifier, il régnait entre nous deux une véritable fraternité poétique, et notre commerce de vers était devenu une habitude, j'allais dire une nécessité. Pendant la

---

1. Voir les *Études françaises et étrangères*, de M. Émile Deschamps.

plus grande partie de l'année 1833, nos réunions de dix jours à la Chênaie succédèrent régulièrement à des absences de six semaines. Il avait été convenu que les premiers moments des visites seraient consacrés à vérifier l'emploi que nous aurions fait l'un et l'autre du temps de la séparation et que jamais nou n'arriverions au rendez-vous les mains vides, sous peine d'une amende, qui devait consister en *six sonnets,* autant que de semaines. Toutefois, le cas de défaillance de la veine ayant été prévu, il fut réglé qu'à défaut d'inspirations personnelles, nous fournirions un contingent de traductions. Pour cet effet, nous choisîmes chez nos anciens *ennemis* de collége, les Grecs, les deux pièces qui se rapportaient le mieux à nos sentiments, comme à notre foi, dont nous cherchions avidement dans l'antiquité profane des traces et des précurseurs. Ce fut d'abord *Prométhée lié,* qui nous représentait, avec l'homme déchu et puni, le symbole de la souffrance divine, qui devait un jour le réhabiliter; ce fut ensuite *Antigone,* nous montrant dans la femme antique la vertu du dévouement, comme un prélude à celle de la virginité et du sacrifice prédestinée à *changer le nom d'Ève,* et à faire de Marie la mère de Dieu et de la femme chrétienne. — La Morvonnais nous ayant prêté pour ce travail le concours de son amitié et de son expérience, la saison de septembre, qui était aussi pour nous celle de la récolte, trouva dans nos portefeuilles environ les deux tiers de ces tragédies. Cet exercice eut pour nous plus d'un fruit; car, outre son utilité littéraire, il offrait l'avantage, non moins précieux à notre avis, de dissimuler le but réel de nos séances poétiques. Au milieu des jeunes sages et érudits qui formaient l'aéropage de la Chênaie, qui de nous, pauvres oiseaux si faciles à effaroucher, aurait eu la force de confesser son secret penchant pour *le fruit défendu,* et le courage de sa faute, en s'avouant poëte pour son propre compte? Eschyle et Sophocle nous couvraient de leurs ailes, et, grâce à la protection de ces morts tout-puissants, nul ne trouvait mauvais que nous prolongeassions nos *duos* nocturnes parfois jusqu'au réveil de l'alouette ; car il n'était pas rare que l'oiseau du matin nous surprit lisant des ballades et même des essais de drames qui nous avaient procuré les douceurs d'une insomnie plus agréable encore que si nous eussions veillé pour l'honneur de nos vieux maîtres. Quoi qu'il en soit, comment eussions-nous manqué de reconnaissance pour les deux grands tragiques dont la gloire protégeait nos faiblesses et nous valait même l'indulgence du *Jupiter Olympien* de la Chênaie, si bon appréciateur de la rime et de ceux qui l'exerçaient, que souvent en notre présence il se glorifiait, à l'exemple de son aïeul Malebranche, le grand docteur de Juilly, de n'avoir jamais expulsé de sa veine qu'un seul distique [1] ? Mais le nom de Sophocle avait le pouvoir même de dérider les lèvres du demi-dieu, qui laissaient, aux bons moments, tomber quelques éloges, desquels néanmoins nous n'étions pas toujours glorieux.

Un jour, entre autres, j'avais fait de l'un des chœurs d'*Antigone* une imitation assez médiocre, à mes yeux mêmes, et Guérin, qui aimait cette pièce à cause du dévouement fraternel qui l'inspira, à cause de l'héroïne lui rappelant sans cesse Eugénie, destinée à l'imiter un jour en un point, avait rendu de la manière la plus touchante l'admirable passage où la pieuse fille d'Œdipe répond à Créon « qu'elle n'eût jamais fait pour « un époux, ni pour un père, ce qu'elle a fait pour honorer « les restes de son frère Polynice. » J'en notai ces quelques vers que nous avions revus ensemble avant la lecture, et que j'ai toujours retenus. Ils sont à peu près tout ce qui me reste de ce travail de Maurice :

> Sur moi les dieux auraient uni la double épreuve
> Des larmes de la mère et des pleurs de la veuve,

---

1. Il date de l'époque des batailles de M. de La Mennais contre la raison individuelle, dont il fit ce portrait :

> Ses deux gros yeux, stupidement ouverts,
> Ne voyaient rien, ou voyaient de travers.

Qu'Antigone, ô Créon, n'aurait pu, sans remord,
Enfreindre votre édit pour honorer la mort;
Mais je sais une loi plus sainte que la vôtre.
— Qui perd un fils, Créon, peut en trouver un autre.
Le Destin peut guérir, relever devant nous
La mère sans enfants, la femme sans époux;
Mais après l'heure, après la fête funéraire
Qui vous fit orphelin, — qui peut vous rendre un frère[1]?

Eh bien! l'heure décisive arrivée, la médiocrité que j'avais en main reçut un encouragement de M. Féli, tandis que la perle véritable, amendée consciencieusement par les deux amis et présentée avec une juste confiance, ne fut pas même remarquée, bien que si digne de l'être. Maurice en souffrit, ce que bientôt il regretta lui-même en voyant que j'étais plus triste que lui sous le poids d'une louange imméritée. Au reste, je lui proposai de prendre notre revanche. Les larmes nous ayant mal réussi, nous nous adressâmes à Aristophane, et les deux amis, dans la séance suivante, servirent au maître un *plat de grenouilles*, préparé par eux en commun, qui reçut bon accueil et eut un succès de rire de bon aloi, dont personne cette fois n'eut à souffrir.

Que Maurice composât des vers ou seulement s'exerçât à en traduire, il y apportait toujours le même parti pris de licences, consistant, en général, en rimes faibles, césures fâcheuses ou élisions des syllabes qui le gênaient. Car la timidité qui lui faisait tort devant les hommes se changeait souvent en hardiesse, lorsqu'il se trouvait seul en présence d'une règle de convention qu'il ne goûtait pas. « On me juge faible et mou, « me disait-il un soir, et je sens bien que je serai toujours de « cet avis. Ce qui me rassure un peu, toutefois, c'est qu'un

---

1. Sauf peut-être celle-ci, la plupart de ces imitations restèrent à l'état d'ébauches, et Guérin n'en parle pas dans son Journal, où il ne dit rien non plus d'une infinité d'autres pièces qu'il m'a lues et qui furent ou égarées ou détruites, ni d'aucune de celles qu'il m'adressa jusqu'à la dernière, qui est de Paris, 13 avril 1834

« jour, si je parvenais à me faire lire, on penserait de moi tout
« différemment, quand on verrait que j'ai contribué pour ma
« part à l'émancipation de notre Parnasse. »

De ce qui précède, ne concluons pas à la suppression des vers
de Guérin, comme au-dessous de ses œuvres ou peu en harmonie avec elles. Ce fut sans doute dans une prose dont lui
seul avait le secret que son intelligence se traduisit et se fît
chair. Mais quand il eut au cœur des secrets pénibles ou pieux,
quand il trouva du bonheur ou seulement du plaisir, ce fut pas
la voix de la Muse qu'il le dit. Aussi, mon cher Trebutien, je
ne saurais trop vous remercier de nous avoir conservé quelques-unes de ses confidences poétiques et surtout de nous les
avoir livrées vierges de tout attouchement étranger. Ce qui
m'étonne seulement, c'est que votre plume n'ait pas tremblé en
rayant, par exemple, ce délicieux dialogue de Maurice avec une
gravure de sainte Thérèse, veillant au-dessus de son lit, à
côté de l'image d'Eugénie, et que vous deviez également suspendre sur sa tombe [1]. Nulle conversation ne rappelle mieux, à
mon avis, ce commerce d'âme intime et charmant que nos saints
d'autrefois, tels que François d'Assise, entretenaient avec leurs
frères et sœurs arrivés avant eux au port. Si l'écrivain est dans
la prose de Maurice, est-ce que l'homme, dites-moi, est-ce que
le chrétien ne respirent pas dans sa poésie? Une mise différente
lui siérait-elle, et oserait-on mettre une beauté étrangère à la
place de l'une de ses taches, au risque d'enlever à cette Muse
ce qu'elle a de personnel, et au portrait le seul mérite indispensable, la vérité et la ressemblance? Supprimer les vers de
Maurice, ce serait manquer de courtoisie envers l'homme, au
profit de l'hommage exclusif qu'on réserve à l'écrivain qui fut
le plus grand et le plus fort; ce serait enfin se ménager des
regrets, en nous faisant payer le fruit par le sacrifice de la fleur.

---

[1]. Le lecteur a vu que nous avions très-volontiers fait droit à la réclamation de M. de Marzan.

III

Coup l'œil sur la vie spirituelle de Guérin, pendant son année de la Chênaie.

Nous venons de voir avec quelle ardeur Guérin se livrait à sa pente poétique, tout en dissimulant une inclination qu'il n'osait avouer, et en pratiquant la discrétion de l'amant dans ses visites, presque toujours nocturnes, à la Muse. La Chênaie lui apparaissait un peu comme la république de Platon où lui, poëte, devait se considérer comme intrus et vivre au milieu des épines où ne se trouvaient ni les bandelettes, ni les fleurs dont le disciple de Socrate recommandait de couronner les fils d'Apollon auxquels il n'accordait pas le droit de cité. Grâce à l'habileté qu'il déployait pour cacher son commerce de rimes avec les coupables tels que lui, il réussissait presque toujours à éviter les surprises fâcheuses, et il ne trahissait l'émotion toute particulière qui suivait ses moments d'heureuse veine que par une expression de contentement intérieur, et je ne sais quels éclairs de regard qui semblaient dire aux profanes : Je possède un sens de plus que vous.

Somme toute, cependant, et malgré ce qui lui faisait défaut du côté des sympathies intellectuelles et des encouragements, Guérin ne laissait pas d'apprécier très-sincèrement une maison où il trouvait, dans la compagnie de maîtres célèbres, des éléments précieux d'avancement et même de bonheur. L'étude de la philosophie dans ses rapports avec les questions religieuses et théologiques, et celle de la philosophie de l'histoire lui montrant dans les hérésies comme la continuation des grandes erreurs qui avaient rempli le cycle philosophique de l'antiquité païenne, l'intéressaient au plus haut point ; l'étude comparée des littératures anglaise, italienne, allemande et française, variée par la lecture des poëtes grecs qui lui semblaient nos véritables ancêtres, entrait mieux encore dans ses goûts en flattant ses penchants de nature.

Une dernière et puissante ressource, que nulle autre demeure ne lui offrit au même degré, fut celle qu'il trouva dans la régularité de la pratique religieuse et dans l'habitude de la vie spirituelle. C'est bien alors que notre ami dut jouir, au moins dans la région de l'âme, d'une paix qui eût comblé tous ses vœux si la situation, déjà fort tendue, où se trouvait dès lors M. de La Mennais, ne lui eût inspiré sur sa durée de tristes pressentiments auxquels se joignait le surcroît de fréquents troubles de cœur et de souvenirs. Comment, au reste, une nature aussi privilégiée du côté du sens intérieur que l'était celle du frère d'Eugénie, n'eût-elle pas profité de ce temps de retraite qui était pour lui une faveur de la Providence? Libre en ce lieu de tout souci d'existence, il put, tout en dissimulant quelques-uns de ses rêves secrets peu compris, s'y livrer sans contrainte au charme souverain du christianisme, qui, par la foi, versant chaque jour dans son intelligence une clarté nouvelle, le mettait en possession du vrai, tandis que par la pratique, qui est le christianisme agissant et visible, le christianisme vertu comme son principe est lumière, le christianisme âme et corps comme l'homme lui-même à jamais inexplicable sans lui, il le faisait entrer en communication avec le bien sans limites. Nonobstant certaines traverses accessoires comparables à ces épines providentiellement attachées aux plus belles fleurs comme pour donner un mérite à la main qui les cueille, le genre d'existence que l'on embrassait en entrant au petit monastère de la Chênaie ne put manquer de s'emparer vivement des facultés de notre ami, en le plaçant sous un régime où l'esprit et l'âme étaient également satisfaits. La diversité des travaux, dont chacun avait son heure et son temps déterminé, variait de la manière la plus agréable l'uniformité des exercices communs à tous les habitants et l'unité de la vie spirituelle qui établissait dans cette famille, composée de sept ou huit jeunes âmes, une véritable et sincère communion d'actes religieux et de mérites.

Le lever de cinq heures en toute saison était suivi de la prière et de la méditation, dont le sujet avait été choisi dès la veille. Lorsque sa santé, presque toujours chancelante, ne l'obligeait pas au repos du matin, c'était l'abbé de La Mennais qui présidait au réveil cette première réunion pieuse de la communauté, et, s'il en était empêché, l'un des jeunes gens, à tour de rôle, posait les différents points du sujet de réflexions que chacun méditait ensuite et s'appliquait à soi-même dans le silence du recueillement. A la fin de l'exercice, celui qui en était chargé prenait la parole et résumait d'une manière concise les diverses parties de la méditation et les fruits qu'on en devait tirer; puis, la prière récitée, la messe se célébrait, servie ordinairement par ceux des jeunes associés qui s'étaient disposés pour y communier. Ainsi les prémices de la journée de la Chênaie appartenaient à Dieu et à l'âme, si la plus ample portion en était réservée à la culture de l'esprit, où Dieu se retrouvait encore sous une autre forme au milieu des études qui avaient pour objet le progrès de l'intelligence dans la vérité et l'élévation du sentiment dans la perception de ce qui la rend belle.

Au repas du milieu du jour succédait une heure et demie de récréation où l'on goûtait, en été, le charme des entretiens sous les ombrages, où l'on se livrait, en hiver, tantôt à des courses et autres jeux de collége, tantôt à l'exercice du patinage sur le grand étang. Venait ensuite une station à la chapelle pour la visite au saint sacrement et la récitation du chapelet; puis les travaux reprenaient leur cours jusqu'à l'heure où l'on se réunissait de nouveau pour la lecture spirituelle, que l'un des jeunes habitués faisait à son tour, chaque semaine, en y joignant les réflexions que lui suggéraient son goût et sa dévotion.

Combien j'aimais à faire partie de l'auditoire, les jours où Guérin se trouvait de semaine ! Le *Traité de la Perfection chrétienne* d'Alphonse Rodriguez, les œuvres spirituelles de

Bossuet et de Fénelon étaient, avec les recueils extraits de saint Augustin et des autres Pères, les ouvrages ordinairement adoptés. Mais les sermons de saint François de Sales et son *Traité de l'amour de Dieu*, livre déjà par lui-même si vif de tour et si exquis de parfum, lus et interprétés par Guérin, prenaient un charme et une suavité qui avaient comme la douce séduction d'une grâce. Il en était ainsi des lettres et méditations de sainte Thérèse, de son *Château de l'Ame*, de sa vie ou de ses confessions écrites par elle-même, livres que notre ami étudiait devant nous avec des effusions d'âme telles qu'il semblait reconnaître dans ces pages, pleines de tant de ferveur, le langage et comme les épanchements d'une personne aimée. Le lecteur de sainte Thérèse n'était plus le jeune homme craintif et presque gauche qui assistait en silence aux cercles officiels du soir; c'était bien plutôt le contemplatif et le poëte qui, aux heures réservées pour la Muse et pour lui, livrait à ses amis absents ou, à leur défaut, au *Cahier Vert* les précieuses confidences que vous savez; c'était peut-être mieux encore; car, en ces moments-là, son discours, plein d'aisance et aussi éloigné de la contrainte que de l'affectation, respirait ce bon air de foi réelle et de piété élevée, que son langage écrit n'avait bien qu'en vers. C'était notre ami complet, tel que nous l'aimions, tel que le revirent, six années après, les deux sœurs qui le reçurent mourant au Cayla, et dont la première était destinée à le rejoindre vite; la seconde, à les pleurer longtemps l'un et l'autre, et à devenir la protectrice de cette fraternelle mémoire. Vous savez assez, pieux et cher ami, avec quelle touchante sollicitude Mlle Marie de Guérin remplit encore aujourd'hui sur ce double tombeau la douce et sainte fonction de l'ange du souvenir, veillant en particulier à ce qu'aucune lueur équivoque de célébrité, trop exclusivement terrestre, ne laisse comme une tache sur la gloire plus certaine qu'assurèrent à Maurice les vingt-six années de ferveur et de pratique dont il fut si bien récompensé par une fin digne du frère d'Eugénie.

L'exercice dont nous venons de parler se terminait par la séance du soir à la chapelle, où des cantiques chantés en parties par Élie et Maurice préludaient à la prière de la nuit. Trois fois par semaine, il y avait salut du Saint-Sacrement, précédé des chants du *Tantum ergo,* de l'*O salutaris* et ordinairement d'un **Veni, Sancte Spiritus,** récemment apporté de Rome, et que nos deux amis rendaient avec un accord si parfait que M. *Féli* ne pouvait se lasser de l'entendre. Guérin, au reste, n'était bien en voix que les soirs de salut à la chapelle ; M. de La Mennais y assistait cependant, puisque c'était lui qui élevait encore sur nos têtes la divine hostie ; mais c'est dire que Dieu y était aussi, et Maurice sentait au dedans de lui-même que sa présence le rassurait contre celle des hommes. La confession du samedi, très-souvent suivie de la communion du dimanche, entretenait en lui ce sentiment avec ce calme suprême de l'âme dont la vie religieuse a le secret.

Le dimanche était le jour choisi par l'abbé de La Mennais pour réunir, à l'heure des vêpres, dans sa modeste chapelle unie à la maison par une allée de fleurs, sa chère et fervente tribu qu'électrisaient ses improvisations. Certains traits d'une ineffable douceur rappelaient de temps en temps le traducteur de l'*Imitation* et l'auteur du *Guide du premier âge*. Mais généralement le prédicateur, qui entretenait les siens sur les obligations de la vie monastique, s'élevait à des considérations philosophiques d'un ordre transcendant, en commentant certains textes de l'Écriture, par exemple : qu'est-ce qu'*adorer Dieu en esprit et en vérité ?* pour en revenir toujours, et d'une manière parfois effrayante, à son point de départ et d'arrivée qui était de faire voir la nécessité où était, selon lui, le vrai religieux de *sacrifier à Dieu et à ses supérieurs l'entière propriété de lui-même*. Ce programme d'une vie silencieuse, subordonnée et passive, faisait pâlir notre pauvre ami, tout prêt à se considérer comme une victime vouée d'avance à la servitude morale ; ce qui révoltait en lui le sentiment de la personnalité dont il avait la conscience, sans avoir la force nécessaire pour l'affranchir.

Mais indépendamment de cette situation toute personnelle une doctrine si rigoureuse, une pareille austérité dans le devoir de l'obéissance prêchée par l'abbé de La Mennais de 1833, faisaient entrer dans l'âme de ses naïfs auditeurs je ne sais quel frisson dont ils ne pouvaient se rendre compte. C'était comme l'apparition, vague encore, d'une chose inconnue et sinistre, qu'un avenir prochain devait trop bien éclaircir. Plus tard, en étudiant l'histoire de la veille à la lumière du lendemain, ils comprirent qu'alors ils assistaient au combat livré par les deux ennemis qui se disputaient la même personne, je veux dire au duel de l'homme et du prêtre. Hélas! c'était l'athlète, déjà blessé, du livre de *l'Indifférence* qui luttait avec une énergie désespérée et suprême contre le poëte, déjà trop flatté, des *Paroles d'un Croyant*, inspiré et soutenu secrètement par l'auteur encore incertain de l'*Esquisse d'une Philosophie*. Ainsi, aux instants mêmes où, ébranlé par l'éloquence du maître, il se laissait aller à l'admiration, Guérin se sentait tout à coup comme repoussé par des paroles dissonantes et dures qui lui occasionnaient des tremblements douloureux.

Mais ce n'était là pourtant qu'une veine d'alliage bien compensée par les richesses que faisait espérer la mine précieuse exploitée à la Chênaie, dont La Mennais d'ailleurs n'était pas le seul homme, s'il en était le plus grand. Aussi voyait-on les troubles momentanés qui traversaient l'esprit inquiet de Maurice céder bien vite aux influences du genre de vie dont il éprouvait les bons effets, et surtout au charme de sa fraternité d'âme et de pratique avec Kerlanguy. Un quart d'heure seulement de promenade et d'épanchement avec ce vertueux et sage conseiller, et la nature reprenait sa poésie accoutumée, et le bonheur renaissait avec le calme dans cette âme que Dieu habitait alors si souvent.

L'un des délassements préférés par les deux amis consistait

à se promener ensemble trois heures chaque semaine, dans le but, non-seulement de retremper leur foi par des conversations solides, mais encore de la fortifier et de la compléter par l'exercice de la charité. Élie, qui partout prenait l'initiative du dévouement, s'était, avec l'autorisation du chef, constitué le protecteur et le gardien de plusieurs ménages pauvres des environs auxquels il se plaisait à porter le pain et la consolation de chaque jour. C'est dire que Maurice ne fut pas plutôt son ami, qu'il devint son associé de bonnes œuvres. Les deux frères se partagèrent donc leur famille adoptive, et, trouvant toujours quelque prétexte spécieux pour motiver leurs absences, ils n'étaient jamais trahis en portant chez leurs protégés la nourriture, le linge et le vêtement. C'était surtout au sortir de leurs visites au Dieu présent et caché sous les espèces eucharistiques, qu'ils se plaisaient à le visiter de nouveau, présent encore, mais visible cette fois sous l'habit et la figure du pauvre.

Dans le petit nombre d'occasions où j'eus la bonne fortune de participer moi-même à la pieuse récréation de mes deux condisciples, je pus me convaincre que le spectacle même de la nature, à l'heure si animée de la résurrection de ses oiseaux et de ses fleurs, ne produisait pas sur le visage de Maurice un épanouissement de joie comparable à celui que j'y remarquais au retour de ces petits voyages d'où il revenait heureux, rayonnant et inspiré. Sa poésie, montant alors avec l'énergie de la sève dans les jeunes bourgeons, s'échappait de ses lèvres limpide et radieuse, et entrait en causeries intimes avec les plantes, les insectes, les nids qui lui disaient à leur tour l'histoire de leur journée, moins bénie que la sienne. C'était alors aussi que les deux amis, avant d'achever leur promenade dont le véritable but devait rester un secret entre eux et Dieu qui les y avait conduits, s'occupaient de remplir leurs *paniers* apportés sous prétexte d'*herboriser*. Ce que rapporte Guérin, à la page 38 de son Journal, du goût assez singulier dont il se prit, avec Élie, pour les *feuilles de hêtre* qu'ils allaient l'un et l'autre ramasser à la dérobée, avec l'intention, disaient-ils, de vérifier un mets estimé chez les anciens religieux Bernardins, n'était qu'une ruse innocente destinée à donner le change sur le véritable emploi de leurs corbeilles, qui contenaient au départ des *provisions*, toutes différentes des *feuilles de hêtre* qu'elles rapportaient au retour. Tout en ravageant ainsi les jeunes rameaux, les deux botanistes improvisés faisaient échange de pensées et de réflexions, *toujours,* dit Guérin, *avec charme et allégement d'âme,* et, sous la douce impression de ce qu'ils venaient de dire, plus encore de ce qu'ils venaient de faire, on conçoit qu'ils se promissent entre eux de *revenir souvent cueillir des feuilles.*

Si j'insiste aujourd'hui, mon cher collaborateur, sur des particularités de cette nature, c'est d'abord parce que les souvenirs de la vie de Maurice, chrétien et pratiquant, ne me semblent point un déshonneur pour l'édition qui va contenir ses œuvres complètes; c'est ensuite parce que ces détails, qui ont du prix, seraient restés peut-être à jamais ignorés. Notre ami, à l'époque de ses Éphémérides et du *Cahier Vert,* s'obstinant toujours à ne faire voir dans ses analyses d'âme que les parties de lui-même où il croyait apercevoir l'insuffisance et le malheur, et ayant, lorsqu'il s'agissait d'écrire du mal de lui, le défaut peu commun d'écouter son imagination plus souvent que sa conscience. Le poëte et l'ami intime furent heureusement plus scrupuleux à cet égard et, dès lors, plus dignes de foi que l'auteur, trop peu égoïste, du *Cahier Vert,* qui recevait de leur bouche de fréquents démentis. Aussi ce dernier se tenait-il à l'écart lorsque, à l'heure de nos causeries nocturnes, notre cher solitaire aimait à discourir sur les avantages, religieux avant tout, qu'offrait une maison qu'il ne pouvait surnommer la *Ruche,* sans avouer qu'il y avait trouvé lui-même beaucoup de miel.

Ce qui précède suffit, croyons-nous, pour bien établir que, à part certaines luttes intérieures et douloureuses provenant surtout de l'espèce de passion qui le poussait perpétuellement à dénigrer et torturer ses propres facultés, en les soumettant au supplice sans fin d'une sorte d'autopsie morale, Guérin trouva dans l'asile ombragé de la Chênaie une année sereine qui éleva ses talents et enrichit son âme. L'impression de ces journées de retraite dont les heures sérieuses du milieu étaient, ainsi que les soirées, bénies par celui qui en avait reçu les prémices, ne dut jamais jeter d'ombre dans les souvenirs de notre ami.

Six années après, lui-même était arrivé au but de sa course et jouissait de son dernier soir dont la sérénité lui rappelait sans doute ceux de Bretagne, et peut-être était le fruit mûr de ses bonnes semences de ce temps-là. Oh! alors, si, en jetant un regard derrière lui, il eut à pleurer quelques-unes de ses heures passées, ce ne fut certes aucune de celles de ce temps heureux et trop court où, dans la chapelle du petit monastère breton, il chantait avec tant de ferveur les strophes suppliantes et si bien faites pour lui du *Veni, Sancte Spiritus,* au retour de ses courses dans les bois d'où il rapportait avec le bon Élie sa corbeille pleine de feuilles de hêtre.

IV

Guérin, peu compris à la Chênaie, ne comprit et n'aima bien lui-même la société de cette maison qu'après l'avoir quittée.

Nulle part Guérin n'étudia avec plus d'assiduité et de conscience qu'à la Chênaie, et nulle part, si l'on en juge par ses écrits de ce temps-là, il ne fit moins de cas de ses études, nulle part il ne se montra plus sensible aux railleries dont, en province surtout, il était de mode à cette époque d'honorer les jeunes poëtes, et nulle part il ne goûta mieux les délices de la versification que dans le lieu où elle était le moins appréciée. Peut-être même, si cette maison ne s'était fermée pour lui, n'eût-il jamais prisé à sa vraie valeur le trésor supérieur à tous les autres qu'il y avait possédé, je veux dire la paix de l'âme et la joie de la conscience. Car le fond d'inquiétudes attachées comme fatalement à son organisation mêlait toujours un point douloureux à ses jouissances, même les plus pures, en grandissant outre mesure le spectre imaginaire qui lui parlait sans cesse de son infériorité, et lui faisait croire que dans cette solitude, où passaient tant d'esprits éminents, il était, lui, le seul inutile, le seul *solitaire*, parce que, en réalité, il y semblait vivre bien plus pour la nature qui l'environnait et le charmait, que pour la société qu'il était venu y chercher de si loin. La chose fut signalée, dès le temps de la mort de Guérin, dans un remarquable article donné par son ancien hôte et frère en poésie, Hippolyte de La Morvonnais, à l'*Université catholique*, année 1841. Le fait étant désormais hors de doute, il importe moins d'y ajouter une preuve qu'une explication.

En 1833, la jeune colonie de la Chênaie, pieuse et savante encore, commençait déjà pourtant à dévier de son but primitif, séduite par l'attrait de l'action politique qu'y introduisait si mal à propos M. de La Mennais, faute d'avoir réfléchi au danger d'allier chez lui le séminaire et le club. On conçoit dès lors que Maurice, avec des dispositions toutes différentes, dut vivre là dans une sphère trop supérieure aux impressions diverses qui agitaient ce reste d'école, pour être à même de se faire connaître ou seulement deviner ni par les disciples qui, sans le vouloir, le blessaient parfois douloureusement, ni par le maître qui, malgré sa générosité d'âme, lui refusait le nécessaire, c'est-à-dire l'encouragement. Ce vigoureux chef de partisans, batailleur de sa nature, et là même logicien avant tout, ne se sentait pas à l'aise en présence des esprits essentiellement intuitifs et plus aptes à puiser dans la nature que dans les livres. Il ne faisait donc aucun fond sur Guérin, sujet ordinaire, qui ne serait jamais ni un religieux, ni même un homme, et peut-être en était-il aux regrets d'avoir accepté de confiance la recommandation d'Eugène Boré.

Maurice néanmoins, malgré son doute de lui-même, s'épuisait d'efforts pour changer de nature et entrer à tout prix dans la région habitée par le grand écrivain ; il se livrait consciencieusement et même avec goût à l'étude de l'histoire de la philosophie, mais pas assez toutefois pour devenir lui-même philosophe comme on l'eût voulu, parce qu'il n'entendait rien à la dialectique. N'étant point né pour l'épée, il craignait quiconque la portait.

Son cher et bon Élie lui venait en aide avec un cœur fraternel, mais insuffisant. Kertanguy, en effet, devenu comme le fils adoptif de M. de La Mennais, le représentait aussi dans toutes ses nuances et, par fidélité chevaleresque plus encore que par conviction, le suivait partout sans perdre haleine, fût-ce au delà du Rubicon, là où l'ancien soldat de l'Église, après avoir changé de livrée et de drapeau, et immolé son ange à son génie, touchait en même temps à son beau nom, dont il voulut faire *F. Lamennais.* Son disciple, qu'il aurait pu nommer son *Élisée,* préférait, à l'exemple du maître, ce qui raisonne à ce qui chante, et, tout en se montrant plein de compassion, concluait néanmoins en donnant tort aux choses du cœur. Parce qu'il était bon, il persistait à consoler Maurice, et, parce qu'il était persévérant, à le pousser vers la voie où il le croyait capable de briller aux yeux mêmes du maître prévenu. Mais jamais il ne sut l'apprécier à sa valeur, ni avant ni après la tombe, qui cependant agrandit tout. « Je m'associe, m'écrivait-il le 6 no-
« vembre 1840, à tout ce que vous faites, La Morvonnais,
« Quemper et toi, pour honorer la mémoire de notre pauvre
« Guérin. *C'était un bien bon garçon et d'un esprit distingué.*
« Mais, dans la publication que vous préparez, il serait impor-
« tant, ce me semble, de ne pas vous écarter de la plus *rigou-*
« *reuse simplicité.* Essayer d'en faire *un grand homme,* ce
« serait *se rendre ridicule, et lui aussi.* »

Ce résumé fidèle de l'opinion des hommes de la Chênaie sur Maurice explique le genre de crédit dont il y pouvait jouir auprès des disciples et auprès du maître. Que dut penser ce dernier lorsque, en lisant *le Centaure,* il reconnut l'apparition posthume d'un écrivain, j'allais dire d'un génie capable de puiser des beautés inconnues et à lui dans la source antique qu'Homère avait rendue sacrée et, disait-on, à jamais inaccessible ? Qu'eût-il dit si cette révélation eût été complétée par le Journal et la correspondance de son ancien élève, qui, à certains égards, renferment des mines plus rares, selon nous, et plus riches encore ?

Mais, en 1833, rien de semblable n'était prévu. Maurice était plaint par La Mennais, qui, de son côté, lui apparaissait à une hauteur telle qu'un médiateur devenait nécessaire entre eux. Élie était donc l'intermédiaire et presque le pont à l'aide duquel Guérin franchissait le ruisseau, ou, pour mieux dire, l'abîme qui le séparait de l'auteur de *l'Indifférence*[1].

Ceci pourrait sembler d'abord en contradiction avec plusieurs lettres écrites de la Chênaie, tant à M. de Bayne qu'à Eugénie et quelques amis; lettres dans lesquelles on remarque l'assurance et le ton d'un disciple convaincu, fervent et dévoué. Mais, pour quiconque l'a fréquenté intimement à cette époque, il reste prouvé que, dans les passages en question, c'est bien Guérin qui parle, mais ce n'est pas lui qui pense. C'est bien indubitablement Élie dont Maurice, en ces points, n'est que le traducteur et l'écho. Sa pensée, moins la prudence de conduite, se manifeste aussi dans certaines lettres que Maurice m'adressait de Ploërmel, en y mêlant des hardiesses voisines de la révolte. Enfin, la même influence, mais tempérée par la poésie calmante de La Morvonnais, transpire encore d'une lettre datée de Mordreux, janvier 1834, où Maurice confie à sa sœur

---

[1]. Le frisson qu'éprouvait notre ami en présence de M. de La Mennais et l'assistance qu'en ces occasions il recevait de Kertanguy furent très-remarqués un soir où il chanta d'une voix tout altérée par la peur les couplets *sur les cendres de Varsovie,* qu'il avait composés en l'honneur d'illustres proscrits de la Pologne, alors en visite à la Chênaie.

la souffrance mêlée d'amertume que lui causent les malheurs de M. Féli, révéré de lui comme une victime presque auguste à l'heure où cet homme, déjà sur le bord de l'abîme, n'était plus même en état de reconnaître dans ses disgrâces l'éloquence d'un avertissement du ciel.

Tel avait été le succès d'Élie de Kertanguy que, vers la fin du mois d'août 1833, Maurice, à l'issue d'une retraite de quelques jours, avait fait un pas décisif vers le but final qu'il était venu chercher à la Chênaie. Il s'était réellement affilié à l'ordre religieux, mi-parti bénédictin et séculier, dont l'abbé de La Mennais avait entrepris la création. De la Chênaie, qui en était le noviciat et la pépinière, il dirigeait, sous le titre modeste de *Congrégation*, son jeune Institut, qui avait déjà une succursale importante à Malestroit, dans le Morbihan[1]. Guérin, malheureusement, y entrait au moment où cette société, déjà blessée au cœur, allait être dispersée et verser de côté et d'autre ses débris peu après méconnus et reniés par celui-là même qui en avait rassemblé les éléments. Pouvait-elle mieux, au reste, faire pressentir sa dernière heure, qu'en appelant le cygne dans son sein?

Moins d'un mois après la réception de Guérin, un devoir impérieux imposait au vénérable évêque de Rennes, Mgr de Lesquen, l'obligation de modifier radicalement cette association, dont il transporta le noviciat à Ploërmel et confia le gouvernement aux mains pures et dignes de l'abbé J.-M. de La Mennais, plus fort par la simple vertu du dévouement que ne le fut jamais son frère avec celle du génie.

Le 7 septembre 1833, M. Féli, chrétien et prêtre encore, congédia sa chère colonie de la Chênaie, avec la douleur réelle d'un général qui licencie sa dernière recrue et se retire anéanti

---

1. Cet établissement, dirigé par l'abbé Rohrbacher, avait déjà fourn à l'évêché de Nantes un prélat distingué dans la personne de Mgr de Hercé, ancien maire de la ville de Laval.

du champ de bataille. Élie, qui resta seul attaché à sa fortune, embrassa Maurice, en lui souhaitant la force et le souvenir. Notre néophyte, qui appréciait enfin l'importance de sa retraite chrétienne de neuf mois, partit donc avec les autres, le désenchantement dans l'âme ; puis, en voyant se dresser les murailles claustrales de l'enclos de Ploërmel, il ne pensa plus qu'aux portes de la Chênaie, qui venaient de se fermer derrière lui, et qui lui semblèrent, pour la première fois, celles d'un *Paradis* à jamais *perdu*. Il eut beau chercher une diversion dans la poésie qu'il dut rencontrer sans surprise sur une terre pleine du souvenir des âges héroïques de la Bretagne : son impression fut telle, qu'au bout de quelques semaines la place n'était plus tenable, et qu'il faisait déjà ses préparatifs de départ. « Depuis que M. Féli n'est plus notre chef, m'écrivait-il le « 2 octobre, tout me fait défaut à la fois, *Élie* surtout, dont « *l'absence me rend mes misères d'aveugle et mes infirmités* « *de paralytique...* Le rétrécissement se fait sentir autour de « nous, et je crains bien que notre *société* ne rentre dans « l'ordre banal de toutes les congrégations du monde. Ce sera « une réunion d'hommes pieux, et voilà tout. On nous a dit, « dans la retraite de Saint-Méen, que *nos vœux* emportaient *obéis-* « *sance complète, passive;* tandis qu'on aurait dû, ce me « semble, appliquer là surtout cette admirable alliance de « l'ordre et de la liberté, de la variété dans l'unité, en nous « rattachant par un lien commun qui laissât à chacun sa sphère « d'expansion dans le monde. Pour moi, j'aime mieux courir « les chances d'une vie aventureuse que de me laisser *gar-* « *rotter ainsi par un règlement.* » — Le 27 du même mois, le *lien* était brisé ; il avait recouvré la liberté de penser et de dire dont il faisait usage avec une résolution qui l'eût réhabilité dans l'ancien cercle de la Chênaie : « Courage! nous criait-il « dans un passage de la même lettre, notre *Samson a la che-* « *velure longue,* et Rome ne *l'endormira pas sur ses ge-* « *noux...* Qu'importe ce qui tombera des chaires ou courra

« dans les circulaires? *Le Seigneur est debout, prêt à plaider
« sa cause,* la cause des nations, et tous les avocats de la ser-
« vitude tomberont en confusion. Je souffre *avec Élie* de tout
« ce que souffre M. Féli; mais, comme lui, je n'ai pas la
« moindre crainte pour l'issue de notre grand procès. Quand
« même *le Pape condamnerait,* n'y a-t-il pas au ciel *une*
« *Cour de cassation?* »

Si je reproduis cette page, la plus triste qui, à cette époque, soit échappée de la plume de Maurice, c'est pour montrer l'imminence des dangers que courait alors la foi de notre ami, cerné de toutes parts par le courant qui le poussait à la dérive vers l'écueil où allait sombrer La Mennais. Eh bien! c'était précisément l'heure où ses amis absents les plus dévoués et les plus saints, Eugénie même, le félicitaient de sa victoire et remerciaient Dieu de lui avoir ouvert le port de salut de la Chênaie. Quelques mois après, quand la mine, depuis si longtemps chargée, fit explosion par les fameuses *Paroles* et surtout la fatale **Préface des troisièmes Mélanges,** qui apprit à tous que le *Rubicon* était décidément franchi, ces mêmes amis tremblèrent d'un indicible frisson; ils virent leur frère sous les décombres, et ils le pleurèrent comme l'une des premières victimes de la catastrophe. Et cependant alors tout péril était conjuré. Le temps avait emporté l'émotion que les trop célèbres *Paroles* avaient produite au moment où elles tombaient, comme des flammes, de l'arbre fantastique de la Chênaie. En 1834, à Paris, Guérin ne les entendait plus; il les lisait, et la lecture avait refroidi l'audition. Il avait déjà pressenti comme nous que la fièvre politique qui dévorait La Mennais se compliquait d'une affection plus grave aux régions mêmes de l'intelligence, qui, déjà détachée de la foi, comme vertu, lui ouvrait des perspectives philosophiques et nouvelles du côté de l'ordre surnaturel et de l'origine du mal, points où se trouva la cause primitive et déterminante de sa chute et de son malheur, auxquels les blessures de l'orgueil n'eurent, je le crois, qu'une part secondaire.

Si Guérin, respirant aujourd'hui plus à l'aise, se voyait à l'abri des dangers du moment, il le devait à une protection visible de la Providence qui l'avait, en ménageant les pentes, insensiblement éloigné de la montagne dont la verdure, si belle encore, cachait pourtant un volcan déjà tout prêt à faire éruption. Maurice devait sauver du naufrage les bons fruits de sa retraite de la Chênaie où Dieu ne l'avait pas conduit comme par la main, pour l'y oublier à l'heure où il en retirerait ses anges. Le moment arrivé, il sut lui montrer la bonne route comme au juste de Sodome, et, à la place du maître dont il n'avait plus besoin, le jeune fugitif trouva la société d'amis qui lui convenaient et auxquels il dut l'étape la plus poétique de sa vie. Quand il quitta cette seconde retraite, charmant intermédiaire entre le cloître et le monde, son regard d'homme avait gagné de l'assurance. Remonté comme naturellement vers la région qui était la sienne, il put observer de sang-froid et sans y prendre part les phases de la bataille qui se livrait au-dessous de lui; il put se préparer de la sorte à n'être rien de plus que l'un des témoins de la grande chute qui eut pour nous toute la tristesse de la ruine, sans avoir la majesté du tombeau.

C'est sur cette phase importante de la vie de notre ami que nous allons nous arrêter un moment.

V

Dernier trimestre de la vie bretonne de Guérin.
Le Val de l'Arguenon complète et corrige la Chênaie.
Louise et Marie.

Cette tournure d'idées s'était annoncée dans l'esprit de Guérin pendant un séjour qu'il fit, du mois de décembre 1833 au mois de février 1834, sur le bord de la mer, non loin de Saint-Malo, dans un lieu fait pour le captiver entre tous: c'était le Val de l'Arguenon, où il devint l'hôte et l'ami de l'un de nos poëtes bretons les mieux caractérisés, et d'une femme gracieuse et be 'e comme son nom de Marie que je n'ai point vu ailleurs si bien porté.

Cette retraite s'était ouverte providentiellement dans les circonstances, critiques pour lui, où il se disposait à reprendre terre au sortir de sa captivité passagère de Ploërmel. « Je suis, « me mandait-il de ce dernier lieu le 24 novembre 1833, dans « une étrange position. On ne m'a rien répondu de Juilly, où « l'on craint sans doute d'introduire un *hérétique*, un *loup* « *dans le bercail*. Il faut chercher ailleurs, chercher à Paris, *et,* « *en attendant, sortir d'ici ; car je n'y puis rester plus long-* « *temps, n'appartenant plus à la congrégation depuis un* « *mois*. La douce amitié d'Hippolyte m'a ouvert son sein pour « y attendre le résultat de mes démarches, et, jusqu'à la « réponse de la Fortune que je fais interroger à Paris, qui est « son temple, mon âme s'endormira sans soucis en se berçant « sur vous et sur l'amitié que je dois à la vôtre. »

Ainsi la poésie, qui nous avait unis à l'entrée de l'hiver précédent, au bout d'un an complétait son œuvre au foyer du manoir hospitalier, où le fils errant du Languedoc trouvait, dans le Breton La Morvonnais, le frère aîné qui lui manquait même au Cayla, et, dans sa gracieuse compagne, la sœur qui lui faisait défaut partout où il ne voyait pas Eugénie.

Le petit cercle du Val de l'Arguenon se composait alors de cinq habitués principaux, parmi lesquels figuraient, en première ligne, Amédée Duquesnel, écrivain judicieux et solidement nourri des modèles, à qui l'on doit une intéressante *Histoire des Lettres, avant et depuis le christianisme*, et Paul Quemper, qui, à une grande habitude des graves questions agitées en ce temps-là, joignait, ce qui devenait un autre secours providentiel pour Guérin, une activité toujours au service de ses amis et une profonde expérience du monde et de la vie, science qu'il devait à sa longue pratique de la société, tant à Paris qu'au delà de l'Atlantique. Là donc s'ouvrait pour Maurice un intérieur plus conforme à ses goûts, et même un horizon plus ample qu'à la Chênaie, où l'on professait bruyamment les doctrines de liberté, à condition de pratiquer celle de l'obéissance passive et servile à l'idée du maître. Aussi l'impression de cette seconde retraite de Guérin dut-elle affaiblir celle de la première et lui faire tort, et, en arrivant au Val, il n'eut pas certes la pensée de tourner vers elle ce regard mélancolique et suppliant qu'il lui adressait en septembre, du haut de la vieille tour de Ploërmel.

Sans doute, il n'était pas sorti les mains vides du *Paraclet* lamenaisien, où il avait reçu des leçons, précieuses sous beaucoup de rapports, et approché de grands modèles. Avec une nature moins privilégiée que la sienne, il y eût rencontré des éléments à souhait pour s'y établir à demeure et s'y faire une place brillante; car la philosophie et la poésie vivaient honorées à la Chênaie, dans la compagnie de toutes les branches que pousse le grand arbre de l'esprit humain, et elles y avaient contracté une alliance sincère, mais sur des bases antipathiques à l'esprit de Guérin.

Maurice était un penseur de premier ordre, et La Mennais un grand maître en matière philosophique; mais il y avait entre eux toute la distance qui se trouve entre l'esprit doué du coup d'œil propre à saisir l'idée pure, à la détacher, à la faire surgir avec l'éclat du diamant, et celui qui ne va aux idées que pour les réduire sous la loi de la méthode et de l'ordonnance. La Mennais était poëte aussi : il l'a certes assez prouvé par son *Croyant*, qui fit entendre le chant du cygne catholique, mêlé si tristement à l'ouverture du chœur infernal. Mais entre lui et Maurice il y avait la différence qui sépare le poëte *illuminé* du poëte véritablement et doucement *inspiré*. Leur Muse n'était ni du même sexe, ni du même ciel : dès lors, si, de part et d'autre, l'admiration de passage était possible, il n'en pouvait résulter cependant de communion réelle entre deux natures qui ne s'offraient mutuellement ni points de contact, ni ressemblances.

Au Val de l'Arguenon, tout tendait, au contraire, à développer la personnalité de Guérin dans la double sphère d'expansion qui lui était propre. L'esprit méditatif et profond de l'auteur de *la Thébaïde des Grèves* s'alliait merveilleusement à l'esprit intuitif et pénétrant qui distinguait le frère d'Eugénie. On traitait encore les questions générales au point de vue de la Chênaie; on voulait toujours espérer de ce côté, mais au fond l'on se félicitait de n'y être plus, parce qu'ici l'on respirait plus à l'aise, et que, après tout, le temple que l'on venait de quitter pourrait bien, sans avoir la beauté des choses antiques, devenir pourtant une ruine, et quelque jour écraser ses fidèles, peut-être le *Samson* lui-même.

A la Chênaie, Maurice portait à l'âme deux mystères qu'il réservait pour lui seul : le mystère d'un premier amour, qui entretenait en lui la mélancolie de la mémoire, et le mystère de la poésie, par la voix de laquelle il évoquait sa chère apparition des bois de Rayssac. Il s'était fait des recoins poétiques inconnus même du clairvoyant Élie, et, comme l'avare qui a des secrets à lui pour jouir de la vue de son trésor sans le trahir, il avait un art merveilleux pour dérouter les regards, quand l'heure était venue d'aller aux rendez-vous de la Muse et du souvenir. Il y préparait ses bouquets discrètement, les arrosait au clair de lune, et, pour les avouer, attendait avec patience la quinzaine que je lui devais tous les deux mois.

Mais, comme il n'avait plus rien à cacher dans la demeure du Val, dont tous les échos étaient à lui, il y déploya franchement et largement ce que son intelligence avait de supérieur, ce que sa nature avait de caractérisé et de gracieux, et s'épanouit comme une fleur au double rayon de la poésie et de l'amitié. Ses compositions de ce moment, toutes radieuses des reflets du ciel le plus tendrement azuré qui ait réjoui l'âme de notre ami, nous sont chères encore à un autre titre : c'est que sa Muse ne put épancher sa veine sur ce beau rivage où le compatriote de Brizeux puisait abondamment ses inspirations, sans prendre aussi la couleur et la livrée bretonnes. C'était également le caractère qui la rendit toujours chère à Maurice. « Qu'est devenu, me disait-il le 15 septembre 1836, jour où je « l'embrassai pour la dernière fois, qu'est devenu le bon temps « où j'avais si bien appris à *parler breton* avec Hippolyte et « vous? »

Le Val de l'Arguenon exerça sur la vie de notre ami une dernière et utile influence. A vingt ans, il avait aimé, et la première preuve de notre liaison fut la révélation de l'objet cher auquel il avait, jusqu'alors, dédié ses chants, et qu'il nommait LOUISE. Il désira que je ne le connusse pas autrement, parce que le nom ou titre de famille, qui est tout chez les hommes. *était,* disait-il, *peu de chose dans la région des poëtes,* laquelle, sous ce rapport, aurait au moins un trait de ressemblance avec celle des esprits et des anges. LOUISE fut donc la compagne invisible, mais réelle, de ses pensées et de sa vie de la Chênaie, tant qu'il eut des blessures à recevoir et à cacher, et tant qu'il eut lui-même à protéger et à dissimuler cet amour.

Mais, au Val, ce souvenir lui devint moins nécessaire, et la douceur du présent nuisit à celle du passé. La connaissance qu'il fit alors de Mme de La Morvonnais, dont l'affection si intelligente et si dévouée resta son souvenir le plus durable et le moins troublé, produisit l'effet ordinaire d'une belle et sympathique amitié de femme succédant au rêve qui a fait battre notre cœur pour la première fois. Cette amitié n'effaça pas ce amour; elle lui fit diversion et le rendit plus idéal. Paris et les soucis d'existence achevèrent de dissiper cette impression des fraîches années, et, au mois d'août 1834, le fantôme était évanoui. Guérin désormais avait assez du trésor d'amitié laissé par lui sur les bords de l'Arguenon pour nourrir ses inspirations et lui dicter les pages inimitables qu'il envoyait en remerciment à ses hôtes. C'est ce qui explique l'explosion de sa douleur au moment où il se sentit inopinément frappé par le coup de foudre qui, dans la nuit du 21 au 22 janvier 1835, commença le veuvage de notre pauvre ami, l'auteur de *la Thébaïde des Grèves*, et fut le prélude d'une phase orageuse dans la carrière de Maurice.

Une chose à remarquer dans le souvenir des deux attachements que je viens de toucher, c'est que l'instant où disparut des yeux de Guérin cette double et gracieuse vision d'un amour de jeune fille et d'une amitié de jeune femme fut précisément en lui la dernière heure du poëte, je parle du poëte versifiant. L'étoile du charme lui manquant, il se mit tout à coup à frapper le caillou secret qu'il portait avec lui; il en fit jaillir une étincelle qui ranima son génie, armé dès lors de l'instrument et de la main virile avec lesquels il toucha désormais aux choses de l'art. Le grand prosateur venait de naître. Mais en même temps disparut, il faut bien le dire, cette fleur virginale de piété douce et de poésie qui avait eu la durée du bonheur de Maurice, comme la musique du rossignol dure le temps de sa couvée.

EXTRAITS

D'UN ARTICLE PUBLIÉ PAR GEORGE SAND[1]

DANS LA

REVUE DES DEUX MONDES

(15 mai 1840)

... Georges de Guérin ne fut ni ambitieux, ni cupide, ni vain. Ses lettres confidentielles, intimes et sublimes révélations à son ami le plus cher, montrent une résignation portée jusqu'à l'indifférence en tout ce qui touche à la gloire éphémère des lettres. « Il portait dans le monde (c'est ce même ami qui parle) une élégance parfaite, des manières pleines de noblesse et un langage exquis, ne jetait pas d'éclat, n'avait pas de trait, mais quelque chose de doux, de fin et de charmant que je n'ai vu qu'en lui, et dont l'effet était irrésistible. Il aimait extrêmement la conversation, et, quand il rencontrait par hasard des gens qui savaient causer, il s'animait et jouissait de ce qu'ils disaient comme il jouissait de la musique, des parfums et de la lumière. » Il était malade, et sa paresse à produire, sa paresse à vivre, s'il est permis de dire ainsi, sans hâter sa mort, empêchèrent peut-être l'effort intérieur qui pouvait en conjurer l'arrêt...

C'était une de ces âmes froissées par la réalité commune, tendrement éprises du beau et du vrai, douloureusement indi-

---

1. En voulant bien nous autoriser à lui emprunter les pages qui suivent, Mme Sand nous fournit une occasion que nous avions désirée de lui témoigner notre reconnaissance pour l'éclatant hommage qu'elle fut la première à rendre, il y a déjà vingt ans, au nom encore ignoré de l'auteur du *Centaure*.

gnées contre leur propre insuffisance à le découvrir, vouées en un mot à ces mystérieuses souffrances dont René, Obermann et Werther offrent sous des faces différentes le résumé poétique. Les quinze lettres de Georges de Guérin que nous avons entre les mains sont une monodie non moins touchante et non moins belle que les plus beaux poëmes psychologiques destinés et livrés à la publicité. Pour nous, elles ont un caractère plus sacré encore, car c'est le secret d'une tristesse naïve, sans draperies, sans spectateurs et sans art ; et il y a là une poésie naturelle, une grandeur instinctive, une élévation de style et d'idées, auxquelles n'arrivent pas les œuvres écrites en vue du public et retouchées sur les épreuves d'imprimerie. Nous en citerons plusieurs fragments, regrettant beaucoup que leur caractère confidentiel ne nous permette pas de les transcrire en entier. On n'y trouverait pas un détail de l'intimité la plus délicate à révéler qui ne fût senti et présenté avec grandeur et poésie. Ce sont peut-être ces détails que, comme artiste, nous regrettons le plus de passer sous silence. . . . .

« Je vous dirais bien des choses, du fond de l'ennui où je suis p.ongé, *de profundis clamarem ad te ;* mais il faut que je m'interdise ces folies. Elles n'ôtent rien au mal, et l'on prend la ridicule habitude de se plaindre. Nous avons tant de ridicules que nous ne connaissons pas, qu'il faut, du moins autant que nous le pouvons, nous garder de ceux qui sont manifestes. Vous m'avez dit un jour qu'en sortant du collége je devais être exagéré et en proie aux sottes manies qui ont travaillé toute cette jeunesse d'alors, mais qu'aujourd'hui, sans doute, j'étais **vrai**, et ne jouais pas à l'ennui et au dégoût. Ah ! n'en doutez pas, si je n'ai pas de bon sens, j'ai du moins un peu de ce goût qui est le bon sens de l'esprit, et rien, à mon jugement, n'est plus choquant, surtout à notre âge, que ces affectations de collége. Dieu merci, je ressemble assez peu à ce que j'étais dans ce temps-là ; et si j'affectais quelque chose, ce serait de faire oublier ma personne d'alors. J'ai le malheur de m'ennuyer aujourd'hui comme je faisais sous la grille de Stanislas, *voilà la ressemblance.* A cette époque de mon ennui, j'en disais plus qu'il n'y en avait ; aujourd'hui j'en dis moins qu'il n'y en a, *voilà la différence.* . . . .

« Le jour est triste, et je suis comme le jour ; ah ! mon ami, que sommes-nous, ou plutôt que suis-je, pour souffrir ainsi sans relâche de toutes choses autour de moi, et voir mon humeur suivre les variations de la lumière ? J'ai pensé quelque temps que cette sensibilité bizarre était un travers de ma jeunesse qui disparaîtrait avec elle. Mais le progrès des ans, en quoi j'espérais, me fait voir que j'ai un mal incurable et qui va s'aigrissant. Les journées les plus unies, les plus paisibles, sont encore pour moi traversées de mille accidents imperceptibles qui n'atteignent que moi. Cela s'élève à des degrés que vous ne pourriez croire. Aussi qu'y a-t-il de plus rompu que ma vie, et quel fil si léger qui soit plus mobile que mon âme ? J'ai à peine écrit quelques pages de ce travail qui avait d'abord tant d'attraits ; qui sait quand je le terminerai ? Mais j'y mettrai le dernier mot assurément ; je ne veux pas accepter le dédit cent fois offert par ce mien esprit, le plus inconstant et le plus prompt au dégoût qui fut jamais. Vaille que vaille, vous aurez cette pièce, pièce en effet, et des plus pesantes.

« ..... Si j'en croyais mes lueurs de bon sens, je renoncerais pour toute ma vie à écrire un seul mot de composition. Plus j'avance, plus le fantôme (l'idéal) s'élève et devient insaisissable. Ce mot propre, cette expression, la *seule qui convient,* dont parle La Bruyère, je n'ai jamais reconnu, au contentement de mon esprit, que je l'eusse trouvée : et, l'eussé-je attrapée, reste l'arrangement, et les combinaisons infinies, et la variété, et le piquant, et le solide, et la nouveauté dans les termes usés ; l'imprévu, l'image dans le mot, et le contour, la justesse des proportions, enfin tout, le don d'écrire, le talent ; et de tout cela, je n'ai guère que la bonne volonté. — Pardonnez-moi ce cours de rhétorique. Il faut garder et couvrir ces choses. Fi donc, le pédant ! »

Pour qui aura lu attentivement *le Centaure,* cette recherche scrupuleuse et hardie dont la prétendue insuffisance est confessée ici avec trop de modestie, est clairement révélée. Mais, au risque de passer pour pédant nous-même, nous n'hésiterons pas à dire qu'il faut lire deux et même trois fois *le Centaure* pour en apprécier les beautés, la nouveautés de la forme, l'originalité non abrupte et sauvage, mais raisonnée et voulue, de la phrase, de l'image, de l'expression et du contour. On y verra une persistance laborieuse pour resserrer dans les termes poétiques les plus élevés et les plus concis une idée vaste, profonde et mystérieuse comme ce monde primitif à demi épanoui dans sa fraîcheur matinale, à demi assoupi encore dans le placenta divin. C'est en cela que la nature de ce petit chef-d'œuvre nous semble différer essentiellement de la manière de M. Ballanche, qui, à défaut des termes poétiques, n'hésite pas à employer les termes philosophiques modernes, et aussi de Chénier, qui ne songe qu'à reproduire l'élégance, la pureté et comme la beauté sculpturale des Grecs....

Guérin ne semble même pas s'être occupé de l'un ou de l'autre, car nulle part dans ses lettres, qui sont pleines de ses citations et de ses lectures, il n'a placé leur nom. Sans doute il les a admirés et sentis, mais il a dû, avant tout, obéir à son sentiment personnel, à son entraînement prononcé, et l'on peut dire passionné, vers les secrets de la nature.... Son ambition n'est pas tant de la décrire que de la comprendre, et les derniers versets du *Centaure* révèlent assez le tourment d'une ardente imagination qui ne se contente pas des mots et des images, mais qui interroge avec ferveur les mystères de la création. Il ne lui faut rien moins pour apaiser l'ambition de son intelligence perdue dans la sphère des abstractions. Il ne se contenterait pas de peindre et de chanter comme Chénier, il ne se contenterait pas d'interpréter systématiquement comme Ballanche. Il veut savoir, il veut surprendre et saisir le sens caché des signes divins imprimés sur la face de la terre; mais il n'a embrassé que des nuages, et son âme s'est brisée dans cette étreinte au-dessus des forces humaines. C'est être déjà bien grand que d'avoir entrepris comme un vrai Titan d'escalader l'Olympe et de détrôner Jupiter. Un autre fragment de ses lettres exprimera avec grandeur et simplicité cet amour à la fois instinctif et abstrait de la nature.

« 11 avril 1838. — Hier, accès de fièvre dans les formes; aujourd'hui, faiblesse, atonie, épuisement. On vient d'ouvrir les fenêtres, le ciel est pur et le soleil magnifique.

Ah! que ne suis-je assis à l'ombre des forêts!

« Vous rirez de cette exclamation, puisqu'on ne voit pas encore aux arbres les plus précoces ces premiers boutons que Bernardin de Saint-Pierre appelle des gouttes de verdure. Mais peut-être qu'au sein des forêts, dans la saison où la vie remonte jusqu'à l'extrémité des rameaux, je recevrai quelque bienfait, et que j'aurai ma part dans l'abondance de la fécondité et de la chaleur. Je reviens, comme vous voyez, à mes anciennes imaginations sur les choses naturelles, invincible tendance de ma pensée, sorte de passion qui me donne des enthousiasmes, des pleurs, des éclats de joie, et un éternel aliment de songerie. Et pourtant, je ne suis ni physicien, ni naturaliste, ni rien de savant. Il y a un mot qui est le dieu de mon imagination, le tyran, devrais-je dire, qui la fascine, l'attire, lui donne un travail sans relâche, et l'entraînera je ne sais où : c'est le mot de *vie*. Mon amour des choses naturelles ne va pas au détail et aux recherches analytiques et opiniâtres de la science, mais à l'universalité de ce qui est, à la manière orientale. Si je ne craignais de sortir de ma paresse et de passer pour fou, j'écrirais des rêveries à tenir en admiration toute l'Allemagne, et la France en assoupissement. »

Dans une autre lettre, il exprime l'identification de son être avec la nature d'une manière encore plus vive et plus matériellement sympathique :

« J'ai le cœur si plein, l'imagination si inquiète, qu'il faut que je cherche quelque consolation à tout cela en m'abandonnant avec vous. Je déborde de larmes, moi qui souffre si singulièrement les larmes des autres. Un trouble mêlé de douleurs et de charmes s'est emparé de toute mon âme. L'avenir plein de ténèbres où je vais entrer, le présent qui me comble de biens et de maux, mon étrange cœur, d'incroyables combats, des épanchements d'affection à entraîner avec soi l'âme et la vie et tout ce que je puis être; la beauté du jour, la puissance de l'air et du soleil, *all*, tout ce qui peut rendre éperdue une faible créature, me remplit et m'environne. Vraiment je ne sais pas en quoi j'éclaterais s'il survenait en ce moment une musique comme celle de la *Pastorale*. Dieu me ferait peut-être la grâce de laisser s'en aller de toutes parts tout ce qui compose ma vie. Il y a pour moi tel moment où il me semble qu'il ne faudrait que la toucher du doigt le plus léger pour que mon existence se dissipât. La présence du bonheur me trouble, et je souffre même d'un certain froid que je ressens; mais je n'ai pas fait deux pas au dehors que l'agitation me prend, un regret infini, une ivresse de souvenir, des récapitulations qui exaltent tout le passé et qui sont plus riches que la présence même du bonheur; enfin ce qui est, à ce qu'il semble, une loi de ma nature, toutes choses mieux ressenties que senties. — Demain, vous verrez chez vous quelqu'un de fort maussade, et en proie au froid le plus cruel. Ce sera le fol de ce soir.

Caddi come corpo morto cade.

Adieu; la soirée est admirable; que la nuit qui s'apprête vous comble de sa beauté. »

Est-il beaucoup de pages de *Werther* qui soient supérieures à cette lettre écrite rapidement, non relue, car elle est à peine ponctuée, et jetée à la poste, dont elle porte le timbre comme toutes les autres?

Je ne puis résister au plaisir de transcrire mot à mot tout ce qu'il m'est permis de publier.

« Mardi soir, 10 juillet. — Le ciel de ce soir est digne de la Grèce. Que faisons-nous pendant ces belles fêtes de l'air et de la lumière? Je suis inquiet, et ne sais trop à quoi me dévouer; ces longs jours paisibles ne me communiquent pas le calme. Le soleil et la pureté de l'étendue me font venir toutes sortes d'étranges pensées dont mon esprit s'irrite. L'infini se découvre davantage, et les limites sont plus cruelles; que sais-je enfin? je ne vous répéterai pas mes ennuis; c'est une vieille ballade dont je vous ai bercé jusqu'au sommeil. — J'ai songé aujourd'hui au petit usage que nous faisions de nos jours; je ne parle pas de l'ambition : c'est dans ce temps chose si vulgaire, et les gens sont travaillés de rêves si ridicules, qu'il faut se glorifier dans sa paresse et se faire, au milieu de tant d'esprits éclatants, une auréole d'obscurité; je veux dire que nous vivons fort chrétiennement, usant de ce monde conformément au précepte de saint Paul et plus tourmentés par notre imagination que ne l'était Tantale par la fraîcheur de l'eau qui irritait ses lèvres et le charmant coloris des fruits qui fuyaient sa faim. J'ai tout l'air de mettre ici la vie dans les jouissances, et je ne m'en défendrai pas trop, le tout bien entendu dans les intérêts de notre immortel esprit et pour son service bien compris; car, disait Sheridan, si la pensée est lente à venir, un verre de bon vin la stimule, et, quand elle est venue, un bon verre de vin la récompense. Ah! oui, n'en déplaise aux spiritualistes et partant à

moi-même, un verre de bon vin est l'âme de notre âme, et vaut mieux pour le profit intérieur que toutes les chansons dont on nous repaît. Mais je parle comme un hôte du Caveau, moi qui voulais dire simplement que la vie ne vaut pas une libation. . . . .
. . . .

Débrouillez tout cela si vous pouvez. Pour moi, grâce à Dieu, je commence à me soucier assez peu de ce qui peut se passer en moi, et veux enfin me démêler de moi-même en plantant là cette psychologie qui est un mot disgracieux et une manie de notre siècle. »

. . . .

Il avait pourtant la conscience de son génie, car il dit quelque part :

. . . .

« Je ne tirerai jamais rien de bon de ce maudit cerveau où cependant, j'en suis sûr, loge quelque chose qui n'est pas sans prix; c'est la destinée de la perle dans l'huître au fond de l'Océan. Combien, et de la plus belle eau, qui ne seront jamais tirées à la lumière ! »

Ailleurs il se raille lui-même et sans amertume, sans dépit contre la gloire qui ne vient pas à lui, et qu'il ne veut pas chercher :

« Vous voulez donc que j'écrive quelque folie sur ce fol de Benvenuto? Ce ne sera que vision d'un bout à l'autre. Ni l'art, ni l'histoire ne s'en trouveront bien. Je n'ai pas l'ombre d'une idée sur l'idéal, et l'histoire ne connaît point de galant homme plus ignorant que moi à son endroit. N'importe, je vous obéirai. N'êtes-vous pas pour moi tout le public et la *postérité?* Mais ne me trouvez-vous pas plaisant avec ce mot où sont renfermés tous les hommes à venir qui se transmettront fidèlement de l'un à l'autre la plus complète ignorance du nom de votre pauvre serviteur? Je veux dire que je n'aspire qu'à vous, à votre suffrage, et que je fais bon marché de tout le reste, la postérité comprise, pour être aussi sage que le renard gascon. »

Une seule fois il exprime la fantaisie de se faire imprimer dans une *Revue,* « pour battre un peu monnaie, » et presque aussitôt il abandonne ce projet en disant :

« Mais je n'ai dans la tête que des sujets insensés!... Hélas, rien n'est beau comme l'idéal; mais aussi quoi de plus délicat et de plus dangereux à toucher? Ce rêve si léger se change en plomb souventefois, dont on est rudement froissé. Je finirai ma complainte aujourd'hui par un vers de celle du juif errant :

« Hélas! mon Dieu! »

. . . .

Il y a des mots admirables jetés çà et là dans ses lettres, de ceux que les écrivains de profession mettent en réserve pour les enchâsser au bout de leurs périodes comme le gros diamant au faîte du diadème. Il dit quelque part :

« Quand je goûte cette sorte de bien-être dans l'irritation, je ne puis comparer ma pensée (c'est presque fou) qu'à un feu du ciel qui frémit à l'horizon entre deux mondes. »

Et, vers la fin de la même lettre, il raconte que ses parentes s'inquiètent de l'altération de ses traits; cependant il leur cache le ravage intérieur de la maladie.

« Ah! disent-elles en se ravisant, c'est le retranchement de vos cheveux qui vous rend d'une mine si austère. — Les cheveux repousseront, et il n'y aura que plus d'ombre. »

J'ai cité autant que possible, mais j'ai dû taire tout ce qui tient à la vie intérieure. C'est pourtant là que se révèle le cœur du poëte. Ce cœur, je puis l'attester, quoi qu'en dise le noble rêveur qui s'accuse et se tourmente sans cesse comme à plaisir, est aussi délicat, aussi affectueux, aussi large que son intelligence. L'amitié est sentie et exprimée par lui de la façon la plus exquise et la plus profonde. L'amour aussi est placé là comme une religion ; mais peut-être cet amour de poëte ne se contente-t-il absolument que dans les choses incréées. Quoi qu'il en soit, et bien qu'à toute page un gémissement lui échappe, cet homme qui, dans son culte de l'idéal, voudrait s'idéaliser lui-même et ne sait pas s'habituer à l'infirmité de sa propre nature, cet homme est indulgent aux autres, fraternel, dévoué avec une sorte de stoïcisme, esclave de sa parole, simple dans ses goûts, charmé de la vue d'un camélia, résigné à la maladie, heureux d'être couché tranquille derrière ses rideaux, « et plus près naturellement du pays des songes. » Il n'a d'amertume que contre la mobilité de son humeur et la susceptibilité excessive d'une organisation sans doute trop exquise pour supporter la vie telle qu'elle est arrangée en ce triste monde...

FIN.

TABLE

—

[L'astérisque désigne les morceaux publiés pour la première fois.]

	Pages.
Préface de la première édition.	I
Post-scriptum (30 novembre 1861).	II
Maurice de Guérin, par M. Sainte-Beuve, de l'Académie française.	VII
Journal de Maurice de Guérin.	1
Lettres et Fragments	127
A M. l'abbé Buquet.	129
A Mlle Eugénie de Guérin	134
*A la même.	138
*A la même.	142
*A la même.	146
*A la même.	150
*A M. de Guérin.	154
*A Mlle Eugénie de Guérin	155
*A la même.	160
Au Grillon du foyer de Rayssac (poésie)	165
Les siècles ont creusé dans la roche vieillie (poésie)	166
...... *Vous m'avez invité* (poésie).	166
* A M. de Guérin	168
* Au même	169
* A Mlle Eugénie de Guérin	173
A M. de Bayne.	178
A Mlle Eugénie de Guérin	183
A M. François du Breil de Marzan	187
A M. de Bayne.	191

A M. François du Breil de Marzan 197
A Mlle Eugénie de Guérin. 198
A M. François du Breil de Marzan 204
Au même (poésie) 207
Au même 211
* A M. Hippolyte de La Morvonnais 213
* Au même. 214
A M. François du Breil de Marzan. 216
* A M. Hippolyte de La Morvonnais. 218
A mes deux amis (poésie). 221
Promenade à travers la lande (poésie) 228
* A M. Hippolyte de La Morvonnais. 234
A M. François du Breil de Marzan 237
L'Anse des Dames (poésie) 240
* A M. Paul Quemper 244
* Au même. 247
Promenade aux bords de la Rance (poésie) 249
A Mlle Eugénie de Guérin 253
* A M. Hippolyte de La Morvonnais 258
A Mlle Eugénie de Guérin. 268
A M. Hippolyte de La Morvonnais. 273
* Au même 284
A Mlle Eugénie de Guérin. 291
* A M. Hippolyte de La Morvonnais. 294
A M. de Guérin. 300
* A M. Hippolyte de La Morvonnais 301
A M. de Guérin. 305
A M. Paul Quemper 306
* A M. François du Breil de Marzan. 309
* A M. Hippolyte de La Morvonnais. 310
A Mlle Eugénie de Guérin 315
A la même. 318
A M. Hippolyte de La Morvonnais 322
Au même. 324
* Au même 329
Au même. 332
A M. de Guérin 333
A M. Hippolyte de La Morvonnais 335

A Mlle Eugénie de Guérin	338
A M. François du Breil de Marzan	341
A Mlle Eugénie de Guérin	344
* A M. Hippolyte de La Morvonnais	346
Au même	347
A Mlle Eugénie de Guérin	349
A M. Hippolyte de La Morvonnais . . . . '.	351
* A M. Paul Quemper	353
A Mlle Marie de Guérin	355
A M. Hippolyte de La Morvonnais	358
Au même	361
* A Mlle Eugénie de Guérin	362
A M. Hippolyte de La Morvonnais	364
* A M. Paul Quemper	366
A M. Hippolyte de La Morvonnais	369
A Mlle Eugénie de Guérin	371
Poèmes	373
Le Centaure	375
Fragment (en vers)	387
° La Bacchante	391
* La Sainte Thérèse de Gérard (poésie)	407
° Ma sœur Eugénie (poésie)	411

APPENDICE

Témoignages	417
I. Notes sur la famille et sur les premières années de Maurice de Guérin, par Mlle Eugénie de Guérin.	419
II. Séjour de Maurice de Guérin en Bretagne. Impressions et souvenirs de M. François du Breil de Marzan. . . .	426
III. Extraits d'un article publié par George Sand dans la *Revue des Deux Mondes* (15 mai 1840).	467

Paris. — Imp. E. Capiomont et Cie, rue des Poitevins, 1.

www.ingramcontent.com/pod-product-compliance
Lightning Source LLC
Chambersburg PA
CBHW071710230426
43670CB00008B/961